KB071429

심리학과 목회상담

┃ Michael Dieterich 저 ┃ 홍종관 역 ┃

Handbuch Psychologie & Seelsorge, 2nd ed.

학지사

역자 서문

신앙인이 왜 성경 외에 '초등학문(골로새서 2: 20~23)'도 공부해야 하는가?

태초에 하나님께서 우주만물을 창조하셨다(창세기 1:1). 하나님이 창조하신 우주만물은 창조주 하나님, 인간 그리고 만물이라는 3차원의 위계질서에 따라 존재하게 된다. 하나님은 창조주이시고, 인간은 하나님이 창조하신 만물을 관리하는 청지기의 신분이 된 것이다.

하나님은 창조하신 우주만물이 자연의 법칙에 따라 운행되고 존재하도록 하셨다. 그러므로 우리 인간은 이 우주만물의 존재 법칙인 자연의 법칙을 알아야 그 자연 세계를 잘 관리할 수 있다.

그리고 하나님은 영이시다. 우리 인간도 영혼을 가졌다. 그래서 영이신 하나님과 교제할 수 있다. 인간이 하나님과 올바른 관계를 가지기 위해서는 이 영적 세계를 잘 알아야 한다.

하나님이 창조하신 우주만물은 눈에는 안 보이지만 엄연히 존재하는 영적 세계가 있고, 또 눈으로 보고 손으로 만질 수 있는 자연 세계가 있다. 자연 세계의 존재 법칙을 연구한 것이 바로 소위 초등학문이고, 영적 세계를 연구한 것이 바로 신학이다. 우리 인간의 삶은 영적 법칙과 자연 법칙의 지배를 받는다. 우리가 창조주 하나님을 믿든 안 믿든 그것에 관계없이 우리 인간은 영적 법칙과 자연 법칙의 지배를 받고 살아가야 한다. 따라서 인간이 성공적인 인생을 살기 위해서는 창조주 하나님이 정하신 영적 법칙과 자연 법칙 모두를 알아야 하는 것이다. 비록 초등학문이 자연의 법칙을 완전하게 밝혀내지는 못했지만, 이미 밝혀낸 많은 내용은 우리가 삶을 살아가는 데 큰 도움이 될 수 있다. 이는 신학이 영적 법칙을 다 밝혀내지 못했어도 우리 신앙생활에 큰 도움이 되는 것과 같다.

그리고 우리 신앙인이 잊지 말아야 할 것은 우리 신앙인에게는 영적인 법칙이 자연의 법칙을 승한다는 사실이다. 하나님은 그를 사랑하는 자들에게 모든 것을 합력하여 선을 이루어 주시기 때문이다(로마서 8:28). 우리의 실수조차도 합력하여 선을 이루어 주시는 은혜로우신 하나님이시다. 하나님은 그를 찾는 자들에게 상을 주시는 분이시다(히브리서 11:6). 또한 우리 신앙인은 성령의 역사를 잊지 말아야 한다. 2000년 전에 초대 사도들을 통하여 이루신 성령의 역사가 오늘날의 사도인 우리 신앙인들을 통하여 초자연적으로 일어날 수 있다는 것이다. 목회상담자가 상담을 할 때, 자신이 배운 상담심리학에 따라 내담자를 도와주기도 해야 하지만 성령님께서 내담자의 문제를 친히 해결해 주신다는 점도 알아야 한다.

김종춘 목사는 "교회 밖에서 승리하라."라고 외치면서 기독교인의 현실주의를 주장한다. 김 목사님이 말하는 기독교인의 현실주의는 영적인 것에 반대되는 개념이 아니다. 신자가 영적인 감각도 가져야 하지만 또한 현실감각을 가져야 한다는 의미다. 교회에서 새벽기도도 열심히 해야 하지만 집에 가서는 식사 준비도 정성스럽게 하고, 직장에서는 인정받는 직장인이 되어 승진도 하고 돈도 많이 벌라는 것이다.

하나님은 우리 각자의 재능대로 달란트를 주셨다. 우리는 이 세상에 사는 날 동안 그 달란트로 열심히 장사해야 한다. 그리고 이 세상을 하직하고 하나님 앞에 가서 우리가 어떻게 장사하였는지를 회계하여야 한다. 그때에 우리가 장사를 지혜롭고 충성되게 하여 많은 이윤을 남겼다면 착하고 충성된 종이라고 칭찬받을 것이나 악하고 게으르게 장사하여 하나의 이윤도 남기지 못했다면 큰 꾸중을 받고 우리가 가진 것까지도 빼앗기고 하나님의 심판을 받게 될 것이다(마태복음 25:14~30).

　우리 신앙인은 사람 낚는 어부로 부름받았다(마태복음 4:18~20). 우리가 사람을 잘 낚아 주께로 인도하기 위해서는 사람에 대해 잘 알아야 한다. 이를 위해 사람의 마음의 이치를 연구해 놓은 심리학이 큰 도움이 될 수 있다. 사람의 심리를 알 때 우리는 사람 낚는 어부의 역할을 성공적으로 수행할 수 있기 때문이다. 사람과 관련된 교육학, 경영학, 의학 등과 같은 다른 학문들도 배워 우리가 도와야 할 사람에 대하여 지식과 지혜를 가져야 한다. 그리할 때 우리는 우리에게 맡겨진 사람 낚는 어부의 사명을 잘 감당할 수 있다.

　이번에 번역한 『심리학과 목회상담(Handbuch Psychologie & Seelsorge, 2nd ed.)』은 이와 같은 관점에서 저술된 책이다. 저자인 Michael Dieterich는 먼저 교육학과 심리학을 공부하였고, 그다음에 신학을 공부했다. 즉, 그는 심리학자이면서 신학자다. 제2판 서문에서 언급한 것처럼, 그는 이데올로기와 방법론을 분리할 수 있다고 보고 이런 관점에서 이 책을 저술했다. 그에 따르면 우리 신자들이 정신분석학자나 행동주의 심리학자나 인간주의 및 인지주의 심리학자의 인간관이나 가치관에 모두 동의할 수는 없겠지만 이들이 주장하는 인간에 대한 심리학적 이해와 인간을 돕는 방법에 대해서는 여러 가지 측면에서 동의할 수 있다. 즉, 심리학자들이 체계화한 학습이론과 의사소통 방법, 개인의 자아실현 그리고 개인의 과거에 대한 지식이 사람을 더 잘 이해할 수 있도록 해 주고 그들을 돕는 데 유용하다는 것이다.

　우리나라에서도 목회상담학에 관심이 높아지고 있다. 외국도 비슷하지만 우리나라에서 목회상담을 연구하는 분들을 보면 크게 두 부류가 있는 것 같다. 신학을 공부하다 상담을 공부했거나 상담을 공부하다가 신학을 공부한 분들이 그들이다. 신학을 공부하다가 상담을 공부한 분들은 심리학 부분이 취약할 수 있고, 상담을 공부하다가 신학을 공부한 분들은 신학 부분이 취약할 수 있다. 목회상담의 전문가가 되기 위해서는 심리학 및 상담학과 신학 두 분야의 학문적 전문성을 가지고 있어야 할 것이다. 이러한 목회상담학의 학문적 요구에 이 책이 큰 도움이 되리라고 확신한다.

이 책이 나오기까지 여러 분들의 도움을 받았다. 먼저 이 책의 번역을 처음부터 도와준 독일의 이혜정 선교사님과 그분의 동료분들께 감사드리고, 대구교육대학교 교육대학원의 황문희 선생님, 하경향 선생님, 김지선 선생님과 전체적으로 오자와 탈자를 수정해 준 연구실의 강민정 학생에게 감사한다. 그리고 신앙적인 측면에서 조언해 준 홍덕순 목사님과 나의 아내에게 감사한다. 끝으로 이 책을 예쁘게 디자인하고 출판해 주신 학지사 김진환 사장님과 관련 자분들께도 감사한다.

대명동 연구실에서
역자 홍종관

제2판 저자 서문

실용서적이라는 것을 감안한다면 이 책의 1판에 대한 반응은 기대치를 훨씬 넘는 것이었다. 많은 독자가 나에게 편지를 보내 왔고 감사의 말을 전해 왔다. 그리고 비평과 몇 가지 오류에 대한 지적도 있었다. 나는 제2판을 통해 독자의 편지에서 자주 언급된 질문이나 주의사항에 대해서 입장을 표명할 수 있게 되어 기쁘게 생각한다.

실용주의자에게는 이미 당연한 사실인 한 가지 중요한 점을 여기서 다시 강조하고자 한다. 이는 심리치료나 목회상담에 관한 개론서 하나를 읽었다고 해서 심리치료사나 목회상담자가 되는 것은 아니라는 점이다. 치료를 한다는 것은 이해나 지식의 문제만이 아니다. 치료란 전인적인 면, 즉 상담자의 감정과 삶에 대한 자세를 반영해야 하는 것이다. 이것은 습득하는 것이므로 상담자 양성과정에는 이론과 실습 이외에 자기 자신에 대한 인식과 감독자를 통한 지속적인 돌봄이 필요하다.

성경적-치료적 목회상담자는 성경지식과 몇몇 선별된 치료방법에 대한 지식 외에 이 책에서 언급하는 것처럼 자기 자신을 더 잘 알아갈 수 있는 기회를 가져야 한다. 자신의 상태, 자기 자신이 어떠한지를 정확하게 인식하지 않고서야 어떻게 내담자의 눈높이에서 도울 수 있겠는가? 그러므로 나는 상담자 양성과정에 이러한 과정을 포함할 것을 적극 권하고 싶다. 자기 자신을 먼저 잘 인식할 때 성경말씀 "네 자신을 사랑하듯이 네 이웃을 사랑하라."(레위기

19:18, 마태복음 19:19)가 그 효과를 나타낼 것이다. 이 책에서는 목회상담에 서 목회상담자의 자기인식과 수련감독(Supervision)의 필요성에 대해서만 언급하고자 한다. 이 문제를 더 상세하게 다룬다면 이 책의 범주를 넘어서게 될 것이기 때문이다. 성경과는 거리가 있긴 하지만 이 문제에 대해서는 이론과 실제를 다루는 전문서적을 머지않아 출판할 계획이다.

제5장 '어떻게 도울 수 있는가'에서는 S. Freud의 정신분석에 대해 다루지 않았다. 나는 이 책을 집필하면서 의사나 전문상담자가 아닌 일반인들에게도 중요하다고 여겨지는 치료방법들만 제시해야 함을 분명히 인식하게 되었다. 정신분석에 대한 설명은 이 분야의 유명한 저서들을 참고할 수 있을 것이다. 정신분석의 실제 적용에 관해서는 매우 권장할 만한 책인 『신경증적 갈등 중재(Neurotische Konfliktverarbeitung)』(Mentyos, 1982)에서 언급되고 있 듯이, 정신분석은 행동치료나 교류분석의 경우처럼 방법론을 단순히 습득하여 적용할 수 있는 것이 아니다. 행동치료나 교류분석의 경우에는 부분적으로 습득한 요소를 가지고서도 효과적으로 적용할 수 있지만 정신분석에서는 그렇지 않다. 정신분석의 관점은 매우 광범위하기 때문에 전적으로 분석적으로 적용하든지(이 경우에는 이 치료법을 철저하게 익혀야 한다) 아니면 이와는 거리를 두는 것이 좋다. 정신분석의 부분적인 활용은 성경적 목회상담의 경우 여러 가지 치료방법을 혼용하고자 할 때 오히려 어려움을 가져다준다.

이러한 생각에서 정신분석에 대한 신학적인 위치 설정에 대해서는 다루지 않았다. 왜냐하면 정신분석의 의미를 논하기 전에 정신분석을 충분히 이해하고 있어야 하기 때문이다. 이 책에 쓰인 입장을 이해하는 신학자들의 정신분석에 대한 신학적 의미부여는 아직 나오지 않았다는 점을 여기서 다시 한 번 언급해 두고자 한다.

지난 몇 년간 심리치료는 사회적인 관계성에 대한 이해 없이는 쉽지 않다는 것이 점점 분명해지고 있다. 소위 '체계적인 치료방법'이라고 볼 수 있는 가족치료가 점점 더 중요한 의미를 차지하게 되었다. 이것은 상담자가 내담자의 가족, 직장, 취미 동아리, 혹은 그의 전반적인 사회생활의 맥락 속에서 그의 고통을 이해해야 한다는 것을 말한다.

이와 비슷한 상황이 목회상담의 대화에서도 자주 나타난다. 어떤 특정한 가족 구조나 교회 구조가 영혼의 병과 신앙 문제의 원인이 되는 경우가 적지 않다(이 문제에 관해서는 『신앙이 병들게 만든다면(*Wenn der Glaube Krank macht)*』[Dieterich, 1991]을 참조하라.). 이러한 상황에서는 한 개인에 대한 목회상담이 단지 일시적이거나 단기간만 도움이 될 뿐이기 때문에 교회 차원에서의 치료가 필요하다.

이 책에서 나는 2가지 이유에서 가족치료에 대한 설명을 다루지 않았다. 그 우선, 나는 체계적인 치료는 '기본 치료'에 근거를 두고 있으며 이 기본 치료를 다른 관점, 즉 체계의 관점에서 적용하는 것이라고 생각하기 때문이다. 이렇게 본다면 '가족치료'라는 말은 존재하지 않으며 오히려 '구조적인 행동치료에 근거한 가족치료'라든가 '심층심리학에 근거한 가족치료'라고 해야할 것이다. 이것은 가족치료를 설명하기 전에 기본 치료를 익혀야 함을 의미한다. 그러므로 이 책에서는 특히 기본 치료에 중점을 두었다.

또 한편으로는 가족이나 교회라는 체계가 매우 복잡하고, 특히 각 시기에 따라 매우 다양하다는 것을 고려했기 때문이다. 이는 모든 체계적인 치료형태에서 각 시기를 매우 자세하게 다루어야 함을 의미한다. 이것을 개론서에서 모두 다룰 수 없지만, 그렇다고 적용을 위해서는 이 점을 빼놓을 수 없다. 가족치료는 개인치료나 집단치료보다 더더욱 책을 통하여 배울 수 없는 분야이며, 실제로 부딪쳐서 익혀야 한다.

지금까지 종종, 특히 신학자들은 '이데올로기'와 '방법론'을 서로 분리할 수 없다는 것을 지적받아 왔다. 그러나 나는 그러한 분리가 가능하다고 생각하는 입장이다. 왜냐하면 첫째, 지난 10년간 이 2가지의 분리가 가능하다는 것이 현장에서 입증되었기 때문이다. 둘째, 나는 개념을 분명하게 정의한다면 의문점은 풀릴 수 있다고 생각하기 때문이다. 사회학이나 인문학 분야 학자들이 생각하는 '방법론'과 신학자들이 '방법론'에 대해서 가지고 있는 생각은 다르다.

사람이 활용할 수 있고, 습득할 수 있으며, 하나님이 창조하실 때 벌써 사람에게 주신 '유익한 방법'을 꼽으라면, 나는 사람의 '배우는' 능력, '의사소통하는' 능력, '연구하는' 능력이라고 말하고 싶다. 학자는 이를 기초로 연구결과를 얻고, 이 결과들을 종합하여 하나의 방법을 도출해 낸다.

더 나은 학습과 의사소통, 과거에 대한 이해 등에 관한 방법은 이 방법을 개발한 사람이나 적용자의 이데올로기와는 별개의 것이다. 물론 방법의 개발자와 적용자가 이들 방법을 각자 자신의 가치관과 연결할 수 있으며, 이에 따라 그 결과는 매우 개별적으로 나타날 것이다. 우리가 왜 성경적–치료적 목회상담에서 세속적인 치료방법을 도입하는가를 잘 이해하기 위해서는 M. Luther가 한 말을 되새겨 보는 것이 좋을 것 같다. "신학자는 교육의 전문가가 아니다. 기독교인이 부끄러울 정도로 교육이란 불신자도 하는 세속적인 일이다. 왜냐하면 하나님께서 이를 위해 사람에게 지성을 주셨기 때문이다." (Luther가 '교육'이라고 의미한 것에 '치료방법'이라는 단어로 대치해 볼 수 있을 것이다.)

이 책의 제2판도 도움이 필요한 사람에게 축복이 되기를 소망한다.

Michael Dieterich

제1판 저자 서문

몇 년 전 R. Brockhaus 출판사가 내게 출판을 제의해 왔다. 그것은 미국에서 잘 알려진 책인 *Introduction to Psychology & Counseling*(Meier, Minirth, & Wichern)을 독일어권 독자를 위해 출판하는 일이었다. 독일어권은 성경적인 세계관에 기초해 있으면서도 현재까지 이루어진 심리학의 연구성과를 반영하는 개론서가 없다고 생각되었기에 나는 이를 기꺼이 수락했다.

그러나 얼마 지나지 않아 *Introduction to Psychology & Counseling*이 출판된 지 너무 오래되었고 미국의 상황을 주로 염두에 두고 저술된 탓에 책의 출판이 사실상 별 의미가 없다고 판단하게 되었다. 그러나 동시에 이 판단은 새로운 책을 집필해야 한다는 것을 의미하기도 했다.

이러한 의도에 부응하기 위하여 학문적인 연구결과에 기초하면서도 독자가 읽기 쉽도록 편안한 방식으로 책을 쓰는 쪽으로 방향을 잡았다. 이를 위해 독일어권 출판계에서 일반적으로 통용되는 실용서의 형태로 책을 쓰게 되었고, 내용면에서는 실제 상황을 많이 염두에 두었다. 또한 문헌의 인용문은 되도록 적게 사용했으며, 사용된 참고문헌은 책의 마지막에 각 장별로 모아서 수록했다.

이 책의 독자층으로는 이 방면에 관심 있는 부모, 목회상담자, 신학자, 교사 혹은 이 방면에서 공부하는 대학생, 어린이 · 청소년 그룹의 지도자들을 염두에 두었다. 책에 인용한 실제 예들도 이러한 독자층을 생각하여 선별한 것이다.

책은 다음과 같이 다섯 부분으로 나누어져 있다.

제1장은 심리학에 대한 일반적인 과제 설명과 심리치료의 특수 과제에 대한 설명으로 시작한다. 이와 연결하여 신학, 목회상담, 심리치료 간의 관계와 역할 분야에 대해서 언급하고 있다. 제2장에서는 동기, 학습 과정, 신경계, 기억, 사고, 지각 능력 등을 상세하게 살펴봄으로써 심리기능과 관련하여 사람에 대해서 관찰한다. 제3장에서는 한 사람의 성격이 어떻게 형성되는지, 다시 말하면 발달심리학에 대한 개요를 살펴본다. 특히 종교적 발달을 많이 고려했다. 제4장은 '만약 어떤 문제가 생긴다면'을 제목으로 하고 있다. 여기서는 사람의 영혼 영역에 문제가 생긴 경우와 영혼의 질병과 그 예로써 공포증이나 우울증의 발생 가능성에 대해 언급한다. 제5장에서는 내담자를 어떻게 도울 것인가에 대해서 언급한다. 방법론적인 문제와(심리치료에서 얻은 연구결과를 어떻게 목회상담 현장에 도입할 것인가 하는 것에 대한 논의) 성경적-치료적 목회상담에 대한 기본적인 설명을 한 다음, 선별된 여러 가지 예를 통하여 성경적-치료적 목회상담이 목회상담에서뿐 아니라 일반적인 심리치료과정에서 어떻게 실제적으로 적용될 수 있는지에 대해서 살펴본다. 또 성경과 심리학에 기초한 목회상담이 어떠한지에 대해서도 제시한다.

이 책을 위해 수고해 준 DGBTS의 동료들과 제4장과 제5장의 집필을 위해 같이 수고한 Ulrich Giesekus 박사, 제5장의 '1. 성경적-치료적 목회상담'과 제5장의 '2. 위로, 권면, 해결 그리고 화합'에 나오는 신학적인 부분에 조언을 해 준 신학자 Wilfreid Veeser에게 감사한다.

Michael Dieterich

차 례

제1장 서 론

제3장 **성장과 됨**

제4장 **만약 어떤 문제가 생긴다면**

제5장　어떻게 도울 수 있는가

심리학과 HANDBUCH
목회상담 PSYCHOLOGIE &
      SEELSORGE

제1장

서 론

제1장 서론

1. 학문으로서 심리학의 현주소

심리학은 독일에서 의학 다음으로 인기 있는 학문이다. 대학의 전공과목으로서뿐만 아니라 일반인도 심리학적 지식에 관심이 많다. 거의 대부분의 잡지들은 많든 적든 심리상담에 지면을 할애하고 있으며, 서점가에서도 심리학과 관계된 책들이 판매 부수 집계에서 상위권을 차지하고 있다.

그러나 상황이 항상 이렇게 긍정적이었던 것은 아니었다. 왜냐하면 심리학은 19세기 말에서야 비로소 독립적인 학문 분야가 되었기 때문이다. W. Wundt가 라이프치히대학교에 첫 심리학 연구소를 설립한 것이 1879년으로, 심리학이 전 세계적인 관심을 받게 된 것은 제2차세계대전이 끝난 후의 일이다. 그렇다면 무슨 이유로 대학생뿐 아니라 일반인들도 심리학에 그렇게 관심을 가지게 된 것일까?

자아에 대한 호기심 때문인가? 다른 사람을 이해할 수 있다거나 혹은 다른 사람의 생각을 조종할 수 있다는 생각에서인가? 혹은 능력 중심의 산업사회에서 자신의 삶을 어떻게 헤쳐 나가야 할지 모르는 많은 사람들이 느끼는 당혹감 때문인가? 지금까지 목회상담의 역할을 수행해 왔던 교회가 더 이상 개인의 문제에 대답해 주지 못하자 영혼의 목자로 인정받았던 목사의 자리에 심리치료사들이 들어섰다고 보아야 하는가?

이 책에서는 기독교 신앙과 목회상담과의 관계, 기독교 신앙과 현대심리학(심리치료와 정신의학의 중요한 지식들을 포함하여)의 관계에 대한 여러 가지 의문 사항에 대해서 '심리학과 목회상담' 이라는 제목으로 다루어 볼 것이다.

심리학의 영역

다른 학문과 달리 심리학은 인접 학문과의 경계를 분명하게 긋는 것이 쉽지 않다. 흥미로운 것은 심리학이라는 명칭만으로는 이 학문이 무엇을 다루고 있는지를 잘 알 수 없다는 것이다. 왜냐하면 헬라어 'psyche' 를 '영혼' 으로 번역할 수 있고, '호흡' '숨' '생명' 등으로 번역할 수도 있기 때문이다. 'logos' 라는 말은 독일어에서는 '학문' 으로 이해되고 있다. 그렇다면 '영혼에 대한 학문' 은 무엇을 의미하는가? 지난 수백 년 동안 철학자, 신학자, 그리고 근대에 들어서 자연과학자들까지 '영혼이 무엇인가?' '영혼은 육체와 어떤 관계에 있는가?' 에 대해서 논쟁을 벌여 왔다. 최근 들어 뇌 생리학자들은 이러한 논쟁과 관련하여 매우 흥미로운 연구결과를 발표했다(Popper & Eccles, 1982; GEO, 1987).

그러나 심리학자들은 'psyche' 에 대해서 분명한 해답을 제시하기를 꺼려왔고, 형이상학적인 배경은 배제하면서 그들의 경험적 이해에 상응하는 선에서 설명하고자 시도해 왔다. 아무튼 역사적인 배경에서 심리학이라는 명칭은 그대로 이어져 왔다.

독일어권에서는 지난 수십 년간 다음의 정의가 일반적이었다.

| 자료 1-1 | 심리학이란 무엇인가?(Ruch & Zimbardo, 1974) |

심리학의 성격은 다음과 같다.
- 심리학은 행동에 관한 학문이다.
- 심리학은 무엇이 인간으로 하여금 행동하게 하는가에 대한 질문을 다룬다.
- 심리학은 인간의 정신에 대해서 연구한다.
- 심리학은 생물체가 그를 둘러싼 환경에 대해서, 혹은 상호 간에 어떻게 반응하는가
  에 대해서 연구한다.
- 심리학에서는 철학, 생물학, 사회학, 생리학, 인류학이 서로 만난다.
- 심리학은 인간의 삶의 질을 향상시키기 위해서 무엇이 활용될 수 있는지에 대해
  연구한다.
- 심리학은 이와 같은 모든 것을 총괄하며, 더 많은 것을 의미할 수도 있다.

"심리학은 인간의 행동과 경험 그리고 이들의 조건에 대한 학문이다."

여기서 '행동'이란 객관적으로 관찰할 수 있는 모든 활동을 말한다. 즉, 특
정한 근육이나 침샘의 개별적인 반응부터 복잡하고 목적을 가진 반응 유형까
지를 모두 일컫는다. 그리고 '경험'이란 객관적으로 관찰할 수 없는 반응, 즉
사고, 동기, 감정 등 외부로 나타나는 행동을 가지고 유추할 수 있는 것들을
말한다.

이러한 정의에 따르면, 학문으로서의 심리학의 과제는 인간의 행동과 경험
을 서술하며 설명하는 것이라고 볼 수 있다. 여기서 설명한다는 것은 행동을
조건과 연결시키는 것을 말한다. 이러한 설명 과정에서 인간의 행동과 경험을
연결시키는 조건을 크게 3가지로 구별할 수 있다.

- 행동과 경험의 조건에서 개인적인 요소
- 상황적인 요소(상황의 물리적·사회적인 면)

• 물리적이고 사회적인 형태로 나타나는 반응

한 인간의 반응에 여러 가지 조건이 전제된다는 것은 심리학이 다른 학문과 긴밀한 관계에 있다는 것을 잘 말해 준다. 생물학적인 면에서 볼 때는 생체의 여러 가지 기능을 다루는 생리학이 심리학과 가장 긴밀한 관계에 있다. 인류학은 '한 인간의 행동에 문화적인 요소가 어떤 영향을 끼치는가'에 대해서 중요한 근거를 제공한다.

집단이 한 구성원의 행동과 경험에 어떤 영향을 끼치고 있는가에 대해 연구하는 사회학은 인간행동의 전반적인 조건에 대한 중요한 정보를 제공한다.

지금까지 나열한 학문 분야는 '공인된 학문'이라고 할 수 있다. 그러나 많은 사람들은 심리학을 학문적으로 이야기할 수 있는 것인가에 대해 회의적이다.

그러나 이 질문에 대해서는 쉽게 대답할 수 있다. 왜냐하면 각 개인은 실제적으로 심리학을 연구하고 있기 때문이다. 다시 말하면, 각 개인은 행동을 관찰하고 동기를 검토하며 다른 사람과의 관계에서 긴장관계가 생기는 것을 느낀다. 이러한 심리 관찰은 신학자, 철학자, 문학자, 역사가들이 오래전부터 해왔으며, 그들의 관찰의 결과는 인간의 영혼을 이해하는 데 중요한 역할을 했다. 하지만 이런 천재들이 학문적인 의미에서 심리학자는 아니다. 왜냐하면 그들의 표현은 많은 사람들이 즐겨 사용하긴 하지만 보편적인 규칙성을 적합하게 표현하는 것은 아니기 때문이다.

이와는 반대로 현대심리학은 검증할 수 있는 학문 분야이며, 연구방법면에서 경험적 사회학에 근접하다. 다시 말하면, 현대심리학은 연구결과를 반복할 수 있으며 일반화를 시도한다. 이렇듯 측정과 통계를 통한 심리학의 연구방법은 인문학보다 자연과학에 더 가깝다.

일반적으로 사람들은 심리학자가 목회상담자와 경쟁관계에 있다고 생각한다. 즉, 심리학자는 요상한 방법을 동원함으로써 우리의 영혼을 치료할 수 있으며, 사람의 무의식 세계를 관찰하며, 내담자를 성향에 따라 즉각적으로 구분할 수 있고, 사람의 심리를 테스트하거나 그가 어느 유형에 속하는 사람인지 분류하는 것에만 관심이 있는 직업 정도로 생각한다는 것이다. 만약에 이런 식으로 생각한다면 내담자는 두려움 때문에 진실하게 자신의 이야기를 할 수 없게 되고, 이는 정식으로 교육받은 심리학자가 무엇을 하는지에 대한 이해가 전혀 없다고 해야 할 것이다.

만약 심리학에 대한 일반적인 견해가 이러하다면 심리학을 단지 부분적으로 안다고밖에 할 수 없다. 학문으로서의 심리학을 요술이나 비술 혹은 어떤 부정적인 시각으로 바라봐서는 안 된다. 오히려 심리학은 연구를 통하여 사람들이 자신을 깨달으며 상대방을 더 잘 이해할 수 있도록 도와주는 학문이다.

우리가 오늘날 대학에서 심리학의 각 분야를 어떻게 가르치고 있는지에 대해 살펴보면 이 점은 더욱 분명해진다.

일반심리학　일반심리학(General Psychology)은 조건과 이에 따라서 생기는 지각(보는 것, 듣는 것, 느끼는 것 등), 사고, 학습, 동기의 결과에 대해서 연구한다. 다시 말하면, 일반심리학을 통해서 어떻게 가장 잘 학습할 수 있는가, 사고와 학습은 어떤 관계에 있는가, 우리의 행동에서 동기가 얼마나 중요한가 등에 대해 알 수 있게 된다. 그러므로 이 책에서는 일반심리학의 기초를 다루고자 한다.

생리심리학　생리심리학(Psychophysiologie)에서는 몸의 작용과 심리작용 간의 관계를 연구한다. 생리심리학은 생물학과 의학 간의 경계라고 볼 수 있는 신경세포 간의 연결 부위에 있는 매우 중요한 신경전달물질 내에서의 전기화학적 과정에 대한 인간의(또한 동물의) 행동을 연구한다. 따라서 생리심리학은 생물학과 의학의 경계 영역이라고 할 수 있다.

뿐만 아니라 생리심리학에서는 음식 섭취의 형태와 심리 상태 사이의 관계에 대한 지식도 얻을 수 있다. 이 책에서는 이 분야에 대해서도 부분적으로 다룰 것이다.

사회심리학   사회심리학은 사람의 행동을 집단과의 상호작용 가운데서 설명하고자 한다. 예를 들면, 사회심리학자는 한 집단 안에서의 구성원의 지위가 그의 행동에 어떤 영향을 미치는지를 연구한다. 다시 말하면, 지위와 역할이 어떤 관계에 있는지 살펴보는 것이다.

사회심리학에서 얻은 연구결과는, 예를 들면 어린이 · 청소년 그룹의 프로그램(자리배치나 놀이의 종류)을 만드는 데 매우 중요한 역할을 한다.

발달심리학   지난 수십 년 동안 발달심리학 분야의 학자는 유전적으로 이미 타고났으며 여러 발달 단계에서 반복하여 나타나는 각 개인의 '발달현상'을 알기 위해서 지속적으로 연구해 왔다.

오늘날에는 한 어린이가 어른으로, 나아가 노인이 되는 발달과정을 유전적인 배경에서뿐만 아니라 일생 동안 지속되는 학습 과정으로 보고 있다. 특히 사고와 기억, 동기 등이 어떻게 발달되는지 지켜보는 것은 매우 흥미롭다. 왜냐하면 이를 통해 나이에 적합한 학습목표의 선택에 대한 인식이 가능하기 때문이다.

이러한 관계에 대한 지식은 어린이와 청소년 그룹을 나누고 그에 맞는 놀이와 노래를 선별하며 성경이야기를 나이에 적절하게 설명하는 것을 가능하게 한다. 이 책에서 이러한 문제에 대해서 다룰 것이다.

교육심리학   교육심리학은 발달심리학이나 사회심리학과 밀접한 관계에 있다. 교육심리학은 특히 학습과정과 이를 통해서 얻은 지식을 학교와 가정에서 실제적으로 응용하는 문제에 대해서 연구한다. 학습장애나 교사의 교육 유형에 대한 사항도 교육심리학에서 매우 중요하게 여기는 분야다.

교육심리학에서 얻은 지식을 통해 어린이 주일학교에서 성경이야기를 그림이나 연극으로 혹은 이야기로 설명할 것인지를 제시할 수 있다.

차이심리학   차이심리학(Differentielle Psychologie)은 각 개인의 차이점을 분명히 하며, 이와 관련된 성격의 특성을 설명한다.

예전에는 그리스 철학자와 의사의 생각을 기초로 하여 사람의 성격은 인체의 액즙(예, 담즙)과 관련이 있다고 가정하고, 이를 네 가지 형태로 구별했다. 즉, 다혈질의 사람, 담즙질의 사람, 우울질의 사람, 점액질의 사람이 있다고 생각했다. 그러나 요즘에는 이러한 생각이 별로 큰 영향을 끼치지 못하고 있다.

오늘날에는 R. Cattell의 연구결과를 기초로 사람을 각 개인이 많이 가지고 있는 성향으로 구별하거나 '보통사람'과 비교하여 구별하고 있다. 여기에는 정도에 따라 외향적인지, 내향적인지를 구별하고, 지능의 유형, 자아의 강도, 예민함 등으로 나누는 것을 들 수 있다.

이렇게 성향의 정도를 측정하고 성향의 형태를 인식하는 것은 교육현장에서 '나이 든 사람과 젊은 사람을 각각 어떻게 대해야 하는가'를 알게 한다는 점에서 중요한 자료가 된다. 또한 교회에서 책임을 맡은 사람에게도 유용한 자료가 된다.

진단심리학   진단심리학에서 사용하는 여러 가지 방법을 통하여 앞에서 언급한 여러 성향이나 사회행동, 창의성 등을 되도록 정확하게 이해하고자 한다. 이러한 진단의 기본 목적은 어떤 특정 과제에 '적당한 사람'을 찾거나 혹은 이 과제를 위해서 사람을 준비시키고자 하는 데 있다.

진단방법으로는 지능, 집중력, 직업적성, 학교성적 검사, 성격프로필 구성을 위한 여러 가지 진단방법들이 있다. 이러한 진단들을 모두 별개로 진행할 수 있지만, 진단결과만으로는 한 개인을 온전히 판단하기에 충분하지 않으므로 개인의 행동을 관찰하고 대화를 함으로써 진단결과를 완성할 수 있다. 이를 통해서 가능한 직업군이나 장래 진학학교에 대한 조심스러운 예측을 할 수 있을 것이다.

직업/산업심리학   직업/산업심리학은 특히 직장인(일반적으로 산업계통)의 관심과 관련이 있다. 예를 들면, 직장인의 요구에 맞도록 작업 환경을 만들거나 직장인이 기분 좋게 일할 수 있도록 작업실을 만들고자 할 수 있다. 또 작업하는 사람들이 내놓은 제안을 연구하거나 작업 시간과 쉬는 시간의 길이를 조사한다거나 작업하는 사람이 읽기 쉬운 측정기구를 개발하는 것 등을 할 수 있다.

임상심리학　　임상심리학(clinical psychology)이라는 말은 미국에서 생겨났는데, 이는 미국의 상황을 잘 반영한 것이다. 왜냐하면 미국은 유럽과 비교하여 심리학자들이 병원에서 더 많이 일하고 있기 때문이다. 유럽의 상황에서 '병원' '임상'이라는 말을 쓰게 되면 그 의미가 너무 협소해진다. 왜냐하면 유럽에서는 병원에서 일하는 심리치료사가 심리환자를 치료할 뿐 아니라 부부상담, 가족상담, 혹은 전화상담까지도 하기 때문이다. 이 심리치료사들은 의사나 사회복지사와도 협력하여 일한다. 왜냐하면 많은 육체적 질병이 영혼의 문제와 연결되어 있거나 혹은 어려운 사회적인 주위 환경 때문에 생긴 것이라 생각하기 때문이다. 독일어권에서는 임상심리학이 1950년대까지는 대부분 S. Freud의 정신분석에 의존하였지만, 오늘날에는 심리치료방법으로 많이 인정받고 있다.

　한 심리치료 개론서(Corsini, 1983)에는 독일에서 현재 널리 적용되는 치료방법 70가지가 소개되었다. 이 치료방법들은 때로는 서로 매우 큰 차이점을 보이는데 (적어도 이론면에서는) 이 치료방법들을 요약하면 9개 그룹으로 나누어 볼 수 있다.

- 심층심리학에 기초한 치료는 대부분 Freud에 그 기초를 두고 있다. 그들의 치료컨셉트는 Freud의 발견, 즉 어린 시절에 받은 충격적인 경험이 성인이 되고 나서 영혼의 장애를 가져올 수 있다는 것에 기초한다. 이 치료방법은 어린 시절에 생긴 장애요소를 의식의 세계로 끌어내어 그것을 푸는 것이다.
- 행동치료는 그 근원을 보면 I. Pavlov, J. Watson, E. Thorndike, B. F.

Skinner 등이 연구한 학습 과정에 기초를 두고 있다. 요즘에는 여기에 인지를 통한 학습을 도입하는 인지이론이 추가되었다. 이들의 공통적인 원리는 어떤 바람직하지 않은 행동이 학습되었다면 정확히 정해진 검증할 수 있는 규칙을 통해서만 이 행동을 다시 탈학습할 수 있다는 것이다.

• 경험을 기초로 한 치료는 환자 자신이 저항력을 가지고 있으며, 이 저항력을 일깨워야 한다고 가정하고 있다. 주로 삶의 변화를 가져오는 생각들을 일깨워야 한다는 것에 기초를 두고 있다.

• 육체 활동을 중심으로 하는 치료는 육체적인 활동을 통한 치료효과를 얻기 위하여 영혼, 정신, 육체 사이의 상관관계를 이용한다.

• 커뮤니케이션에 기초한 치료는 자주 어려움을 유발하는 인간관계를 그들 구조 속에서 인식하고 잘못된 태도를 알아내어 시정한 다음 새로운 방향을 설정한다.

• 정신교육요법은 치료법이라기보다는 예방 분야에 속한다고 볼 수 있다. 이는 스스로 문제를 해결하고자 하는 사람을 도와주거나 잘못된 방향에 막 들어선 사람을 도와주는 것이라고 볼 수 있다. 이는 스스로 문제를 해결하는 능력을 강화시키고, 개인이 문제에 빠지기 전에 도와준다.

• 암시에 기초한 치료는 장애요소를 극복하거나 새로운 (때로는 무의식적인) 습관을 들이기 위해서 외부나 스스로의 영향력을 강하게 이용한다.

• 통합 지향적인 치료는 매개체적인 역할을 한다. 한편으로는 한 인격에 포함된 다양한 성격을 단순, 통합시키고자 하며, 다른 한편으로는 서로 다른 여러 치료방법들을 종합하여 이 방법들의 다양한 장점들을 요약하려고 한다.

• 특수치료는 하나의 큰 치료영역으로 발전되었다. 예를 들면, 가족치료, 어린이치료, 놀이치료, 알코올치료, 성문제치료 등 각 그룹에 따라 나누어져 있다.

임상심리학에서 다루는 심리장애는 다음의 10가지 정도로 정리할 수 있다 (Siewert, 1983).

- 발달장애
- 행동장애
- 노이로제
- 능력장애
- 변태
- 기능장애
- 성적장애
- 성격장애
- 언어장애
- 기타 다른 어려운 문제(정신이상, 갈등, 급성장애)

이러한 그룹들은 일반적으로 심리학이 다루는 각 영역을 보여 주고 있으며, 임상심리학을 특별히 구별하기보다는 심리학의 한 분야로 보아야 할 것이다.

2. 학문적 심리학의 방법

학문적 심리학(임상심리학의 한 치료방법에 속한다. 임상심리학은 앞에서 언급한 치료방법들 중에 단지 한 부분에 속하는 것이다)은 경험적인 학문이라고 볼 수 있다. 그러므로 연구결과를 얻기 위해서 자연과학에서 사용하는 방법들을 사용한다(제5장 참조).

그러나 이러한 방법을 모든 경우에 적용할 수는 없다. 왜냐하면 사람의 행동과 경험에 영향을 주는 많은 조건들은 단지 부분적으로만 임의로 변화시킬 수 있으며 다시는 반복되지 않기 때문이다. 그래서 전형적인 자연과학 학문 (예, 물리나 화학)과는 달리 자료를 얻는 데 문제점이 제기된다.

심리학에서 중요한 방법은 정확한 관찰이기 때문에 특히 관찰을 할 때 생길 수 있는 실수에 많은 주의를 기울여야 한다. 현대적인 관찰기기(녹음테이프, 비디오, 캠코더 등)나 자료를 다시 검토해 볼 수 있는 측정 연산법들을 (예, 관찰을 위해 특정한 규칙에 따라 숫자를 배열하는 것) 도입하여 자료의 정확도의 비중을 높일 수 있다.

자연과학에서는 자주 사용되는 실험이 심리학에서는 점점 사라져 가고 있다. 실험이란 정확한 실행과 반복이 가능하다는 장점이 있지만, 실험실에서 실행할 수 있는 상황이 실제 상황에서는 거의 일어나지 않는다는 문제점이 있으므로 검사는 실제 상황에서 사용되는 방법으로 점점 많이 이용되고 있다. 검사를 통하여 개별적인 상황에서 어떻게 행동하고 경험하는가를 알고자 하는 것이다.

일반적으로 학문적 심리학에서는 가정을 세운 다음 그것을 검증한다. 성경과 신학적인 입장에서 보면, 심리검사는 실제 인간의 극히 작은 부분일 뿐이다. 그러므로 이런 방법으로 얻은 결과는 결코 최종적이라 할 수 없으며, 단지 잠정적인 의미를 가지고 있을 뿐이다. 다시 말하면, 100% 완벽한 것이 아니라 항상 실수에 대한 가능성을 생각해야 한다.

이러한 점에서 성경적인 인간관, 또는 성경이 말하는 인간의 존재, 기원, 목적, 하나님 앞에서의 위치에 큰 차이가 있음을 보게 된다. 그러므로 심리학과 목회상담에 대한 개론서인 이 책에서는 이러한 차이점에 대해 다른 장에서 다시 언급할 것이다.

3. 학문적 연구결과의 해석: 학문적 이론에 대한 탐구

J. A. Comenius(1592~1670)에게는 자연 속에서 하나님의 형상을 찾는 것이 전혀 문제가 되지 않았다. 이 위대한 교육자에게는 수업 시간에 동ㆍ식물을 관찰하는 것이 하나님의 창조질서에 대한 연구였으며, 그는 자연과학도 별 어려움 없이 하나님의 질서 안에서 이해했다.

그러나 비판적인 계몽주의 철학에서 시작하여 I. Kant(1724~1804)의 인식론에 이르면서 자연과학은 성경적인 인식(창조론)에서 벗어나기 시작했으며, 관찰한 자연에 대한 해석은 독자적인 길을 걷기 시작했다. '창조'라는 말 대신 '자연'이라는 말이 사용되고 '하나님으로부터의 계시'라는 용어 대신 '인간의 이성'이 쓰이게 되었다. 그리고 지금까지 사용했던 '하나님에 의하여 주어진 질서'라는 말은 '인간이 만든 질서'로 대치되었다. 하나님에 의존하기보다는 인간 스스로 생각하는 것, 스스로의 경험, 인간이 만든 체계에 대해서 논리적인 근거를 제시하는 것이 학문의 기준이 되었다.

G. W. Hegel(1770~1831)은 학문에 대해서 새로운 물음을 던졌다. 그는 세계를 하나의 개념으로 요약하고자 시도했다. 다시 말하면, 실재를 연구하며 그 연구결과를 사회구성원에게 전달하려 한 것이다. 학문은 어떤 가치관에도 매이지 않으며 학문의 결과야 어떠하든 오직 진리로부터 얻은 지식만 책임지면 된다고 생각했다.

K. Marx(1818~1883)는 행동의 결과에 대해서 전혀 상관치 않는 학문에 대해서 "철학자들은 이 세계를 다르게 해석했을 뿐이며, 이 세상을 변화시키는 것이 관건이다."라고 이야기했다. 학문에 대한 그의 이러한 자세는 오직 상황설명에만 만족하려는 학문에 대한 거부를 의미하는 것이었다.

모든 시대를 불문하고 사람은 사고의 근간을 알고 인간과 세계를 설명하며 이를 통해 세계를 변화시키려고 시도해 왔다. 학자들은 심지어 인간에 관해서 연구하는 의학자나 심리학자까지도 자연과학자가 하는 것과 같이 인간에 대해서 정확한 연구결과를 얻어 내려고 노력해 왔다. 이러한 시도는 사람에 관해서 연구하는 의학이나 심리학 같은 학문 영역에서도 수학적 결과처럼 분명하거나 적어도 자연과학자처럼 정확한 결과들을 얻고자 하는 것이었다. 그러나 흥미로운 것은 현대 자연과학은 이러한 정확성에 대한 사람의 갈망을 더 이상 해결해 줄 수 없다는 데 있다. W. Heisenberg는 초미시적인 영역(sub-mikroskopischen)에서 행해지는 실험의 모든 결과는 일정의 미정확성을 내포하고 있다는 것을 보여 준다. 예를 들면, 한 소립자의 질량과 속도를 동시에 원하는 대로 정확하게 측정하는 것은 불가능하다는 것이다. 항상 어떤 부정확성이 있다는 것이다.

물리에서는 이런 부정확성이 초미시적인 영역에서나 생기며 크게 문제가 되지 않을 수 있는 반면, 인문-사회학에서는 거시적인 영역(makroskopischen)에서도 생긴다. 예를 들면, 사람과 관련해서 한 개별적인 특성(지능지수)은 매우 정확하게 측정할 수 있을 것이다. 그러나 지능측정을 정확하게 하려면 할수록 더욱 복잡한 실험 환경이 요구될 것이며, 이에 따라 지능과 관련되어 측정해야 하거나 또 지능에 영향을 줄 수 있는 다른 성향에 대한 정확성이 떨어질 것이다.

이는 매우 실제적으로 현대심리학의 검사법이 가지는 한계성을 보여 준다. 검사는 한 사람의 부분적인 면은 측정할 수 있지만, 그것 때문에 전인격을 측정할 수 없다는 것이다. 왜냐하면 전체는 부분의 단순 합이 아닌 그 이상이기 때문이다.

비전문가들이 행하는 대부분의 실수는(전문가도 자주 그러한 실수를 범하지만) 각 학문에 적합한 연구방법을 적용하지 않아서 생기는 것이다. 이러한 상황에서는 결코 정확한 연구결과를 얻을 수 없게 된다. 수학을 전공하지 않은 사람에게는 4×17에 대한 해답이 인터뷰를 통하여 나오지 않는다는 것이 너무나 분명하다. 황새와 출산율과의 연관성을 수학적·논리적으로 정확하게 계산해 내려고 시도하는 것은 우스운 일이다. 또 신학에서 성경을 재료로 하지만 어떤 특정한 연구방법을 통하여 하나님의 존재를 알아내고자 하는 것은 잘못일 수 있다. 왜냐하면 예수 그리스도 안에서 행하시는 하나님의 용서를 이해할 때에야, 연구자가 보이는 세계와 보이지 않는 세계 전체와 하나님을 이해할 수 있게 되기 때문이다.

이러한 기본적인 생각 가운데서 자연과학적인 경험에 기초한 방법과 인문과학적이며 신학적인 사고를 서로 대치시켜 가며 각 학문이 실재를 도출해 내기 위해서 어떻게 접근하는가를 살펴보고자 한다.

1) 자연과학적–경험적 사고

19세기에는 모든 인식이 자연과학적인 의미와 자연과학적인 실험을 통해서만 얻을 수 있다는 견해가 널리 퍼져 있었다.

특히 A. Comte(1798~1857)는 모든 형이상학적인 것을 배제하고 오직 사실만을 근거하고자 했다(실증주의). 이 사실들에서 규칙성을 찾아내어, 발견된 연관성에 근거해 미래에 일어날 일들도 예견하고자 했다.

J. Loke(1632~1704)는 "경험과 관찰은 책에서 배우거나 가르칠 수 없다."라고 하면서 모든 것을 스스로 경험해 보아야 한다고 주장했다.

이러한 자연과학적인 생각에 기초하고 있으며, 현대 학문적인 심리학에서조차 매우 중요한 부분을 차지하는 것이 귀납적 방법이다. 각 연구대상은 매우 구체적이고 언제든지 반복이 가능한 실험 환경 속에서 이루어진다. 귀납적 결론이란 각 개별적인 연구결과를 통하여 전체에 유효하는 결론을 이끌어 내는 것을 말한다. 다시 말하면, 특수한 것에서 일반적인 것을 끌어내는 것이다.

앞에서도 언급했듯이, 심리학에서는 자연과학적인 실험 이외에 설문조사나 검사 등이 귀납적 방법에 의하여 이루어진다. 귀납적 방법을 적용하는 데 일반적으로 모든 가능한 상황을 검사할 수 없기 때문에 전체 중에서 표본을 선별하여 이루어진다. 표본의 선별은 전체를 잘 대표할 수 있어야 한다. 즉, 모든 경우수의 축소 모형이어야 한다. 여기서 경험 위주 연구의 주된 문제점이 바로 드러나게 된다. 즉, 표본 조사 대상이 대표성을 띠지 못한다면 수치상으로는 아무리 연구가 잘 진행되었다 할지라도 결과는 적절하지 않게 된다. 귀납적 방법, 즉 특수 상황에서 일반법칙을 이끌어 내고자 할 때 2가지 점에서 불확실성이 항상 존재하게 된다.

- 표본 그룹이 잘 선별되었는지를 짚고 가야 한다.
- 언젠가는 실험결과와 반대되는 상황이 생길 수도 있다는 점을 고려해야 한다. 즉, 경험적이고 귀납적 방식으로 얻은 일반성은 절대적이라고 볼 수 없으며, 이 결과는 단지 실재에 가까울 수 있다는 것이다.

이러한 배경에서 귀납적 방법을 통하여 얻은 어떤 이론들은 '진실성'에 의문을 가질 수 있다.

현대 학문이론에서 중요한 부류를 형성하는 소위 '비판적 합리주의'는 귀납적 방법에 생기는 세 가지 어려움을 지적하고 있다. 즉, 경험론에 의하여 얻어진 긍정적인 근거는 또 다른 새로운 근거로 유도되거나, 한 결론이 다른 것으로 대치되거나, 계속된 실험으로 다른 시점에 가서 이 결과가 중단되거나 혹은 다른 이론으로 대치된다는 것이다.

이러한 어려움을 해결하기 위한 시도가 '비판적 검토'의 방법이다. 비판적인 검토에서는 이론을 증명하는 것이 아니라 반대이론을 제시한다. 이에 따르면, 어떤 이론이란 반대이론이 성립되지 않을 때 비로소 이론으로서의 가치가 있다는 것이다.

이처럼 어떤 경험을 기초로 일반화된 연구결과—그것이 창조와 관련되었든지 사회학이나 심리학과 관련 되든—의 진실성에 대한 의문 제기는 다음과 같이 말할 수 있다. 즉, 경험에 기초하여 얻은 결과는 절대적으로 유효할 수 없거나 혹은 반대이론이 나오지 않는 한 잠정적으로만 유효할 수 있다는 것이다. '비판적인 합리주의'의 측면에서 볼 때 경험적인 방법은 학문이론에서 의문의 여지가 많다고 보아야 할 것이다. 그럼에도 경험적인 학문 분야에서 '비판적인 합리주의 방법'을 적용하는 것이 필요한 경우가 있다. 이 방법을 통해서 얻은 연구결과들도 나름대로 의미가 있기는 하지만, 단지 이러한 방법을 모든 연구 분야에 도입한다는 것은 상당히 문제가 될 수 있다. 하지만 경험적-자연과학적 연구 분야에서 이 방법들의 적용이 적절하다고 판단되는 경우에만 사용한다면 이 연구들로부터 얻은 결과는 실재를 이해하는 데 도움이 될 수도 있을 것이다.

2) 인문학적-해석적 사고

어떤 특정한 행동을 검토하기 위해서 자연과학적-경험적 방법의 도입이 가능하기는 하지만, 이 방법으로 행동의 원인이나 행동이 환경과 정치 상황, 신앙 등과 어떤 관계를 맺고 있는지 정확하게 설명하기는 매우 어렵다.

'계속적으로 변화하는 상황을 어떻게 인식하고 설명할 수 있을 것인가' 하는 문제가 생기는 것이다. 상황에 반응하며 늘 변화하는 인간을 다루는 학문은 어떤 연구방법을 적용해야 하는가?

이 점에서 W. Dilthey(1833~1911)는 인문학적-해석학적 방법으로 하나의 해결책을 제시했다. 그는 인간을 다루는 학문은 사람이 생각하는 스스로의 경험에서 출발해야 한다고 주장했다. 이러한 경험이 이해된다면 그 사람이 한 행동을 이해할 수 있다는 것이다. 각 행동에는 일반적인 것의 한 부분이 들어 있으며, 각 경험은 주관적인 동시에 객관적인 요소를 포함한다는 것이다. 대부분의 심층심리학(예, Freud의 꿈 해석)은 경험적인 방법이 아니라 이러한 해석학적인 방법을 기초로 한다.

비평가들은 경험을 해석하고 상황을 이해하려고 하는 이 방법은 어쩔 수 없이 다분히 주관적이므로 "객관적인 경험적-자연과학적 방법을 취해야 한다"고 한다.

여기서 우리는 주관적인 경험을 이용하여 상호주관적인(intersubjektive) 결론을 끌어내는 인문학적인 방법이 모든 사람에게 적용될 수 있는 학문적인 결과를 도출해 낼 수 있는지에 대해서 의문을 가져 볼 수 있다. 이 점에 대해서는 2가지 대답이 가능하다.

- 해석학적으로는 대답하는 것 외에는 도무지 해결될 수 없는 영역이 있다는 것이다. 예를 들면, 성경과 역사가들이 말하는 Kaiser Augustus의 호적령을 경험적인 방법에 근거한 설문조사를 가지고 오늘날 다시 시도한다는 것은 우스꽝스러운 것이다. 이 역사적인 사건은 다시 반복될 수 없으므로 다시 검토될 수도, 관찰될 수도 없는 것이다. 인류학적인 사실들은 적어도 비슷한 경험들에 근거해서 해석될 수 있을 뿐이다.
- 결과의 객관성에 대한 의문과 해석학적으로 얻어진 결과에 대한 진실성의 여부는 경험의 질에 대한 의문일 것이다. 예를 들면, 역사학에서 역사를 해석하는 데 사용된 사료의 질에 대한 의문일 것이다.

O. F. Bollnow는 실재는 거짓결론, 거짓경험, 거짓해석 등에 저항하며, 주관적인 경험은 실재에 의해서 수정된다고 말했다(Bollnow, 1974).

인문학적-해석학적으로 얻은 결론의 평가는 경험적인 학문에서와 비슷하다. 다시 말하면, 해석을 통해 얻은 결과 또한 최종적인 의미를 지니는 것이 아니라 새로운 결과가 나타날 때까지만 유효하다고 보아야 할 것이다.

3) 신학적 사고

대부분의 신학자들, 특히 독일 대학의 신학자들도 예전과 다름없이 오늘날에도 E. Troeltsch가 주장한 '역사적−비판방법'을 많이 적용하고 있다. 비판, 상관, 유추라는 전형적인 형태를 가진 이 방법이 많이 극복되긴 했지만 신학의 성서해석연구에는 이 역사적−비판방법을 적용하여 학문적이라는 증명을 받고자 시도하고 있다.

그러나 바로 역사적−비판방법의 신앙고백적인 교리가 성경의 이해에 적합하며 성경에 맞는 실용적이고 학문적인 신학 연구방법이 될 수 있는지는 의심해 보아야 한다.

성경과 신앙에 관계된 일에 경험적−자연과학적 방법을 도입한다는 것은 (하나님은 객체화되지 않는다) 역사적−비판방법의 인문학적−해석학적인 접근만큼이나 문제가 있다(성경과 신앙은 주관적인 경험 없이 객관적으로 추론될 수 없다.). 그 외에도 역사적 비판방법을 통해 얻어진 결론들과 이에서 도출된 연구는 사료연구에서 성경의 요구에 대해 각 신학자의 주관적인 시각에 의존할 위험이 있다. 이렇게 되면 각 신학파가 유추해 낸 것이나 임의의 주관적인 실재에서 출발한 어떤 것이나 우리 시대 사람이 요구하는 그것이 '진실'이 되어버릴 수 있다.

이들의 연구기준은 성경 자체가 아니라 각 신학학파가 가진 혹은 신학자 개인이 지닌 주관적인 인식이다. 이러한 역사적−비판방법에 대해서 G. Maier는 역사적−성경적 방법을 제시하여 가장 먼저 반대 입장을 취했다(Maier, 1974). 역사적−비판방법에 대한 여러 가지 대안 중 하나로 간주되는 신학적−해석적 사고에 대해서 자세히 살펴보고자 한다.

신학적−해석적 방법에서 연구대상은 계시된 하나님의 말씀, 즉 성경이다.

성경의 범위에 대해서 논하는 것은 일단 접어 두고 현재 우리가 가진 성경은 베드로후서 1장 21절(역자 주: 이하 이 책에서 언급하는 한글 성경은 개역개정

판을 기준으로 한 것이다)에서 이야기하는 것처럼 하나님이 성령으로 사람을 감동시키사 인간의 언어로 쓴 것이라고 본다. 이런 배경에서 성경은 세상의 모든 책들 위에 있게 된다. 성경말씀은 절대적이고, 기준이 되는 것이다. 다시 말하면 성경은 원칙적으로 진리이며, 더 이상 논의의 대상이 아니다.

　학문적인 이론을 고려할 때 기준을 포함하는 요소는 비평을 받게 된다. 왜냐하면 기준이란 관계된 모든 사람들이 수긍할 때만 인정되는 것이며, 이러한 동의는 실제로 매우 드물게 이루어지기 때문이다. 기준을 정하는 학문은 기준을 정하는 질에 따라 성공할 수도 실패할 수도 있다. 기준이 사람에 의해서 정해졌다면 이는 항상 의문의 여지가 있으며 잠정적인 것을 의미한다. 하나님에 대한 성경의 최종 선포 안에서 우리는 피조물인 인간을 찾아오는 하나님의 사랑을 발견할 수 있다.

　성경이 하나님으로부터 성령에 의하여 감동받아 쓰인 것이라면 성경과 성경에 나타난, 보이는 혹은 보이지 않는 하나님의 세계에 대한 실재, 그의 백성과 교회와 모든 세상역사를 둘러싼 하나님의 신실함을 연구하는 방법이 분명해지게 된다. 역사적−성경적 입장에 따르면, 성경 인식을 위한 가장 적합한 방법은 하나님에 대한 지식을 얻기 위해서 성령이 결정적인 역할을 한다고 생각하는 역사적−해석적 방법이다(로마서 8:14, 고린도전서2:6~16).

　성령의 감동하심으로 된 하나님의 말씀은 이를 해석하는 데 다시 성령이 필요하다는 인식에 도달한다. 이러한 인식 이외에 앞에서 잠깐 언급했던 점을 덧붙일 수 있다. 즉, 신학은 학문으로서 하나님의 실재에 대해서 언급하지만, 하나님을 학문의 대상으로서는 절대적으로 배제한다는 것이다. 성경과 성경에 나타난 보이는, 보이지 않는 세계의 실재를 매우 '정확히' 연구하기 위해서 성령이 필요하다고 본다면 개인적인 경험을 배제한 '하나님에 대한 연구'는 실패로 끝날 것이 너무나 당연하다. 왜냐하면 각 사람은 예수 그리스도 안에서 하나님의 사랑의 대상이기 때문이다. 하나님과 그의 말씀을 (학문적으로도) 깨닫고자 자신을 여는 자는 먼저 하나님에 대해서 알아야 한다. 십자가에서의 구속과 부활의 예수님을 마음속 깊이 인정한 사람만이 신학적-학문적 의미에서도 예수 그리스도를 둘러싸는 전체를 이해할 수 있기 때문이다. 이러한 전체는 인문과학적-해석적 방법뿐 아니라 근거가 있으며, 일반성이 있는 경험적-과학적 관찰 모두를 포함한다고 볼 수 있다.

이러한 이유에서 오직 역사성만 고려한 인문학적-해석학적 방법은 하나님의 말씀을 연구하는 데 충분치 못하거나 혹은 성경적인 인식을 간과할 수가 있다. 그러나 다른 한편으로는 역사성을 소홀히 하고 오직 성령에만 의존한 해석도 하나님의 말씀이 지니는 역사적-해석적 성격에 적합하지 않다. 이들 방법은 종종 극단적인 경향을 띤 결과를 낳게 되며 검증할 수도 없으며 보이는 실재를 비현실적인 방향으로 이끌고 가게 된다.

이 2가지 모두 문제점을 내포하고 있다. 즉, 성경을 하나님의 말씀에 대한 인간적인 '증거' 정도로 이해하고 있거나 심지어 성경은 하나님의 말씀을 '포함' 하는 정도로 생각하는 사람은 성경에 대한 권위를 상실할 위험에 있다. 이런 생각을 할 때 하나님의 보이지 않는 실재에 대한 인식을 금방 잃어버리게 된다.

다른 한편으로 '성경은 하나님의 말씀' 이라고 절대적으로 생각하며 성경 생성의 역사성을 전혀 고려하지 않는다면, 보이는 세계를 완전히 도외시하는 결과를 낳게 될 것이다. 우리는 이러한 차이점을 인정해야 하며, 성경을 제대로 이해하려고 한다면 이러한 차이점을 학문적 방법에 유리하게 결정해서는 안 된다. 아마 '성경은 인간의 입으로 말하신 하나님의 말씀' 이라는 표현이 가장 적합할 것 같다.

경험적-자연과학적인 방법으로 성경 내용을 증명하려 하거나 혹은 이의를 제시하려는 것 또한 비슷한 문제점을 가지고 있다. 앞에서도 언급했듯이, 경험적인 방법을 가지고서는 항상 전체의 한 부분밖에 볼 수 없다. 자연과학에 적합한 귀납법은 잠정적인 결론만 이끌어 낼 수 있으므로 성경연구에는 적합한 방법이 아니다.

　　그러나 이것이 성경에는 자연과학적—사회학적인 사고가 전혀 없다는 것을 의미하는 것은 아니다. 단지 당시 세계관에서 바라볼 때 적합했던 표현을 자연과학적—인문과학적인 의미에서의 증거로 보아서는 안 된다는 것이다.

　　믿음을 통해서만 성경을 이해할 수 있는 입장이 흔들려서는 안 된다. '현대 신학'이 늘 시도해 왔던 것처럼 성경에 나오는 이야기를 더욱 신빙성이 있도록 만들기 위해서, 다시 말하면 성경 내용을 '정확히 과학적으로' 증명해 보이며 현대인이 납득할 수 있도록 시도할 수는 있을 것이다.

　　그러나 이 점에서 성경 내용은 어떠한 증거 자료도 필요치 않으며 그 진실성은 어떤 학문적인 방법으로도 설명할 필요가 없다는 점을 분명히 인식해야 한다. 성경은 그 전체가 하나님의 감동으로 된 것이며 실재를 다루고 있다. 이로써 성경은 "교훈과 책망과 바르게 함과 의로 교육하기에 유익"(디모데후서 3:16)하다.

　　학문의 성격과 심리학의 진실성에 대한 의문점과 성경적인 신학을 살펴보았으므로 다음에서는 이 두 학문이 서로 어떤 관계에 있는지 살펴보고자 한다.

4. 신학과 심리학

　　앞에서도 언급했듯이 심리학은 학문적인 요소를 가지고 있을 뿐 아니라 우리 일상생활에 필요한 많은 정보도 제공해 준다. 성경도 일상생활에 필요한 많은 중요한 것들을 가르쳐 주고 있기 때문에 신학과 심리학은 종종 대립관계에서 이해되어 왔다. 심리학자의 매우 정확한 관찰이 어떤 결과로 나타나는지 〈자료 1-2〉에서 잘 볼 수 있다.

경험적인 방법으로 일하는 심리학자가 교회에서 관찰한 내용

대학에서 심리학을 공부하고 학문적인 연구방법에 기초하여 사람을 관찰하는 한 심리학자를 상상해 보자. 그는 관찰기록지, 녹음기 혹은 비디오카메라 등을 사용한다. 그가 이러한 도구들을 가지고 기도모임을 위해 교회에 모인 청소년부 그룹을 관찰했다면 관찰 결과는 다음과 같을 것이다.

"방금까지 청소년들은 서로 활발하게 대화를 나누었다. 그러나 지금은 차례차례로 이야기하고 있다. 그들의 대화 방식이 달라졌다. 그들의 언어 선택도 조금 전과는 달라졌으며 목소리도 변했다. 그들은 더 이상 사투리로 이야기하지 않는다."

이 책을 쓴 목적 중 하나는 이러한 대립관계를 완화시키는 것이다. 이를 위해서는 여러 가지 방법을 실제로 조사해 보는 것이 필요하다. 〈자료 1-2〉처럼 경험적인 방법으로 얻어진 결과가 꼭 '잘못' 되었다거나 '영적이지 못하다' 고 볼 수는 없다. 심리학자의 관찰은 학문적인 도구를 이용해서 이루어졌으며 별 문제 없이 객관적으로 반복할 수도 검증할 수도 있다. 그러나 이 청소년들의 행동과 체험을 해석하고자 하면 심각한 문제가 생기기 시작한다. 기독교인의 모임에 대해 전혀 알지도 못하고 한 번도 이런 기도모임을 경험해 보지 못한 심리학자라면 잘못된 해석을 할 수도 있다.

우리는 기독교인으로서 정확하게 관찰하고 검토하려는 전문가를 비판하고자 하기보다는 그를 이해하고자 해야 한다. 그는 자신의 이론적인 배경에서 관찰한 것을 해석하는 것 이외에는 더 이상 다른 것은 할 수 없다. 사람은 그가 내린 결과를 '심리적인 외형' 이라고 말할 수 있다. 자료들은 통계학적으로 검토되었으며 반복될 수 있다. 정확성은 오류수치로 제시되었으며, 모든 전문가들은 그 결과가 잠정적으로 정확하다고 생각할 수 있다.

그러나 진정한 결론을 이끌어 내기 위해서는 기도모임 전체를 살펴보아야 한다. 기도모임에서 참석자들은 자신을 둘러싼 보이지 않는 하나님의 세계와 그에 대한 기대감과 관련되어 있다. 이 점은 심리학자가 사용하는 학문적인 방법으로는 관찰할 수도, 측정할 수도, 테스트할 수도 없는 것이다. 왜냐하면 그가 측정하고 관찰하는 것은 전체 중에서 단지 보이는 일부분이기 때문이다. 그러므로 기독교인은 기도모임을 더 깊이 관찰할 수 있다. 기독교인은 사람이 하나님을 찬양하기 위해서, 그에게 감사하기 위해서, 그에게 간구하기 위해서 함께 모인다는 것을 알고 있다. 성령이 이 그룹을 인도하고 있으며 예수님 자신도 "두세 사람이 내 이름으로 모인 곳에는 나도 그들 중에 있느니라."(마태복음 18:20)라고 말씀하셨다. 이러한 성경적인 인식은 경험적-사회학적 방법으로는 증명할 수도, 이의를 제기할 수도 없다. 요약해서 말하면 다음과 같다.

- 심리학자와 기독교인은 각자의 배경에서 매우 다른 인식을 하게 되었지만 이 둘이 서로 배타적인 것이 아니라는 것이다.
- 기독교인이면서 심리학자일 경우 그 자신이 전체를 알기 때문에 이 두 경험을 잘 이해할 수 있다.
- 기독교인이 아닌 심리학자의 경우 그는 부분적인 인식—일시적인 가정—에 머무를 것이다.
- 심리학자가 그의 방법으로 관찰할 수 있는 것은 기독교인이 인식할 수 있는 전체의 일부분일 뿐이다.
- 심리학적인 방법을 모르는 기독교인의 경우 심리학적인 인식에 의해 불확실해할 필요가 없다. 그의 믿음이 심리학적인 인식에 의해 없어지지 않기 때문이다. 그래서 두려움 때문에 심리학의 경험적인 방법을 비판하든지 자유로운 가운데 이를 이해하든지 하는 것은 그에게 매우 중요한 의미가 있다.

'누가 더 맞는가?' 하는 것에 대한 토론은 여기서 더 이상 도움이 되지 않는다. 심리적인 외형과 신학적인 내면 둘 다 의미가 있으며, 이 둘의 상관관계속에서 바라본다면 여러 가지 문제나 장애를 설명하는 데 혹은 새로운 행동을 만들어 가는 데 매우 도움이 될 수 있다.

심리학과 신학의 관계를 설정하고자 한다면, 이 책의 입장은 성경은 유·무형의 세계 전체를 증거하고 있지만 성경의 첫째 관심은 하나님과 인간 사이, 창조주와 피조물, 죄와 용서, 길 잃은 인간을 향한 하나님의 사랑 등을 증거하는 데 있다고 보는 것이다. 예를 들면, 성경의 지혜가 창조에 나타난 하나님의 창조질서와 관련하여 '자연과학적인' 관찰에 대해서 언급하고 있기는 하지만 보이는 실재에 대한 학문적인 연구가 성경의 첫 관심사는 아니라는 것이다.

성경은 믿지 않는 사람도 이성을 통하여 창조 속에 나타난 질서와 법칙을 깨달을 수 있고, 성경저자에 의해서 이들 법칙들이 성경에 포함될 수 있다는 것을 보여 주고 있다(잠언 22:17~23:11).

이를 매우 실제적으로 말하면, 성경에 건강한 삶을 위한 중요한 기본 원칙들이 나타나 있지만 의사가 결핵 환자의 치료방법을 성경으로부터 얻는 것은 아니라는 것이다. 지질학자는 성경에서 석유가 묻혀 있는 사막의 위치를 찾게 되리라고 기대하지 않으며, 심리학자는 성경에서 지능지수를 측정할 수 있는 검사방법을 찾지 않는다.

하지만 성경에서 사람의 행동에 대한 견해를 직접적으로 설명하는 것은 볼 수 있다. 사람이 예수 그리스도를 통하여 하나님과의 관계성을 회복하게 되면, 그는 실재와 진리를 새로운 면에서 이해하게 되고 자연을 하나님의 창조물로 바라보게 된다. 자연은 창조주를 계시하며 그에 대해서 말해 주고 있다(로마서 1:18). 기독교인은 전체, 즉 신실하시며 진리 안에서 자신의 피조물을 사랑하는 하나님을 알게 되고, 자연이 하나님의 창조물인 것을 알게 되며, 하나님의 창조 속에서 하나님의 질서를 깨닫게 된다.

어떤 특정한 질병의 치료방법을 성경에서 찾을 수 없는 의사의 예로 다시 생각해 보자. 우리는 성경이 질병의 경과를 자연과학적으로 매우 정확하게 설명하고 있지 않다는 사실을 인정한다. 그러나 성경은 우리에게 질병의 의미와 그것이 성경적으로 무엇을 의미하는지 가르쳐 준다.

많은 사람들이 자연에 대해서 감탄하며 자연을 연구하지만 하나님에 대한 인식과 그의 보이지 않는 세계를 깨닫지 못하는 것은 하나님의 분노하심의 증거다. 그들은 하나님의 심판 아래 있으며 창조 속에 나타난 하나님의 질서 앞에서 아무런 변명을 할 수 없다. "이는 하나님을 알 만한 것이 저희 속에 보임이라, 하나님께서 이를 저희에게 보이셨느니라. 창세로부터 그의 보이지 않는 것들 곧 그의 영원하신 능력과 신성이 그 만드신 만물에 분명히 보여 알게 되나니 그러므로 저희가 핑계치 못할지니라."(로마서 1:19)

자연을 하나님의 창조물로 이해하고자 하는 자는 먼저 예수 그리스도에 눈을 떠야 한다. 종종 하나님을 믿지 않는 사람이 하나님의 창조 안에서 놀랄 만한 관찰을 한다. 그 한 예로 어떤 이는 생명을 구하는 의약품을 발견하거나, 창조 안에 담겨 있는 치료를 가능케 하는 법칙을 발견하기도 한다. 하지만 그들이 하나님의 존재에 관해서는 무지한 가운데 있다는 것은 매우 안타까운 일이다.

그러나 이러한 발견들이 하나님의 질서와 창조 안에 내재한 법칙에 상응하는 것이기 때문에 기독교인은 이러한 발견과 믿지 않는 연구자에게 대해 감사하는 것이 지혜로울 것이다.

종종 학자들은 그들이 자연과학적인 발견을 잘못 해석하거나 온전치 못하게 해석하는 것처럼 느낀다. 개인적인 세계관이나 자신에게 영향을 미친 이데올로기 때문에 학자들은 그들의 발견을 잘못 해석하거나, 잘못 해석한 채 적용할 수가 있다. 교육 이론으로 유명한 미국 심리학자 B. F. Skinner의 연구결과를 보면 이 점이 분명해진다. 그는 분명히 행동치료에 대해서 정확한 경험적 관찰을 했다. 그러나 그는 이로부터 용납될 수 없는, 인간의 미래를 위해서 꼭 필요하지 않은 결론을 도출해 냈다.

비슷한 경우를 C. Rogers를 통해서도 볼 수 있다. 그의 생각은 인간중심치료에서 증명될 수 있으며 창조 안에 포함된 법칙(자가치료력)에 상응하지만,

그의 결론은 인본주의적인 의미에서 해석되어 하나의 이데올로기가 되어 버렸다.

그러므로 기독교인이 어떤 시스템 전체를 비판하는 것은(행동치료나 인간중심치료나 진화론에서 자주 나타나는 것처럼) 적절치 못하다고 볼 수 있다. 전체 시스템을 모두 묶어서 비판함에 따라 창조질서에 상응하며 오히려 우리의 관심의 대상이 될 수 있는 그러한 연구결과까지도 버리고 마는 경우가 생긴다. 그러므로 차별적인 대응이 필요해 보인다. 이러한 과정에서 창조질서에 상응하는 경험적인 결과에 대한 비판과 여러 가지 이데올로기에 기초한 이들 자료 해석에 대한 비판은 서로 구별되어야 할 것이다.

이와 관련하여 다시 한 번 상기해야 할 점은, 경험적으로 연구하는 심리학자는 인간의 본질에 대해서 설명하고자 하지 않을 뿐만 아니라 설명할 수도 없다는 것이다.

이에 대한 질문은 경험적 학문의 차원을 넘어서는 것이며, 신학적으로 대답해야 하는 실재의 문제와 관련되어 있다. 사실에 기초해서 학문적으로 연구하는 심리학자는 이 사실을 인식하고 있으므로 그의 특수한 방법을 가지고 다른 영역을 침범하는 일은 피할 것이다.

앞에서 언급한 이유에서 볼 때, 심리학과 신학 간의 관계를 설정하는 데 또 한 가지 명심해야 할 것은 학문적인 심리학은 인간의 구원을 시도하지 않는다는 점이다. 학문적 심리학의 주 관심사는 행동과 경험이다. 이 점에서 심리학은 도움이 되기를 원하며 심리학을 통한 치료효과는 의사의 육체적인 병에 대한 관계와 똑같은 것이다.

구원은 오직 예수 그리스도 안에만 있다. 예수 그리스도 안에 구원이 있다는 것을 보여 주고 증명할 치유가 일어날 수도 있다. 그렇지만 이러한 치유는 모든 기독교인에게 일어나게 되는 어떤 원칙이 아니라 일방적인 은혜로 주어지는 것이므로 우리가 육체의 질병에 대해 의사의 기술을 받아들이는 것처럼 심리치료사를 통한 치료도 굳이 포기할 필요가 없다.

기독교인이 자신의 고통을 치료받기 위해서 심리치료와 의학 모두를 기도와 믿음으로 사용할 수 있다는 입장은 지혜로워 보인다. 이들을 통한 치료를 감사하게 받아들이며, 이에 대해 하나님께서 심리치료나 의사를 통해 이루어 주신 치료라고 이해하면 될 것이다.

그러나 이러한 배경에서 심리적 · 육체적 치료를 구원으로 해석하는 것은 문제가 있다. 한 심리치료사가 아무리 섬세하고 진실하며 헌신적으로 목회상담을 잘한다 할지라도 거기에는 구원이나 은혜가 없다. 구원과 은혜는 오직 골고다의 십자가를 통해서만 가능하다.

5. 목회상담과 심리치료

앞에서 심리학 전반에 대한 것과 심리학의 연구방법에 대해서 언급하면서 비기독교인이 얻은 방법적인 연구결과를 사용할 수 있다는 점을 분명히 인식했다. 이 연구결과들은 항상 이데올로기적인 해석과 연관되어 있는 것이 아니므로 목회상담자와 심리치료사의 관계는 오늘날의 상황보다 더 좋아질 수 있다.

일반적으로 독일어권에서 심리치료를 임상심리학의 한 부분이라고 본다면 심리치료는 이미 앞에서 언급한 것처럼 한계가 있다고 보아야 할 것이다. 다시 말하면, 심리치료의 방법적인 면에서 얻어진 연구결과들은 단지 잠정적으로만 유효하며, 이들은 현장에서 검증되어야 한다. 이렇게 본다면 이론상으로는 목회상담과 심리치료가 긴장관계에 있을 필요가 없다.

심리치료의 역사를 보면 심리치료와 목회상담 사이의 관계 설정에서 적절하고 만족할 만한 검토가 거의 이루어지지 않았다. 지난 수십 년간의 경험은 1900년대의 심리치료 역사에서 기독교 목회상담에 대한 적절하고 만족할 만한 관계설정이 이루어지지 않았음을 보여 주고 있다.

사람의 영혼과 관련된 이 두 분야는 서로 완전히 흡수되든지 아니면 서로를 철저히 배격하든지 하는 관계를 반복해 왔다. 특히 1960년대에 많은 신학자들이 Rogers의 인간중심치료를 근거로 하는 상담기법을 수용하면서 이러한 현상이 두드러지게 나타났다. '경험적인 목회상담' '인생상담으로서의 목회상담' 등은 (부분적으로는 오늘날까지도 존재하는) 이러한 흡수의 한 예인데, 이 과정에서 신학적인 기준을 상실했다(Mayer, 1983; Stollberg, 1972).

'교회적 맥락에서의 심리치료'에 대한 대답은 비판적인 반대 움직임들이었다(Stollberg, 1969). J. E. Adams(1972)는 목회상담에서 심리치료적인 방법을 완전히 배제했으며, 오직 하나님의 말씀에만 근거한 권고를 지지했다.

몇몇 학자들은 다른 견해를 표명했다(Jentsch, 1982). G. Collins(1980)는 심리치료 자체는 문제에 대한 해답을 가지고 있지 않지만 심리치료가 많은 기독교인이 인정하는 것보다 훨씬 더 기독상담자에게 실제적인 도움이 된다는 입장을 견지한다. 이러한 점은 나의 견해와 비슷하다.

이러한 배경에서 '기독교인은 심리치료가 필요한가?'라는 질문에 대답해 보아야 한다. 육체적으로 질병이 생기는 것처럼 사람의 정신도 지치고 병에 걸릴 수 있다. 교회에서는 정신적인 영역을 의학과 비교해서는 안 되며 그러한 상태는 기도나 안수 등으로 치료해야 한다고 자주 말한다. 하지만 기독교인의 정신적인 고통에 대한 일반적인 처방으로서 앞에서 언급한 기도와 안수와 같은 '빠른 치료'(Dieterich, 1987)가 적절치 않다는 것은 현실이 말해 주고 있다.

정신적으로 고통 당하는 사람에게 처음부터 그들이 충분한 믿음이 없기 때문이라거나 그들의 영혼이 눌려 있기 때문이라고 이야기한다면 이는 매우 잘못된 것이다. 열린 눈으로 세상을 바라보는 사람은 기독교인도 정신적으로 병들 수 있다는 것을 인식한다. 또 우울증, 노이로제, 정신이상 등에 걸린 사람이 자신을 계속해서 정죄하지 않고 이러한 병을 육체적인 고통처럼 받아들이는 것은 매우 바람직한 일이다. 기독교인의 경우 이러한 질병이 종종 신학적인 문제와 연결되어 있으므로 치료(목회상담)가 성경적인 배경 가운데서 이루 어지는 것이 필요하다. 성경적인 관계성을 이해하지 못하는 심리치료사는(예, 죄의식, 허물, 용서, 거듭남 등에 대해 알지 못하므로 자신이 가진 심리적인 외형만 가지고 기독교인의 여러 가지 증세를, 예컨대 '교회적 신경성'이라고 단정짓거나 성 경적인 가족관 혹은 교회나 교회의 청소년 그룹의 구조를 이해할 수 없다면) 병든 기 독교인을 거의 도울 수 없다. 질병의 원인이 교회적인 영역에 있는 사람은 이 러한 이유에서 믿음의 세계와 하나님의 보이지 않는 세계를 이해하는 성경 적-치료적 목회상담자로부터 치료를 받아야 한다.

[그림 1-1]은 일반적인 (세속적인) 상담과 성경에 기초한 목회상담 간에 어 떤 공통점이 있으며 어디부터 한계를 그어야 하는지를 잘 보여 주고 있다. 즉, 일반심리치료사는 종종 성경적인 배경을 고려하지 않고 단지 경험적인 방법 으로 얻은 결과 사용 외에는 더 이상 다른 것을 할 수 없다. 그러나 성경에 기 초한 목회상담자는 이와 반대로 목회상담에서 필수불가결한 경험적 방법과 심리학적인 지식을 이용하는 동시에 하나님의 실재와 보이지 않는 세계도 고 려한다.

성경적-치료적 목회상담자에게 성경은 인간의 본체와 하나님 앞에서의 인 간의 위치, 다른 사람과 창조물과의 관계를 설명해 주는 기준이 된다. 이 점에

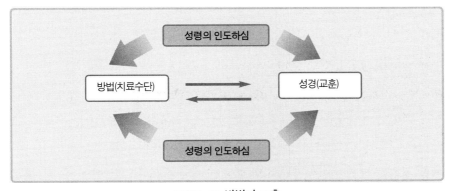

[그림 1-1] **방법과 교훈**

서 목회상담자는 자주 변화하며 사회적인 조건 가운데서 생기는 기준과 가치관만 알고 있는 일반심리치료사와는 근본적으로 다르다.

성경에 기초한 치료에서 또 다른 중요한 기준은 전체, 즉 보이지 않은 하나님의 실재도 포함시키는 것이다. 이로써 성경적-치료적 목회상담자는 상황에 맞는 방법을 적절하게 선택하는 것과 마찬가지로 상담을 위한 준비를 하면서 성령의 인도하심을 기대한다는 것이다.

개인적인 기도로 시작하며 상담 중에도 기도하는 자세로 임한다(데살로니가전서 5:17).

성경적-치료적 목회상담자는 성령이 그의 이성, 지식, 능력, 달란트, 시간을 사용하셔서 하나님의 사랑의 영 안에서 내담자를 도와주실 것을 신뢰한다. 목회상담자는 성령이 치료적인 방법을 통하여서도 내담자가 하나님과 사람 앞에서 죄를 깊이 깨닫도록 해 주실 것을 알고 있다. 또 치료를 위해서 내담자가 완전히 깨어지더라도 이 힘든 기간을 성령께서 함께하실 것이라는 것과 그가 깨닫도록 도와주실 것을 알고 있다. 하나님의 실재, 믿음, 성경을 실제적인 목회상담 현장에서 연관시키는 것은 성경에 기초한 치료의 가장 근본적인 개념이다. 이러한 점에서 성경의 가르침과 상반되는 심리치료적인 방법이 성경적인 목회상담에서 배제되어야 하는 것은 너무나 당연한 일이다.

6. 전인적 접근

고대 그리스 문화와 기독교적인 전통에서는 사람을 각 영역(영, 혼, 육)으로 나누어 생각했지만, 현대심리학과 의학에서는 이것을 점차 극복했다. 즉, 인간을 전체로 보아야 한다는 것이다. 특히 심신상관설에 대한 연구결과는 영혼의 장애가 육체의 질병에 얼마나 큰 영향을 주는지를 분명히 보여 주고 있다.

오랫동안 신학에서는 정신, 영혼, 육체 사이를 구별했으며, 각각에 서로 다른 의미를 부여해 왔다. 이러한 생각은 정신과 영혼을 과대평가하게 했으며, 상대적으로 육체적인 것은 부정적으로 보게 만들었다. 이는 전형적으로 성은 과소평가하며 정신은 과대평가하는 것에서 나타난다. 그러나 성경을 자세히 연구해 보면 인간에 대한 이러한 분리와 평가는 옳지 않다는 것을 알 수 있다. 인간의 영혼에 대한 언급을 찾아보면 육체, 정신, 영혼 모두 인간 창조에 함께 속하는 것으로 보고 있다. 그 각각에 독립적으로 신적이거나 영적인 것이 부여된 것이 아니다. 육체, 영혼, 정신 등은 각각 다른 면을 가지고 있으며 이런 면에서 인간 전체를 볼 수 있다. 사람은 육체로, 영혼으로, 정신으로 하나의 전체로서 창조된 것이라고 성경은 말하고 있다.

오늘날 우리가 역사를 돌아보면 비교적 일찍이 교회에 영향을 끼친(4세기경) Platon의 사고가 기독교리에 깊이 들어옴에 따라 자연스럽게 비성경적인 결과를 낳은 것으로 보인다. 하나님의 인간창조를 믿지만 육체를 과소평가하거나 심지어 죄악시하는 경향이 있다면 육체로 하나님을 찬양하는 것을 인정하고자 하지 않게 된다. 교만해진 정신-영혼은 세상의 실제적인 곤고함에 대한 긍휼의 관점을 잃어버리게 되고 사회적인 책임을 느끼지 않게 된다 (Köberle, 1984). 성경적인 영혼에 대한 개념은 전인적인 인간관을 취하고 있으며(전인적으로 구속받은 인간, 고린도후서 5:17), 특히 신약에서는 정신, 영혼, 육체가 서로 다르지만 분리되지 않고 서로 연관되어 있다고 말하고 있다. "너희 온 영과 혼과 몸이 우리 주 예수 그리스도 강림하실 때에 흠 없게 보전되기를 원하노라." (데살로니가전서 5:23)

이런 성경적인 근거에서 목회상담을 영적이고 정신적으로만 제한해서는 안 되며 전인적인 모습—그의 행동과 경험도—을 보아야 한다.

심리학과 | HANDBUCH
목회상담 | PSYCHOLOGIE &
SEELSORGE

제2장

건강한 사람

제2장 건강한 사람

목회상담자를 찾아오는 이들은 대개 무엇인가에 만족하지 못하는 사람이다. 그들은 원인이 무엇인지 정확하게 꼬집어 말할 수는 없지만 자신의 삶을 다른 사람의 잣대로 잴 때 또는 자신이 스스로 볼 때 만족스럽지 않다고 느낀다. 그들은 이러한 상태가 어떤 일에 대한 죄의식 때문이라거나 신비한 일과 결부된 어떤 경험 때문이라고 생각할지 모른다. 그러나 성경적 치유상담에서는 그런 이유가 신체적 · 심리적 차원뿐만 아니라 영적인 차원과도 관련이 있을 수도 있다는 점을 염두에 두고 살펴보아야 한다.

한 개인을 다시 정상적으로 회복하도록 돕기 위해서 목회상담자는 건강한 사람이 무엇을 의미하는지 알아야 한다. 이를 위해서 건강한 사람을 생물학적으로 서술해 볼 필요가 있다. 그러나 앞에서 말했듯이, 영, 혼, 육은 서로 분리될 수 없고 서로 별개로 관찰될 수 없기 때문에 이것만으로는 충분하지 않다.

전체는 각 부분을 합한 것보다 크다는 점을 생각한다면 생물학적 기초 외에 인지(사고, 기억, 지능 등), 정서와 동기 그리고 영적인 삶에 대하여 살펴보는

것이 필요하다. 조언을 구하는 기독교인이 정상적인 삶을 살도록 돕기 위해서
는 영적 위치를 교정해 주는 것이 때때로 필수적이다. 왜냐하면 전인적 접근
에서 볼 때 영적으로 비정상적인 상태는 신체, 사고 및 감정이 서로 밀접하게
연관되어 있다는 사실을 전제로 하기 때문이다.

　이 장에서는 건강한 사람에 대해서 살펴보고자 하는데, 이를 위해서 생물학
적인 면뿐만 아니라 심리학적 측면과 믿음의 영역도 포함하려 한다.

　심리학은 정상적인 (즉, 여기서는 건강한) 사람이란 어떤 상태를 말하는지 알
도록 한다. 심리학자들은 수많은 관찰과 실험을 통해 통계적으로 정상인은 어
떻게 행동하는가를 정의해 왔다. 그런데 경험적 방법으로 얻어진 이 결과들은
건강한 사람이 되는 것만을 목적으로 삼도록 하는 잘못된 길로 이끌 수도 있
다. 건강이 모든 것은 아니지 않는가? 물론 병든 자는 기도하고 장로들을 부르
고 의사에게 도움을 청해야 한다. 그러나 우리는 질병과 건강, 이 2가지 모두
가 하나님께로부터 온다는 사실을 안다. 오늘날의 사회에서는 건강이 '최고의
재산'인 것처럼 여겨진다. 이는 우리가 종종 듣는 "건강하면 됐다."라는 말에
서 잘 나타난다. 이에 대해 성경은 다른 기준을 보여 주고 있는데, 사람이 예수
그리스도와 생명의 교제 안에 있는가 그렇지 않은가가 더 중요하다고 말한다.
성경은 이러한 관점에서 우리 사회에서 인식되는 '최고의 재산'과 '최악의 재
앙'을 상대적으로 보고 있다.

　성경적 치유상담은 자신의 행복을 위해서라면 모든 것을 허용하는 현대 쾌
락주의의 위험을 잘 파악하고 있다. 그러므로 치유적인 상담에서는 항상 인
생의 목적인 예수 그리스도와의 영원한 교제에 대해서 언급한다. 기독교인
은 사람이 하나님의 형상임에도 불구하고 어느 누구도 하나님의 완전하심에
도달하거나 그의 뜻에 따라 살 수 없으며 또 항상 건강할 수 없다는 것을 잘
인식하고 있다.

　특히 기독교인은 전인적 의미에서 인간이 불완전함을 잘 안다. 하지만 우리
는 오늘날 인문–사회과학자들이 육체와 정신이 건강한 사람을 어떻게 정의

하는지에 대해서 알 필요가 있다. 아마도 이 장을 읽으면서 독자는 인간창조에서 하나님의 위대하심에 대해서 새로운 발견을 하게 될 수 있을 것이다.

1. 사람의 동기

현대심리학 교과서에서는 동기를 행동 강도의 차이를 설명해 주며 행동 방향을 나타내는 것이라고 설명한다(Heckhausen, 1980). 좀 더 간단히 하면, "무엇이 사람으로 하여금 그렇게 행동하게 하는가?"라는 질문으로 대치할 수 있을 것이다.

동기심리학에 대한 오늘날의 연구동향에는 사람의 생물학적 기능에 중점을 둠으로써 동기를 신체적 요구로만 생각하는 경향이 있다. 또 다른 연구동향은 사람이 무엇보다 내면의 감정이나 정서적 결정에 의해 동기가 부여된다고 본다. 또 사회적 존재로서의 사람에 초점을 맞추고 다른 사람과의 관계에서 동기를 찾아보고자 하는 동향도 있다. 이를 볼 때 우리는 동기가 생물학적인 배경, 성격 그리고 사회적 연관성의 배경에서 형성될 수 있다고 보아야 할 것이다. 기독교인에게는 여기에 또 다른 추가적인 동기 근원이 있다. 즉, 예수 그리스도에 대한 믿음과 그리스도와의 관계다. 이 관계는, 예를 들면 기독교인으로 하여금 이기심에서 벗어나 이웃 사랑을 실천하도록 하는 동기를 부여한다.

동기의 배경과 발생 원인이 다를지라도 실제 행동에서는 2가지 공통적인 특징이 나타난다.

첫째, 동기는 행동에 영향을 미치고 행동의 방향을 결정한다. 예를 들면, 한 소년이 뜨거운 보도 위를 맨발로 걸어가다가 발이 아프다는 것을 느끼면 십중팔구는 옆에 있는 잔디로 옮겨서 걸어갈 것이다. 뜨겁다는 감정이 발에 있는 감각세포를 통해 뇌에 전달되자마자 이 소년은 시원한 잔디 위로 걸어가고자 하는 동기가 생긴 것이다. 그의 행동이 바뀐 것이다.

둘째, 동기는 목적이 있는 행동을 서술한다. 다시 말하면, 앞의 소년은 자신의 발이 뜨겁다는 것을 깨달을 뿐 아니라 그러한 상태를 목적에 부합하는 방법으로 바꿀 수 있다.

이 예는 앞에서 언급한 동기의 정의로 다시 한 번 간단히 요약될 수 있다. 동기는 행동 강도의 차이를 설명하고 행동 방향을 나타내는 개념이다. 사람의 동기를 근본적으로 이해하기 위한 4가지 이론, 즉 추동이론, 흥분이론, 인지이론 그리고 사회이론이 있다.

1) 동기 발생에 대한 추동이론

종전의 대표적인 본능이론(Instinkttheorien)(Darwin, James, Doogall, Freud)과는 달리 추동이론(Triebtheorien)은 동기를 해석하는 데 학문적인 근거를 심리학에 두고 있다. C. Hull(1952)은 사람의 동기를 설명하는 데 추동이론을 대표하는 학자로 행동주의학파(Behaviorism)에 속한다. 행동주의학파는 인간 행동의 인과관계에 대해서 주로 연구하지만, 인간의 내면에서 무슨 일이 일어나는지에 대해서는 별로 관심을 가지지 않는다. Hull은 에너지의 '일반극(generalpool)'이 있다고 간주한다. 즉, 특별추동(special drive)이 있는 것이 아니라 특별요구(special need)가 있는 것이며, 이러한 특별요구들이 더해져서 일반 추동 상태로 나타난다고 설명한다.

그는 '무엇이 추동을 일으키는가?' '추동이 사람의 행동에 어떤 영향을 주는가?' '어떤 특정 행동을 일으키게 하는 학습과 추동 사이에는 어떤 관계가 있는가?' 등에 대해서 질문하고 있다. Hull은 이 질문들에 대한 대답을 그의 이름을 따라 지은 'Hull의 추동 방정식'으로 요약했다. 이에 따르면, 행동은 습득된 습관, 현재적인 의지와 자극(즉, 도달하고자 하는 목표의 성격)에 의존하고 있다. 피곤이나 실패에 대한 두려움 등은 행동을 약화시킨다.

Hull의 방정식을 사용하면 선천적이면서 추동으로 이끄는 요구와 후천적으로 획득되었으면서 자극으로 이끄는 학습행동 사이를 구분할 수 있다. 즉, 비유적으로 설명하면, 요구는 미는 힘이며 행동의 원인이고, 자극은 당기는 힘이며 행동의 결과로 볼 수 있다.

학자들은 기본적인 요구로 공기, 물, 쾌적한 체온 등을 들고 있다. 이러한 기본적인 요구가 충족되지 않으면 이 요구를 만족시키도록 동기를 부여하는 기본추동이 일어난다. 추동이론에 따르면, 모든 기본 요구들이 충족되는 한 신체는 균형 잡힌 안정된 상태에 있다. 하지만 그렇지 않을 경우에는 흥분의 상태에 놓이게 된다. 어떤 기본적인 요구가 오랫동안 결핍될수록 추동은 커지고 사람은 더 흥분하게 된다. 흥분을 통해 사람의 활동은 증가하게 되며, 이에 따라 추동을 만족시킬 기회 또한 커지게 된다. 추동이 만족되면 추동의 수준은 다시 아주 적은 수치로 감소하게 된다. 추동이론의 핵심은 균형의 원리, 즉 흥분되지 않은 상태에 다시 도달하고자 한다는 것이다. 기본 요구 외에도 사람은 습득된 또는 이차적인 요구들을 개발한다. 예를 들면, 소변을 보아야 하는 것은 기본적인 요구 중의 하나다. 그러나 대부분의 사람은 이것이 공개적인 곳에서는 허용되지 않는다는 것을 일찍부터 배운다. 즉, 사회적 규범을 위반하는 것을 피하는 이차적 요구가 추가되는 것이다. 그래서 대부분의 사람은 이 요구를 느낄 때 화장실을 찾게 된다.

2) 동기 발생에 관한 흥분이론

흥분이론이 추동이론과 근본적으로 다른 것은 추동 균형을 이루고자 하는 요구가 일생에 걸쳐 변한다는 점에 있다. 즉, 과거의 경험이 흥분 상태의 수준을 바꿀 수 있다는 것이다.

예를 들면, 어떤 여성이 초콜릿 아이스크림을 매일 저녁 먹는다고 하자. 첫날 저녁에는 맛있어서 아주 좋아할 것이다. 그러나 일주일 후에는 아마 그 아이스크림을 더 이상 좋아하지 않는다고 말할지도 모른다.

홍분이론을 내세우는 사람은 이러한 경우에 균형수치가 바뀌었다고 말할 것이다. 그리고 이 수치는 생물학적으로도 증명할 수 있다.

홍분 수준에서 어떤 특정 상태들은 더 중요한 의미를 지니고 있다. 예를 들면, 감각을 통한 자극이나 홍분이 너무 낮으면 행동은 대체로 원하는 대로 이루어지지 않는다. 그래서 예를 들면, 아침에 불을 켜려고 방에서 일어날 때 자주 발가락이 주위 물건에 부딪치게 되는 것이다. 뇌에 있는 변연계의 홍분 상태가 낮기 때문에 일어나는 일이다. 또한 심하게 홍분하거나 두려움 상태에서도 자주 부딪치게 된다. 그러나 이 둘 사이의 수준에서는 감성들(Eindrücken)의 평가가 가장 적절하게 이루어진다. 이 영역의 수준에서는 행동을 조절하기 위해 감각기관의 모든 유용한 정보들을 수용한다.

요약하면, 너무 큰 홍분의 변화는 도피 행동으로 이끄는 반면, 약간 작은 홍분의 변화는 적절하게 받아들여진다고 말할 수 있다. 예를 들면, 축구 경기에서 공격수가 '적절하게 홍분하면' 제때에 상대방의 수비수를 보게 되고 공격이 막히기 전에 공을 패스할 수 있다. 그렇지만 어떤 시점부터는 증가하는 홍분도 그 효과를 나타내지 못하게 된다. 즉, 공격수가 겁을 먹게 되면 헛발질로 공을 차게 될 수도 있다. 홍분과 효과적인 수행능력의 관계는 최고점을 향해 가다가 그 후에는 감소하는, 즉 U-역함수와 같다([그림 2-1] 참조).

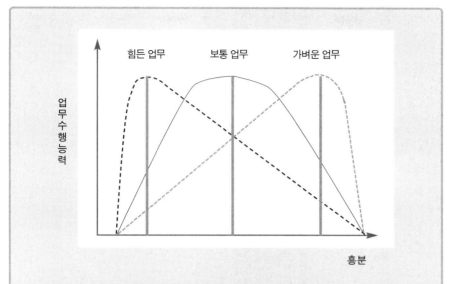

자극이나 이에 따라 생긴 흥분(예, 두려움)은 업무수행능력을 향상시키거나 억제할 수 있다. 낮은 자극 강도의 경우 [그림 2-1]에서 볼 수 있는 것처럼, 향상 효과가 우세하며 높은 자극 강도에서는 업무수행능력이 저하된다. 또한 이 저하 현상은 과제가 어려울수록 나타날 가능성이 높다(Yerkes와 Dodson의 법칙, 1908).

[그림 2-1] 흥분과 업무수행능력의 관계

3) 동기 발생에 관한 인지이론

심리학자들은 '생물학적 흥분과 감정의 인식 중에 어느 것이 먼저인가?'에 대해서 끊임없이 질문해 왔다. 이에 대해 W. James는 우리의 감정은 각 개인이 신체의 각 부분들로부터 오는 정보를 의식적으로 인식하는 것에 달려있다고 말했다. 즉, 생물학적-신경적 흥분이 감정의 인식보다 먼저라고 주장한 것이다.

앞의 두 이론에서 설명한 것처럼, 정서에 이런 생리학적 측면이 중요한 역할을 하는 것은 분명하다. 그러나 최근 연구는 정서적 · 인지적 과정이 우리의 반응을 근본적으로 결정한다고 보여 주고 있다. R. Lazarus, B. Weiner, A. Russel 등의 연구는 인지적 요소만으로도 어떤 감정 상태를 유도하기에 충분함을 보여 준다. 뇌는 감정과 인지를 분명히 구분하지만, 이 두 영역은 그 사이에 있는 '감정 조절'을 위한 중격(septum)과 해마(hippocampus)를 통해 서로 영향을 미친다([그림 2-2] 참조). 그러므로 뇌는 한편으로는 신체 상태에 관한 정보 수용자로, 다른 한편으로는 신체 상태를 조절하고 조정하므로 정서를 바꿀 수 있는 기관으로 볼 수 있다.

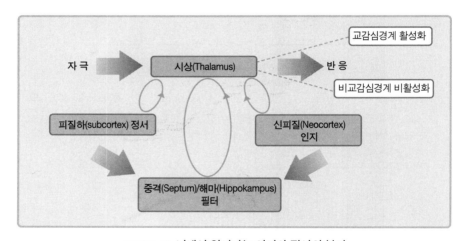

[그림 2-2] 뇌에서 일어나는 인지와 정서의 분리

동기 발생에 관한 중요한 인지이론 중 하나는 일관성 이론이다(Heider, Festinger, Carlsmith, Aronson et al., 1964). 이 이론은 행동이 사고의 불균형 상태에서 시작되어 다시 균형 상태, 즉 모순이 없는 상태를 회복하고자 한다는 생각에서 출발한다.

L. Festinger는 이런 배경에서 '인지적 부조화 이론'을 개발하였는데, 이 이론은 어떤 부조화의 관계는 다시 안정한 상태로 회복되어야 한다는 것을 말한다. 이러한 인지적 부조화는 서로 상반되는 행동이나 견해, 또는 상반되는 두

견해나 두 행동에서 비롯된다.

　예를 들면, 사회의 특정한 규칙들은 개인의 생각과 일치하지 않는 행동을 요구하기도 한다(예, 개인적으로는 밤에 일하는 것을 더 좋아하지만, 사회는 낮에 일하고 밤에 잠을 자는 것을 규칙으로 한다.). 혹은 개인의 생각에는 2가지의 일이 모두 가치 있게 보이지만 둘 중 하나를 선택하도록 종종 강요당한다(예, 개인적으로는 군 복무나 공익요원으로서의 복무가 똑같이 중요하게 보일 수 있다.). 혹은 자신이 어떤 일에 많은 노력을 기울이지만 그 일이 내가 생각하는 만큼 가치가 있어 보이지 않는 경우가 있다(예, 성가대 리더가 교회에서 찬송보다 설교를 더 많이 해야 한다는 생각을 할 수도 있다.).

자료 2-1　어떻게 인지적 부조화를 해결할 것인가?

1. 자신의 생각, 견해, 자세를 바꾼다.
2. 자신의 행동양식을 바꾼다.
3. 그 생각을 행동양식과 다시 결부시키기 위해 또 다른 요소를 덧붙인다.
   (예, 과대평가나 합리화하기)
4. 또는 부조화를 더 이상 부조화로 느끼지 않고 과소평가한다.

인지적 부조화를 해결하기 위한 예들

- 내가 너무 뚱뚱하다고 생각하고 있다면 이 부조화를 해결하기 위해 나의 생각을 바꾸거나 ("나는 나의 현재 모습에 만족한다.") 혹은 나의 행동양식을 바꾸어야 한다("나는 이제 계획적으로 조금씩 먹고 다이어트를 할 것이다.").

- 상당히 좋은 두 직장 중 하나를 선택해야 할 경우, 무의식적으로 내가 선택한 직장이 더 좋다고 느낄 것이다(또한 다른 사람에게도 내가 선택한 직장

을 더 좋게 이야기하고 과대평가할 것이다.).

- 내가 어떤 일, 예를 들어 친구와의 사귐이나 직장 일이나 하나님과의 관계에 많은 시간과 힘, 마음을 투자하고 노력했다면 그것은 나에게 더욱 소중한 것이 된다. 즉, 이 일에 대한 노력과 그 일에 대해 과대평가를 함으로써 나의 행동을 더 일관성 있게 만들었다.

4) 동기 발생에 관한 사회이론

동기를 설명할 때 생물학적 · 인지적 배경 외에도 사회적 동기도 중요한 역할을 한다. 사회심리학 분야의 연구들은 주위에 다른 사람이 있다는 사실로 사람들은 자극을 받게 되고 더 적극적이 되며 훈련된 행동을 취하게 된다는 것을 보여 준다.

B. Solomon과 G. Rasch는 사회적 동기의 기본 요소로서 일치성을 들고 있다. 즉, 함께 움직이고, 적응하고 교제를 가지고자 하는 동기다. 그러므로 충돌 상황에서는 항상 다수가 옳은 것으로 받아들여진다. 이러한 가정은 극단적인 경우 각 개인이 느끼는 것에 혼란을 가져오게 할 수도 있다("모든 사람이 이 2개의 선의 길이가 같다고 느낀다고 이야기한다면 나도 그렇게 느끼게 된다."). 나아가서는 개인적 판단에 혼란을 일으킬 수도 있다("나는 두 선의 길이가 다르게 보인다. 그러나 어쩌면 두 선은 길이가 같을 수도 있지 않은가?").

집단은 독자적인 행동을 하는 사람에 대해 머리를 가로젓거나 웃거나 등을 돌리는 등 전혀 눈에 띄지 않는 행동을 통해서 간접적으로 처벌한다. 반대 의견을 가진 어떤 사람이 그 집단에 들어오게 되면 일치성의 효과는 사라진다. 집단 내에 다르게 생각하는 사람이 1명만 있어도 집단의 각 구성원들은 일방적인 집단의 강요 아래 있을 때보다 더 분명하게 각자의 생각에 따라 판단한다. 그러므로 한 구역 모임이나 집단 내에 다르게 생각하는 사람이 있다면 그를 방해자로 생각해서는 안 되며, 이를 통해서 인식의 폭이 넓어지며 서로 간의 관계가 더욱 섬세해진다고 보아야 한다.

Solomon과 Rasch는 두 번째 기본 요소로 권위에 대한 순종을 꼽는다. 특정 사람과 상관없이 행해지는 집단 강요와는 달리, 이 경우에는 누구에게 영향 받기를 원하는지에 대한 결정은 자유의사에 달려 있다. 그렇지만 '권위'란 분명한 명령과 말로 이루어지는 요구라는 일련의 특징을 가지고 있다. 권위를 가진 자는 동일한 집단에 속한 것이 아니라 더 높은 지위를 가지고 있다. S. Milgram(1963, 1965, 1974)의 연구는 한 사람의 순종은 그의 책임의식이 낮을수록 높다는 것을 보여 준다.

어떤 집단에 권위를 가진 자에 대하여 순종하는 분위기가 있다면 각 개인이 행동을 하는 데 집단의 일치성과 권위에 대한 순종이라는 배가 효과를 가져오게 된다. 이에 대한 고전적인 예는 히틀러 시대에서 볼 수 있다. 그러나 현대 사회에서도 개인이 교묘한 조작을 통하여 자신의 행동에 대한 책임을 빼앗김으로써 개인이 권위를 가진 자의 소원이나 명령을 수행하는 도구로 전락하는 예가 많이 있다. 권위를 가진 자가 명백하게 정해지지 않을 경우(예, 한 회사에 사장이 2명일 경우, 또는 한 가정에서 부모 사이의 관계가 불명확할 때) 순종의 비율은 현저하게 감소한다.

한 집단에 권위를 가진 자의 명령에 대해서 반항하는 분위기가 있다면 이는 각 개인의 반항으로 나타나게 된다. 즉, 이런 충돌 상황에서는 앞에서 설명한 집단의 규범에 대한 일치성이 순종보다 크게 작용하게 된다.

사회동기를 잘 설명해 주는 또 하나의 이론으로는 속성이론이 있다. 이 이론은 사람이 자신의 행동이나 다른 사람의 행동을 항상 특정 요소에서 원인을 찾고자 한다는 점에 근거하고 있다. 이런 방법은 환경을 통제하고 관찰과 정보들을 통해 인과관계를 해명하고자 하는 우리의 요구에서 생겨난다. 이에 따르면, 속성이란 이미 일어난 일과 행동을 사람이 실제로 지각할 수 있는 원인들만 가지고서 인과관계에 맞게(규칙에 맞게) 연결하려는 시도다. F. Heider(1977)의 『순수심리학(Naive Psychologie)』에 관한 연구에 따르면 대부분의 사람들은 이

인과관계를 찾는 과정에서 '근본적으로 속성 실수'를 범한다는 것이다. 즉, 자신의 행동은 상황의 탓으로, 타인의 행동은 그 사람의 탓으로 규명하려는 (속성시키려는) 것이다. 다시 말하면, 사람은 자신의 행동은 항상 상황과 연결시키려 하고("내가 늦게 온 것은 비가 왔기 때문이야."), 타인의 행동은 그 사람의 인격에 책임을 돌리려 한다는("그가 늦은 것은 그가 시간을 지키지 않는 사람이기 때문이야.") 것이다. 이러한 속성적 실수는 대체적으로 그 사람뿐 아니라 상황도 그 행동에 책임이 있기 때문에 나타난다. 그러나 일단 속성화되어 버린 행동을 다른 시각에서 보며 선입견에서 벗어난다는 것은 매우 어려운 일이다.

5) 몇 가지 예

심리학에서 배고픔, 목마름, 고통, 성욕 등은 생물학적 동기와 자주 연관되어 생각되었다. 고통은 아마 그중에서도 가장 중요한 동기 중 하나일 것이다. 여기서는 동기로 이끄는 추동 중 몇 가지 중요한 요소를 다루고 동기에 대한 인지적·사회적 이론과 관련하여 살펴보고자 한다.

배고픔

동기 유발자로서의 배고픔은 생리학자와 심리학자들이 공통으로 자세히 연구해 왔다. 아마 이것이 추동의 감소 과정을 쉽게 설명할 수 있기 때문일 것이다. 음식을 섭취한다는 것은 배고픔의 추동을 감소시키거나 일시적으로 해소시키는 반응이다. 신체의 특정한 내부 신호는 사람으로 하여금 음식물을 찾도록 유도한다. 이러한 신호에는 어떤 것들이 있는가?

생리학자 W. B. Cannon(1934)은 배고픔의 느낌이 위의 수축과 관련이 있다는 것을 발견했다. 또 다른 연구들은 혈당량과 배고픔의 느낌 사이에 상관이 있다는 것을 보여 주었다. 이 연구결과들을 통해 뇌의 한 부분(시상하부)이 식습관에 영향을 준다는 것을 발견하게 되었다. 시상하부의 특정 부위가 마시는 습관과 공격성도 조절하는 것으로 추측된다. 이로써 시상하부에 음식물 섭취와 포만감의 중추가 있다고 볼 수 있다. 음식물 섭취 중추는 낮은 혈당량에 반응하여 음식물을 섭취하도록 하며, 포만감 중추는 혈당량이 다시 증가하면 먹는 것을 중단하도록 한다.

최근의 연구(Wurtman, 1986)는 탄수화물이 혈액 속의 인슐린 수치를 증가시킨다는 것을 밝혀냈다. 특정한 아미노산들은 인슐린을 통해 없어지게 되고, 이를 통해 더 많은 양의 트립토판이 뇌로 들어간다. 이 물질은 신경전달물질인 세로토닌(serotonin)의 화학적 전단계로, 기분과 식욕에 간접적인 영향을 미친다. N. Rosenthal은 여러 해에 걸친 연구에서 소위 '계절성 우울증'에 시달리는 사람은 가을과 겨울에 단것에 대한 입맛이 본격적으로 증가하여 이 계절 동안 체중이 증가한다는 것을 발견했다. 계절에 따른 기분저하를 빛을 쬠으로 바꾸고자 한 그의 치료는 환자의 식욕에도 영향을 미쳤다. 즉, 기분이 나아지면 아이스크림이나 레몬주스에 대한 식욕이 사라졌다.

심리학적 연구들은 식습관에 영향을 주는 다른 요인들도(예, 습관의 힘) 발견했다. 또 동기 발생에 관한 추동이론이 인지적·사회적 이론들을 통해 확장되어야 함을 보여 주고 있다. S. Schachter는 살찐 사람과 표준 체중인 사람의 식습관을 조사했다. 그의 연구들에 따르면, 살찐 사람은 외적인 영향들을 더 의식하며 '식사 시간이기 때문에' 먹는 것으로 나타났다. 그들은 또 더 많은 양을 먹으며 음식의 맛에 많은 영향을 받았다. 표준 체중의 사람은 주로 배가 고프면 먹고, 적은 양을 섭취하며, 일반적으로 식습관을 조절하는 내적인 영향들을 더 의식했다. 그러므로 환경적인 요소들은 식습관에 영향을 끼친다고 말할 수 있다.

폭식하도록 사람에게 동기를 부여하는 또 다른 요소는 스트레스 상황에서 발견되었다. 특히 비만 여성은 실험을 위해 유도된 스트레스 상황에서 (예, 실패나 강한 소음) 음식물의 섭취량이 뚜렷이 증가했다. 마른 사람들은 이런 상황에서 오히려 음식물 섭취에 대해 감소된 욕구를 보였다.

문제 있는 식습관은 비만인 사람에게만 나타나는 것이 아니다. 18세 이하의 독일 청소년들 중 과반수 이상이 이미 적어도 한 번은 다이어트를 해 본 경험이 있었다. 지속적으로 체중을 조절하는 것은 이 연령층에서는 일반적인데, 마른 체형의 청소년에게서는 더 심하게 나타난다. 비만을 극복하고자 하는 대대적인 계몽 광고는 대중매체에 의해 떠받들어진 마른 체형을 선호하는 점과 연관되어 특히 여학생과 젊은 여성 층에 매우 큰 영향을 줌으로써 이 그룹에서는 '총체적인 다이어트'라는 말이 적합할 정도가 되었다. 이런 배경 아래서 표준 체중의 20% 미만에 달하는 여성의 비율이 거의 5분의 1을 차지하는데, 이는 1980년 이후로 2배로 증가한 것이다. 이런 변화는 음식물 섭취 장애 현상을 낳았다. 사춘기 거식증(Anorexia nervosa)과 대식증(Bulimie)은 서구 사회의 젊은 여성에게 문화병이 되었다.

식습관은 어디서부터 심각한 것으로 받아들여지게 되는가? 다음의 테스트(〈자료 2-2〉)를 통해 체중에 심각한 문제가 있는지, 당신의 식습관이 어느 정도 환경의 영향(외부자극)을 받는지 스스로 점검해 볼 수 있다.

자료 2-2   식습관에 대한 테스트

1. 지금까지 한 번도 비만인 적이 없었다.
2. 적어도 일주일에 한 번은 체중을 재 본다.
3. 나 혼자를 위해서 굳이 별도로 요리하지 않을 것이다.
4. 일반적인 식품의 경우 칼로리량을 대충 알고 있다.
5. 날씬해지기 위해 신문에서 나오는 조언 부분을 자주 읽는다.
6. 체중이 늘지 않도록 식사 때 의식적으로 절제한다.
7. 친지(가족) 중에 아주 비만인 사람은 없다.
8. 부드러운 닭고기 냄새나 맛있는 소시지 굽는 냄새가 나면 바로 식후일지라도 먹는 것을 절제하기 어렵다.
9. 1번 이상 다이어트를 한 적이 있다.

10. 더 이상 먹을 수 없을 정도로 한꺼번에 배부르게 먹는 경우가 가끔 있다.
11. 음식을 남기는 것이 그다지 어렵지 않다.
12. 대체적으로 하루에 3번 이상 먹는다.
13. 흥분하면 대체로 먹게 된다.
14. 어렸을 때 어느 정도 통통했다고 들었다.
15. 먹을 것이 가까이 있지 않다면 나의 날씬한 몸매에 대해 걱정할 필요가 없다.
16. 때로는 식사 때 배부르게 먹었다거나 더 먹어도 되는지 전문가의 충고를 듣길 바란다.
17. 매끼에 대체로 거의 비슷한 양을 먹는다.
18. 지난 10년 동안 체중이 거의 변하지 않았다.
19. 특정한 식품은 그것이 살찌게 하기 때문에 피한다.
20. 반드시 먹어야만 할 정도로 강한 배고픔을 자주 느낀다.
21. 주말에는 식사를 거를 때가 자주 있다.
22. 항상 체중이 더 나가기를 원해 왔다.
23. 아침에는 종종 적게 먹는다.
24. 먹는 데 많은 시간을 투자한다.
25. 일정한 식사 시간이 습관화되어 있기 때문에 그 시간이 되면 배고픔을 느낀다.
26. 자주 단지 친교만을 위해서 같이 먹어 줄 수 있다.
27. 진짜 맛있는 것을 보면 종종 그것을 당장 먹고 싶어 한다.
28. 자주 나의 위가 밑 빠진 독처럼 느껴진다.
29. 나는 특별히 맛있는 어떤 음식에 대해서 매우 기뻐한다.
30. 종종 실제로 배가 부르지도 않지만 식사를 마친다.
31. 늦은 저녁이나 밤에 가끔 강한 식욕을 느낀다.
32. 대체로 다른 사람보다 먹는 것을 빨리 끝낸다.
33. 경제적으로 여유가 있다면 더 자주 정말 훌륭한 식사를 할 것이다.
34. 다른 사람이 내 식탁에서 먹을 경우 나도 기꺼이 무언가 먹고 싶어진다.
35. 배가 그다지 고프지 않아도 먹을 수 있다.
36. 큰 내기에서 이기기 위해 적어도 충분한 양(2인분)의 점심은 연달아 먹을 수 있다.
37. 봉지를 딴 과자(예, 초콜릿)를 건드리지 않고 며칠이고 그냥 놔둘 수 있다.
38. 몸매에 매우 신경을 쓴다.

39. 때때로 어떤 것이 너무 맛있어서 이미 배가 부름에도 계속 먹는다.
40. 먹는 것은 나에게 그다지 중요하지 않은 일이다.

출처: Psychologie heute 12 (1985: 26)

점수 계산

다음 번호의 질문들을 '예'라고 대답했다면 각각 1점으로 계산한다.
2, 3, 4, 5, 6, 8, 9, 10, 15, 16, 19, 20, 21, 23, 26, 27, 28, 29, 30, 32, 33, 34, 35, 36, 38, 39
마찬가지로 다음 번호의 질문들을 '아니오'로 대답했다면 1점으로 계산한다.
1, 7, 10, 11, 12, 13, 17, 18, 22, 24, 25, 31, 37, 40

해 석

• 17점 미만: 체중에 별 문제가 없으며, 외부로부터의 자극에 별 영향을 받지 않는다.
• 20점 이상: 절제형이며, 체중은 정상일 수도 있고 비만일 수도 있다. 항상 체중을 의식적으로 조절해야 하며, 외부의 자극에 영향을 잘 받는 유형에 속한다.
• 점수가 높을수록 체중 문제가 심각해진다. 실제로 10~30점이 정상 수치다. 병적인 대식증이 있는 사람은 극도로 높은 점수를 보인다.

이 테스트에서 당신의 체중에 문제가 있는 것으로 나타난다면 이것은 이미 앞에서 말한 것처럼 수많은 심리적 또는 생리적 원인들이 있을 수 있다.

영적인 차원에서 성경은 먹고 마시는 욕구에 대해 자기중심적이고 지나치게 만족시키려 한다는 점에서 좋지 않게 보고 있다. 체중을 줄이기 원한다면 그렇게 노력해야 한다. 그러나 마른 체형의 우상을 따르기 위해서가 아니라 이를 통해 더 건강한 사람이 되려고 해야 한다. 여기서 분명히 알아야 할 것은 키와 성별만으로 계산(예, 키에서 특정 퍼센트를 빼서 계산하는 공식)해서 모든 사람에게 동일하게 적용되는 이상적 체중은 있을 수 없다는 사실이다. 이런 단순한 계산에는 각 사람의 전체적인 체형은 전혀 고려되지 않는다. 반대로 종단면 연구에서 알려진 것은 보통 상황에서 각 개인의 체중은 그 사람에게 특수한 평균값(즉, 그의 개인적인 이상적 체중)만큼 차이가 날 수 있다는 사실이다. 이 값은 각 개인이 스스로 알아야 하며 통계적인 평균값으로 계산해서는 안 된다.

　다음은 의사로부터 특별한 신체적 이상이 없다는 검사 후 특별한 도움 없이 이룰 수 있는 단계를 위한 조언이다.

- 2주 동안 언제, 어디서 누구와 함께 무엇을 먹는지 기록하라.
- 매끼에 감정과 기분이 어떤지 정확하게 기록하라.
- 무엇이 식욕을 돋우는지 찾아보라.
- 먹는 것이 아무런 문제가 되지 않는 때가 언제인지 찾아보라. 이때 식욕을 돋우는 요소는 무엇인가?
- 식욕을 돋우게 하는 요소나 식욕을 감소시키는 요소를 알아냈다면 당신은 이것을 제거하거나 증가시킬 수 있다. 이들 요소가 당신의 가정 문제나 당신의 또래집단이라면 이 문제에 대해 상담하기 위해서 상담자를 찾는 것이 좋다.
- 한꺼번에 체중이 너무 줄거나 늘 것을 기대하지 말라. 매주 500g에서 1kg 정도 빠지는 것이 이상적이다. 체중이 더 늘지 않도록 하겠다는 목표도 다이어트에 도움이 된다. 단계적으로 1kg씩 줄인다면 당신의 목표에 도달하게 될 것이다.
- 사춘기 거식증과 일반적으로 구토를 동반하는 대식증은 전문가에게 치료받아야 한다('제2장 2. 3) 신경계의 기능' 참조).

스트레스

'스트레스'라는 표현은 오늘날 매우 빈번하게 사용되며, 관련 있는 여러 가지에 인용되고 있다. 스트레스는 어떤 사람의 일반적인 반응, 즉 그에게 주어진 요구들에 대한 신체적인 반응이라고 정의할 수 있다. H. Selye(1956)는 스트레스의 개념을 특징적인 생리적 반응으로 제한하고, 스트레스와 스트레스를 일으키는 요소, 즉 스트레스 유발자를 구분했다. 그는 수행능력의 증가와 창조성을 위해 어느 정도의 스트레스가 필수적이지만, 스트레스를 수용할 수 있는 것은 사람마다 심하게 차이가 날 수 있다는 것을 보여 주었다. 이 실험에서 흥미로운 점은 좋은 경험과 좋지 않은 경험 모두 스트레스를 일으킬 수 있다는 것이다. Selye에 따르면, 스트레스로부터 완전히 자유롭게 된다는 것은 죽음을 의미할 수 있다.

삶의 변화에 대한 여러 가지 연구들은 스트레스와 질병 사이의 관계가 매우 다양함을 보여 준다. 여성의 경우 스트레스는 종종 질병을 유발하게 되고, 남성의 경우 심지어 부정적인 상관관계를 보인다. 즉, 남성은 적절한 스트레스를 유쾌한 변화 정도로 느낀다. 또 심한 스트레스를 받는 사람은 비교적 자아개념이 낮은 것으로 나타났다. 스트레스 반응에 대한 전형적인 변화는 세 단계로 나타난다([그림 2-3] 참조).

첫 번째 단계인 경고 단계에서 신체는 특징적인 변화들을 보인다. 이는 생명을 유지하기 위해 필수적인 활동들이다. 생리학적으로 보면 자율신경계의 두 부분이 조절 책임을 맡고 있다. 이는 교감신경과 부교감신경이다. 교감신경계는 사람을 싸움, 도주, 음식물 섭취, 성행위 등을 준비하게 한다. 부교감신경계는 교감신경의 활동으로 생긴 신체 기능을 약화시킴으로써 사람을 조절한다. 사람이 흥분하거나 정서적으로 자극되면 교감신경계는 혈압과 심장박동을 흥분시키는 역할을 하는 아드레날린과 노르아드레날린을 분비하게 한다.

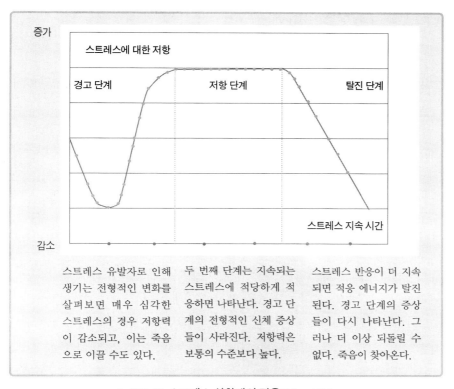

[그림 2-3] **스트레스 상황에의 적응**(Selye, 1956)

두 번째 단계인 저항 단계에서는 경고 반응을 통해 나타나고 빨라지게 된 생물학적 과정들이 다시 감소하게 된다. 스트레스를 받게 되는 신체 부위만 활동한다(스트레스 적응). 이 단계에서 신체는 스트레스 자극이 초래한 피해를 다시 회복하고자 하는 동시에 방어태세를 갖춘다.

스트레스 유발자에 오랫동안 적응하고 나면 결국 적응 에너지가 탈진되고 만다(탈진 단계). 이때 경고 반응의 증상들이 다시 나타나는데, 이는 더 이상 되돌릴 수 없으며 경우에 따라서는 죽음으로까지 갈 수 있다. 심리적인 이유에서나 주위 환경에 의해 생긴 흥분 상태는 생리적 스트레스와 마찬가지로 탈진할 수 있다. 즉, 공격받을지도 모른다거나 실패할 것에 대한 두려움은 오래 지속되는 배고픔이나 목마름과 마찬가지로 남아 있는 힘을 감소시킬 수 있다.

현대 면역학은 면역계의 활동이 감소하는 동안 아드레날린선의 활동이 증가한다는 Selye의 연구를 증명했다. 시험이나 학업 스트레스, 수면부족, 가까운 사람의 상실 등 더 복잡한 심리적 스트레스 유발자는 감소된 면역 반응을 수반한다. G. A. Coe와 M. Laudenslager(1987)는 스트레스를 일으키는 것은 소음이나 전기충격과 같은 단순한 물리적 자극이 아니라 어머니와 헤어진 아이의 고통이나 사랑하는 사람의 죽음 같은 심리적 본성일 수 있다는 것을 증명했다. 또한 외로움도 면역세포 반응을 감소시킬 수 있는 요인 중 하나다.

여러 연구들은 스트레스에 대한 반응이 다양할 수 있다는 것을 보여 준다. 그래서 어떤 사람은 상실 후에 심각한 우울증에 빠졌고, 다른 사람은 질병에 대한 낮은 면역을 보이는 경향이 있었다. 그렇지만 이 연구들에서 흥미로운 점은 스트레스를 받은 사람들 중 일련의 많은 사람들은 건강을 유지할 수 있었다는 것이다. 그 이유 중 하나는 당사자가 힘든 사건들을 통제할 수 있었는지가 매우 중요한 역할을 한다는 것이다.

이러한 학문적인 결과들에 근거해 스트레스를 극복하는 가능성들을 요약하면 다음과 같다.

- 스트레스와 그에 반응하는 각자의 방법(예, 긴장의 증가)을 아는 것은 그 긴장을 감소시키는 데 도움이 될 수 있다. 이에 대한 한 가지 예로는 "쉽게 생각하라(Take it easy.)."가 될 것이다.
- 스트레스에 대해 감정적으로 대하기보다는 사실을 객관적으로 보고 더 이상 바꿀 수 없는 상황은 받아들이고자 노력한다("지금은 이러니까 그것으로 됐다.").
- 계속 절망케 하는 것을 방지하는 대체 프로그램을 준비할 수 있다("만약

에 이것이 안 되면 다른 방법은 될 것이다.").

- 긴장을 풀게 하는 특정한 기술들을 통해 교감신경의 과잉 활동을 억제하는 시상하부의 메커니즘을 흥분시킬 수 있다("먼저 깊이 숨을 들이마시고 내뱉는다.").

욕구불만이나 스트레스는 행동의 중요한 동기가 될 수 있다. 스트레스가 수행능력의 증진을 위해 필수적인 반면, 지나친 스트레스는 매우 위험하며 심지어 죽음으로까지 이끌 수 있다. 우리는 성경에서 질병으로 이끌 수 있는 스트레스 상황에 어떻게 대처해야 하는지에 대해 충분한 도움이 되는 내용들을 찾아볼 수 있다. 우리는 기독교인으로서 감당치 못할 시험을 하나님이 허락하지 않는다는 것을 확신한다. 하나님은 신실하여 우리를 도우며 시험 당할 때 피할 길을 내신다(고린도전서 10:13). 또 도움이 되는 다른 말씀은, 예를 들어 다윗이 하나님을 의지하여 담을 뛰어넘는다고 말한 시편 18편 30절에서도 발견할 수 있다. 또한 다른 기독교인과의 교제는 외로움을 이기게 하여 혼자서는 이길 수 없는 스트레스 상황들을 이길 수 있게 한다.

성

사람의 성(性)은 종족보존의 욕구 그 이상이다. 이 사실은 이미 성경의 첫 부분부터 증명되고 있다. 남자가 그 아내에게(문자 그대로 해석한다면) '달라붙어서' 둘이 한 몸, 즉 하나의 공동의 몸, 생명의 공동체가 된다고 성경은 말한다. 또한 창세기 4장 1절의 '동침하매'가 히브리 원어에서는 '알다'라는 동사로 표현되어 있는데, 이는 단순한 성행위 이상을 의미하는 것이다. 그렇지만 성경은 우리가 인간이기에 이 영역에서 얼마나 큰 위험에 처해 있는지를 분명히 보여 주고 있다(다윗의 예, 예수님의 산상수훈, 고린도 교회를 향한 바울의 경고 등).

E. Fromm은 그의 경험을 적절하게 요약했는데, 그에 따르면, "사랑보다 쉬

운 것이 없다."라는 것이 일반적인 견해이지만, 실제에서는 많은 경우 정반대로 나타났다는 것이다. "이처럼 큰 소망과 기대로 시작했다가 큰 실패로 끝나는 일은 거의 없을 것이다."(Fromm, 1976)

오늘날 괄목할 만한 성장을 한 성문제 연구에서는 성의 생물학적 및 생리학적 측면뿐만 아니라 심리학적 · 사회학적 측면을 다루는 광범위한 양상을 접할 수 있다. 다음에서 몇 가지 연구결과를 소개하고자 한다.

생리학적 측면

생리학적으로 보면 남성의 고환(testis)과 여성의 난소에서 생산되는 성호르몬이 사람의 성에 관여하고 있다. 남성호르몬은 안드로스테론(androsterone)으로 요약할 수 있으며, 여성호르몬에는 에스트로겐(estrogen)과 프로게스테론(progesterone)이 있다.

성호르몬과 관련한 남성과 여성의 차이점이 단지 단계적 차이라는 것은 많은 사람들에게 잘 알려져 있지 않다. 여성도 남성호르몬을 생산하고 남성도 에스트로겐과 프로게스테론을 만들어 낸다. 하나님이 여성을 남성의 갈비뼈에서 만들었으므로 두 성이 유사하다는 점(창세기 2:22)은 이런 점에서 볼 때 매우 객관적이다.

사춘기 시절(제3장 2. 신체적 발달)에 성호르몬이 분비됨으로써 우리가 보통 '남성다움' '여성다움' 으로 표현하는 신체적 · 행동적 특징들이 몸에 나타나게 된다. 이 호르몬은 일생 동안 본능적 성적 반응에 영향을 준다.

추동이론에 관련된 연구들은 사람과 동물의 뇌에 특별한 쾌락 중추가 존재한다고 본다. 즉, 배고픔이나 스트레스가 긴장이나 흥분을 감소시키는 반면, 성행위는 호르몬의 영향과 적당한 감정과 학습 과정 등의 복합적인 상호작용에 기인하는 것으로 본다.

영양 결핍이나 과다한 알코올 및 마약 복용은 성충동을 감소시킨다. 또한 마음에 부담이 되는 개인적인 문제나 성행위 결과에 대한 두려움, 성을 과대 평가하는 점도 성욕을 감소시킨다.

자료 2-3 성이 다른 추동과 구별되는 점은 무엇인가?(Ruch & Zimbardo, 1974)

성충동은 동기분석에서 아주 특별한 위치를 가지고 있다.
1. 성충동은 한 개인의 생명을 유지하기 위해 필수적인 것이 아니라 인간의 존속을 보장하기 위한 것이다.
2. 성적인 흥분은 비교적 외적(또한 부정적) 상황에 관계없이 일어난다.
3. 성충동은 지각할 수 있는 거의 모든 자극에 의해 흥분될 수 있다.
4. 성충동을 만족시키려는 것과 마찬가지로 성충동의 흥분을 추구한다.
5. 성충동은 수많은 행동양식과 심리적 과정에 대한 동기를 제공한다.

심리적 · 사회적 측면

호르몬의 영향 외에도 성에 관한 어릴 때의 경험이 성행동을 결정하는 데 중요한 역할을 한다. 자녀에게 올바른 성교육을 소홀히 한 부모는 자녀가 성인이 되었을 때 잘못된 성행동을 하게 되는 원인을 제공할 수도 있다. 성행동에서 습득된 요소는 성에 관한 자기통제에서 중요한 역할을 한다.

성과 기독교인

'성'이라는 단어는 오랫동안 교회에서 금기였다. 많은 젊은이들은 기독교인의 관점에서는 죄와 성이 동의어인 것처럼 외부인에게 보인다고 생각해 왔다.

성을 죄로 성급하게 여기거나 지나치게 강조하는 것은 2가지 모두 나쁜 결과를 가져왔다. 하나는 성경이 마찬가지로 경고하는 다른 죄들, 예를 들어 음행, 부도덕, 방탕한 삶, 우상숭배, 마술, 원수 맺음, 다툼, 시기, 성급히 화냄, 자기욕심, 질투, 무자비, 술 취함(갈라디아서 5:19, 20)이 성이라는 '큰 죄' 뒤에 감추어져 버린 것이고, 또 하나는 이 때문에 많은 기독교인들이 결혼 안에서의 성에 대한 기쁨을 부부관계를 짓누르는 죄의식과 연관시킨다는 것이다.

실제로 신약성경은 기독교인에게 성적 부도덕을 경고하고 그 폐해를 강조하고 있다(고린도전서 6:12~20, 특별히 18절을 주의 깊게 살펴보라.). 그러나 성경은 성이 하나님의 선물이며 사람이 홀로 있는 것이 좋지 않다는 것을 반복해서 말하며, 아가서에서는 다른 어떤 것과도 비교할 수 없는 방법으로 사랑하는 사람들의 기쁨을 묘사하고 있다.

2. 사람의 신경계통

이제 우리는 사람이 예를 들어 스트레스를 받을 때에 왜 다르게 행동하는지, 혹은 사람이 왜 적게 혹은 많이 먹게 되는지에 대해서 살펴보고자 한다.

이를 위해 인간의 신경계 기능에 대해 어느 정도 알아야 할 필요가 있으므로 여기에서는 신경계 기능에 대해서 짧게 살펴보고자 한다. 신경계 기능에 어느 정도 지식을 가지고 있으면 인체의 각 기관이 어떻게 작동하는지에 대해서 알 수 있고 어떻게 각 기관이 변화하는지에 대해서도 알 수 있을 것이다.

인간의 신경체계는 수백만 개의 신경세포로 구성된 아주 복잡한 기관이며, 이 신경세포들은 독특한 화학적 연결을 통해 몸 전체에 신호를 보낸다. 해부학적으로 신경체계는 크게 중추신경과 말초신경으로 나눌 수 있다.

중추신경계(ZNS)에는 뇌(대뇌반구, 뇌간, 소뇌로 구성)와 척수가 포함된다. 중추신경계가 하는 일은 몸의 다양한 부분들의 상호작용을 조절하는 것이다. 말초신경계는 중추신경계와 세포들을 연결하는 신경섬유들로 구성되어 있는

데, 이 세포들은 자극을 수용하고 각 기관의 활동을 가능하게 하는 근육과 선 (gland)을 연결시켜 준다. 말초신경계에는 자율신경계가 포함되어 있다.

1) 말초신경계

신경계의 기능적 기본 단위는 각각의 신경세포, 곧 뉴런이다. 100~300억 개에 달하는 사람의 뉴런들은 분리되어 있는 것이 아니라 하나의 망으로 서로 연결되어 있다. 두 뉴런 사이의 접촉 부분을 시냅스라고 부른다.

각 뉴런을 더 자세히 관찰해 보면 세포핵을 포함하는 신경세포체를 발견할 수 있다. 그 외에도 세포핵에서 뻗어 나와 다른 뉴런, 선 그리고 근육으로 흥분을 전달하는 하나의 섬유인 축색돌기가 있으며, 짧게 세포체에서 뻗어 나와 다른 뉴런으로부터 흥분을 받아들이는 가지를 뻗은 여러 개의 섬유로 된 수상돌기가 있다([그림 2-4] 참조). 신경세포체는 대개 집단으로 배열되어 있다. 뇌와 척수 바깥에 세포체가 축적되어 있는 것을 신경절이라 한다. 대뇌반구와 소뇌에는 이 신경세포들이 층을 이루고 있다.

시냅스 간의 간격은 매우 작으며 그 간격은 약 200옹스트롬($1\text{Å}=10^{-1}$ Ω m), 즉 머리카락 한 올 지름의 약 1,000분의 일이다. 시냅스에 의한 정보 전달 은 약 100m/s의 속도로 전기화학적 방법으로 이루어진다. 상세한 것은 〈자료 2-4〉에서 알 수 있다.

한 축색 내에서의 정보 전달을 어느 정도 설명했으므로, 이제 정보가 어떻게 뉴런에서 다음 뉴런으로 전달되는지 살펴보고자 한다.

이 정보 전달은 시냅스에서 이루어진다. 이때 전기적 흥분이 단순히 시냅스 사이를 뛰어넘는 것이 아니라 특별한 화학적 물질이 다른 쪽의 시냅스로 흘러 간다. 자세히 살펴보면, 흥분이 축색 말단에 도달할 때마다 어떤 화학 전달물 질이 분비된다. 이 물질은 시냅스 간격을 건너서 다음 뉴런에 전달되는데, 이 때 새로운 흥분이 생기거나 억제될 수도 있다.

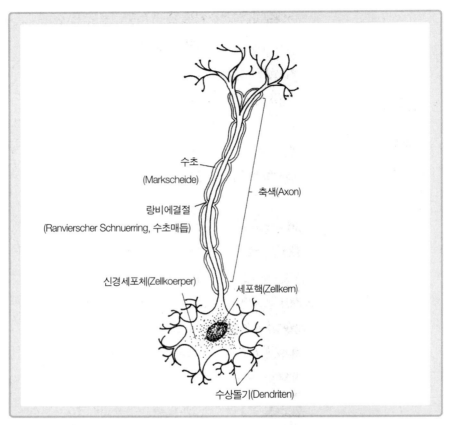

수초
(Markscheide)

축색(Axon)

랑비에결절
(Ranvierscher Schnuerring, 수초매듭)

신경세포체(Zellkoerper)

세포핵(Zellkern)

수상돌기(Dendriten)

[그림 2-4] 신경세포

　지난 10년간 생화학 연구를 통해 화학 전달물질(소위 신경전달물질)의 성격
과 기능에 대한 새로운 지식들을 얻게 되었다. 이 물질들은 사람의 심리 상태
에 아주 밀접하게 관여하고 있다. 1,000분의 1g만으로도 사람의 감정 상태를
하늘을 날 것 같은 기분에서 죽고 싶을 만큼 우울한 상태로 바꿀 수 있다. 최
근의 연구들은 특히 신경전달물질인 세로토닌이 우울증과 관련이 있다는 것
을 밝혀냈다.

자료 2-4　축색 전도의 생화학

　축색막의 양쪽에는 두 종류의 다른 이온 집단(즉, 전기장의 영향 아래서 활동할 수 있는 전하를 띤 원자들)인 나트륨과 칼륨이 존재한다. 세포막은 이온마다 침투성이 다른데, 칼륨이온은 나트륨이온보다 쉽게 이 막을 침투한다. 이러한 침투성의 차이로 세포막 외부에서는 나트륨이온의 농도가 높고, 내부에서는 칼륨이온의 농도가 높다. 따라서 세포막의 외부와 내부의 이온 집단들은 다른 전압을 나타낸다. 외부에 비해 축색의 내부는 대개 음전하를 띤다. 이 상태에서 축색은 분극을 이루었다고 말하며, 내부와 외부의 전압차이를 막전압이라 한다. 흥분이 전달되지 않을 때 이 전압은 약 0.06볼트다.

　전압측정기로 측정했을 때 안정막 전압(막전압)에 변화가 있으면 신경 흥분이 존재한다는 것을 나타낸다. 축색이 흥분하면 세포막의 침투성이 증가하여 나트륨이온이 외부에서 내부로 침투하게 된다. 흥분이 축색을 통해 전달되고 난 다음에는 특별한 생리학적 구조가 화학적 물질의 흐름을 바꾸어서 안정 상태가 회복된다.

　축색을 통한 흥분의 전달은 전기를 띤 전하가 둘러싼 표면의 방향으로 퍼짐으로써 이루어진다. 즉, 각각의 신경 흥분은 이웃한 막 표면의 막침투성을 변화시켜서 또 다른 흥분을 유발한다.

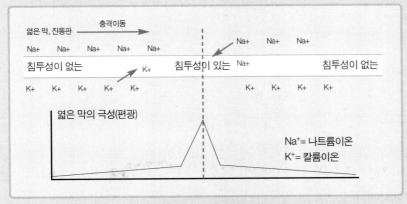

[그림 2-5] 축색 전도

2) 중추신경계

젊은 남성의 뇌는 평균적으로 1,380g이며, 같은 나이 또래의 여성의 뇌는 약간 더 가볍다. 이전에는 이러한 결과들을 기초로 남성이 더 나은 사고력을 가졌다고 생각했다. 그러나 요즘은 양적 차원은 그다지 중요한 역할을 하지 않는다는 것이 널리 알려져 있다. 뇌의 무게는 그 자체만 볼 때 사람의 지능 비교의 척도나 동물과의 분류의 척도로 적절하지 않다.

뇌연구자들이 다루는 숫자는 천문학적인 숫자다. 아직 태어나지 않은 태아의 대뇌피질에서만 해도 1분에 약 25만 개의 뉴런들이 생겨난다. 성인의 대뇌피질은 300억 개에 이르는 뉴런들을 포함하고 있으며, 앞에서 설명한 1,000조 개의 신경접속(시냅스)으로 연결되어 있다.

사람의 뇌는 오늘날에도 여전히 큰 수수께끼로 남아 있다. 해부학적으로 볼 때 뇌는 거의 모든 측면에서 연구되었다. 1976년부터는 각 신경세포의 전기적 흥분뿐 아니라 각 세포막의 구성 요소—예를 들면, 전달물질의 수용기 경로—를 연구하는 것도 가능해졌다. 또한 분자생물학의 새로운 기술로 뇌의 '생화학의 바다'로부터 신경체계에서 활동 중인 원하는 물질을 뽑아낼 수도 있게 되었다.

그러나 이러한 해부학적 지식들로부터 어떻게 자아나 인간의 학습에 대한 궁금점, 혹은 사랑, 경외심, 양심과 같은 개념들을 유추해 낼 수 있는가? 생화학자는 이 점에서 한계에 부딪히게 된다. 왜냐하면 유전과 환경의 상호작용으로는 이런 근원적인 질문들에 대해서는 해답을 찾을 수 없기 때문이다. 뇌생리학자 J. Eccles(1982)가 확신을 갖고 이야기했던 것처럼, 양심의 문제와 밀접한 관계를 가지고 있는 신체-정신의 문제를 생물학적으로는 도무지 설명할 수 없는 듯하다. 그는 '자의식을 가진 정신'이라는 개념을 사용했는데, 이는 생물학적으로 볼 때 뉴런들이 모여서 복잡한 시스템(모듈)을 형성하는 특정한 뇌 부위로의 연결을 받아들이는 것이라 할 수 있다. '자의식을 가진 정신'이 이러한 모듈과 접촉을 시도하면, 모듈들은 활성화될 수도 또는 비활성화될 수도 있다. 즉, 열려 있을 수도 있고 닫혀 있을 수도 있다. Eccles는 열린 상태에 따라 '자의식을 가진 정신'을 '잠'이나 '의식 상실' 혹은 '죽음'과 구분했다. 그렇지만 Eccles는 '자의식을 가진 정신'을 뇌의 특정한 부위와 동일시하거나 국지화시킬 수는 없다고 보았다. 이 정신은 근본적으로 다른 속성들을 가지고 있는데, 예를 들어 공간적 확장은 없으면서 시간적 개념은 갖고 있다.

이런 배경 아래 흥미로운 것은 사람의 죽음에 대한 Eccles의 생각이다. 저 세상에 있는 다른 존재를 받아들이기 위해 뇌사 후에도 살아 있는 '자의식을 가진 정신'의 중심적 핵이 있어야 한다는 것이다. 이 부분은 경험적으로 증명할 수 없는 추측이다. 이것은 자연과학적인 설명으로는 매우 부족하다 할지라도 영원한 삶에 대해 매우 분명하게 언급한 성경에 대해 흥미로운 암시를 하고 있다.

뇌의 구조로 다시 돌아가 보도록 하자. 양쪽의 대뇌반구는 중간에 있는 세로축에 의해 완전히 분리되어 있는 것이 아니라 서로 교차하는 섬유의 넓은 끈인 뇌량(Corpus Callosum)을 통해 연결되어 있다. 각 반구의 주름 잡힌 표면에는 고저와 간격이 있다. 1.3~4.5mm 두께의 뇌피질이 뇌의 전체 표면을 덮고 있다.

대뇌반구와 소뇌에 덮혀 있는 뇌간은 서로 연결된 구조를 갖고 있다([그림 2-6] 참조). 척수는 뇌간의 아래쪽 끝에 자리 잡고 있으며 뇌간과 연결되어 있다. 척수는 심장박동과 호흡을 조절하며 구토, 재치기, 기침과 딸꾹질의 반사 중추를 포함하고 있다.

뇌교는 척수 바로 위에 있으며 위, 아래로 지나가는 신경다발과 뇌간과 소뇌 사이에서 교차하는 신경섬유를 포함하고 있다.

뇌교 바로 위에 있는 중뇌는 고통, 시각과 청각의 중심이다.

시상과 시상하부는 뇌간의 일부다. 시상은 고통, 온도 및 접촉에 대한 대

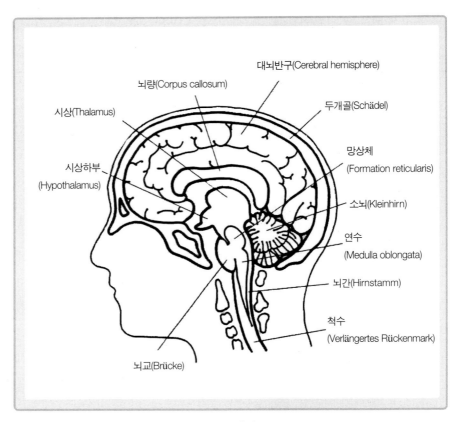

[그림 2-6] 뇌의 구조

략적인 의식적 지각을 생산해 낸다. 시상은 감각 흥분을 뇌피질로 전달하며 감각 흥분을 유쾌한 혹은 불쾌한 감정, 느낌과 연관시킴으로써 감정에 대한 역할을 담당한다. 나아가 시상은 흥분이나 경고 메커니즘에서 역할을 담당한다.

시상하부는 뇌의 가장 중요한 조절 중추 가운데 하나다. 시상하부는 식욕, 목마름, 성욕, 수면유형, 체온 및 감정을 조절한다.

뇌에서 두 번째로 큰 소뇌는 뇌간 뒤쪽에 위치하고 있다. 소뇌의 일차적 기능은 신체의 자세 유지다. 즉, 걷기, 붙잡기, 균형 잡기 등이 소뇌의 기능에 달려 있다.

　뇌간과 연결된 척수는 흉추와 함께 척추 가운데를 따라 내려간다. 척수는 운동뉴런과 감각뉴런 사이의 기본 연결을 담당하며, 각 신체 부위에서 신경섬유를 통해 뇌로 전달되는 신경 흥분의 전도로다. 척수는, 예를 들어 뜨거운 물체에서 손을 재빠르게 빼내는 것과 같은 반사행위의 우선적인 중개자다. 그러나 더 복잡한 행위는 더 높은 뇌의 중추로 전달된다. 따라서 말초신경계통은 부분적으로만 척수를 통해 작용한다.

3) 신경계의 기능

해부학적 · 생리학적 기능들

　말초신경계는 체신경과 자율신경으로 구성된다. 체신경은 우선적으로 골격근, 감각기관 그리고 피부 민감성을 조절한다. 체신경은 주로 외부로 도피함으로써 주변의 자극에 반응한다(도피반사).

　자율신경은 장기(organ) 기능의 조절을 담당한다. 이 신경은 각각의 요구에 적응하고 심장, 위, 피부와 다양한 내분비선과 같은 장기의 불수의근을 조절한다. 자율신경은 교감신경과 부교감신경으로 나누어져 있다.

　대부분의 불수의근과 선(gland)들은 교감신경과 부교감신경의 섬유의 지배를 받고 있다. 이때 각 신경이 장기와 선 활동의 조절과 통합에 직접적으로 관여한다. 교감신경은 스트레스에 반응할 때 가장 활성화된다. 교감신경의 섬유는 신체가 '공격' 또는 '도피'에 준비할 수 있는 흥분을 전달한다. 즉, 심장 박동이 증가하고 호흡이 빨라지고 땀 분비가 증가하며 동공이 확장되며 소화가 중지되고 뇨 분비가 억제되고 부신선이 흥분되고 주변 혈관들이 수축된다. 부교감신경의 섬유는 신체 내에 이와 상반되는 변화를 일으키는 흥분을 전달한다. 이들은 위기 반응을 약화시켜 위기 후에 정상기능을 회복하기 위해 장

기와 선들의 긴장을 풀게 한다. 동기에 관한 부분에서 우리는 이미 교감신경
과 부교감신경의 조화된 기능에 관한 예를 살펴보았다.

의학과 심리학의 경계 영역에서의 최근의 연구들은 일련의 심신의학적인
질병의 경우 신경계통의 이상이 있다는 것을 밝히고 있다. 사춘기 거식증과
우울증의 특별한 형태에 관한 세부적인 내용은 〈자료 2-5〉와 〈자료 2-6〉에
나타나 있다.

자료 2-5   사춘기 거식증

특히 서구 선진사회에서 대개 12~25세의 여성들(이 연령층의 2%)에게서 볼 수
있는 이 심각한 질병은 점점 더 자주 나타나고 있는 추세다. 해당자의 약 10% 정도
는 '자원하여' 굶어서 죽음에 이르기까지 한다. 지금까지는 심층심리학에 근거하여
이 질병을 설명하려고 하였지만, 최근에는 심리생리학적 지식들도 근거로 중요하게
다루고 있다.

사춘기 거식증에 관한 생리학적 연구들에서는 과민감성을 초래하여 교감신경을 과
도하게 활성화시키는 특정한 전달인자(카테콜아민)가 부족하다는 사실이 종종 발견된
다. 이 부족한 전달인자를 보충하기 위해 신체는 이것의 모조품을 만들어 내려고 시
도한다. 이를 위해 화학적으로 유사한 에스트로겐 호르몬이 카테콜-에스트로겐으로
변환되어 사용되는데, 이 물질로는 전형적인 여성 기능(예, 월경)을 더 이상 만들어
낼 수 없다.

카테콜아민이 과도하게 형성되면 몸은 아주 쾌적하게 느낀다. 체중감소에 따라 에
스트로겐이 카테콜-에스트로겐으로 변환되는 것이 현저하게 증가하고 이 과정이 생
약적 의미에서 쾌적하게 느껴진다면 이 쾌적함은 체중감소로 연결된다. 이렇게 해서
많은 경우에 죽음으로 끝나는 악순환이 생겨난다(Hehllhammer, 1983, 1987).

| 자료 2-6 | 우울증-생화학적 배경에서의 설명 |

아이들은 부모로부터 "너는 아무짝에도 쓸모가 없다. 네가 도대체 뭐가 되겠니?" 라는 말을 듣게 된다. 어떤 아이들은 이런 말에 우울증에 걸리고, 또 어떤 아이들은 이런 말에도 불구하고 건강하게 자란다. 이것을 어떻게 설명할 수 있는가?

정신적 스트레스를 극복하기 위해서는 부교감신경이 활성화된다. 에너지를 줄이기 위해 수동적으로 물러서는 것은 긍정적인 반응이 될 수 있다. 그렇지만 병적인 증세로 나타나는 경우도 있는데, 이는 부교감신경의 기능항진(과도적 기능)에서 원인을 찾을 수 있으며 내생적인 우울증으로 이어질 수 있다.

내생적인 우울증에서 부교감신경의 전달물질인 신경전달물질 세로토닌의 선천적 결핍을 가정할 경우, 이런 사람들은 세로토닌에 대한 과민감성을 보인다. 자연스럽게 세로토닌이 분비되는 사건을 만나면(예, 가까운 사람의 죽음, 이사, 외로움 등) 세로토닌 분비에 대해 과민하게 반응하게 되는데, 보통 우울증으로 반응하게 된다. 이런 경우 세로토닌 양을 정상화하는 약(L-트립토판)이 도움이 된다. 그러나 이런 '항우울제'는 심리치료에서 필수적인 긍정적 기본 감정을 대체하거나 이러한 감정을 불러일으킬 수 없다.

하지만 새로운 연구결과들은(Hellhammer, 1983, 1987) 신체적 또한 심리적 상황이 특정한 식품에 의해 매우 영향을 받을 수 있다는 것을 보여 주고 있다. 이런 식품은 인체 내에서 비교적 쉽게 세로토닌으로 전이될 수 있는 트립토판(신경전달물질 세로토닌의 전 단계)을 많이 함유하고 있다.

트립토판은 모든 단백질 함유 식품(우유, 콩, 두부 등)에 들어 있다. 이러한 치료법에서 중요한 것은 탄수화물과 단백질의 비율에 유의하는 것이다. 탄수화물에 비해 단백질 비율이 높을수록 세로토닌의 효과가 더 나타난다. 그래서 케이크나 초콜릿 같은 탄수화물이 풍부한 음식이나 기호식품은(소위 비타민 B 탈취식품) 신경이 예민할 때나 부담을 느낄 때는 지나치게 섭취하지 않는 것이 좋다.

이미 훨씬 전부터 알려져 있는 방법인 안정을 취하기 위해 따뜻한 우유 한 잔에 꿀 한 스푼을 넣어 마시는 것은 이런 배경에서 설명이 된다. 우유는 트립토판 함유 식품으로서 우유에 들어 있는 트립토판이 뇌 차단기(Gehrinschranke)를 통과할 때 몸 전체를 안정시킬 수 있다. 이를 위해 꿀을 첨가하면 몸의 혈당량과 인슐린 수치가 증가하고 뇌 차단기 앞에 형성된 모든 필요한 화학 물질들이 활성화된다. 그러면 뇌 차단기는 더 이상 다른 물질에 의해 둘러싸이지 않으므로 트립토판이 자유롭게 들어가서 활동하게 되는 것이다.

사람의 신경계통은 해부학적으로나 생리학적으로 매우 복잡하다. 이는 이미 여기서 언급한 몇 가지 예에서도 볼 수 있다. 오늘날 연구자들은 신경계통의 반응을 분리해서 보지 않는다. 호르몬과 신경계통의 상호작용은 매우 복잡하며, 예전에는 서로 분리하여 관찰했던 이 두 시스템의 작용과 상호영향이 매우 다양하다는 것을 인식하게 되었다. 그래서 오늘날은 신경-호르몬계통을 하나의 단위로 관찰하게 되었다. 그렇지만 신경계통은 짧은 반응 시간을 필요로 하고 있지만 호르몬계통은 장기적으로 작용한다는 것을 염두에 두어야 한다.

4) 사람의 의식

뇌의 심리적·생리적 움직임의 변화를 의식이라 할 수 있다. 이는 자기 자신을 지각하고 이에 대해 숙고하는 아주 특수한 능력이다. 그러나 이러한 지각능력이나 주변 세계와 연결하는 것 이외에, 저장된 기억을 사용하는 능력도 사람의 의식을 매우 특별한 속성이 되게 한다. 의식이나 주의력의 정도는 사람이 특정한 사건에 얼마나 강하게 집중하는가에 달려 있다. 이 정도는 수동성(자동반사성)부터 능동성(자의성)까지의 범주 안에서 다양한 차이를 나타낸다. 그리고 주의력은 급성뇌질환이나 독물에 의한 물질전이 상태에서는 순간적으로 급격하게 변할 수 있다. 마찬가지로 주의력은 뇌에 아주 작은 손상을 입은 과잉행동장애 아동의 경우에도 급격히 변할 수 있다. 또한 두려움이나 우울증도 주의력을 감소시킨다.

의식의 활동은 최고의 주의부터 의식상실이나 혼수상태까지의 범주로 살펴볼 수 있다.

의식이 가장 집중된 상태에서도 의식은 외부의 영향을 받을 수 있다. 모든 사람은 외부로부터 영향을 받을 수 있지만, 어떤 특별한 양육방식에 의해 매우 쉽게 다른 사람의 말을 믿거나 감정적으로 덜 성숙해서 쉽게 영향을 받는

최고의 주의　멍한 상태　수면-최면　의식상실　혼수상태

[그림 2-7] 의식의 단계

사람들이 있다.

주의력은 어떤 특정한 사건에 대하여 얼마나 강하게 집중할 수 있는가와 관련된 의식 상태다. 매우 주의를 한 상태에서도 때때로 부주의의 상태가 나타날 수 있는데, 이는 매우 짧은 시간에 일어난다. 예를 들면, 어떤 사람이 원치 않는 임무가 더 이상 존재하지 않으므로 현실로부터 도피하거나 어떤 약속을 깜빡 잊어버리는 경우가 있다. 즉, 어떤 약속을 잊어버려도 되기 때문에 현실에서 도피가 가능한 짧은 순간을 말한다.

최면을 통해서 다른 사람의 의식을 조정하는 것도 가능하다. 이때 환자는 모든 주의를 최면술사에게 기울인다. 최면술사는 특정한 기술을 통해 환자의 환상을 사용하여 환자가 혼수상태와 유사한 상태에서 영향을 받게 한다.

수면은 의식에서 가장 흥미로운 영역 중 하나이므로 다음에서 더 구체적으로 살펴보고자 한다.

수면과 수면장애

자고 깨는 것은 정상적인 삶의 행위에 속한다. 자고 있는 동안에도 뇌의 활동은 중단되는 것이 아니라 깨어 있을 때와 마찬가지로 생명유지를 위해 집중적으로 활동하고 있다. 예를 들면, 생명이 위험한 상황에서 뇌는 우리를 깨우며 생명유지를 위해 필수적인 활동들을 조절한다.

수면 주기에 관한 자세한 연구들에 따르면, 수면은 균일하게 진행되지 않는

것으로 나타났다. 현대의 발달된 실험 환경은 사람이 자는 동안 눈의 움직임
과 근육의 긴장을 표시하는 뇌전기곡선을 그리는 것을 가능하게 해 준다. 이
실험을 통해 자는 동안에도 일정한 흐름이 있으며, 이에 따라 다양한 수면 단
계가 있다는 것이 밝혀졌다.

깨어 있는 상태 외에도 반쯤 잠든 상태, 얕고 불안정하게 자는 상태(비현실
적이고 반복되는 생각과 연관되어 있는 상태), 그리고 꿈을 꾸지 않고 깊이 자는
상태와 잘 깨어나지 않을 정도로 깊이 자는 상태가 있다.

이러한 다양한 수면 상태는 측정기구(예, EEG[Electroencephalogram])를 사용
해 정확하게 나타낼 수 있는데, 뇌전기곡선을 통해 이 4종류의 수면 단계 중
어느 상황에 있는지 알 수 있다.

수면의 1단계에서 뇌파는 불규칙적이고 심장 운동이 느려지고 근육이 이완
된다. 2단계에서 수면은 더 깊어지고 특징적인 '수면측파장주기'(아주 빠르고
짧은 주기)를 보인다([그림 2-8] 참조). 3단계에서 수면은 더 깊어진다. 파장 현

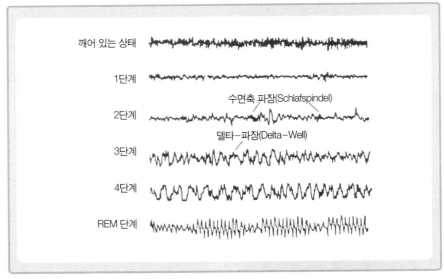

[그림 2-8] 다양한 수면 상태에서의 뇌전기곡선

상이 사라지고 느린 뇌파 활동이 나타난다. 4단계에서 수면은 가장 깊으며 EEG에서 쉽게 볼 수 있듯이, 3단계에서처럼 느린 파장이지만 더 높은 진폭(델타 파장)을 보인다. 4단계에서 보이는 이런 종류의 뇌파 50% 이상이 15~20분 간격으로 잠든 후 첫 4시간 이내에 나타난다.

깊은 수면 단계의 끝 부분이 되면 REM 단계로 넘어가게 되는데, 이는 자는 사람의 눈이 빠르게 움직이는 것을 통해 알 수 있다. 이때 생생한 꿈과 관계되는 활발한 뇌의 활동을 보인다.

자고 있는 사람을 REM 상태에서 깨우면 꿈을 생생하게 설명할 수 있지만 잠에서 깨고 나면 대체로 꿈을 잊어버린다. 보통 하룻밤에 REM 단계를 몇 번 거치기 때문에 꿈을 기억할 경우 그것은 대개 마지막 꿈에 관한 것이다.

수면과 꿈의 유형은 두려움 상태나 우울증세가 있을 경우 바뀔 수 있다. 그러나 꿈을 근거로 어떤 사람의 상황을 추측하거나(Freud는 꿈을 무의식에 이르기 위한 가장 좋은 방법이라고 했다) 꿈에 기초해 심리치료방법을 선택하는 것은 위험한 일이다. 몇몇 미국학자들이 주장하는 것처럼(Crick, 1983), 꿈은 무의미하거나 합리적인 사고에 맞지 않는 기억들을 잊어버리거나 지우는 데 도움이 될 수 있다.

사람들은 건강하게 살기 위해 몇 시간의 수면을 필요로 하는지에 대해 계속 질문해 왔다. 동시에 매우 적게 자거나 오래 잔 사람의 예를 들기도 한다. 그러나 이에 대한 일반적으로 적절하다고 여겨지는 대답은 없다. 왜냐하면 사람은 자신에게 맞는 수면 시간을 필요로 하는데, 이는 보통 유전되기 때문이다.

잠이 어느 정도 피로 해소효과가 있는지에 대해서는 몇 가지 실험결과가 있다. 연령에 따라 다르지만 전체 수면 주기 동안 최소한 깊은 수면 단계(3, 4단계)가 16~21% 있어야 하며, REM 단계가 18~25%는 되어야 한다고 한다. 건강한 수면 주기에서는 깊은 수면-REM 주기가 4~6번 반복되는 것이 정상이다. 각 주기는 1시간에서 1시간 반 정도 걸린다. 주기가 거듭될수록 잠은 깊어지지 않게 되며, REM 단계의 시간은 증가한다(젊은 성인의 경우).

종종 수면장애가 있는 사람은 수면제를 먹고 억지로 자려고 한다. 예전에는 수면제에 바르비투르(Barbiturate)를 사용했는데 요즘은 심리약제(Tavor, Adumbran, Valium과 같은 벤조디아제핀[Benzodiazepine])를 사용한다. 이 약제들은 '깨어 있고자 하는 마음'을 느슨하게 풀어 주기 때문에 실제로 잠드는 데 도움이 된다. 이런 방법이 단기간에는 적절할 수도 있다. 그렇지만 학자들에 따르면, 벤조디아제핀을 사용한 몇 주 후에 벌써 효능이 현저하게 감소해서 양을 늘려야 하는 것으로 나타났다. 무엇보다 복용을 중지했을 때 금단현상이 뚜렷이 나타난다. 난폭해지고 상처받은 것으로 느끼게 되며 떨리고 땀이 나며 사지가 아픈 증세가 나타난다. 두려움이 엄습하며 머리가 아프고 더 이상 정상적으로 생각할 수 없게 된다. 갈수록 밤에 더 힘들어지므로 대부분의 사람들은 다시 분홍색의 알약을 먹게 되는 치유될 수 없는 악순환으로 들어가게 된다.

수면장애를 위한 실제적 도움

다음에 언급된 도움이 전혀 효과가 없으면 의사와 상의해야 한다. 수면장애는 어떤 다른 근원적인 신체적 원인에서 온 것일 수도 있다.

스스로 '수면장애'라는 진단을 내렸다면 먼저 이 진단이 정말 옳은지 점검해 보아야 한다. 이를 위해 1, 2주일 동안 매일 아침 지난밤의 수면 시간을 기록하는 '수면 점검표'를 만드는 것이 도움이 된다. 그러면 이 기록이 매일 다르며 또 언제 잠들었는지 모르기 때문에 점검표를 정확하게 만들 수 없다는 것을 알게 될 것이다. 그렇다면 그것은 아마도 수면 상태가 생각보다 그렇게 나쁘지 않다는 첫 신호일 수도 있다.

만약에 수면 점검표를 작성했다면 숙면을 취하는 밤과 뒤척이는 밤을 구별할 수 있게 될 것이고 낮이나 저녁 때의 활동들과 수면장애 사이의 연관성을 알게 될 것이다. 그러면 이 바람직하지 않은 습관들을 제거할 수 있을 것이다.

보통 수면장애가 명백한 생물학적 근거만을 가진 경우는 드물다. 쉽게 잠이 들지 못하는 것은 대부분 해결되지 않은 문제나 생활의 어려움에서 오는 것일 수 있다.

자료 2-7 **불면증으로부터의 해방**

- 오늘 하루의 모든 근심과 짐들을 기도 가운데 예수 그리스도와 상의하라. "너희 염려를 다 주께 맡겨 버리라."(베드로전서 5:7)라고 성경은 말하고 있다. 짐을 내려놓는 기도를 크게 소리 내서 해도 좋다.
- 잠 못 이루는 밤들이 하나님의 선물일 수 있다는 사실을 명심하라. 당신은 지금 중보기도할 시간이 많으니 모든 친구들과 아는 사람, 심지어 당신을 힘들게 하는 사람을 위해 기도할 수 있다. 그러다가 기도 가운데 잠이 들지도 모른다.
- 잠들려고 애쓰지 마라. 그렇게 함으로써 오히려 잠을 쫓아낼 수도 있다. V. Frankl(1983)은 '역설적인 의도'라는 치유방법을 통해 원래 의도하고자 하는 정반대의 것을 생각하는 것이 도움이 될 수 있다는 것을 밝혔다. 잠드는 것과 관련해서 역설적인 의도는 다음과 같을 것이다. '내가 반드시 자야 하는 것은 아니다.' 혹은 '나는 자면 안 된다.' 이렇게 생각함으로써 당신은 강제적인 행동으로부터 기분 전환을 할 수 있다. 그러면 잠은 더 이상 당신에게 가장 중요한 것은 아니다.
- 무겁고 근심케 하는 생각이 자꾸 들면 생각중지(Fliegel, 1981) 방법을 사용해 보라. 예를 들어, 여기에는 '지금 자지 않으면 내일 일을 할 수 없는데.'라고 생각하는 방법이 있을 것이다. 자신에게 그냥 'stop' 또는 '이 지긋지긋한 이야기는 이제 끝!'이라고 말하고, 이렇게 말하는 동안 당신 생애의 즐거운 에피소드를 생각해 보라.
- 낮잠이나 밤에 자는 잠 이 외의 모든 잠은 피하라.
- 대부분의 사람에게 침실의 적당한 온도는 13°C다.
- 발을 따뜻하게 하는 족욕은 수면을 촉진시킨다. 취침 전 발을 물속에 담그는 것도 진정시키는 데 도움이 된다.
- 발레리안산(힐초산)으로 만든 식물성 약들도 '얕은 잠'을 방해하는 데 도움이 된다. 잠을 촉진하는 약초로 만든 차를 마시는 것도 도움이 된다. 이 약초들 중 쥐오줌풀, 나륙풀, 홉, 라벤더, 멜리사(향수박하) 등이 효력이 있는 것으로 알려져 있다.
- 상당히 오래전부터 전문가들 사이에서는 뇌의 신경전도물질 특히 세로토닌

(Serotonin)이 수면리듬에 있어 중요한 역할을 하는 것이 아닐까 생각해 왔다. 세로토닌의 생체합성 장애나 억제는 수면장애의 하나인 과도한 수면 현상을 일으킨다. 최근의 실험들은 실험대상자들의 약 60%가 L-트립토판을 알맞게 투여했을 때 수면시간이 단축되었음을 보여 주었다. 그러나 몇 환자들 중에서 부작용이 나타났기 때문에 이 약품은 1990년 이후로 판매가 중지되었다. 이는 아마도 제조상의 문제점이 있는 것으로 여겨지므로 조만간 더 향상된 '자연성' 약품이 다시 시중에 나올 것으로 전망된다.

수면장애는 신체적 또는 정신적 긴장과 관련이 있는 것으로 자주 나타났다. 그러므로 여기서는 수면장애가 직접적으로 생물학적 원인에 있지 않다는 가정하에 언제든지 사용할 수 있는 긴장을 푸는 몇 가지 가능성을 제시해 보려고 한다.

- 다윗의 삶을 묵상하면 당신은 안정을 누리고 긴장을 풀게 된다. 그래서 쉽게 잠이 들 수 있다. 다윗은 "주의 손이 주야로 나를 누르시오니 내 진액이 화하여 여름 가물에 마름같이 되었나이다."(시편 32:4)라고 부르짖을 때 짐을 지고 사는 것이 어떤 것인지 체험했다. 중요한 것은 당신이 저녁마다 그날의 죄를 고백하고 그리스도의 용서를 받아들이는 것이다. 그러면 당신은 진정한 의미에서 '걱정 없이' 새날을 맞이할 수 있다. 오늘 밤에 정리하고 싶은 생각이 든다면 "천하에 범사가 기한이 있고 모든 목적이 이룰 때가 있나니."라는 전도서 3장 1절 말씀이 도움이 될 것이다.
- 전날에 다음 날을 미리 계획하고 이 계획에 여유 있는 시간도 미리 정해 놓는다면 더 큰 쉼과 안정감을 가지고 잠자리에 들 수 있을 것이다.
- 저녁의 명상도 건강한 수면을 위한 좋은 전제조건이 될 수 있다. 명상의 시간에 당신을 긴장하게 하는 모든 고통과 불안을 예수 그리스도께 맡겨

라. "잠시 쉬어라."(마가복음 6:31)라는 예수님의 말씀에 의지해 잠잠하라. 이 말씀을 묵상하는 동안 편안하게 호흡하라. 다른 생각들이 들어오지 못하게 하라. 아주 편안하게 숨 쉬려고 노력하라. 당신의 호흡에 집중하라. 숨을 들이 쉴 때 코가 시원해지는 것을 느껴며, 이 순간에는 마음에 이 시원함을 기억하는 것 외에는 아무것도 하지 않도록 하라. 그런 다음 숨이 전혀 남아 있지 않도록 내쉬어라. 그러고 나서 잠시 내적 쉼을 누리도록 잠시 쉰다. 이제 다시 호흡한다.

4. 더 나은 수면을 위해 음악을 사용할 수도 있다. 음악가 Bach는 잠드는 것을 돕기 위한 목적으로 〈골드베르크 변주곡(Goldberg Variations)〉을 작곡했다. 호흡법을 음악과 병행하여 사용할 수 있다. 이를 위해 긴장을 풀게 하는 적당한 음악을 켜 놓고 (Dieterich, 1988) 아주 규칙적으로 4박자의 리듬으로 호흡한다. 숨 들이쉬기, 멈추기, 숨 내뱉기, 멈추기. 30분이 지난 후에 음악은 자동으로 끝나고 당신은 아마 전혀 알아채지 못한 채 어느 순간 잠들어 있을 것이다.

3. 학 습

일반적으로 사람들이 '사람의 정신'이나 '지능'이라고 말하는 것을 심리학자들은 더 정확하게 구분하려고 한다. 학습, 사고, 기억, 지능을 심리학에서는 사람의 '인지적' 능력이라고 말한다.

이러한 구분은 마치 각 능력을 명백하게 경계지을 수 있는 것 같은 인상을 주지만, 사실은 그렇지 않다(Roth, 1975). 오히려 사람의 인지적 능력은 [그림 2-9]에서 보는 것처럼 상호작용한다고 보아야 한다.

[그림 2-9]를 바깥 부분부터 관찰해서 볼 때 우선 얼핏 보면 각 인지적 능력 사이에 근본적인 차이가 있는 것처럼 보인다. 즉, 사고, 지능, 기억 그리고 학

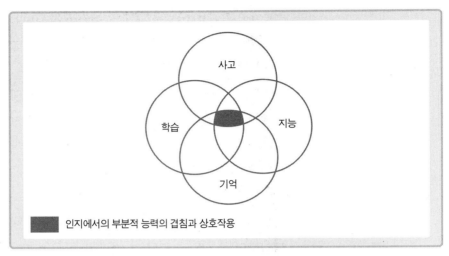

[그림 2-9] 인지적 능력의 관계

습을 분명히 분리해서 관찰하고 학문적으로 서술할 수 있는 것처럼 보인다. 그러나 각 부분적 능력을 더 세심하게 살펴볼수록 이들은 더 많이 겹치게 된다([그림 2-9]에서 겹쳐져 있는 교집합). 아마 가장 내부 부분을 직접적으로 물질적으로 증명할 수 없지만 상호작용 안에서 정신의 '활동적인 영역'으로 이해할 수 있을 것이다. 혹은 앞에서 언급한 현대 신경생리학적 연구방법으로 J. Eccles가 말한 '자의식을 가진 정신'을 말한다고 볼 수 있을 것이다. 바울이 로마서 8장 16절에서 성령이 우리 영으로 더불어 증거한다고 말할 때 신약적인 용어인 '영'은 사고(깨달음, 이해, 판단의 의미에서)뿐만 아니라 사람의 감정도 함께 의미한다고 보아야 한다. 이런 의미에서 사람의 영이 어떻게 작용하는지 알아보는 것은 중요하다.

다음에서는 인지능력 중 중요한 부분을 차지하는 학습에 대해서 살펴볼 것이다.

분명 여러분은 학습이라는 것에 대해서 매우 개인적인 생각을 가지고 있을 것이다. 그러나 전공 학문에서는 더 자세하게 정의해야 한다. 심리학에서는 학습을 '경험의 결과로 생긴 비교적 영속적인 행동의 변화에 의한 산물'이라고 정의한다. 이 정의에 따르면, 단기간의 변화(예, 피곤)나 중추신경계의 어떤 구조적 변화에 의한 것들, 예를 들면 성숙, 노화 등은 여기서 제외된다.

출생 직후부터, 아니 출생 전부터 우리는 학습하기 시작한다. 얼굴을 돌리는 것, 걷기, 뛰기 혹은 쓰기를 배운다. 또한 언어를 사용하는 법을 배우고 추상적이고 수학적인 기호들을 다루는 법을 학습한다. 또한 사회적 행동, 즉 다른 사람과 논쟁을 벌이며 감정을 조절하는 것 등을 배운다. 그래서 사람을 교육적 존재(homo educandus), 즉 계속적으로 배우는 존재로 간주하며 이것으로 사람과 동물을 구분한다. 실제로 동물에게는 선천적인 본능이 부여되며 출생후 초기에만 호기심을 갖고 배우는 반면, 사람은 평생에 걸쳐 학습한다. 그러므로 사람의 성격(Wesenszüge)은 정적인 것이 아니라 유동적이고 동적이며 항상 변화할 가능성이 있다.

성경에서도 학습은 자주 언급되고 있는데, 학습은 창조 때 하나님이 사람에게 선물하신 기본적이고 중요한 속성으로 언급된다. 하나님의 말씀을 깊이 연구하는 것 자체도 학습과 연관이 있다. 우리는 그것을 통해서 우리가 하나님과 분리되어 있으며 구원이 필요하며 예수 그리스도를 통해서 세상에 구원이 임했음을 더 잘 이해할 수 있다.

학습은 어떻게 이루어지는가?

학습 연구자들은 다음과 같이 대략 4가지 학습모델을 제시했다.

- 고전적 조건형성을 통한 학습
- 도구적 조건형성을 통한 학습
- 사회적 학습 또는 모방학습
- 통찰학습

특히 마지막에 언급된 통찰학습은 사고, 지능과 밀접하게 관련되어 있어서 다른 장에서 따로 이것을 더 자세히 살펴보고자 한다.

1) 고전적 조건형성을 통한 학습

러시아의 심리학자 I. Pavlov는 신경계통과 소화의 연관성을 설명한 연구 업적으로 1904년 노벨상을 받았다. 'Pavlov의 개'는 심리학사에서 고전적 조건형성의 모델 사례가 되었다. 〈자료 2-8〉에서 상세한 내용을 살펴볼 수 있다.

학습에 대해 연구하는 학자들은 반응을 유발하는 특정한 자극이 있다고 생각하고 있다. 전문용어로 개의 먹이는 '무조건적 자극'이라고 볼 수 있는데, 이는 '무조건적 자극'이 본능적, 즉 '무조건적 반응'을 유발시키는 자연적 속성을 지니고 있기 때문이다. 반대로 종소리는 조건적 혹은 조건화하는 자극이다. 왜냐하면 침분비를 유발케 하는 종소리는 음식과 함께 나타나는지에 달려 있기 때문이다.

이 2가지 자극이 자주 동시에 나타나게 되면 종소리는 조건자극이 되고 침분비는 조건반응이 된다.

Pavlov는 실험을 통해 이런 조건반응들을 비교적 쉽게 유발시킬 수 있다는 것을 발견했다. 그러나 마찬가지로 빠르게 잊힌다는 것(탈학습)도 알게 되었다. 종소리와 침분비 사이를 연관시켜 준 다음, 그는 개에게 음식을 주지 않고 종소리를 여러 번 반복했다. 그러자 개는 갈수록 적은 양의 침을 분비하다가 나중에는 종소리가 나도 조건반응, 즉 침분비 반응을 보이지 않았다. 다음 단계의 실험을 위해 다시 음식과 종소리를 연관시켰을 때 종소리에 대한 침분비 반응은 처음 실험에서보다 훨씬 빠르게 나타났다. Pavlov는 또한 음식을 주기 직전에 종소리를 들려주면(종소리를 들려주고 0.5초 후에 음식을 줄 경우) 조건화가 가장 효과적이라는 것을 관찰했다. Pavlov는 개에게 소위 말하는 '혐

자료 2-8   고전적 조건형성

　　Pavlov는 먹이를 입에 넣어 줄 때마다 개가 항상 침을 분비한다는 것을 발견했다. 개는 이러한 행동을 학습한 것이 아니라 먹이에 대한 개의 반응은 이미 출생 때부터 가지고 있는 것이다. 어떤 기간 동안 먹이를 제공할 때마다 종소리를 들려주면 개는 시간이 지남에 따라 먹이를 주지 않고 종소리만 들어도 먹이만 주었을 때와 거의 비슷한 양의 침을 분비한다. Pavlov는 이 연관성을 통하여 개가 종소리를 음식물의 자극과 연합시키는 것(즉, 조건화하는 것)을 배웠다는 결론을 내렸다. 이 실험으로 종소리가 울리면 지금 먹이를 준다는 것을 개가 '알도록' 할 수 있었다.

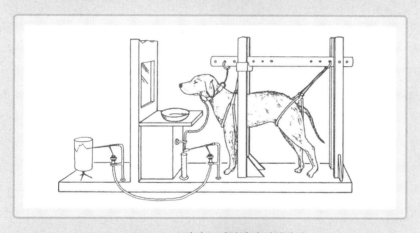

[그림 2-10] 고전적 조건형성의 실험장치

오' 형태의 조건화를 실험해 보았다. 그는 무조건자극으로 개의 발에 전기충격을 주었는데, 다리를 뒤로 빼는 것을 무조건반응으로, 그리고 여러 소리와 그림을 조건자극으로 사용했다. 또한 개가 전기충격에 의한 고통에서 도망가지 못하도록 그릇을 설치해 두었다. Pavlov는 이 끔찍한 실험을 통해 개가 전기자극에 대해 다리를 구부리는 반응을 보일 뿐만 아니라 일반적인 두려움 반응을 보인다는 것을 증명할 수 있었다. 얼마 후에 개는 모든 조건자극들(예, 종

소리, 어떤 특정한 냄새 또는 단순한 고양이 그림)에 대해서 두려움을 나타냈다.

물론 이런 동물 실험들의 결과를 사람의 행동과 동일시할 수는 없다. 그러나 이것은 어떤 설명할 수 없는 두려움 상태가 고전적 조건화의 의미에서 학습되었을 수도 있다는 점을 암시하기도 한다.

상담을 하다 보면 곤충이나 동물의 털, 특정한 색깔, 머리카락 등 전혀 해롭지 않은 것들에 대해서 사람들이 매우 무서워하는 것을 자주 보게 된다. 중요한 사건과 결부되는 어떤 말이나 상징물도 그 사건을 대신할 수 있으며, 그 사건 자체와 같은 반응을 유발시킬 수 있다. 〈자료 2-9〉에 설명된 짧은 예는 고전적 조건형성을 통해 부적절한 두려움 상태가 어떻게 생길 수 있는지에 대해 분명히 보여 준다.

자료 2-9 **어떻게 딸기에 대한 두려움이 생길 수 있는가?**

철수는 이미 5세 때부터 그의 어머니가 고함을 지를 때마다 위험이 다가오고 있다는 것을 배웠다. 그의 어머니는 자신이 딸기를 먹으면 알레르기 반응을 일으키기 때문에 딸기는 건강에 해롭다는 생각을 가지고 있었다. 어느 날 철수는 친구들과 정원에서 놀다가 거기에 있는 딸기를 맛본다. 실제로 딸기는 맛이 있다. 그는 지금껏 집에서 이 맛있는 것을 포기했던 것이다. 딸기는 그에게 알레르기 반응을 일으키지도 않는다.

그런데 갑자기 그의 어머니가 딸기를 먹고 있는 철수를 발견한다. 그녀는 정원으로 달려와서 고함을 지른다. 이 행동은 성장한 철수에게, 나중에는 성인이 된 후에도 딸기를 보면 두려움이 생겨 딸기를 먹지 못하게 되는 첫 단계가 될 수 있다.

고전적 조건형성의 특징

지금까지 서술한 예들과 고전적 조건형성을 통한 학습의 배경들은 다음과 같은 몇 가지 특징으로 요약할 수 있다.

일반화　두 번째 자극이 처음과 비슷하면 그 자극은 비슷한 조건반응을 유발한다. Pavlov의 개 실험에서 개가 종소리에 침분비로 반응하는 것을 배웠다면 그 개는 다른 종류의 소리에도 그렇게 반응한다는 것을 의미한다. 대부분 조건반응은 두 번째 자극이 첫 번째 자극과 비슷할수록 더 강하게 나타난다. 다른 한편으로는 유기체는 중요한 자극과 그렇지 않은 것을 구분하는 것을 배워야 한다. 다시 말하면, 무조건자극과 연결될 수 없는 자극에 대한 반응을 저지하는 것을 배워야 한다.

이렇게 본다면, 고전적 조건형성의 의미로 볼 때 학습에서 차별화는 일반화보다 먼저다. 더 정확히 말하면, 어떤 신호가 다른 신호들과 뚜렷이 구별될수록 이 자극은 더 빨리 식별되고 주의를 얻게 된다. 예를 들어, 샤워를 한다고 하자. 수압의 변화가 뚜렷하며 수압의 변화에 따라 물의 온도가 빨리 높아지면 수압의 차이와 이에 따라 물이 뜨거워지는 것의 연관성을 더 빨리 배우게 된다.

소거　소거는 망각의 한 형태다. 어떤 조건자극이 더 이상 위험하지 않거나 유익하지 않다면 계속 반응할 의미가 없어진다. 그러므로 잊어버리게 된다. 조건자극이 무조건자극과 연관되어 계속 제공되지 않는다면 소거는 자동적으로 일어난다. 이때 조건반응도 점차 약해지며 결국은 완전히 소거된다. 조건반응이 사라지는 데 필요한 기간에는 처음에는 반응이 감소하다가 갑자기 반응이 증가하고 무의식적인 반응이 다시 나타나기도 한다. 그러나 제거 실험이 계속될수록 조건반응은 점점 약해진다.

특정한 행동을 소거를 통해 잊어버릴 수 있다면 왜 많은 사람들이 자극이 없어진 지 오래되었는데도 여전히 근거 없는 강한 두려움에 시달리는지에 대한 의문이 남는다.

> **자료 2-10 중독 현상에서의 고전적 조건형성?**
>
>   고전적 조건형성만을 배경으로 하여 중독 행동을 학습한 사람은 드물다. 그러나 고전적 조건형성은 적어도 부분적으로나마 중독 행동에 대한 이유를 설명하는 데 도움이 될 수 있다. 동기를 다루는 장에서 이미 설명했듯이, 예를 들어 비만인 사람은 종종 전혀 허기를 느끼지 않을 때도 먹는 것을 배웠다. 비만인 사람에게는 음식을 쳐다보는 것, 음식 그림, 먹고 있는 다른 사람을 보는 것, 혹은 먹는 주위 환경까지도 조건자극이 된다.
>
>   이런 중독을 약화시키기 위한 행동치료 프로그램에서는 이러한 조건연합을 없애거나 이런 조건자극을 혐오적으로 사용하기도 한다. 이런 점에서 볼 때 먹는 장소와 먹는 시간을 다르게 한다거나 지금까지의 식습관을 바꾸는 것(예, 찻숟가락으로 점심식사를 하도록 하는 것)은 효과적인 치료방법이 될 수 있다.
>
>   고전적 조건형성의 배경으로 볼 때 알코올 중독자에게 소량의 포도주(예, 성만찬)나 맥주, 혹은 중독과 관련이 있는 장소를 방문하는 것조차도 중독 행동을 다시 일으키게 하는 자극이 될 수 있다.

이에 대한 하나의 가능한 대답은 사람은 자신이 두려워하는 것(예, 뱀, 쥐 혹은 시험)이 나타나는 상황을 피하려는 경향이 있다는 것이다. 두려워하는 사물이나 상황이 나타날 때마다 도망가 버린다면 이러한 상황이 반드시 위험을 가져오는 것은 아니라는 것을 배울 기회를 갖지 못하게 된다. 예를 들어, 한 어린이가 초등학교 때 성적이 나빴다면, 아마 그 어린이는 상급학교에 진학해서도 결코 공부를 잘 할 수 없으리라는 두려움을 갖게 될 것이다. 이런 종류의 두려움을 없애기 위해서는 조건자극이 위험이나 피해를 불러오지 않는다는 것을 실제적으로 체험하는 계기를 마련해 주어야 한다. 더 좋은 방법은 각 자극에 대해 좋은 경험을 하도록 하고 이에 따라 소위 '반대조건화(Gegenkonditionierung)'가 따르도록 하는 것이다. 이에 대한 상세한 내용은 제5장 3. 학습과 탈학습에서 다룰 것이다.

2) 도구적 조건형성을 통한 학습

Pavlov에 의해 연구된 고전적 조건형성을 통한 학습 외에 두 번째 학습 가능성으로 도구적 조건형성이 있다. 이 이론에 중요한 업적을 제공한 사람은 미국의 심리학자인 E. L. Thorndike(1874~1949)다. 그도 동물을 이용해 실험했는데, 합당한 보상을 통해 체계적이지 않게 연습된 행동이 더 체계적으로 학습되는 결과를 나타냈다.

작동적 조건형성을 위한 Thorndike의 실험

Thorndike는 고양이를 이른바 수수께끼 상자 안에 넣어 두고 동물의 학습능력을 연구했다. 고양이가 상자를 여는 방법을 알아내서 상자를 빠져나오면 먹이를 보상으로 주었다. 처음에 동물들은 우연적인 행동을 보였다. 즉, 고양이는 핥아 보고 울기도 하고 칸막이 사이로 나가려고도 해 보고 칸막이 나무를 물어뜯어 보기도 한다. 그러다가 우연히 한 고양이가 빗장을 건드리면서 문이 열렸다. 그들은 도망갈 수 있었다. 고양이를 다음번에 다시 그 상자 안에 넣었을 때 지금까지처럼 우연적인 행동의 부분들을 보였다. 그러다가 마침내 다시 빗장을 건드리면서 도망쳐 나왔다. 여러 번의 실험 후에 고양이는 빗장 근처에서 더 많은 시간을 보냈으며 상자를 더 빨리 벗어날 수 있었다. 그러다가 마침내는 어떻게 해야 하는지를 학습하게 되었다. 고양이를 상자에 넣자마자 고양이는 빗장을 열고 바깥으로 도망 나올 수 있게 된 것이다.

고전적 조건형성에서 연구자는 조건자극과 조건반응 사이에 연합을 형성하기 위해 무조건자극을 보여 줌으로써 그가 원하는 때에 항상 반응을 볼 수 있다. 반면에 작동적 조건형성에서 연구자는 피험자가 이미 보인 반응을 사용하는데, 이 반응이 나타날 때마다 강화함으로써 그 반응을 더 자주 나타나게 한다. 이런 관찰을 근거로 Thorndike는 연습의 규칙과 효율의 규칙을 제시했다.

연습의 규칙은 자극-반응 조건이 연습과 반복을 통해 강화된다는 것이다. 즉, 연습이 더 나은 능률을 낳는다는 것이다. 효율의 규칙은 자극-반응 조건이 보상이나 만족을 통해 강화된다는 것이다. 간단히 말하면, '사탕' 이나 '회초리' 가 특정한 행동을 만들 수 있다는 것이다.

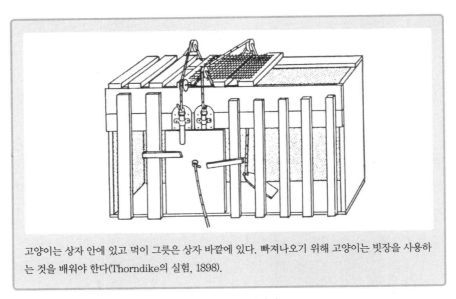

고양이는 상자 안에 있고 먹이 그릇은 상자 바깥에 있다. 빠져나오기 위해 고양이는 빗장을 사용하는 것을 배워야 한다(Thorndike의 실험, 1898).

[그림 2-11] **문제상자**

Thorndike 외에도 1940년대에 강화를 통한 학습의 개념을 발달시킨 사람은 Hull과 E. C. Tolman이었다. 특히 Tolman은 지금까지의 자극-반응 메커니즘을 넘어서서 통찰학습의 개념도 포함하고 있다.

B. F. Skinner는 행동치료에서 기본이라 간주될 만한 연구를 했다. Skinner의 학습의 기본 개념은 행동의 결과들이 조건을 결정한다는 것이다. 바람직한 반응은 항상 강화로 보상된다.

학문적으로 다시 표현하면, 강화는 자극으로 정의될 수 있으며 이 자극은 반응을 불러일으키며 반응을 불러일으킬 확률을 높인다. 예를 들면, 빗장을 열 때마다 비둘기에게 모이를 준다면 모이를 주는 것은 다음 실험에서 확률을 더 높이는 강화로 작용한다.

Skinner는 환경에 따라 효과를 나타내는 반응을 다른 반응들(예, 고전적 조건 형성에서 언급된 침분비)과 구분하기 위해서 '작동적' 학습이라는 개념을 도입했다. 많은 심리학자들은 도구적 학습과 작동적 학습의 개념을 교환 가능한 개념으로 본다.

자료 2-11 **지속적인 강화를 통한 복잡한 행동형성의 예**

견진성사를 받는 학생이 어떻게 목사의 행동을 형성할 수 있는지 보자.

견진성사 수업을 진행하는 어떤 젊은 목사의 상황을 한번 상상해 보라. 그는 첫 수업 시작 때 다소 불안감을 느낄 것이다. 이때 한 학생만이라도 그에게 웃어 주거나 고개를 끄덕여 주는 것은 그가 긴장을 푸는 데 도움이 될 수 있다.

목사가 다음 수업에서 다시 그 학생 쪽을 바라보는데 그 학생이 다시 웃으며 고개를 끄덕인다면 목사가 그 학생을 바라볼 확률은 계속 커지게 된다.

몇 번의 수업이 지난 후에는 그 학생이 아마 더 이상 웃지 않거나 고개를 끄덕여 주지 않아도 목사는 그 학생 쪽을 항상 바라볼 것이다. 그러므로 이는 학생이 교사의 행동을 형성한 것이다.

한 사람의 행동을 바꾸는 가장 효과적인 방법은 반응의 마지막에서 시작하여 앞으로 되돌아가는 것이다. 예를 들면, 어린이에게 끈을 묶는 것을 가르치고자 할 때 대부분의 부모는 처음, 즉 신발 끈을 서로 어긋하게 놓는 것에서부터 시작한다. 그러나 이것은 끈 묶는 것을 완성하기까지 필요한 약 15가지 복잡한 단계 중의 하나다. 그러나 어린이로 하여금 끈 매는 일을 계속하고자 하는 의지를 강화시키는 것은 신발 끈을 매는 것, 즉 완성의 단계다. 작동적 조건형성의 학습모델을 사용하면 부모들은 마지막 단계, 즉 끈을 함께 잡아당기

는 것을 먼저 가르치는 것부터 시작한다. 장애아동과 일반아동을 대상으로 한 일련의 실험들은 이런 방법의 행동사슬을 통해 소위 뒤에서부터 더 빨리 배운다는 것을 보여 준다.

조건형성을 통한 행동의 변화

강화물을 통한 행동의 변화를 체계화해 보면 5가지 가능성으로 분류할 수 있으며 〈자료 2-12〉에서 요약한 것처럼 두 집단으로 나눌 수 있다.

자료 2-12 2가지 강화

집단 1
미래의 바람직한 행동의 확률을 높이는 체계적인 강화

긍정적 강화
임의의 행동에 따르는 긍정적인 결과들은 그 행동이 반복될 확률을 높인다(예, 아이가 점심 식사 후에 곧 바로 숙제를 할 때마다 아이가 좋아하는 책을 읽어도 되는 것을 통해 바람직한 행동을 강화시킬 수 있다.).

부정적 강화
부정적 자극들이 끝나게 되면 그 행동이 반복될 확률이 높아진다(예, 아이는 숙제를 끝낼 때까지 좋아하는 책을 보는 것을 보류해야 한다.).

집단 2
과거의 행동이 미래에 일어날 확률을 낮추는 강화

긍정적 자극의 제거를 통한 처벌
긍정적 자극들이 제거되면 그 행동이 반복될 확률이 낮아진다(예, 아이가 숙제를 끝내지 않기 때문에 텔레비전을 볼 수 없다.).

부정적 결과를 통한 처벌

처벌자가 있는 곳에서는 바람직하지 않은 행동은 억제된다(예, 아이가 숙제를 해 오지 않으면 교사의 메모를 받거나 벌칙을 받는다.).

제거

익숙해진 강화가 더 이상 나타나지 않으면 그 행동은 제거된다(예, 아이가 관심을 끌기 위해 반복해서 방해되는 행동을 하지만 교사나 학생들이 거기에 대해 주의를 기울이지 않으면 결국은 그런 행동을 멈추게 된다.).

〈자료 2-12〉에서 이론적이고 추상적으로 요약된 것은 실제에서 매우 다양하게 나타난다. 그리고 처벌—특히 신체적 처벌—은 행동을 바꾸는 데 별로 도움이 되지 않거나 아주 특별한 상황에서만 사용되어야 한다는 것을 분명히 보여 주는 연구들이 많이 있다. 성경적 시각에서 볼 때에도, 잘 알려진 요한계시록 3장 19절의 "무릇 내가 사랑하는 자를 책망하여 징계하노니."라는 말씀을 단순하게 해석해서는 안 된다. 이 말씀을 오직 신체적 징계에 연관시켜서 간혹 어린이에게 매우 심한 신체적 처벌을 내리는 것을 기독교적으로 정당화하는 것은 잘못된 것이다. 그 이유 중 하나로 하나님의 훈계는 우리가 종종 생각하는 것과는 구별되며 더 신중하다는 것을 들 수 있다. 또한 하나님의 말씀을 들을 때 성경말씀뿐 아니라 특정한 상황들이나 경험들(신체적인 종류도 포함), 실망이나 '닫힌 문들'을 통해서 하나님께서 말씀하시는 것을 주의 깊게 들어야 하며, 그분과 그러한 것들에 대해서 대화해야 한다.

우리가 때로 어떤 어려운 일들을 만날 때 그것을 반드시 '죄에 대한 징계'로 간주할 필요는 없다. 하나님께서 우리를 징계하고자 하셨다면 우리 모두는 죽어야 마땅하다. 오히려 그것은 우리를 훈계하고 바르게 하고 다시 그의 길로 돌이키게 하려 하심이다.

하나님의 교육방법은 매우 다양하다. 하나님께서 이런 특별한 방법으로 그의 자녀들에게 말씀하신다는 것은 바로 그의 자녀됨의 한 증거다(히브리서 12:6 참조). 부모가 기독교인으로서 하나님의 교육방법을 따르고 하나님께서 자신을 어떻게 양육하셨는가를 깊이 깨닫는다면 부모는 자녀를 더 섬세하게 양육할 수 있을 것이다. 대체적으로 신체적 처벌은 자녀양육에서 적절치 않으며 별로 효과적이지 않은 방법이다.

행동조절을 위한 처벌?

행동조절을 위한 도구로서의 처벌(Edelmann, 1978)은 심리학적으로 광범위하게 연구되었다. 이 연구들은 '부정적 강화', 즉 처벌의 결과들에 대해 매우 상세하게 설명하고 있다. 이들 연구결과들은 대부분의 부모들이 생각하는 것과는 달리 학자의 입장에서 볼 때 대체로 어떤 조건 아래서 처벌이 성공적일 수 있는지를 보여 준다. 그렇다고 양육의 도구로 처벌이 합법화되는 것은 아니라 다른 가능성들이 전혀 보이지 않을 때 처벌이 이루어져야 하며 이때 지켜야 하는 조건들을 보여 주는 것이다.

- 처벌받는 자는 바라는 행동을 할 수 있어야 하며, 바람직한 행동을 할 때마다 뚜렷한 강화를 보여 주어야 한다. 즉, 양육의 목적으로서 처벌하기 전에 항상 긍정적 강화가 있어야 한다.
- 처벌자가 처벌받는 행위를 즐기고자 하는 마음이 적어야 한다. 그렇지 않으면 자기강화의 위험이 있다.
- 처벌하고자 작정했다면 그것은 지속적이어야 한다. 즉, 바람직하지 못한 행동을 할 때마다 처벌해야 한다. 그렇지 않다면 바람직하지 못한 행동이 오히려 강화되거나 굳어지게 된다.
- 처벌은 바람직하지 못한 행동 직후에 행해져야 한다.

- 처벌받는 자는 피하는 것을 통해서가 아니라 바람직하지 못한 행동을 하지 않거나 바람직한 행동을 함으로써 처벌의 강도를 다르게 받아야 한다.
- 처벌은 긍정적 강화와 동시에 해서는 안 된다. 그렇지 않으면 처벌이 조건화된 강화가 된다.
- 처벌의 강도는 처벌에 대한 적응이 생기지 않도록 처음부터 높아야 한다. 처벌의 강도가 낮다면 단기간만 행동을 억제하게 한다.

 이미 강조한 것처럼 바람직한 행동에 도달하기 위해서 될 수 있는 대로 부정적 강화가 아닌 긍정적 강화를 사용해야 한다. 처벌은 일련의 바람직하지 못한 결과들을 초래할 수 있기 때문이다.

- 처벌은 실제로는 바람직한 행동을 형성하지 못한 채 일단 피하고 보는 상태로 이끌 수 있다.
- 처벌받는 자가 경우에 따라서는 처벌자를 피하게 된다.
- 처벌받는 자는 처벌받은 상황을 피하게 될 수도 있다(예, 학교의 무단결석).
- 처벌된 행동은 일반적인 혐오감으로 몰고 갈 수 있다. 예를 들면, 어린 시절 '의사놀이'를 하다가 처벌을 받은 경험 때문에 성생활에서의 심각한 거부감이 생길 수 있고, 잘못 푼 계산문제에 대한 처벌이 수학에 대한 혐오나 이 영역에 대한 열등감을 불러일으킬 수 있다. 이를 위해서는 이러한 일을 별로 중요하지 않게 여김으로 '소거하는 것'이 도움이 될 것이다.
- 처벌받는 자는 자기에게 종속적인 다른 사람에게 공격적인 처벌행동을 할 수 있다.
- 처벌받는 자의 자존감이 경우에 따라서 크게 상처받을 수 있다.
- 처벌에 대한 두려움은 능력과 자립심 등과 같은 의미 있는 일련의 행동들과는 같이 있을 수 없다.

- 처벌자는 경우에 따라서 두려움이나 분노의 상징이 되므로 후에 처벌받는 자를 긍정적으로 강화할 수 있는 가능성이 줄어들게 된다.
- 처벌자 자신은 처벌의 방법을 통해 성공했다고 생각하며, 바람직하지 못한 행동이 대체로 빨리 사라지는 것을 통해 강화되며 앞으로는 더 자주 처벌하게 된다. 그는 자기 편에서 처벌이 매우 효과적이라고 터득한 것이다. 그러나 실제로도 그럴까?

학문적인 측면에서 수집된 이 결과들에 따르면 언제 처벌을 하지 말아야 하는지가 분명해진다. 처벌은 어떤 경우든 간에 매우 뚜렷한 외부적인 영향을 내포하고 있으며, 그 영향들은 모순이 전혀 없거나 체계적이라고 볼 수도 없다. 대체적으로 바람직하지 못한 행동을 제거하는 것은 완전하지 못하며 처벌을 사용한다면 이에 따라 생기는 부정적 결과들은 매우 뚜렷하다. 이런 이유에서 꼭 처벌을 해야만 하는지, 바람직하지 못한 행동이 발생하기 전에 미리 방지하는 것이 불가능한지 등을 진지하게 질문해 보아야 한다.

언제 처벌하면 안 되는가?

- 원하는 행동을 완전히 통제할 수 없을 때는 처벌을 포기해야 한다. 예를 들면, 담배를 더 이상 피우지 않아야 하는 아들에게 집에서 흡연을 금지시킨다면 바람직하지 못한 행동의 해체가 아니라 변별학습을 향상시키게 된다. 아들은 곧 집 밖에서만 흡연을 하고 집에서는 더 이상 흡연하지 않는 것이 습관화된다(이것이 변별학습이다.).
- 중요한 기본행동양식(능력, 호기심, 성행위, 자립심)이 처벌에 의해 전반적으로 부정적으로 받아들여질 위험이 크다면 처벌을 포기해야 한다.
- 실제로 효과적인 처벌방법이 없다면 처벌을 포기해야 한다. 이 점과 관련하여 협박의 결과들이 실제로 나타나지 않음에도 실제로 많은 부모들이

자녀를 협박하면 바람직하지 못한 행동을 고칠 수 있다고 생각하는 것은 제고할 필요가 있다.("이제 진짜 잠들지 않으면 도깨비가 와서 잡아간다." 혹은 "말을 잘 듣지 않으면 천국에 갈 수 없다." 등) 이런 행동을 통해서 부정적 자극을 중성화하는 학습 과정이 시작된다. "야단을 치면 최악의 상태는 지났다."라는 식으로 야단을 듣는 것이 오히려 안전하다는 신호가 될 수 있다.

- 처벌이 일관성 있게, 규칙적으로 이루어질 수 없다는 것을 미리 안다면 처벌을 포기해야 한다. 이때는 바람직하지 못한 행동에 대해 처벌하지 않으면 오히려 바람직하지 못한 행동을 강화시키는 결과가 된다.
- 이미 자주 처벌했다면 처벌을 포기해야 한다. 이런 경우에 효과를 얻으려면 계속 더 강도 높은 처벌방법을 필요로 할 것이다.

언제 처벌이 (제한적으로) 의미가 있는가?

- 긍정적 강화의 가능성들을 충분히 사용한 후 처벌받는 자와의 관계가 정상적이며 처벌받는 자의 자존심이 불필요하게 상처받지 않을 때, 또는 처벌받는 자가 실제로 바람직한 행동을 할 수 있을 때 처벌은 의미가 있다.
- 위험을 방지하기 위해 바람직하지 못한 행동이 즉시 억제되어야 할 때 처벌은 의미가 있다(예, 어린이가 뜨개바늘을 콘센트에 넣으려 하거나 베란다 난간에 기어오를 때).

요약하면, 처벌을 통해 행동을 변화시키고자 하는 시도는 아주 드문 경우에만 올바른 양육방법이 될 수 있다고 볼 수 있다. 처벌을 통해서는 장기간 효과를 얻기 어렵다. 학습이론적으로 볼 때 양육이 어려운 경우 부작용을 훨씬 덜 초래하는 더 효과적인 방법들이 있다. H. Adameit(1978)는 이 방법들을 "착한 일을 하거나 바람직하지 못한 행동을 하지 않을 때 언급하라."라는 문장으로 요약했다.

수반성과 강화

행동 변화에 대해서 앞에서 살펴본 것처럼 강화 자체뿐만 아니라 강화의 방법이나 방식도 결과에 영향을 미친다는 것을 보았다. 이에 대한 전문용어로 '수반성(Kontingent)'이라는 개념이 있다. '수반성'에 관한 실험에서는 어떤 시간적 순서로 강화가 일어나는지 알아내고자 한다. 여기에는 다양한 가능성들이 있다.

- 바람직한 행동이 나타날 때마다 강화한다. 이 경우에 새로운 행동은 아주 빠르게 학습되는 반면, 강화물이 더 이상 주어지지 않을 때 비교적 빨리 다시 사라지게 되는 것으로 나타났다.
- 일정한 공식에 따라 강화를 하며 이 공식 사이에 몇 번 강화를 중단하는 방법도 있다. 이런 변화적인 또는 간헐적인 강화는 그다지 빠르게 원하는 행동을 초래하지는 않지만 이런 방식으로 얻어진 행동은 더 안정적으로 남는다.

이 2가지 가능성을 요약하면 실제 양육을 위한 다음과 같은 결론을 내릴 수 있다. 행동조절의 처음 단계에서는 바람직한 행동이 나타날 때마다 강화하며, 이 행동을 고정화시키기 위해 나중 단계에 들어서는 간헐적으로 강화한다.

3) 관찰학습

앞에서 설명한 것처럼, 지금까지 다룬 조건형성을 통한 학습형태를 가지고는 학습유형의 한 부분밖에 설명할 수가 없다. 따라서 추가적인 모델이 더 필요하다.

특히 미국의 학습심리학자 A. Bandura는 학습이 강화를 통해서만 아니라 관찰을 통해서도 이루어질 수 있다는 것을 증명했다. Bandura는 어린이의 공격적인 행동을 연구하면서 '모델'이 되는 사람의 행동방식을 받아들이는 것을 관찰하게 되었다. 유치원생을 두 집단으로 나누어 한 집단은 어른의 특히 공격적인 행동을 담고 있는 영화를 보여 주고, 한 집단의 어린이들에게는 이 영화를 보여 주지 않았다. 두 집단을 조사해 보았을 때 후자의 경우 공격적인 반응이 전혀 나타나지 않은 반면, 공격적인 행동을 담은 영화를 본 어린이들은 정확히 흉내 낸 공격적인 반응을 많이 보였다(Skowornek, 1975).

Bandura는 그 외에도 관찰학습을 통해 습득된 행동방식은 도중에 실습할 기회가 없을지라도 매우 오랫동안 유지된다는 것을 관찰했다. 그는 또한 특정한 행동방식을 받아들이는 데는 모델을 단 한 번 보는 것만으로도 충분하다는 것을 증명했다.

Bandura는 지속적이고도 체계적인 연구들을 통해 그의 결과들을 체계화했는데, 이를 다음과 같은 몇 개의 문장으로 요약할 수 있다.

- 특별히 사회적 행동과 언어행동은 관찰을 통해 학습된다.
- 모델과 관련해서 관찰학습을 향상시키는 것에는 다음과 같은 요소가 작용한다.
  - 모델의 사회적 지위 모델이 학습자와의 관계에서 비교적 높은 사회적 지위를 가지고 있다면 더 강하게 모방된다.
  - 외적인 매력 외적으로 매력적인 인상을 주는 사람은 드러나지 않는 사람보다 더 쉽게 모방된다.
  - 학습자와 모델의 유사성 경험의 유사성이 크면 클수록 더 뚜렷하게 모방이 이루어진다. 반대로 모델이 실제 인물과 멀수록 모방은 감소

한다.

– 모델 행동의 유형   미워하는 것과 공격적인 행동방식은 비교적 쉽게 모방된다.

– 모델 행동의 결과   관찰된 행동이 다른 사람으로부터 보상받거나 인정받게 되면 더 쉽게 모방한다. 처벌의 효과들에 대해서는 분명하지 않다.

• 학습자도 관찰학습을 향상시키는 특별한 특징들을 보일 수 있다.

– 낮은 자기신뢰감, 열등감   자기신뢰가 낮다거나 지금까지의 학습 과정에서 일정한 행동에 대해 자주 보상을 받은 사람은 모델의 행동을 더 쉽게 받아들인다. 예를 들면, 특히 공격적인 행동방식을 받아들이는 것에서 일반화를 볼 수 있다는 점은 흥미롭다. 공격적인 행동방식의 모방은 모델 상황과 유사한 상황에서만 보이는 것이 아니라 아주 다른 상황에서도 이러한 행동방식을 보인다.

– 부족한 능력   어떤 일을 다루는 데 안정감이나 확실성이 부족하다고 느끼는 사람은 다른 사람들보다 쉽게 관찰을 통해 학습한다.

– 의심   자기 자신에 대해 의심하는 사람은 그렇지 않은 사람보다 더 많이 관찰을 통해 학습한다.

– 고립   외로움과 고립된 상황을 많이 겪은 사람이 그렇지 않은 사람보다 현저하게 모방을 통해 학습한다.

4) 통찰학습

우리는 앞에서 조건형성, 강화 그리고 관찰(모델)학습으로 행동의 변화를 일으키는 약간 '단순한' 학습이론을 다루었다. 앞으로는 학습의 복잡한 유형, 통찰학습을 다룰 것이다.

[그림 2-9]에 나타난 것처럼, 통찰학습은 다른 인지적 능력, 즉 기억, 사고 그리고 지능과의 연관성 안에서 살펴보아야 한다. 고전적 행동주의에서는 주

로 자극과 반응 사이의 관계에만 주의를 기울인 반면, 통찰학습에서는 학습 과정의 '내적인 것'에 대해서도 세부적으로 연구한다. 그러므로 여기서는 정보처리의 가능성에 대해서 살펴보고 기억, 사고 및 지능에 대해서는 다른 부분에서 다루고자 한다.

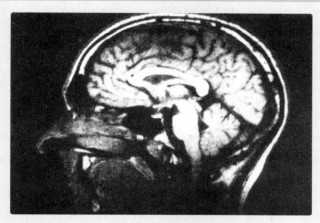

핵자기공명법(NMR). 뇌단면의 이 컴퓨터 재현은 한 피검자의 뇌에 있는 물분자의 수소로부터 나오는 핵자기 유도에서 얻어진 자료에 기초를 두고 있다.

[그림 2-12] 살아 있는 사람의 뇌 사진

통찰학습은 어떻게 이루어지는가?

감각을 통해 받은 수백만 개의 인상들이 우리에게 흘러 들어와서 처리되고 있다. 인지심리학의 한 연구 분야는 뇌 안에서 일어나는 이 정보들의 지속적인 균형을 새로운 모델을 사용해 알아내고자 시도한다. 이를 위해 고안된 컴퓨터 프로그램은 이미 앞에서 이야기한 것처럼 각 뉴런이 다른 수천 개의 뉴런과 연결된 뇌피질의 신경세포 조직망과 비슷하다. 우리가 사고할 때 거대한 정보량이 안으로 흘러 들어온다면 뇌의 많은 부분이 활동할 것이다. 새로 개발된 핵스핀 기술로 사고 중인 뇌를 찍은 사진들도 이러한 추측을 뒷받침한다. 여기서 '뇌의 한 작은 부분에만 영향을 끼치는 사건들이 무슨 의미가 있는가?'라는 질문을 던질 수 있다. 한 사건이 뇌에 작용하는 것은 물에 던져진 돌이 동심의 원들을 형성하는 것과 같다고 할 수 있다. 민감하게 진동하는 뇌의 조직망에서 한 부분이 움직이는 것은 더 큰 영역을 움직이게 할 수 있다.

정보선택에 관한 연구들이 아직 완전히 끝난 것이 아니므로 다양한 견해들이 있다.

약 30년 전에 D. E. Broadbent(1958)는 감각기관에 부딪치는 모든 주변 자극들은 등록되며, '모상의 기억'으로 짧은 시간(0.25초) 안에 완전히 저장된다고 생각했다. 채널에 기초해 한정된 용량을 처리하는 선택 필터인 소위 '시각로'에서 정보의 선택이 이루어지고 남아 있는 정보들은 다음 처리 단계로 넘겨진다(Hussy, 1984, 1986). Broadbent가 그의 실험결과들에서 유추한 중요한 생각은 사람은 단지 하나의 감각로에만 주의를 기울일 수 있기 때문에 다른 정보들은 주의력 교체가 이루어진 다음에야 의식될 수 있다는 것이다.

Broadbent 이후의 많은 실험연구결과들은 주목되지 않은 정보들도 '희미한 형태'로 전달되어야 함을 보여 주고 있다(Treisman, 1960). A. Treisman은 피검자들에게 다양한 텍스트를 동시에 보여 주는 실험을 했다. 그 결과 주의를 집중하지 않은 정보들도 제한된 용량이나마 채널에 도달하는 기회가 있으므로 이러한 정보들도 의미가 있는 것으로 나타났다. 즉, 주목하지 않은 정보들은 단순히 걸러져 잊히는 것이 아니라 희미한 형태로 전달되고 있다는 것이다.

Mackey(1973)의 실험은 의식하지 않은 정보들이 의미가 있을 뿐 아니라 눈에 띄지 않게 사고와 행동에 영향을 줄 수 있다는 것을 분명히 보여 주었다.

정보선택을 설명하는 데에서 반응이론의 또 다른 약점이 1970년대 초기에 시작된 실험들을 통해 나타났다. 이 실험은 주의과정을 관찰하는 관점에 결정

적인 변화를 가져왔다. Spelke, Hearst와 Neisser(1976)는 2명의 대학생에게 17주
간 매일 5시간씩 각각 매우 복잡한 과제(읽기와 쓰기)를 동시에 하도록 했다. 두
학생은 신문의 텍스트를 읽으면서 동시에 거기에 나오는 단어목록을 써 내려
가는 것을 처음에는 매우 어렵게 느꼈다. 읽기와 쓰기, 이 두 과제가 서로 방해
하므로 읽고 쓰는 속도가 현저하게 느려졌으며 실수를 많이 하게 되고 글씨체
가 나빠졌으며 텍스트와 쓴 단어들을 이해하고 기억하는 것이 어려웠다.

그러나 6주간의 훈련 후에는 상황이 극적으로 달라졌다. 읽기와 쓰기, 이 두
과제가 더 이상 그리 심각하게 서로 방해하지 않는 것처럼 보인 것이다. 두 학
생은 읽기만 할 때처럼 유창하게 읽어 내려갔으며 동시에 쓰기 속도와 글씨체
도 정상으로 회복되었다. 단지 쓰인 단어들을 기억하는 점에서는 분명한 퇴보
를 보였다. 그러나 이 약점도 훈련을 계속할수록 사라졌다. 17주째에는 정상
적인 재생산 능력에 도달했을 뿐 아니라, 두 학생은 받아쓴 단어 대신에 그 상
위개념을 메모할 정도가 되었다(예, 받아쓴 '장미' 대신에 '꽃'을 메모).

이런 실험의 결과들은 많은 경쟁적인 반응들 중 단지 하나의 반응만 선택되
어 수행된다고 가정한 반응이론을 반박하는 것이다.

D. Kahneman(1973)은 처리를 기다리는 인지적 과제에 분배되는, 정해진 한
정적 주의용량이 있다고 가정하는 새로운 이론을 제시했다. Kahneman의 모
델은 주의용량의 적극적 분배에서 출발하는데, 즉 정보선택이 시간이나 처리
상태의 순서에 의해 결정되는 것이 아니라 인지적 요구를 다루는 개인의 결정
에 달려 있다는 것이다. 용량의 제한성에 따라 임의의 많은 인지적 프로세스
가 동시에 진행될 수는 없다. 이런 프로세스가 적은 소모를 필요로 한다면 여
러 개의 프로세스가 동시에 성공적으로 처리될 수 있다. 그러나 요구가 증가
할수록 프로세스들은 서로를 방해한다.

4. 기 억

우리 대부분은 아주 흥미로운 세미나에 참석하여 많은 것을 듣고 이를 기억하고자 하지만 집으로 돌아오는 길에 들은 것의 대부분이 이미 기억에서 사라진 것을 경험해 보았을 것이다.

이미 오래전부터 학자들은 '잃어버린 기억'의 배경을 알아내고자 연구에 착수했다. 예를 들면, K. Lashley는 약 80년 전에 뇌의 어느 부분에 기억흔적이 저장될 수 있는지 알아내고자 했다. 실험 과정에서 그는 원숭이와 쥐의 피질의 다양한 부분을 제거한 다음 학습된 과제의 기억에 대한 영향을 관찰했다. 그러나 그는 많은 실험을 해 보고 나서야 뇌에서 기억흔적의 정확한 위치를 찾아내는 것은 불가능하다는 것을 시인해야 했다.

쥐에게 마약을 투입한 후 실험한 최근의 연구들을 통해 기억에 대한 다양한 영향들이 발견되었다. 예를 들면, 전달물질의 수용을 차단하는 특정한 마약을 사용하면 기억이 퇴보되고 전달물질의 파괴를 막는 다른 마약을 사용하면 기억이 증진되었다. 이런 관찰들은 학습 과정에서의 생리학적 변화들이 시냅스의 능력 증가와 관련이 있는 반면, 기억감소는 이 시냅스의 전달 능력의 감소에 원인이 있는 것을 암시했다. 하지만 그 원인은 아직 밝혀지지 않았다 (Deutsch & Deutsch, 1966). Eccles도 뇌생리학에 대한 그의 최근 연구에서 몇 가지 주목할 만한 단서들을 제공했다. 여기에 대해서는 이미 앞에서 '자의식을 가진 정신'을 언급했다.

전체적으로 볼 때 지금까지의 연구는 회상이나 기억구조에 대한 완성된 개념을 제시하기에는 아직 부족한 것 같다. 그러나 기억의 신경학적 메커니즘이 어떻게 보일지라도 우리가 다양한 기억구조(초단기기억, 단기기억, 장기기억)를 가지고 있다는 점에서는 일반적으로 일치한다.

기억의 생리학적 과정을 상세하게 관찰하지 않고 단지 외부에서만 살펴보면, 일단 인체에 들어온 자극이 눈, 귀, 코, 피부 등의 감각기관을 통해 무수한 정보를 전달한다고 볼 수 있다. 그러나 이 정보의 완전한 수용은 자극이 있는 것과 동시에 일어나는 것은 아니다. 지각은 그것이 저장되기까지 일정한 시간을 필요로 한다. 정보들이 유입된 후에 다양한 장소에서 처리, 즉 변화된다는 사실은 적당한 실험들을 통해 증명할 수 있다. 더 자세히 살펴보면 기억과정을 다음과 같은 세 단계로 구분할 수 있다는 결론에 이른다.

- 암호화-감각인상을 저장 가능한 것으로 바꾸는 단계
- 저장-정보의 보관 단계
- 부호의 해석-재사용을 위한 정보의 인출 단계

1800년대 말에 H. Ebbinghaus(1850~1909)는 기억에 관한 체계적인 실험을 했다. 그는 기억할 때 피험자에게 무의미한 학습내용과 의미 있는 음절 사이에는 차이를 두어야 함을 알게 되었다. 무의미한 음절이란, 예를 들면 'dna'와 같은 알파벳 배열이다. 반면 'and'는 같은 알파벳 배열에서 나온 것이지만 의미가 있는 것이다.

Ebbinghaus는 실험을 위해, 예를 들어 'fud' 'daj'와 같은 무의미한 음절들을 사용하였다. 그리고 이 음절들을 저장하는 데에서 전형적인 학습곡선을 보임을 발견하였고, 기억에 관한 몇 가지 결과들을 이끌어 낼 수 있었다([그림 2-13] 참조).

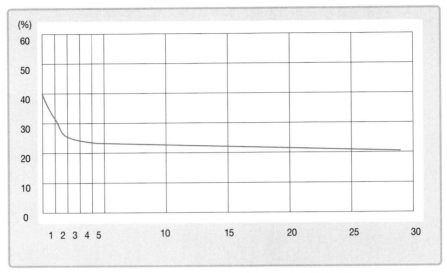

[그림 2-13] Ebbinghaus(1885)에 의한 기억된 음절의 퍼센트

Ebbinghaus에 의해 발견된 학습곡선은 학자들에게는 흥미로운 것이지만 전체적으로 볼 때 무의미한 음절의 학습이 대개 일반적인 것이 아니기 때문에 실제로는 별 의미가 없다.

반면에 최근 학자들은 그림, 장면, 소리자극, 냄새 등의 기억과의 연관성에 대해 연구했다. 그 결과 눈이나 귀에 들어오는 감각자극은 그곳에 약 1초 동안 머문다는 것을 알아냈다. 이 단기저장은 자극이 단지 1,000분의 1초 동안 진행될지라도 일어난다. 이 정보에 주의를 기울이지 않으면 정보는 재빨리 사라지며 더 이상 기억할 수 없게 된다. 이러한 지각유형을 일반적으로 '감각기억'이라 하며 많은 연구자들은 '초단기기억'이라고 한다.

1) 초단기기억

이 유형의 기억을 설명하기 위해서 매우 단순한 형태로 뇌의 어딘가에 복사가 일어난다고 상상해 볼 수 있다. 그러나 더 자세히 관찰해 보면 이 단순한 가정은 초단기기억을 설명하기에 충분하지 않다는 것을 알 수 있다. 왜냐하면 기억의 저장장소는 단지 자극을 붙잡고 있는 수동적인 것이 아니라 그 자체가 능동적이기 때문이다. 이것은 소위 말하는 '뒤에서부터 덮어쓰기' '역행적 번복(Rückwärtsmaskierung)' 현상에서 분명하게 볼 수 있다. 예를 들면, 스크린에 0.005초 동안 한 가지 슬라이드 그림을 보여 준 다음 화면을 끄면 관찰자는 그 그림을 보고 설명할 수 있을 것이다.

　그런데 같은 시간 동안 자극을 반복한 후 두 번째 자극(예, 단순한 빛의 섬광으로 이루어진)을 주면 흥미로운 변화가 일어난다. 두 번째 자극이 첫 번째 자극이 있은 후 0.02초 내에 주어지게 되면 첫 번째 자극은 종종 보이지 않는다. 그러나 두 번째 자극이 0.1초 후에 나타나면 두 자극 모두가 보인다. 이 결과들은 영상기억에서 나오는 정보들이 어떤 특정한 시간 동안 암호화된다고 해석될 수 있다. 처음의 짧은 자극 후에 빈 간격이 있으면 첫 자극의 그림은 충분히 오랫동안 머문다. 반대로 첫 자극 후에 바로 다른 자극이 따르면 본래 자극의 영상기억이 아직 처리되는 동안 방해를 받는다. 이에 따라 첫 번째 자극이 지각될 기회가 줄어든다.

2) 단기기억

　일상 용어에서 우리가 기억이라고 하면 주로 위에서 말한 초단기기억이 아니라 특정한 것을 기억하도록 돕는 뇌의 일부분이라고 생각한다. 예를 들면, 전화번호 하나를 꺼내면 우리는 보통 그 번호를 누를 때까지 외우고 있다가 그 후에는 다시 잊어버린다. 이런 경우에는 어떤 유형의 기억을 다루는 것인가? 우리는 어떻게 이 숫자의 배열에 대한 기억을 보관하는가? 영상으로인가, 청각적으로인가? 왜 그 번호들을 곧 잊어버리게 되는가? 왜 어떤 번호들은 더 잘 기억하며, 심지어 몇 년 동안 기억할 수 있는가?

이러한 질문에 대답하기 위해서 우리는 소위 말하는 '부호화' 또는 자극의 암호화라는 주제를 다루어야 한다. 많은 연구결과들은 단기기억이 언어적인 자료를 다루는 경우라면 청각적 부호를 사용하는 것으로 나타난다. 영상으로 표현된 자료를 다룰 때에도 마찬가지다. 그러나 청각적 부호 외에도 시각적 부호화 방법이 있으며 또한 후각, 미각 등도 암호화에 사용될 수 있다.

정보가 암호화되었다면 그 다음에는 이 부호를 어떤 형태로 저장해야 한다. 기억내용들은 보통 반복을 통해서 생생하게 보관된다. 많은 실험들([그림 2-13] 참조)은 무의미한 음절을 저장할 때 이미 3초 후에 정보의 많은 부분(약 20%)을 잊어버리게 되고 18초 후에는 90% 정도 잊어버린다는 것을 보여 준다.

보통 성인에게 임의의 숫자배열을 보여 줄 때, 그 숫자배열이 7자리 이상이 되면 잘 기억할 수 없다는 것이 분명히 증명되었다. 이것은 단기기억의 저장장소는 대개 7항목을 수용할 수 있다는 것을 의미한다. 여러분은 지금 당장 자신이, 예를 들어 아주 긴 전화번호, 8~10자리 또는 더 긴 번호를 외울 수 있다고 반박할 것이다. 이것은 여러분이 이 긴 번호를 위해 특정한 의미 있는 사슬을 만들었기 때문에 가능한 것이다. 예를 들면, 여러분이 스위스에서 독일로 전화할 때 국가번호인 0049를 하나의 단위로 기억한 다음 함부르크의 지역번호인 040을 하나의 단위로 기억하는 것이다. 암기의 이런 조직적인 유형은 학습도구로서 유용하게 사용되고 있다. 이러한 유형을 '분류(chunking)'라고 한다.

최근의 기억내용을 인출할 수 있는 것은 당연해 보이는 반면, 오래된 기억을 다시 불러내기 위해서는 때때로 많은 수고가 필요하다고 생각한다. 그러나 여러 실험들은 이 모두가 '당연'하지 않다는 것을 보여 준다. 기억의 인출이 일정한 시간을 필요로 한다는 점에서 볼 때 원하는 것을 찾기 위해 저장장소의 각 기억요소들이 모두 검색되는 것으로 가정할 수 있다. 여기서 흥미로운 것은 이 검색이 단순히 순서에 따라 이루어지는 것이 아니라(예, 일반적인 컴퓨터가 검색하는 것처럼) 유사한 개념에 따라 체계적으로 검사되므로 이러한 검색이 더 빠르다는 것이 밝혀졌다.

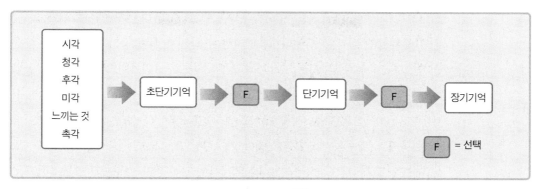

[그림 2-14] **기억**

3) 장기기억

단기기억과 장기기억의 중요한 차이는 기억수명의 차이에 있는 것이 아니라 수용능력에서 부호화의 다양성 등에 있다. 많은 연구자들은 기억내용들이 단기기억장소에서 장기기억장소로 넘어가며, 단기기억은 반응을 일으키기 위해 나중에 내용을 기억하게 되는 저장장소라고 생각한다.

이미 언급한 것처럼, 우선 단기기억은 청각적 혹은 부분적으로 시각적 부호를 기초로 한다는 사실을 받아들이는 것이 중요하다. 이와 반대로 장기기억은 기억자가 내용을 이해해야만 한다고 볼 수 있다. 즉, 장기기억은 주로 그 내용의 의미를 파악할 때 이루어진다.

예를 들면, 'Zweig(독일어로 나뭇가지)'이라는 단어가 들어 있는 단어 목록을 암기해야 한다고 하자. 몇 시간 후에 목록을 기억할 때, 'zwei(둘)'(이 경우는 청각적 오류를 범했다)이나 'Zwerg(난쟁이)'(이 경우는 시각적 오류를 범했다)라고 말할 확률은 적을 것이다. 반면 '나무나 가지의 어떤 것'을 기억하게 될 것이다.

이 예에서도 우리가 기억할 때 무의미한 자료를 처리하는지 아니면 의미 있는 자료를 다루는지가 근본적으로 중요하다는 것을 다시 한 번 알 수 있다. 또한 장기기억 저장에 관한 중요한 사실을 얻을 수 있다. 즉, 학습해야 하는 것을 이해해야만 한다는 것이다. 그렇지만 우리는 어린이가 전혀 이해하지 못하는 언어의 텍스트를 배우고 기억하고 있다는(즉, 장기기억 안에 고정시켜 놓았다.) 것을 자주 발견한다. 외국어로 노래를 부르는 가수에게도 비슷한 것이 적용된다. 또한 성경 암송 과제에서도 우리는 어린이가 성경 본문을 아직 이해하지 못해도 외울 수 있다는 것을 보게 된다. 그러므로 이는 장기기억에서도 또 다른 부호화가 가능하다는 것을 의미한다. 즉, 장기기억이 의미부호만으로 처리된다고 볼 수 없다는 것이다. 장기기억에서도 청각적 · 시각적, 다른 감각적 저장변수가 의미부호에 대한 보충 또는 대안으로 존재한다.

이것은 우리가 어떻게 취학 전 아동에게 그들이 당장은 이해하지 못해도 성경이나 찬송가의 단어나 문장을 가르칠 수 있는지에 대한 학문적 배경이 되기도 한다. 이것들은 장기기억 안에 한 번 저장되면 성인이 되어서 인출될 수 있다. 흥미로운 것은 노인이 젊은 시절 배운 텍스트를 가장 잘 기억하고 있다는 것이다.

장기기억의 저장을 더 자세하게 연구해 보면 약 7가지 항목 정도만 수용할 수 있는 단기기억과는 대조적으로 장기기억의 수용능력은 거의 무한정하다는 것을 알 수 있다. 그러나 구분해야 할 것은 저장은 거의 무제한으로 될 수 있지만 항상 즉각적으로 인출할 수 있는 것은 아니라는 것이다.

저장이 되지 않는 이유 중의 하나는 혼란케 하는 수많은 정보들이 있기 때문이다.

예를 들면, 여러분이 매일 자동차를 타고 어떤 도시에서 다른 도시로 간다고 하자. 어느 날 그 길에 우회로 표시가 있고 다음 날에 또 다른 길에 우회로 표시가 되어 있다. 어느 날은 이 길이 일방통행으로 되어 있다가 다른 날은 일방통행 표시가 없다. 게다가 이러한 표지판 변화에 아무런 이유도 써 놓지 않았다. 그러면 여러분은 일반적으로 두 도시 간의 길을 잘 기억하지 못하게 된다.

이것은 일반적으로 한 가지 일에 대해 여러 가지 의미가 있을 때는 저장되기 어렵다는 것을 의미한다. 이때 심지어는 올바른 정보는 완전히 삭제되고 잘못된 정보가 옳은 것으로 간주될 수도 있다.

이런 배경 아래에서 장기기억 안에 수용된 특정한 정보들은 서로 함께 작용하고 세상의 논리가 요구할 때는 기억이 왜곡되거나 사라질 수도 있다. 그러니까 잘못된 정보들에 의해 생겨난 '거짓'이 존재한다는 것이다. 주로 아동에게서 이러한 것을 볼 수 있는데, 이런 경우에는 처벌해서는 안 되며 인내로 올바른 내용을 기억하도록 해야 한다.

장기기억의 조직을 설명하는 데는 기억이 무차별적으로 저장되는 것이 아니라 개개의 개념들이 일정한 카테고리나 일정한 체계를 형성한다는 것은 중요한 사실이다. 우리가 식물의 분류서적들에서 보는 식물의 카테고리 형성이 이러한 설명모델로서 적절하다. 이에 따르면, 저장은 자동으로 재생산되는 수동적인 것이 아니라 여러 정보들을 그룹으로 분류시키는 능동적인 것이다. 다양한 그룹으로 분류하는 것은 상황을 잘 모르는 사람에게는 부분적으로 매우 무의미하게 보일 수도 있지만, 우리 모두가 경험을 통해 알고 있듯이, 이러한 방법은 매우 효과적이다.

장기기억의 효과에서 중요한 것은 기억된 내용의 재생이다. 실제로 우리는 어떤 단어가 생각날 듯 말 듯하면서 혀끝에서 뱅뱅 돌 때가 있다. 무엇에 관한 것인지도 아는데 그 단어를 기억 속에서 가져올 수가 없다. 이를 보면 기억내용을 보관하는 것과 그것을 인출하는 것은 서로 다른 과정인 것 같다. 그러므로 어떤 정보를 장기기억으로부터 가져오는 것이 어떻게 이루어지는지 살펴보고자 한다.

우리가 어떤 것에 대해 회상하면 처리 과정은 작동하게 되며 인출 신호를 통해 흥분되고 조절된다. 예를 들면, 첫 단어들이나 어떤 목록의 단어 조합들 또는 어떤 시의 단어 등('독재자에게 찾아온 술의 신을 위하여')이 그러하다.

인출 신호는 기억하려는 내용에 관한 동일한 처리 과정을 부분적으로 반복함으로써 기억을 일깨우는 것으로 보인다. 흥미로운 것은 어떤 것이 혀 끝에서 뱅뱅 돌 때, 우리가 알고자 하는 것의 한 부분을 기억하면 된다는 것이다. 예를 들어, 찾는 것이 'L'로 시작한다거나 그 문장이 매우 길었다거나 그 문장에 특정한 철자 배열이 들어 있었다는 것을 알고 있다고 하자. 이럴 경우 혀 끝에 뱅뱅 돌면서 생각날 듯 말 듯한 그것을 실제로 기억하기 위해서는 이전의 인출 신호를 가지고 작업하는 것보다 새로운 인출 신호를 만드는 것이 더 낫다. 그러니까 만일 당신이 생각해 내려고 하는 것이 평범한 이름인 것을 알고 있을 경우, "그 이름이 'L'자로 시작했는데……."를 반복하는 대신에 평범한 여러 가지 이름을 말해 보는 것이다. 경험적으로 검증된 바에 의하면, 그 일에 대해서 더 이상 생각하지 않았는데 얼마 지나지 않아 다른 주제에 관해 이야기하는 도중 별안간 기억이 떠오르는 경우가 많다.

망각의 주요 원인 중 하나는 소위 '간섭'이다. 간섭, 즉 기억 내용들의 상호작용과 서로 간의 영향은 우리가 살아가는 동안 현재의 학습이나 기억에 긍정적 또는 부정적 영향을 끼치는 많은 것들을 이미 배웠기 때문에 일어난다. 간섭은 두 가지로 구분될 수 있는데, 하나는 본래의 학습 이전의 학습 과정을 통해 야기된 간섭이고 다른 하나는 본래의 학습과 기억 검사 사이에 이루어진 학습에 의한 간섭이다. 예를 들면, 당신이 워털루 전투의 날짜를 기억하지 못한다면 그것은 아마도 세계사 시간에 이 날짜를 배운 시기 전후로 다른 많은 것들도 배웠기 때문일 것이다. 이 다른 자료들에 의해 방해작용이 일어났을 가능성이 높다.

망각의 일부분이 기억흔적의 부식 때문이라는 추측은 아직까지 증명되지 않고 있다.

4) 기억의 신장(증진)

기억을 증진시키는 데 도움이 되는 방법들을 기술한 책은 수없이 많다. 그러나 각 사람은 개별적인 기억력을 갖고 있다는 것을 미리 말해 두는 것이 좋겠다. 그러므로 여러분은 우선 자신만의 고유한 기억법을 알아내야 한다. 기억증진법을 요약하면 다음과 같은 중요한 요소들이 있다.

과잉학습

어떤 특정한 텍스트나 단어 혹은 비슷한 것을 학습해야 할 경우, 모든 내용을 다 소화하고 나면 이제 그만해도 된다고 생각한다. 그러나 '과잉학습'의

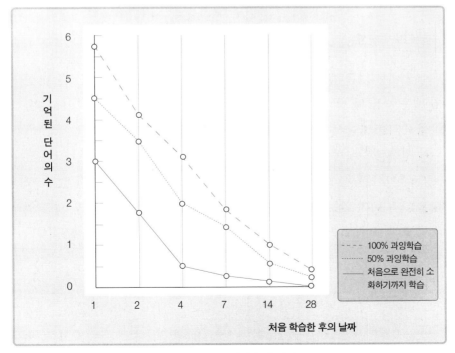

[그림 2-15] 과잉학습과 기억

경험은 조금 다르게 말한다. 그것을 다 소화했다고 생각할 때 조금 더 계속해야 한다. 조금 더 하는 연습, '학습의 과잉(잉여)'은 배운 것 중에서 후에 얼마나 많이 알고 있는가에 매우 중요한 영향을 미친다.

반 복

체계적으로 반복할 경우 배운 것을 기억하는 데 걸리는 시간은 적어진다. 그러므로 학습해야 하는 본문을 여러 번 읽는 것이 도움이 된다. 예를 들면, 몇 주 후에 시험이 있다면 배워야 하는 내용을 될 수 있는 대로 일찍 한 번 전체적으로 읽은 다음 얼마 후에 다시 한 번 반복하는 것이 좋다. 이런 반복은 처음 읽었을 때 눈에 띄지 않았던 부분에 주의를 기울일 수 있게 하는 이점이 있다.

적극적인 낭독

소리 내지 않고 배우는 것과 소리 내어 읽으면서 배우는 것을 번갈아 한다면 배운 것을 더 잘 기억할 수 있다. 낭독은 단순한 수동적 수용이 아니라 적극적 주의를 가능케 한다. 그 외에도 배운 자료를 단순히 알게 하는 것뿐만 아니라 청각적으로 재생할 수 있게 한다.

적극적인 낭독은 또한 반복의 유용한 한 가지 방법이 된다. 예를 들면, 책을 덮고 소리 내어 반복할 수 있다. 당신이 조용히 읽은 내용을 책을 덮고 소리 내어 말해 보라. 그러면 그것이 기억 속에 더 잘 남는 것을 알게 될 것이다.

자료 2-13　이름을 어떻게 잘 기억할 수 있는가?(Bierach, 1987)

더 나은 기억의 가능성을 다루는 소위 '암기법'에 관한 전문서적은 엄청나게 많다. 다음은 이름을 잘 기억하기 위한 한 예다.

많은 사람들은 대개 만나는 사람에게 관심을 가지지 않기 때문에 이름을 잘 기억하지 못한다. 한 가지 실제적 도움이 되는 방법은 이름을 소개할 때, 또렷하게 말해 달라고 하거나 혹은 철자를 불러 보라고 해서 이름을 다시 반복해 보는 것이다. 그런 다음 소개하는 시간 동안 그 이름을 반복해서 속으로 말해 본다.

그러고 나서 그 이름을 특정 얼굴과 연관시킨다. 그 이름을 어떤 영상으로 바꿀 수 있으면 상대적으로 쉽게 기억할 수 있다. 예를 들면, 'Rosenbaum(장미나무)', 'Keller(지하)', 'Koenig(왕)' 등등.

몇 가지 철자를 통해 어떤 이미지로 바꿀 수 있는 복잡한 이름의 경우는 조금 바꾸어보는 것이 도움이 된다. 예를 들어, Brenne를 Brenner(연소기)로, Keter를 Kater(고양이)로 바꾸는 것이다. 어떤 이미지로 바꾸기 힘든 이름의 경우에는 문장으로 바꾸어 볼 수도 있다. 예를 들어, 'Marisisky'를 'Marie ist sie(그녀는 마리다.)' 또는 'Brunowski'를 'Bruno auf Ski(스키를 타는 Bruno)' 식이 될 것이다.

그러면 이제는 어떻게 이름을 특정 사람과 연관시킬 것인가? 주로 얼굴과 연관시키지만 키나 자세, 목소리 등등의 다른 특징들을 사용할 수도 있다. 사람에게서 어떤 특징을 찾아내기 위해 당신은 그 사람을 정확하게 관찰해야 한다.

음악 들으면서 공부하기?

많은 아동들이 음악을 들으면서 공부하면 더잘 할 수 있다고 부모에게 말한다. 대부분의 부모는 이것을 받아들이지 않고 공부하는 동안 음악을 틀지 못하도록 한다. 과연 누구의 말이 맞는 것일까?

어떤 특정한 음악스타일은 학습능률을 월등하게 향상시킬 수 있다는 것이 사실이다. 특히 특별한 호흡법과 결부되어 있는 매우 느린 바로크 음악(템포 60, 예를 들면 Bach의 〈골드베르크 변주곡〉의 '아리아' 혹은 Vivaldi의 〈사계〉 중

'겨울')은 학습능률을 현저하게 향상시킨다.

이는 학습능률의 신장을 위해서 양쪽의 대뇌반구를 활성화시켜야 한다는 암시학(Ostrander, 1980)의 연구들을 통해 밝혀졌다.

5. 사 고

"Cogito ergo sum(나는 생각하므로 존재한다.)." 프랑스의 철학자 R. Descartes(1596~1650)의 유명한 이 문장으로 신학뿐 아니라 다른 학문들도 근대의 길로 들어서게 되었다. 그런데 Descartes는 '생각' 이라는 단어를 어떻게 이해한 것일까?

'헤엄을 치며 흑백색이며 두 다리로 걸으며 날 수 없는 것' 이 무엇일까? 몇 안 되는 단서로도 우리는 이미 펭귄을 연상하게 되며 펭귄이 실제로 전형적인 조류 형태가 아닐지라도 조류로 분류한다.

이 작은 예를 통해 볼 때, 우리는 사고가 사실들의 논리적 결합일 뿐만 아니라 종종(대개 무의식적인) 우리 자신의 생각에서뿐만 아니라 다른 사람과의 상호작용에서 생기는 다양한 영향들의 조화라는 것을 알 수 있다.

1) 사고란 무엇인가

'연상' 은 1900년대 초에 대부분의 심리학자들이 사고과정을 설명하기 위해 사용했던 슬로건이었다. 연상을 통해서 임의로 조합된 사고의 결합들이 생겨나며, 이는 정당성에 대한 논리에 따라 검사된 후 받아들여지거나 버려진다고 생각해 왔다.

1930년대에 M. Wertheimer파의 형태심리학자들은 이런 생각에 강한 반대의견을 냈다. 형태심리학자들의 견해에 따르면 '생산적인 사고' 는 임의적인 테스트와 이에 따른 선별과는 본질적으로 다른 과정이다. 그들은, 예를 들어 2개의 칼을 단순히 테스트하는 가운데서 가위가 나온 것이 아니라고 여겼다. 목적에 부합하며 적절하며 통찰력 있는 '재구성'을 통해서만 또 하나의 다른 그리고 새롭고 의미 있는 '전체' ─하나의 '형태'─즉 가위가 만들어진다고 보았다. 이에 따르면, 전체는 각 부분을 합한 것보다 크다.

그러나 이것으로 사고에 대한 고민이 끝나는 것은 아니다. '구조는 무엇이며 그것이 어떻게 재구성되는가?' '어떤 개념들이 과연 존재하는가?' 학자들은 이러한 질문들에 대해서 많은 생각을 해 왔다. 예전에는 사고가 다른 어떤 것이 아닌 논리적 결과라고 생각했지만, 오늘날은 사고과정이 다양할 수 있으며 감정, 기억, 주위 환경을 인식하는 지각과 섞여 있다는 견해가 점점 많아지고 있다.

이전에는 사람의 사고하는 능력에서 동물과는 본질적으로 차이가 있다고 주장했다. 그러나 이제는 동물도 문제를 해결하고 논리적으로 연산할 수 있다는 것을 알게 되었다. 그러나 이것을 사고라고 말할 수 있는가?

사고를 정의하려고 한다면 우선적으로 이 능력은 우리가 주변 세계를 직접적인 신체적 행동을 하지 않고도 상징(표정, 언어, 그림, 표, 숫자 등)을 통해 조직화할 수 있는 능력이라는 점에서 출발한다.

그러나 사고는 행위의 추상화보다 더 큰 것이다. 사고는 논리나 예리한 이성만을 다루는 것이 아니라 환상이나 창조력과 같은 특별한 능력도 포함한다. 이에 따르면, 한 성인의 사고는 외부세계와의 관계에 대한 전체를 포함한다. 이것을 한 연속선의 두 극으로 표시할 수 있다([그림 2–16] 참조).

변화를 가져오는 현실적 사고   자기중심적인 내성화된 사고

[그림 2–16] **인간 사고의 스펙트럼**

왼쪽 극에서는 주변 세계와 하나가 되기 위해 주변 세계를 변화시키거나 주변 세계에 적응하기 위한 현실적이고 논리적이며 또한 부분적으로 창조적인 노력을 보여 준다. 오른쪽 극에서는 내적 사람을 향하는, 즉 환상, 몽상이나 자아만족에 대한 욕구의 약간 자폐증적인 사고를 보여 준다.

앞에서 이야기한 것처럼, 광범위한 의미에서의 지각(혹은 인지)의 과정을 다루는 인지심리학은 지각, 학습, 기억, 판단과 언어를 포함한다. 여기서 지각(인지)이란 지각의 과정뿐 아니라 이 과정의 결과도 의미한다.

사람에게 어떻게 생각하는지 물어보면 대체로 그들은 어떤 그림을 머리에 떠올린다고 대답한다. 실제로 대부분의 사람들은 과거의 상황을 그림으로 가장 잘 상상할 수 있다. 그러나 '청각적 영상'으로 상상하는 사람도 있으며, 간혹 맛이나 냄새의 영상이 우세한 사람도 있다.

이전에는 이러한 상상이 생각을 하는 데 필수적이라고 여겼지만 최근의 다양한 연구들은 이러한 견해를 반박하고 있다. 어떤 학자들은, 예를 들어 자신이 공간개념 능력을 갖고 있지 않다고 말한다. 그 외에도 글씨가 쓰인 종이를 한 번 본 다음 그것을 정확하게 다시 쓸 수 있는 사람도 있다. 아마 여러분도 사진을 찍는 것과 같은 이런 기억력을 갖고 싶을 것이다. 그러나 이런 능력이 사고를 방해할 수 있다는 사실을 간과하지 말아야 한다. 저장된 자료는 저항력이 매우 강해서 쉽게 다른 것으로 바뀌지 않는다.

분명 우리 머리에 존재하는 영상 외에 단어나 문장들도 사고와 관련이 있다. 사고과정에서 단어가 반드시 필수적인 것은 아니지만 언어는 문제해결을 용이하게 하는 것으로 보인다. 사고가 언어를 결정하는지 아니면 언어가 사고를 결정하는지에 대한 질문에 대해 언어학자들 사이에서도 대조적인 의견이 많이 있다. 중요한 것은 사고과정에서 특정한 개념들이 존재한다는 것을 아는 것이다. 예를 들면, 어린이가 고양이라는 개념을 배울 때, 이 어린이는 모양, 색깔, 털의 종류에 따라서 달라질 수 있는 동물에 대한 묘사를 사용할 줄 알아야 한다. 또한 어린이는 이전에 한 번도 본 적이 없는 동물에 대해서도 이 개념을 사용할 줄 알아야 한다.

이런 개념들의 장점은 이전의 수많은 경험들을 체계적으로 사용하기 때문에 새로운 사물을 분석하고 정리할 때 매우 빠르게 분류할 수 있다는 것이다. 어린이가 형성하는 첫 개념들은 다양한 사물들의 시각적 유사성에 매우 의존해 있다. 나이가 들수록 사물들의 외적인 유사성이 적거나 거의 없어도 한 집단으로 분류할 수 있다는 것을 배운다(예, 개, 물고기, 지렁이, 새는 모두 동물이다.).

연구결과에 따르면, 연령이 조금 높은 아동은 자신의 경험을 상징으로 처리되는 어떤 상상체계 속에 분류할 수 있는 더 많은 능력을 가지고 있다. 반면 연령이 낮은 아동은 움직임을 통한 표현이나 단순한 그림으로 나타낼 수 있는 정보들에 의지하는 것으로 보인다. 이러한 배경하에서 학자들은 사고를 발달 심리학적인 측면에서 이해하고자 했다.

J. Bruner(1964)는 인지발달의 과정에서 주변 세계에 있는 사물들과의 상호작용을 통해 내적인 상상이 생긴다고 생각했다. 그는 인지발달의 과정에서 이러한 내적인 상상의 효율적인 유형이 〈자료 2-14〉에 제시한 세 단계로 점차적으로 이루어진다고 보았다.

자료 2-14 **사고발달에서의 표상양식**(Bruner, 1964)

1. 근육이나 움직임을 통한 표현(활동적 표상)
   우리는 어두운 복도에서도 잘 움직일 수 있다. 왜냐하면 우리의 움직임을 계단의 높이에 정확하게 적응하는 것을 배웠기 때문이다. 시각적 단서가 없어도 정확하게 움직일 수 있는 것이다.
2. 시각적 그림을 통한 표현(영상적 표상)
   움직임을 통한 상상과는 반대로 우리가 어떤 특정한 사물에 대해 갖고 있는 그림은 그 사물이 현재 눈앞에 있지 않을 때에도 도움이 된다.
3. 상징을 통한 표현(상징적 표상)
   그림이 특정한 개체에 기초를 두고 있는 반면, 상징의 경우(예, 언어적 상징) 우리가 지각한 정확한 특징을 넘어서는 상상체계를 만드는 것이 가능하다. 상징을 사용하여 결론, 추상이나 변환의 규칙들을 배울 수 있다.

스위스의 발달심리학자인 J. Piaget(1980)도 Bruner와 비슷한 결론을 내렸다. Piaget는 사고의 발달을 내생적인 성숙 과정의 결과가 아니라 사람이 자기의 주변 세계에 대한 적응과 단계적으로 발달하는 질서의 원칙에 의해 생기는 학습 과정으로 간주했다. 이때 이 원칙들 사이에 균형과 안정성을 유지하려는 경향이 있다고 보았다. [그림 2-17]은 이러한 사고발달을 도식으로 나타낸 것이다.

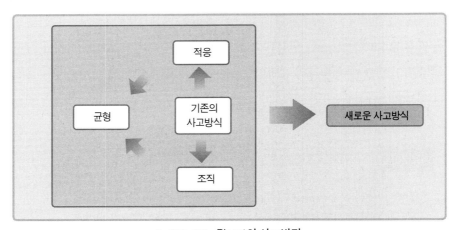

[그림 2-17] Piaget의 사고발달

2) 적응력으로서의 사고

Piaget의 적응원리

적응은 이중적 의미에서의 접근이라고 볼 수 있다. 한편으로는 지금까지 익숙한 사고방식으로 새로운 문제에 접근하는 것(새로운 상황을 지금까지의 처리방식에 따라 다루는 것)이고, 다른 한편으로는 새로운 사고방식으로 새로운 문제에 접근하는 것(나의 사고방식을 새로운 것에 맞춰야 한다)이다. 이 적응원리는 일생 동안 유효한 학습의 기본 원리다.

자료 2-15 **적응원리의 예**

새 라디오를 작동시키고자 한다. 대부분의 사람들은 라디오를 상자에서 꺼내 예전의 라디오를 켰던 자리에 있는 버튼을 눌러 볼 것이다. 즉, 이 새로운 상황의 처리는 이전에 습득된 유형을 따라 이루어진 것이다(동화).

만약 이러한 방법으로 작동되지 않으면 라디오가 작동되도록 다른 가능성을 찾을 것이다(예, 모든 다른 버튼을 눌러 보다가 마침내 사용자 설명서를 읽는다.)(조절).

두 가지 적응의 유형, 즉 동화와 조절이 새로운 문제에 대한 접근(적응) 과정을 이룬다.

Piaget의 조직원리

Piaget에 따르면, 모든 사람들은 자신의 지식을 조직화하고자 하는, 즉 예를 들어 걸림돌이 되거나 불합리한 것을 제거하고자 하는 경향을 갖고 있다. 다시 말하면, 전체적으로 볼 때 사고는 가능하면 모순이 적으며 균형을 맞추고자 하는 방향으로 조직화된다는 말이다. 이것은 지금까지의 지식체계에 맞지 않는 새로운 지식이 종종 매우 빨리 잊힌다는 점에서도 볼 수 있다. 적응원리와 마찬가지로 이 조직원리도 일생 동안 유효한 학습의 기본 원리다. 이러한 원리를 지원하기 위해서는 업무 과제들을 분명하게 분류하고 적절한 순서에 따라 처리하는 것이 좋다. 또한 하루 일과에 대해서도 규칙을 정하는 것이 도움이 된다.

Piaget의 평형원리

Piaget가 생각하는 평형원리란 적응과 조직 사이에 균형이 이루어짐으로써 안정된 새로운 사고구조가 정립되는 것이다([그림 2-17] 참조).

각 새로운 사고구조는 불균형으로 시작해서 적응과 조직의 개입 아래 안정된 평형을 향하여 나아간다. Piaget는 어린이부터 청소년까지의 사고발달을 크게 네 시기로 구분하였는데, 각 시기는 비교적 안정된 평형 상태로 종결된다. 자세한 것은 발달심리학을 다루는 '제3장 3. 1) Piaget의 사고 단계'에서 다룰 것이다.

사고에 대해 요약해 보면 다음과 같다.

- 사고란 상상, 단어, 컨셉트, 도식 등과 같은 상징적 요소들이 현실의 측면을 표현하는 변화의 과정을 다루는 것이다
- 상황의 요구에 부합되는 현실적이고 논리적인 사고 외에도 조절되지 않고 무분별하며 겉으로 보기에는 아무런 의미도 없고 통제되지 않은 사고도 있다. 이것을 '꿈'이라고도 할 수 있다. 이런 생각들은 언뜻 보기에는 아무런 의미가 없어 보여도 창조적 사고와 문제해결에 중요한 역할을 할 수 있다.
- 분명히 사고는 언어와의 연관성 안에서 보아야 한다. 사고를 개념의 습득, 조직과 동일시한다면 사고의 능력 정도를 지능의 개념과 비슷하다고 볼 수 있다.

그렇다면 '사고=과제해결=학습=지능'이라고 결론지을 수 있는가?

이미 앞에서 이야기한 것처럼, 이 질문에 명백하게 그렇다거나 그렇지 않다고 할 수는 없다. 이 질문에 대답하기 위해서는 다음에서 또 다른 인지적 능력, 곧 지능을 자세히 살펴보아야 할 것이다.

6. 지능

1) 지능이란 무엇인가

'지능'을 정확히 서술하려고 하면 금방 한계에 부딪히게 된다. 지능이 무엇을 말하는지 대략 알 수 있기는 하지만 한마디로 표현하기는 쉽지 않다. 마찬가지로 학문적 영역에서도 지능에 대한 정의는 매우 다양하다.

이러한 상황은 지능에 관한 심포지엄에서의 어떤 학자의 말을 통해 뚜렷하게 알 수 있다. "이 심포지엄의 참가자들은 지능에 대해서 다양한 개념을 가지고 있는데, 이는 여러 견해들 중 한 가지를 옳다고 주장하므로 생기는 위험을 최소로 줄여 준다고 본다."(Roth et al., 1975)

사고, 기억, 학습과 마찬가지로 지능도 직접적으로 관찰될 수 없으며, 피험자의 행동으로부터 추론해야 한다. 그러나 이 점에서도 다양한 의견들이 있으며, 〈자료 2-16〉에 언급된 정의들은 결국 "지능은 지능검사에서 측정된 것이다."라는 표현과 크게 다르지 않다는 것을 보여 준다.

자료 2-16 지능의 정의들

"지능은 나의 문제들을 해결하는 데 정신적 기능들의 능력 정도다."
"지능은 어떤 특정한 문화에서 성공한 사람에게 있는 공통적인 능력이다."
"지능은 용장성(Redundanz)를 찾아내는 능력이다."

독일어권에서 가장 잘 알려진 것은 Stern(1912)이 정의한 것이다.
"지능이란 자신의 사고를 의식적으로 새로운 요구들에 맞추는 개인의 일반적인 능력이다. 그것은 삶의 새로운 과제와 조건들에 대한 일반적인 정신적 적응력이다."

지능에 대한 통일적인 서술이나 정의가 없기 때문에 어떤 과제물로 지능을 측정할 수 있으며, 이를 위해 이용된 과제물의 결과를 측정된 지능으로 서술할 것인지를 생각해 볼 필요가 있다.

각 사람은 자신의 개별적인 지능지수를 갖고 있지만 이것이 눈동자의 색깔처럼 고정된 특징이 아니라는 것이 밝혀졌다. 지능지수는 성인이 되기까지 환경의 영향과 유전적인 조건에 따라 매우 현저한 변화를 보인다.

2) 지능검사

현재의 지능을 측정하는 데는 지능검사가 유용하게 사용된다. 그러나 예측하고자 하는 기간의 범위가 넓을수록, 검사 시기가 오래되었을수록 검사 결과의 신빙성은 낮다. 상급학교로의 진로문제나 특수학교 진학을 위한 검사, 직업 선택 등과 같이 먼 장래까지 영향을 미치는 중요한 결정은 지능검사에 의존해서는 안 된다.

미국의 Thorndike, S. Thompson, C. Spearman, Thurstone 등은 현대적 지능연구의 개척자들이었다. 이들은 1900년대초 프랑스의 A. Binet와 독일의 W. Stern의 연구로부터 출발했다.

지능 연구의 초기에는 지능이 1가지 주된 요인과 몇 가지 부수적 요인들에 의해 결정된다는 것이 주요 견해였지만, 후에 다양한 지능요인들이 동일한 무게를 가진다는 생각으로 옮겨 가게 되었다. 요인분석에 대한 현대적인 수학방법을 통해 지능구조를 더 자세하게 연구할 수 있게 되었으며, 그런 연구의 결과들이 오늘날에도 지능검사의 기초를 이루고 있다.

Thurstone은 1938년부터 1945년 사이에 단 1가지의 '일반적 요인' 으로 전체적인 지능 능력을 서술할 수 없다는 것을 보여 주었다. 그는 요인분석의 도움을 빌어 '지능의 주요인들' 로서 서로 종속되지 않는 여러 가지 요인들을 발견했다(Heller, 1976). 그 요인들에는 다음과 같은 것이 있다.

- 언어적 의미와 관계를 파악하고 언어적 개념을 다루는 능력
- 비교적 내용과 무관한, 즉 '언어 유창성'의 의미에서의 단어 결합을 만들어 내는 능력
- 주로 단기기억의 영역에서의 기계적인 기억력을 수행하는 능력
- 논리적 결합, 원리의 유추 등의 능력
- 비교적 간단한 덧셈, 곱셈 등과 같은 연산을 수행하는 능력, 즉 수식논리적 수학이 아니라 정신적 업무에서의 집중도
- 공간지각능력
- 사건의 본질을 될 수 있는 대로 빨리 알아내는 능력

[그림 2-18]은 독일에서 주로 사용하는 능력평가시스템(Horn, 1962)에 나오는 지능검사 문제의 예를 제시한 것이다.

3) 지능: 유전인가, 환경인가

지능에서 유전과 환경이 차지하는 부분이 어느 정도인가 하는 것은 계속된 질문이다. 흥미로운 것은 이 질문에 대한 견해 또한 정치권의 기본 성향과 병행하여 변한다는 것이다.

경험적 과학자들은 인지적 능력, 곧 '지능'이 유전적 기초에 근거할 뿐 아니라 환경에 의해서도 영향을 받는다고 말한다. 그러므로 '천부적 자질'과 '재능'이라고 표현할 수 있다.

지능에서 환경이 차지하는 부분은 보통 검사방법에 따라 다르게 측정된다. 측정된 수치는 정확한 가족 상황, 언어적 문화적 상황, 양육방법을 고려해서 해석해야 한다는 것이 여러 연구를 통해 증명되었다(Roth, 1975).

지능에서 유전 및 환경이 차지하는 비율에 관한 수치는 여러 연구보고에 나타나 있는데, 유전적 비율이 45~80%로 그 차이가 크다(Fatke, 1977). 비전문가

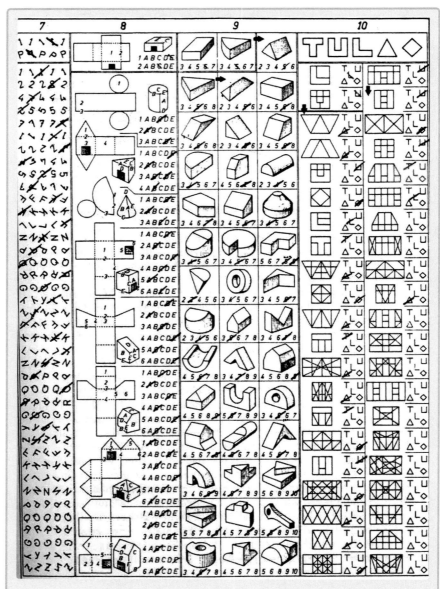

수험자는 설명을 들은 후에 다양한 문항들에서 무엇이 옳은지, 그른지를 표기해야 한다. 여기에 표기된 모든 것이 정답은 아니다.

[그림 2-18] 위기 사태에서의 의사결정

의 입장에서는 이런 큰 차이가 난다는 것이 이상하게 보일 수 있다. 그러나 어떤 전제조건하에서 이런 비율이 나왔는지 비교할 수 없기 때문에 통일된 평가를 기대하기 어렵다. 요약하여 말하면, 유전적 비율이 약간 우세하다고 말할 수 있을 뿐이다. 그렇지만 실제적으로 환경이 차지하는 부분이 지능에서 20%만 차지한다 할지라도 부모는 이것을 완전히 개발시키기 위해 모든 노력을 다 해야 할 의무가 있다.

결론적으로 우리는 각각의 인지적 능력, 학습, 사고, 기억 및 지능이 서로 얽혀 있으므로 항상 총체적으로 고려해야 하며, 심지어는 1가지 영역에만 관한 연구는 다른 결론으로 끌고 갈 수 있다는 점을 더욱 분명하게 알게 되었다(그림 2-10 참조). 그러므로 여기에서도 "전체는 각 부분을 합한 것보다 크다"는 점이 적용된다.

7. 느낌과 지각

사람은 주위에 있는 모든 것들에 대한 정보를 빛, 음파, 압력, 다양한 화학적 자극으로부터 영향을 받을 수 있는 감각을 통해 받아들인다. 그러므로 심리학자들은 지각 과정을 연구할 때 생리학자, 물리학자, 화학자들과 밀접하게 협력하면서 연구한다. 자극의 전도 과정, 처리 과정, 관찰과 서술에 의해 생긴 지각과 느낌을 이해하기 위해서는 이러한 분야의 지식이 필요하기 때문이다. 그러나 사람이 지각하는 모든 것이 객관적으로 모두 저장되는 것은 아니다. 그러므로 인간의 지각과 느낌은 측정결과에 대해서 주관적인 해석을 할 수 없는 물리적 측정도구들(예, 시계, 자, 전압측정기 등)과는 현저히 구분된다.

감각자극은 감각수용기에 의해 받아들여지며 감각신경을 통해 뇌로 전달된다. 그것은 뇌의 특정 부위에 받아들여지고 처리된 다음, 마지막으로 감각경험을 일으키게 된다.

뇌로부터 출발하는 신경로는 수용하고 전달해 주는 정보에 영향을 미칠 수 있다. 대체적으로 이 시스템은 믿을 만하며 주변 세계에 대한 올바른 정보들을 제공한다. 그렇지만 상당 부분은 감각 착각을 일으키기도 한다.

자극이 지각되기 위해서는 감각수용기가 자극을 발견할 수 있어야 하는데, 이를 위해서는 주변 세계의 자극이 특정한 강도나 주파수를 가지고 있어야 한다. 파장길이에 따라 눈으로 볼 수도 있고 피부로 느낄 수도 있고 귀로 들을 수도 있게 된다. 특정한 전자기적 파장(예, 라디오나 TV의 파장)은 이에 맞는 직접적인 수용기가 없다. 이 파장을 인식하기 위해서는 특별한 기계 장치가 필요하다.

미각과 후각을 위해서는 전자기적 파장을 인식하는 수용기가 따로 있는 것이 아니라 어떤 향료 내지는 다양한 냄새를 인식하도록 되어 있다. 즉, 화학적 영역에 속한다고 할 수 있다.

감각지각의 민감성을 측정하기 위해 역치(difference threshold)라는 개념을 사용한다. 역치란 지각의 차이를 만들어 낼 수 있을 정도로 충분한 물리적 에너지의 양을 말한다. 각각의 자극은 다른 크기의 역치를 가진다. 예를 들면, 약한 빛은 밝은 빛과는 다른 크기를 가지며 소리의 경우에는 현저하게 주파수에 따라 다르다.

E. Weber는 이미 1834년에 역치를 계산할 수 있는 수학공식을 개발했다. Weber의 공식으로 계산된 수치는 사람의 다양한 감각기관이 지각할 수 있는 변동의 폭을 보여 준다. 예를 들면, 미각의 경우 약 20%의 차이가 있어야 다른 맛으로 지각될 수 있는 반면, 매우 민감한 귀로는 2,000Hz 소리의 높이에서 약 0.3%의 차이만 나도 소리를 구분할 수 있다.

자료를 통해 몇 가지 감각기관의 역치를 더 자세히 살펴보고자 한다.

자료 2-17	역치
자극	**역치**
소리의 높이	0.3%
압력	1.3%
밝기	1.6%
들어올린 무게	1.9%
음량	9.1%
냄새	10.0%
피부압	14.2%
짠맛	20.0%

1) 시 각

보는 것은 우리 눈의 시세포, 곧 감광세포인 망막의 간상체(rod)와 추상체(cone)에서 시작된다. 추상체가 광양자를 받아들이면 이 광양자는 일련의 화학 반응을 일으키며 최종적으로는 전기 신호를 만들어 낸다. 4cm² 넓이의 한쪽 눈의 망막에 1억 개 이상의 간상체와 약 6백만 개의 추상체가 들어 있다. 밝을 때는 추상체가 시각을 담당하며, 어두울 때는 간상체가 시각을 담당한다. 추상체는 특히 중심와(fovea) 내에 밀접하게 몰려 있으며, 중심와를 통해 여러분은 지금 이 책을 읽고 있다.

간상체와 추상체의 층 앞에 렌즈 방향으로 망막 안에 과학자들이 지금까지 발견한 20개의 다양한 종류의 신경세포다발이 있다. 이 세포들 내부에는 뇌의 거의 모든 화학적 전달인자들이 있다. 이 외에 눈 안에 있을 것이라고 전혀 추측하지 못했으며 특별한 역할이 아직까지 완전히 밝혀지지 않은 일련의 물질들(그중에는 성호르몬도 있다)이 발견된다.

근섬유세포들은 걸러진 신호를 눈의 마지막 종착역인 신경절세포(ganglion cell)로 전달해 주기 전에 빛의 자극에 의해서 생긴 신경흥분을 다양한 방법으로 처리한다. 각 신경절세포는 망막의 특정 범위의 상을 책임지고 있다. 소위 '시야(visual field)'라고 불리는 이 범위는 원형이며 구심으로 되어 있다.

광선이 시야의 중앙에 들어오면 신경절세포가 흥분한다. 반면에 광선이 시야의 주변에 들어오면 신경절세포는 억제된다. 신경절세포의 시야에 빛이 균등하게 입사되면 중앙과 주변의 신호들이 서로 소거되기 때문에 별 반응이 일어나지 않는다. 즉, 신경절세포는 광선 입사량의 전체 강도나 면적에 관심이 있는 것이 아니라 단지 명암의 경계 간의 차이 내지는 대조에 관심을 둔다. 신경절세포는 자신의 처리결과를 뇌로 전달하기 전에 이 경계를 부각시킨다. 이

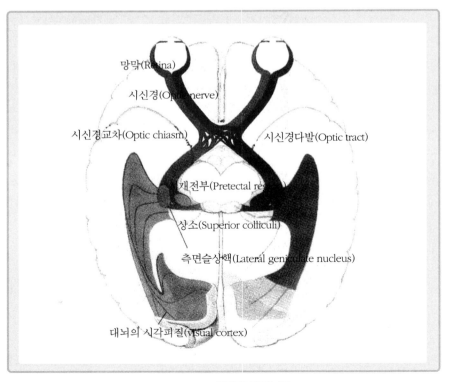

[그림 2-19] **시각의 메커니즘**

런 과정을 통해 우리는 주변 세계를 조직적으로 지각할 수 있게 된다.

신경절세포의 신경섬유들이 두꺼운 밧줄처럼 망막을 벗어나는 곳에 우리 눈의 '맹점(blind spot)'이 위치한다. 이것은 시세포가 없는 작은 영역이다.

왼쪽과 오른쪽 눈의 시신경은 대략 섬유의 반이 각각 다른 쪽으로 옮겨지는 시신경교차(optic chiasm) 지점에서 교차한다. 몇몇 섬유들은 이곳에서 감각에 관여하는 중뇌의 한 부분인 시상하부로 가지를 내린다. 시신경교차에서 이 두 혼합된 시신경은 중뇌의 지령을 내리는 곳인, 그 모양에 맞게 이름 붙여진 '측면슬상핵(Lateral geniculate nucleus)'을 향해 진행된다. 여기서부터 신경신호는 눈과 반대쪽에 있는 대뇌피질의 특수화된 '시각피질영역'에 도달한다. 이제야 비로소 들어오는 10억의 신경흥분으로부터 대뇌피질의 다른 영역들과의 연합으로 주변세계의 복합적인 영상―당신이 이 순간 의식적으로 지각하는 영상―이 생기게 된다.

종종 색맹이라고 부르는 시각장애가 있다. 그러나 대부분의 경우 단지 몇 개의 색깔에 대한 부분적인 시각장애를 다루는 것이므로 이 용어는 올바른 것이 아니다. 주로 적색과 녹색을 구분하지 못하거나 색스펙트럼의 적색 끝에서의 색약이 있다. 이런 종류의 색맹인 사람은 전체 색스펙트럼에서 청색과 노란색만을 지각한다. 스펙트럼의 적색 끝에서 나오는 파장 길이는 자극이 적색, 주황색, 노란색 또는 녹색이든지 관계없이 노란색으로 인식된다. 부분적으로 색맹인 사람은 단파(자주색)의 끝에서 나오는 색이 실제로는 자주색, 청색이나 청녹색일 수 있지만 청색으로 인식한다.

2) 청 각

바이올린 현을 튕기거나 책상을 두드리면 음파가 공기를 통해 모든 방향으로 퍼져 나간다. 이 파장이 우리의 고막에 부딪치면 이것이 우리로 하여금 듣게 하는 자극이 된다.

'청각적 환경오염'이라는 말이 생긴 이래로 이 세상에 수많은 소음으로 가득 차 있다는 것이 정말 실감이 난다. 우리는 이 소리인상들을 주파수(소리의 고저)와 음량(진폭)에 기초해 구분한다. 보통 우리 주변에서 듣게 되는 음파들은 거의 항상 다양한 주파수와 음량의 혼합으로 되어 있다.

다행히 우리는 모든 것을 들을 수 있는 것이 아니다. 약 20Hz에서 18,000Hz가 사람의 가청 한계이며, 노인의 경우에는 점점 더 낮아진다.

우리의 귀는 몸의 가장 복잡한 기관 중 하나다. 우리의 귀는 너무나 민감해서 한편으로는 자신의 피가 흐르는 소리를 거의 들을 수 있고(조개껍질과 같은 보조물을 통해서 이것이 가능하다), 다른 한편으로는 동시에 저항력이 충분히 커서 이륙하는 제트비행기의 소음을 짧은 시간 동안은 견딜 수 있다. 이 두 소리의 차이는 1대 500만의 비율이다. 그러므로 소리의 압력을 일반적 수치로 나타내는 것은 불가능하다. 그래서 dB(데시벨)로 표시하며 0.1B(벨)을 1dB로 나타낸다.

귀의 아주 놀라운 능력 중의 하나는 수많은 소리나 울림 중에서 지금 관심이 있는 바로 그 소리만을 찾아내는 능력이다. 예를 들면, 심포니 오케스트라의 전체 인상을 별 어려움 없이 지각하면서도 바이올린 소리에만 집중할 수도 있다. [그림 2-20]은 귀의 구조를 나타낸 것이다. 귀는 고막에 부딪치는 음파의 에너지를 최대한으로 사용할 수 있도록 최상적으로 만들어져 있다는 것을 잘 알 수 있다. 보통 딱딱한 표면에 부딪히는 음파에너지의 대부분은 반사된다. 그러나 귀의 특별한 구조는 이 에너지의 보관·증폭을 가능하게 한다.

학자들은 특정한 주파수와 음량을 가진 물리적 음이 어떻게 사람이 인식할 수 있도록 변화되는지 연구해 왔다.

19세기 말경에 H. Helmholtz는 기저막(basement membrane)의 섬유들이 피아노와 유사하게 다양한 주파수에 반응한다고 가정했다(잉여이론). 그러나 이 이론으로 높고 낮은 소리를 듣는 것을 분명하게 설명할 수는 없으며 우리의 귀가 반응하는 강도 스펙트럼의 폭을 설명하기가 어렵다.

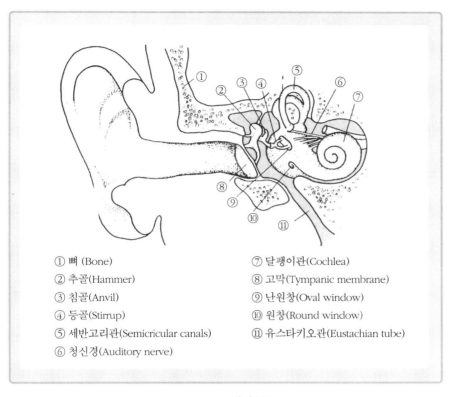

① 뼈 (Bone)
② 추골(Hammer)
③ 침골(Anvil)
④ 등골(Stirrup)
⑤ 세반고리관(Semicircular canals)
⑥ 청신경(Auditory nerve)
⑦ 달팽이관(Cochlea)
⑧ 고막(Tympanic membrane)
⑨ 난원창(Oval window)
⑩ 원창(Round window)
⑪ 유스타키오관(Eustachian tube)

[그림 2-20] **귀의 구조**

청각 과정에 대한 새로운 이론들이 G. Bekesy(1964)에 의해 소개되었다. 사람의 귀를 대상으로 한 많은 연구들에 근거해 그는 잉여이론으로는 기저막의 물리적 특성을 부분적으로만(사람의 청력의 반 정도) 설명할 수 있다는 것을 알게 되었다. 그의 '장소이론(place theory)'은 피막이 난원창(oval window)에서 멀어질수록 유동적이라는 점에 근거한다. 그래서 높은 음은 난원창 부근에서 나타나고 낮은 음은 달팽이관(Cochlea) 전체에 나타난다.

자료 2-18 듣지 못하는 사람은 어떻게 자신의 주변 세계를 체험하는가?(Witte, 1986)

TV의 소리를 끄고 화면만 볼 때 당신은 청력의 상실을 가장 쉽게 상상할 수 있을 것이다. 이 청력 상실에 따라 더 정확하게 볼 수 있다는 것을 당신은 상상할 수도 없을 것이며, 이 사실을 의심할 것이다. 왜냐하면 이럴 경우 시각에 무리가 오며 본 것을 이해하는 데 중요한 역할을 하는 전체적인 연관성을 전혀 알지 못한다고 생각하기 때문이다.

사실 눈은 주변에서 일어나는 모든 것, 즉 정보, 신호, 영상을 받아들여서 뇌세포로 전달해야 한다. 사실 이 과제를 원하는 만큼 정확히 수행하는 것은 불가능하다. 정신적인 장애물만 있어도 이 기능을 잘 수행하지 못하게 된다. 듣지 못하는 사람에게 가장 큰 어려움은 시각을 통해 받은 추상적 개념과 과정들을 처리할 때 생겨난다. 어떤 사물을 이해하는 데 중요한 음은 듣지 못하는 사람에게는 전달되지 않는 주파수를 가지고 있다. 이로써 일방적인 판단을 하게 되며, 말하는 사람의 의도하는 바에 일치하지 않는 불상사가 생길 수 있다. 듣지 못하는 사람으로서 나는 올바른 판단에 필수적인 어감을 잘못 인식할 위험이 있다.

듣지 못하는 사람은 쉽게 흑백논리에 빠지게 되며, 사람을 선한 사람과 악한 사람으로 구분하여 분류하므로 더 이상 사실에 적절하게 행동하지 못한다. 그들은 매우 중요한 과정을 간과하게 된다.

3) 다른 감각기관

시각과 청각 외에도 감탄할 만한 다른 감각지각들이 있다.

후 각

후각을 위한 자극은 고체, 액체, 기체 형태의 물질이 증발한 것이다. 이 자극은 후두 상단에 있는 수용기에 접촉해서 감각지각을 위한 자극을 초래한다. 우리가 비록 수천 개의 다양한 냄새의 이름을 말하고 그 냄새를 설명할 수 있을지라도 냄새의 기본 성질을 이해하는 데 만족할 만한 도식은 없다. 일련의

분류법이 있기는 한데, 하나는 네 종류의 기본 냄새로, 다른 것은 31종류의 일
차적 냄새로 분류하고 있다. 후각에서는 소리나 색깔의 경우처럼 명백하고 정
확하게 서로 구별할 수 있는 분류가 아직까지는 없으므로 기본적인 냄새의 구
별 가능성이나 단계가 전혀 없을 수도 있다.

미 각

미각은 후각과 밀접하게 관련되어 있다. 각 물질은 다른 맛을 내며 우리가
비록 고급 음식의 맛을 모두 다 구분해 낼 수 있는 것은 아니지만 미각기관을
통해 맛을 구분할 수 있는 세분화된 가능성은 갖고 있다. 어떤 소리를 음량과
주파수에 의해 구분하듯이, 맛은 각각의 기본 요소를 통해 묘사할 수 있다.

맛의 4가지 주요 요소는 단맛, 신맛, 쓴맛, 짠맛이다. 특색을 나타내는 자극
은 단맛의 경우 설탕, 신맛의 경우 희석된 염산, 쓴맛의 경우 키닌 그리고 짠
맛의 경우에는 식염이다. 하지만 어떤 특정한 맛을 유발하는 정확한 화학적
결합을 찾고자 한다면 어려움에 부딪히게 된다. 왜냐하면 아주 다양한 종류의
결합으로 구성된 화학적 물질을 가지고도 동일한 미각 인상을 만들어 낼 수
있기 때문이다(예, 화학적으로 아주 다르게 구성된 설탕과 사카린의 경우). 미각수
용기는 혀의 표면과 가장자리에 분포된 미뢰(taste bud)다. 그렇지만 입 안에서
음식물이 유발하는 감각은 대체로 맛에 의해서만이 아니라 냄새에 의해서도
결정된다. 우리는 이것을 콧물 감기에 걸렸을 때마다 알게 된다. 그래서 냄새
를 맡을 수 없기 때문에 우리가 좋아하는 음식도 그다지 맛있게 느껴지지 않
는 것이다. 맛과 냄새 감각을 함께 결합시키고자 하면 이를 '아로마' 라는 말
로 대치할 수 있을 것이다.

체성감각

소위 말하는 '체성감각(somatic sensation)' 은 피부의 감각뿐 아니라 몸 안의

수용기에서의 감각을 포함한다. 피부감각은 촉각, 압각, 통각, 냉온감각으로 구분할 수 있다. 피부의 모든 점이 이 자극들에 대해 같은 정도로 반응하지는 않는다. 예를 들어, 코끝과 턱은 피부의 다른 부위와 비교해 볼 때 촉각과 냉온감각에 더 민감하다. 그래서 어머니들은 아기의 우유병이 적당한 온도인지 알기 위해 이 부위에 대 본다.

흥미로운 것은 사람이 냉온감각에서 절대적인 온도감각을 갖고 있지 않다는 사실이다. 그러므로 모든 온도수치는 상태에 따라 다를 수 있다. 보통 질적으로 서로 구분할 수 있는 더위, 온난함, 서늘함 그리고 추위는 다른 지리적 환경에서 다른 결과를 가져올 수 있다. 이에 대한 실제적인 실험을 〈자료 2-19〉에 따라해 볼 수 있다.

자료 2-19 **상대적인 냉온감각**

다음과 같은 실험을 해 보라.

첫 번째 그릇에는 차가운 물을, 두 번째 그릇에는 미지근한 물을, 그리고 세 번째 그릇에는 뜨거운 물을 준비한다. 약 1분간 왼쪽 손을 찬물에, 오른쪽 손을 뜨거운 물에 담근다. 그런 다음 양손을 미지근한 물에 넣는다. 당신은 놀라운 결과를 얻게 될 것이다. 왼쪽 손에는 미지근한 물이 따뜻하게 느껴지고 오른쪽 손에는 차갑게 느껴진다.

가려움이나 간지러움과 같은 감각은 피부의 복잡한 흥분 유형 때문에 생겨난다. 사물은 피부를 움직여 촉각 또는 압각을 유발한다. 통각은 피부가 상처를 입었거나 물리적 에너지의 극단적 형태(화상, 베임 등)에 노출되었을 때마다 생긴다.

운동감각은 잘 알려지지 않았지만 움직임에 대한 반사신호를 주기 때문에 이 감각도 사람의 기본적인 감각기관에 포함된다. 운동감각의 자극은 몸의 근육, 인대, 관절에 있는 수용기에 영향을 주는 역학적 힘이다. 근육이 우리 몸의 어떤 부분을 움직이면 운동감각 수용기의 다양한 압력 유형이 특수한 운동감각을 제공한다. 그러면 우리는 무엇이 위에 있고 아래에 있는지 인식하고 근육이 앞으로 움직이기도 하고 옆으로 움직이기도 한다. 즉, 이들 기능은 평소에는 전혀 의식하지 않고 살다가 제대로 기능이 작동되지 않으면 그제야 느끼게 되는 그런 기능들이다.

4) 지 각

앞에서 여러 가지 자극수용기들에서 물리적, 화학적 측면에서의 기본적인 것들을 배웠다. 그러나 여전히 어떻게 우리가 현재 보는 것처럼 볼 수 있게 되는지에 대해서는 의문이 남는다. 그리고 우리의 지각이 어느 정도까지 이전 경험들로부터 영향을 받는지, 어떻게 그러한 변화가 생기는지에 대한 대답도 명확하지 않다. 〈자료 2-20〉의 점검표를 통해 여러분의 지각이 왜곡될 수 있는지의 여부를 점검해 볼 수 있다.

자료 2-20 **나의 지각은 환각인가?**

여러분의 지각이 환각인지 아니면 어떤 알지 못하는 외부의 자극에 대한 반응인지 알아보고자 한다면, 다음 6개의 질문을 통해 이것을 알아낼 수 있다.

1. 여러분이 그 지각을 의지적으로 사라지게 할 수 있는가?
2. 그 지각에 대응하는 수용기가 차단되어도 지각은 여전히 존재하는가?(예, 눈이나 귀를 막았을 경우)
3. 다른 사람도 같은 상황에서 똑같이 지각한다고 이야기하는가?
4. 여러분은 그것을 만지거나 부딪칠 수 있는가?
5. 녹음 테이프나 노출계도 그것에 대해서 반응하는가?
6. 그것은 확대경으로 볼 경우 크게 보이며 증폭기로 들으면 소리가 더 커지는가?

여러분이 가까이 가거나 멀어짐에 따라 소리의 크기가 달라지는가?

1번과 2번의 질문에 '예'라고 대답하고 나머지 네 질문에 대해서 '아니요'라고 대답한다면 여러분은 의사의 진찰을 받아 보아야 할 것이다.

우리는 현실 개념을 파악하는 데 지각이 어떤 영향을 미치는지 자주 질문해 왔다. 이미 수백 년 동안 철학자들은 이에 대해서 생각했다. 신학자들뿐만 아니라 우리의 실제 신앙생활을 하는 데 어떤 사고와 사상이 영향을 미치는지, 기술의 급속한 발전이 어느 정도 우리의 신앙에 해를 끼칠 수 있는지 등을 아는 것은 중요하다.

지각심리학의 연구결과들을 고찰해 보는 것은 이런 중요한 질문들에 대한 답을 얻는 데 도움이 될 수 있다. 이를 위해서 매우 다른 몇 가지 가설이 있는데, 이 가설들은 부분적으로 경험적 검증을 통해 증명된 것들이며 이 결과들은 서로 병행하기도 한다.

선택가설

약간 오래된 이 가설은 각 사람에게 수없이 많은 영상과 다른 감각적 인상이 흘러 들어온다는 점에서 출발한다. 이 정보량을 해결하기 위해서 각 개인은 자신이 선택한 단지 제한된 수의 통로만을 열어 놓는 개인적 지각시스템을 구축해 나간다.

각자는 자신의 경험들에 근거해서 스스로 무엇을 지각할 것인가를 다시 결정하는 자신만의 현실 개념을 발전시킨다.

형태가설

1930년대에 들어서는 지금까지 언급한 가정을 훨씬 넘어서는 소위 형태심리학자들(Wertheimer, Koffka 등)이 있었다. 이들은 지각의 핵심이 수동적인 정보 선택에 있는 것이 아니라 사람의 선천적인 조직 과정(조직화 과정)에 있다고 생각했다. 즉, 정보는 다루어지고 변화되고 완성되고 약화되기도 한다. 이들은 전체는 각 부분을 합한 것보다 크며 더 이상의 것이라는 전인적 형태의 사고에 기반을 두고 있었다. 부분이 전체를 만드는 것이 아니라 전반적인 형태(Gestalt)가 다양한 방법으로 부분들의 성격을 결정한다는 것이다.

이것은 한 음만 조옮김하는 음악에서 분명하게 볼 수 있다. 물리학적으로 볼 때 모든 음의 주파수가 바뀌었지만 곡의 성격은 그대로 남아 있다. 대부분의 사람들은 변화가 있었다는 것도 알아채지 못한다.

다른 실험을 통해 직접 느낄 수 있다(〈자료 2-21〉 참조).

자료 2-21 **메트로놈이 찬송가를 위해서 작동하는가, 민요를 위해서 작동하는가?**

메트로놈을 작동시켜 놓고(메트로놈이 없을 경우 뚝뚝 떨어지는 수돗물로도 충분하다) 이 규칙적인 신호에 주의를 기울여 보라. 이제 찬송가를 불러 본다(크게 또는 조용히). '나의 갈 길 다 가도록 예수 인도하시니……' 1절을 부르고 난 후에 여러분이 더 이상 노래를 부르지 않고 마음으로 찬송가를 들어 보라. 메트로놈의 박자 소리만 계속 작동시켜 놓는다.

메트로놈이 같은 속도로 계속 움직이고 있을 때 이번에는 두 번째 노래로 '아리랑 아리랑 아라리요……'를 부른다. 여러분은 이것도 가능하다는 것을 깨닫게 될 것이다. 이 민요의 박자와 리듬이 찬송가와는 완전히 다름에도 불구하고 여러분은 주어진 메트로놈의 박자에 맞게 되고 한 절을 부르고 난 후에는 메트로놈이 소리를 낼 때 속으로 이 노래를 듣게 된다.

결론적으로 두 노래에 같은 외적인 기준(여기서는 박자)이 주어졌지만 우리는 그 박자로부터 하나의 '형태(Gestalt)'를 만들어 낼 수 있다.

지각에 대한 또 다른 이론들은 지금까지 설명한 것처럼 지각에서 증가가 일어날 수 있을 뿐만 아니라 감소가 일어날 수도 있다는 사실을 전제로 한다. 즉, 형태심리학자들이 생각하는 것처럼 감각인상에 다른 형태나 감각이 추가되는 것이 아니라 감각인상에서 가장 중요한 요소를 더 분명하게 구별해내기 위해 중요하지 않은 요소들을 걸러 낸다는 것이다.

이 과정은 감각기관으로 하여금 주위의 복잡한 상황을 중요한 부분에만 축소시킴으로 주변 세계에 더 잘 적응토록 한다. 잉여란 처음 어떤 것을 지각했을 때 나타나는 불확실성이 규칙성을 알게 됨으로 감소되는 과정이다. 이것은 복잡하게 들리지만 간단하게 설명하면 다음과 같다. 모든 지각은 많은 불필요한 정보들을 포함하고 있는데, 신호의 많은 부분이 중복된 정보를 포함하면 할수록 필요한 정보를 인식하는 것은 더 쉬워진다. 잉여가 크면 클수록 불확실성을 감소시키는 것은 더 쉬워진다. 〈자료 2-22〉의 예를 통해 이것이 설교를 듣는 사람의 지각에 어떻게 작용하는지 볼 수 있다.

자료 2-22   **말하는 것 또는 쓰인 것?**
- -

과잉성의 향상을 위한 아주 실제적인 한 예를 설교나 연설의 외형적인 구성을 위해 유추해 볼 수 있다.

어떤 점을 이해하지 못했을 때마다 앞장을 다시 넘겨서 볼 수 있는 쓰인 문장과는 달리 연설에서는 이러한 것이 불가능하다.

그러므로 유능한 연설가는 '쓰인 것'을 발표하는 것이 아니라 '연설'을 해야 한다. 그래서 연설문을 받아쓴 것을 읽을 때는 연설문을 들을 때처럼 효과가 크지 않다.

이 두 표현양식에서의 차이는 연설의 경우 요구되는 높은 과잉성(잉여)이다.

실례로 설교 때 이러한 점에 따라 청중이 꼭 지각해야 하는 점에 대해서는 몇 번씩 반복해서 말해 주어야 한다. 그러나 이때 방금 말한 문장을 단순히 반복하는 것은 별로 좋은 방법이 아니다. 내용은 그대로이지만 문장구조나 사용된 단어를 바꾸어서 말하는 것이 좋다. 예를 들면, "다른 말로 표현하자면 이것은 …… 의미합니다."라고 말한다면 도움이 될 것이다.

무엇이 보이는가?
분명히 검은색 배경 위에 길다란 3개의 흰색 선이 보인다.
흰색과 검은색의 면적비가 같을지라도 그렇게 보인다.
그 이유는 흰색 선의 넓이가 규칙적이기 때문이다.

[그림 2-21] 전경과 배경

우리가 어떻게 지각을 조직화하는지 보여 주는 일련의 기본적인 규칙들이 있는데, 다음과 같은 것들이 있다.

전경과 배경

우리는 모든 지각에는 배경과 원래의 전경(Figur) 사이에 차이가 있다고 전제해야만 한다. 전경-기본구분법은 우리 지각의 조직에서 가장 단순한 형태다. 우리는 전경은 더 분명한 윤곽이 있고 상세하게 볼 수 있는 반면, 배경은 전경 뒤에 희미하게 놓여 있다고 생각한다.

전경과 구성

한 자극을 배경으로서가 아니라 전경으로 보이도록 하는 특징은 무엇인지 보여 주는 몇 가지 실험들이 있다. 지각에서 중요한 차원은 그것의 사물의 윤곽이나 하나의 전체로서 비치는 것(각 요소들이 비슷하다든가) 그리고 유사성이다. 이 외에 두 상황이 비슷하다면 좋은 형태를 가진 자극이 선호된다. 일반적으로 다음과 같은 원칙들이 있다.

- 연속성: 완성되지 않은 그림을 어떤 직선이나 곡선이나 혹은 이미 알려진 방향으로 끌고 가서 완성시키고자 하는 경향이 있다(〈자료 2-23〉 참조).

자료 2-23 　어떤 형태일까?

이 유럽 지도는 어떤 기하학적 형태를 통해 경계를 나타내고 있을까?

틀림없이 여러분은 이 질문에 '원'이라고 대답할 것이다. 그러나 그 대답은 틀렸다. 왼쪽 반구에 선의 한 부분이 비어 있다. 여러분 스스로 그 선을 완성한 것이다.

- 대칭성: 비대칭적 형태를 만들어 내는 것보다는 대칭적이고 균형을 이루는 집단을 선호한다.
- 공통적 운명: 각 요소들이 같은 방향으로 움직이거나 또는 이와 반대로 움직임이나 변화의 방향이 서로 반대인 그룹을 선호한다.

지각에서의 차이점

지각의 다양성은 교육의 다양성으로 증명할 수 있다. 그 외에도 몇 가지 생물학적 결정인자들이 있는데, 예를 들면 색맹은 남성보다 여성에게서 훨씬 적게 나타난다.

그러나 여러 문화를 연구하는 학자들은 설득력 있는 예를 통하여 각 문화권에 따라 다양한 지각의 가능성이 있다는 것을 보여 주고 있다. 예를 들면, 유럽인과 아프리카인에게 몇 가지 그림들을 보여 주었는데, 교육이 그림을 파악하는 것이나 공간개념을 이해하는 데 방해가 되거나 향상시킬 수 있다는 것을

거리를 재 보시오.

[그림 2-22] 깊이지각

증명했다.

유럽 문화권에 사는 어린이는 한 사물이 멀리 떨어져 있거나 가까이 있어도 그 크기가 똑같다는 것을 일찍부터 배운다. 성인은 이 사실을 잘 이해할 수 있지만 그림을 많이 알지 못하는 문화권에서는 어릴 때 이러한 사실을 배우지 못한다면 상황을 제대로 파악하는 데 어려움이 있을 것이다.

화물차가 당신을 향해 달려오고 있다고 한번 상상해 보라. 가까이 올수록 화물차는 더 크게 보인다. 그렇지만 당신은 화물차가 자라고 있다고 느끼지는 않는다. 여러분은 어릴 때 거리와 크기가 서로 연관지어져 있다는 것, 즉 보는 각도가 중요한 역할을 한다는 것을 배운 것이다. 사물이 가까워지면 망막에 있는 그것의 상이 커진다. 그리고 사물이 멀어지면 이 상이 작아진다.

깊이지각은 3차원의 세계에서 상황을 제대로 파악하도록 도와준다. 뇌는

공간지각을 판단하는 것을 배우지 못한 사람은 어느 동물이 화살을 맞게 될 것인가 하는 질문에 코끼리라고 대답할 것이다.

[그림 2-23] 깊이지각

망막에 투사되는 2차원의 그림을 받아들여서 이것을 3차원으로 구성한다. 이 과정에서 중요한 것은 알려진 사물의 상대적 크기이며, 이것은 또한 뇌가 거리를 판단하는 데 도움이 된다. 어떤 사물의 거리에 따라 변화되는 색깔지각도 이러한 행동과 관련이 있다. 우리는 가까이 있는 사물은 갈색이나 녹색으로 또 선명하게 보이는 반면, 멀리 있는 것은 푸르스름하고 흐리게 보인다는 것을 배웠다. 또 견본면적의 밀도는 거리가 멀어질수록 높아진다.

   잘 알려진 'Rubin의 컵'이라는 도형은 특정한 선입견이 있다면 전혀 다른 결과에 도달할 수 있다는 사실을 분명히 보여 준다. 여러분은 [그림 2-24]에서 컵을 보거나 두 사람의 옆 얼굴을 볼 것이다.

[그림 2-24] **컵일까, 두 사람의 얼굴일까?**

8. 건강의 영적 차원

앞 문단에서 무엇이 사람을 움직이며, 어떻게 학습하며 사고하는지, 어떻게 지각하고 그것을 처리하는지에 대해서 설명했다. 이를 보면 하나님께서 각 사람을 얼마나 놀랍게 창조하셨는지 경이로울 뿐이다.

이 문단에서는 전체 실체의 다른 측면에 대해서 생각해 보려고 한다. 사람은 자기 스스로와 다른 사람과의 관계에서 정리되고 건강한 관계를 필요로 한다. 뿐만 아니라 하나님에 대한 관계와 이로부터 생기는 영적 차원도 육체적 · 정신적 건강을 위해서 중요하다.

우리는 성경을 통해 사람이 영, 혼, 육 전인적으로 창조되었음을 알고 있다. 그러나 이러한 창조를 배경으로 설명할 수 있는 것은 하나님의 보이는 세계와 보이지 않는 세계의 실체에 근거하여 사람을 파악하는 데에는 충분치가 않다.

이 그림에서 처음에는 젊은 여인이나 한 노인이 보일 것이다. 이 그림을 본 다음에 잠시 눈을 감고 다른 그림에 마음을 집중해 보라. 눈을 다시 뜨면 그림이 갑자기 바뀌어 있을 것이다. 얼마 후에는 눈을 뜨고도 '전환'을 경험하게 될 것이다.

[그림 2-25] 전환그림－아내일까, 장모일까?

또한 경험적 방법을 통해 학자가 발견한 것을 가지고 사람의 인격을 신체적 · 정서적 · 인지적 측면으로 묘사하는 데에는 기독교인의 영적인 측면을 고려하지 않고 있다. '전인적으로 건강한', 즉 '영적으로 건강한' 사람이 무엇을 의미하는지 이해하기 위해 우리는 성경을 살펴보아야 한다.

자료 2-24 전인적으로 건강한 사람의 특징

전인적으로 건강한 사람은 다음과 같은 세 가지 영역에서 질서 잡힌 관계성을 필요로 한다.

- 자기 자신을 향해서 내부로
- 다른 사람을 향해서 외부로
- 하나님을 향해서 위로

성경에는 이들 영역에서 건강한 균형을 이루고 있다고 생각하게 하는 여러 인물들이 있다. 예를 들자면 아주 상세하게 재현할 수는 없을지라도 다니엘은 한두 가지 측면에서 우리에게 본보기가 될 수 있다.

다니엘이 약 16세였을 때 바벨론이 그의 나라 유다를 침략했다. 다니엘이 바벨론으로 끌려온 한 가정의 유능한 젊은이라는 것을 들은 바벨론 왕은 그를 다른 젊은이들과 함께 특별 교육을 받도록 했다. 나중에 그는 바벨론에서 중요한 직책을 맡게 되었다.

우리가 아는 한 다니엘은 신체적으로 건강했고, 지적이었으며, 사회적으로도 균형이 잡혀 있었다. 그는 가장 권세 있는 관리 중 하나가 되었고 왕은 그를 왕국의 최고 총리로 임명하려고 생각했던 것 같다. 그의 경쟁자들이 그를 고소할 근거들을 찾았지만 그를 넘어지게 할 아무런 흠도 찾아낼 수 없었다. "그 사람들이 가로되 이 다니엘은 그 하나님의 율법에 대하여 그 틈을 얻지 못

하면 그를 고소할 수 없으리라 하고." (다니엘서 6:2~6)

그가 많은 영역에서 전인적인 건강한 사람으로 볼 수 있는 어떤 특성을 그가 가지고 있었는지 알아보자.

첫째, 그는 신체적 · 지적 · 정서적으로 전력을 다해 행하는 능력이 있었다. 많은 사람들은 지나친 염려나 두려움 때문에 충분히 일을 하지 못한다. 병적일 경우에는 신경성 상태로까지 발전한다. 다니엘은 신체적 · 지적 · 정서적으로 균형이 잡혀 있었다. 이처럼 인격적 영역에서 균형을 유지하는 것은 한 사람의 행동과 삶을 건강하다고 말할 수 있게 한다.

둘째, 자기관리와 훈련으로 변화하는 상황에 적응하는 능력이다. 건강한 사람은 자신이 현실에 뿌리박고 있으며 종종 스트레스에 노출되기도 하지만 자기관리를 통해 적절하게 반응한다. 그들은 변화시킬 수 없는 상황을 인정할 줄 알며 어떤 변화를 겪어야 할 때 오랫동안 두려워하지 않으며 그 증상이 심각하지 않다.

다니엘은 이런 특성을 가진 사람의 뚜렷한 예가 된다. 그는 젊었을 때 친구들을 다시 보지 못할 것을 알면서 고국을 떠났지만 전혀 다른 사회적 상황에 적응할 수 있었다.

셋째, 내면의 안전성과 유머감각을 보이며 신뢰로 가득 찬 자세다. 낙관주의는 스트레스를 감당할 수 있도록 할 뿐 아니라 다른 사람들이 그를 좋아하고 신뢰하도록 해 준다.

다니엘의 신뢰는 분명히 하나님에 대한 근본적인 신뢰에서 나왔다. 그는 믿음에 근거해서 사람보다 하나님께 더 순종했기 때문에 하나님을 신뢰하므로 어떤 상황들에서 모험을 할 수 있었다. 청년으로서 그는 하나님이 자신을 엄격한 식이요법(야채와 물만 섭취)에도 불구하고 신체적으로 건강하게 하리라는 것을 믿었다. 다니엘은 느부갓네살 왕 앞에서 알지도 못하는 왕의 꿈을 해석하는 용기를 가졌다. 그는 또한 왕에게 임박한 왕의 죽음을 이야기해 줄 만큼 신뢰를 갖고 있었다. 하나님을 깊이 신뢰하므로 생긴 다니엘의 자기 신뢰는 훗날 다리우스 왕이 볼 때 너무나 분명하여 그는 다니엘을 왕국의 최고 자리에 앉혔다.

넷째, 분명한 삶의 목적이다. 가치 있는 목적을 이루는 것은 인생에 의미와 방향을 준다. 개인심리학에서 "삶의 목적이 삶의 유형을 결정한다."라고 하는 것은 빈말이 아니다. 이런 배경 아래 오늘날 새로운 치료법들이 개발되었는데, 예를 들면 미래를 보도록 돕는 로고테라피가 그중 하나다. 하나님과 그의 소원을 따라 살고자 하는 목적은 다니엘에게 만족과 영적인 안정감을 주었다. 마찬가지로 기독교인은 예수 그리스도를 바라봄으로써 장래를 바라볼 수 있다. "오직 한 일, 즉 뒤에 있는 것은 잊어버리고 앞에 있는 것을 잡으려고……."(빌립보서 3:13)

다섯째, 전인적으로 건강한 사람은 다양한 사람들과 관계를 맺고 있다. 그들은 개인의 정당한 권위를 인정할 수 있기 때문에 가정에서, 친교모임에서, 직장에서 다른 사람들과 친분을 맺고 이것을 유지하면서 사랑하고, 사랑받는 것을 어렵게 여기지 않는다. 거리를 두는 것과 가까이하는 것이 균형을 이루고 있다. 가까운 사람과 친밀함을 누리는 것은 전인적 건강을 누리기 위한 열쇠 중 하나다. 다니엘은 이러한 능력을 갖고 있었으며 다른 신앙을 가진 사람들과도 모든 상황에서 성실한 관계를 맺고 사귈 수 있었다.

여섯째, 균형을 유지하는 능력이다. 여기에는 종속적인 역할에서나 비종속적인 역할에서 똑같이 자신의 위치를 지키는 능력이 속한다. 즉, 처한 상황에 따라 지도자를 따르거나 남을 지도하는 능력이 있다.

이런 균형의 또 다른 특징은 상황은 달라지더라도 자신의 목적을 잃어버리지 않고 이루는 능력, 자신의 목적을 이루면서도 다른 사람과 함께 효과적으로 일하는 능력이다. 경쟁과 타협을 적절한 순간에 사용하는 것도 역시 여기에 속한다. 다니엘은 균형 잡힌 사람이었다. 그는 여러 권위 하에 있었지만 필요하다면 그 권위에 매이지 않고 행할 수 있었다. 그는 한편으로는 개방적이고 융통성이 있었지만 잘못된 타협을 피하기 위해서는 행동을 분명히 해야 한다는 것도 알고 있었다.

건강한 사람은 조직성과 창조성 간의 균형이 어떠해야 하는지를 알고 있다. 그들은 중요한 결론에 이르기 위해 자신의 지식과 경험을 조직화한다. 그들은 문제에 체계적으로 접근하지만 그 체계를 과장하지는 않는다. 너무 강한 조직력은 창조성을 파괴할 수 있다. 그러나 조직력 없는 창조성은 마찬가지로 무질서하다. 건강한 사람은 이 둘 사이에 건전한 균형을 유지한다.

일곱째, 전인적 건강과 성숙의 또 다른 특징은 신뢰성에 있다. 고위 관료들이 다니엘에게서 부정이나 업무태만에 관한 아무런 증거도 찾을 수 없었다는 점에서 다니엘은 이러한 특징을 보인다. 그의 분명한 내적 가치 기준은 그가 죄를 짓도록 하는 사회적 압력을 이길 수 있게 했다.

여덟째, 다른 사람에게 집중하는 능력이다. 오직 자신의 소원, 두려움, 질투, 의심 등에 사로잡혀 있는 이기주의자들은 남을 도울 수 없다. 우리는 고위 관료들이 얼마나 다니엘을 시기하고 화가 나 있었는지 잘 상상할 수 있다. 하지만 다니엘이 그들에 대해 좋지 않게 생각했다는 점은 어디에서고 찾아볼 수가 없다. 심지어 그는 자신의 적대자를 위해서도 일을 할 수 있었다. 그의 이타주의는 자기 일을 돌아보지 않고 다른 사람만을 돕는 것과는 다르다. 그는 남을 도우면서도 자신의 일을 해결했다.

아홉째, 자신의 감정을 표현하고 조절하는 능력은 전인적 건강의 또 다른 중요한 측면이다. 건강한 사람은 감정을 불러일으키는 상황을 피하지 않으며 자신의 감정을 억누르기 위해 격리나 소외의 방법을 사용하지 않는다. 그들의 감정은 자유로우며 억압되지 않으면서도 그들의 행동은 조절되어 있다.

마지막으로, 전인적으로 건강한 사람은 대개 남성이나 여성으로서의 자신의 역할에 만족한다. 그들은 성과 관련된 두려움이나 열등감으로부터 비교적 자유롭다. 기혼인의 경우 그들은 적극적이고 만족스러운 성생활을 누리고 있다.

전인적 의미에서의 건강에는 영적인 요소도 있다. 즉, 하나님의 말씀의 의미와 이를 듣는 것, 기도, 전도, 다른 신자들과의 교제의 비율이 균형을 이루어야 한다. 예를 들면, 병자의 치유, 방언이나 예언의 은사(고린도전서 12:14 참조)처럼 이성을 넘어서는 은사를 지나치게 강조하는 교회나 모임 또는 기독교인은 감정적인 성격을 보인다. 반대로 교리를 지나치게 강조하는 사람은 정통적이고 차갑게 보일 수 있다. 공격적인 전도를 지나치게 강조하는 사람은 때때로 다른 사람에게 불필요한 상처를 줄 수 있다. 교제를 지나치게 강조하면서 신앙생활의 다른 기본들을 게을리 하는 사람은 복음의 중심에서 멀어질 수 있는 위험에 빠질 경향이 있다.

기독교인은 이런 부분에서 균형을 갖도록 노력해야 한다. 생각하고 느끼고 행하는 것에서 균형을 이루어야 한다. 이 세 영역이 함께 역사해서 그 사람을 영적인 측면에서도 모나지 않고 '둥글게' 만든다.

예수 그리스도에 대한 삶의 관계가 기독교인의 영적 건강의 기초를 이룬다. 예수님을 따르는 자가 일반적으로 날마다 성경을 읽는다는 사실은 건강의 한 표시일 뿐만 아니라 건강의 주된 원인이기도 하다. 하나님의 말씀은 다양한 영역에서 건강한 관계를 맺도록 돕고 하나님과의 관계를 향상시킨다. 이것은 영적 건강의 측면에서 볼 때 긍정적인 결과를 낳는다.

다니엘은 '하나님의 법도'를 존중하고 하나님과의 관계를 날마다 구하는 하나님의 말씀의 사람이었다. 우리는 그가 주님과 대화하기 위해 하루에 3번씩 무릎을 꿇었다는 것을 성경에서 볼 수 있다(다니엘서 6:11).

자료 2-25 기독교인의 영적 건강 유지를 위한 6가지 규칙

1. 인생에는 정상과 골짜기가 있다는 것을 받아들이라. 기쁨과 고난이 인생에 포함되어 있다는 것을 받아들이라.
2. 성경에서 배운 대로 다른 사람과의 관계에서 겸손하고 사랑으로 반응하며 그들과의 관계에서 헌신적이고 용서하라.
3. 기독교인은 자기 자신을 위하여 스스로 확실하게 느끼며 능력의 한계에서 성공적

으로 일할 수 있는 위치를 개발해야 한다.

4. 자신의 삶의 목적들을 다듬어 말로 표현하는 것이 매우 중요하다. 삶의 목표가 삶의 유형을 결정한다.

5. 기독교인도 자신이 기뻐하는 아주 실제적인 일들을 필요로 한다. 어떤 것이 재미가 있다고 바로 죄라고 여겨서는 안 된다.

6. 하나님께 대한 믿음은 전인적이어야 한다. 즉, 믿음과 신뢰는 기독교인을 실제적인 행함으로 이끌어야 한다.

제3장

성장과 됨

제3장 성장과 됨

목회상담자나 일반상담자를 찾는 사람 가운데 상담자와 연령이 비슷한 경우는 극히 드물다. 그리고 내담자와 상담자 사이에 성장 과정이 비슷해서 상담자가 본인의 경험에 기초해서 상담할 수 있는 경우도 아주 드물다. 이러한 이유 때문에 내담자는 자주 상담자로부터 이해받지 못했다는 하소연을 하곤 한다. 이러한 상황에 도움이 되기 위해서는 목회상담자가 발달심리학에 관해 해박한 지식을 지니는 것이 좋다. 이를 통해 아동뿐 아니라 노인까지 더 잘 이해할 수 있게 되기 때문이다.

이 장에서는 발달에 관한 비교적 새로운 연구결과들을 소개하고자 한다.

이전에는 대체로 신체적 변화의 측면에서 아동기로부터 성인으로의 발달 과정이 주로 거론되어 왔다면, 새로운 연구결과들은 신체적인 변화들이 정신적·정서적 발달과 반드시 관련되어 있지는 않다는 것을 전제로 한다. 즉, 두 가지 발달 과정이 동시에 일어날 수도 있고, 이후에나 이전에 혹은 서로 연결되어 일어날 수도 있다는 것이다. 이는 정신적 혹은 정서적 발달의 관점에서 특정한 연령을 정해 놓고 비교하는 것이 항상 가능하지는 않음을 의미한다.

더 나아가 이 장에서는 지금까지 발달심리학에서 주장되어 왔던 것처럼 발달이 성인 연령에 도달함으로써 마치는 것이 아니라 평생에 걸친 과정으로 이해돼야 한다는 것을 전제로 한다(Oerter, 1978).

이런 배경에서 '성장과 됨'이라는 이 장의 구성은 다음과 같이 나눌 수 있다. 첫 부분에서는 발달과 유전과 환경과의 관계에 관한 몇 가지 일반적인 이해를 다루며, 동시에 한계성에 대해서도 언급할 것이다. 그런 다음, 이 발달에 관한 각각의 관점들을 차례로 설명할 것이다. 여기에는 신체적 발달, 사고의 발달, 가치관의 발달, 마지막으로 종교적 가치관의 발달 등이 속한다. 이 장의 발달심리학 마지막 부분에서는 노인의 지속적인 발달에 대해서도 다루고자 한다.

1. 발달에 관한 일반적인 이해

약 20년 전까지만 해도 정확히 구별할 수 있는 발달 단계 또는 발달 회기가 존재한다고 생각했다. 이에 따라 학자들은 각 단계 또는 회기를 시간적인 순서대로 거쳐야만 한다고 보았다. 그러나 오늘날에는 인간의 발달을 더 넓은 관련성 속에서 보고 있다. 더 정확한 연구결과들을 통해서 보면, 조직적으로 나타나는 발달 단계와 회기는 학자들이 인위적으로 만들어 낸 것으로 나타났다.

이 중에서도 특히 문제가 되는 것은 이들 각 단계나 회기를 반드시 순서대로 거쳐야만 한다고 보는 관점이다. 따라서 이러한 회기의 순서를 특정 연령과 연결 짓는 것, 각각의 발달 과정을 정해진 연령대와 관련짓는 것 자체가 상당히 문제시되고 있다.

자료 3-1 '반항기' 는 존재하는가?

아마도 여러분은 학교에서나 직업교육을 통해 '반항기' 또는 '질풍노도의 시기' 라는 말을 많이 들어 보았을 것이다. 또한 현재 여러분의 자녀에게서 이러한 시기를 보기도 할 것이다. 그렇지만 이것만으로 어떤 일정한 규칙을 만든다는 것은 적절하지 않다.

물론 정확하게 연령대와 이와 관련된 발달 상태를 설정해 놓는다면 무엇이든 진행하기가 쉬울 것이다. 예를 들면, 아동이 언제 취학을 해야만 하는지를 정해서 같은 연령대의 아동들을 한 반으로 만드는 것들이다. 그러나 이러한 적용방법에 대한 경험적-학문적인 근거는 없다—다만 실용성에 근거하여 사용할 뿐이다.

또 다음 발달 단계로 도입하기 위해서는 반드시 이전 단계를 거쳐야만 한다고 가정할 경우 위험한 이론으로 발전할 수 있다. 이러한 가정에 의해 극단적인 경우를 초래하기도 하는데, 그 예로 어떤 부모는 약물을 통해서라도 이 반항기를 유도해 내야한다고 믿고 의사를 찾아가는 경우가 생긴다. 이 부모들은 자녀가 반항기가 없이는 다음 단계의 발달로 넘어가지 못할 것이라고 생각하는 것이다.

근래 발달심리학의 연구결과에 따르면, 아동의 발달에서 단계적인 성장기, 급성장기 그리고 부분적인 퇴보기가 실제로 존재한다는 것을 완전히 배제할 수는 없다. 모든 어머니들이 이와 같은 사실을 증명할 수 있는데, 예를 들어 자녀가 몇 달 동안 자라지 않는 듯 보이다가 어느 날 갑자기 지금까지 입던 옷이 자녀에게 더 이상 맞지 않는 것을 보게 되는 경우다.

다만 현재 연구성과에 맞지 않는 것은 이것을 일반적인 법칙으로 거론하는 것이다. 하지만 한 인간의 발달에서 어떤 성장기가 다른 성장기의 시기에 비해 특별히 더 많은 영향을 미치게 되는 '민감한' 시기가 있을 수 있다는 것은 사실이다. 이에 대한 예로서 출생 후 첫해의 경우를 들 수 있다. 이 연령대에서는 소위 인간의 '최초의 관계구조' 가 만들어지게 된다. 이는 개인심리학 또는 상호행위분석학에서 알려진 것으로, 비교적 극단적이고 절대화시키는 사고의 한 형태를 말한다. 이 연령대의 아동은 자신 스스로와 타인과의 관계 속에서 여러 가지 경험을 하게 되는데 이 경험들은 경직된 '흑백논리' 를 적용시킨 것이다. 그들에게서 사람들은 '착하거나, 나쁘거나' 또는 '부유하거나, 가난하거나' 등으로 구별된다. 이와 같이 어린아이는 단순하게 구조화된 세상을 보게 되는데, 이 연령대에서는 아직 언어가 광범위하게 발달되지 못하고 정확하게 표현할 수 없기 때문에 일어나는 현상들이다. 그럼에도 이러한 입장은 한 인간의 역할행위에서 평생 동안 영향을 미칠 수도 있다(Adler & Ansbacher, 1982).

또 H. Heckhause(1980)의 연구에 따르면, 성공을 얻고자 하는 동기부여, 즉 어느 곳에서나 항상 좋은 성과를 거두고자 하는 바람은 원칙적으로 취학 전에 이미 이루어진다.

또한 영유아 시절 이외에도 사춘기와 청년기, 여성에게 갱년기는 다른 시기보다 인간발달에 많은 영향을 미치는 시기라고 볼 수 있다.

1) 유전과 환경

오랫동안 인간발달에서 유전과 환경이 서로 어떤 관계에 있는지를 연구해 왔다. 이에 대한 연구들은 오늘날까지도 종결되지 않고 있으며, 그 논쟁이 계속되고 있다('제2장 6. 3) 지능: 유전인가, 환경인가?' 참조). 지난 수십 년 동안 한 견해에서 다른 견해로 변화를 거듭해 왔다. 최근에 발표된 결과들을 조심스럽게 평가해 보면, 신체적인 발달은 환경에 비교적 영향을 받지 않으며 하나의 '성숙해 나가는 과정' 이라는 것이다.

그러나 사고, 학습, 언어 등의 발달은 환경과 더 밀접한 관계를 가지고 있다. 여기서는 생물학적으로 부여된 '선천적 자질' 뿐 아니라 부모와 교사들에 의해 부여된 '후천적 자질' 도 거론되어야 한다(Roth, 1969).

환경과 학습 간의 영향은 매우 중요하다. 예를 들면, 지능발달에 관한 연구는, 이미 언급한 것처럼 유전적인 조건이 지능 부분에서 45~80%를 차지한다는 것을 증명했다. 지난 수십 년 동안 신체적 발달과 영혼적-정신적 인격형성 간의 관련성을 많이 강조해 왔으나 이제는 이 2가지 사이의 연관성이 그리 크지 않다고 본다.

따라서 발달에 관한 심층심리학을 살펴보아야 할 것이다. 심층심리학은 건강한 성인이 되기 위해서는 성적 시기(구강기, 항문기, 남근기 등)를 반드시 순서대로 거쳐야 한다고 보고 있다. 이것은 현재의 연구결과에 맞게 매우 주의 깊게 논의되어야 할 것이다. 경험적 연구방법에서는 성적 발달 중에서 극복되지 못한 회기들과 성인연령층에서 나타나는 결과들 사이에 어떠한 관련성도 찾지 못했다(Zimmer, 1986).

이와 비슷한 결과는 E. Erikson(1981)이 주장한 인생의 여러 단계에 대한 심층심리학에서도 나타난다. 그는 인생의 위기상황을 극복하는 것은 일생 동안 계속된다고 보고 있다.

따라서 흔히 말하는 "저 아이는 발달이 멈춰 버렸다."라는 표현은 오늘날 더 이상 정확하다고 할 수 없다. 성장 단계를 건너 뛰었다든지 일반적으로 생각하는 발달 순서와는 다른 단계를 거치고 있다고 생각할 수 있을 것이다.

이 새로운 연구결과는 어려움을 겪고 있는 부모에게 큰 도움을 줄 수 있다. 부모는 자녀의 다음 성장기를 기다려야 할 필요가 없어지게 되며, 자녀뿐 아니라 온 가족이 행복할 수 있도록 자녀를 양육하면 된다.

2) 단계와 회기

실제로 유아의 행동은 매우 불분명하므로 관찰자는 자신이 본 것을 자신의 문화권에서 일반적으로 통용되는 것에 비추어 해석하는 경우가 자주 있다.

이러한 점은 Freud, Erikson, Piaget 등의 아동에 대한 서로 다른 묘사에 아주 뚜렷이 나타난다.

이들은 자신이 속한 환경 내지 사고의 배경 아래서 각자 서로 다른 곳에 중점을 둔다. 그래서 학자들은 아동기의 어떤 특정한 면을 특정 의미로 간주해 버리는 경솔함을 범한다. 이것은 유아의 성향을 단지 성인에게 나타나는 성향의 미성숙한 상태로 보거나 혹은 그와는 정반대라고 생각하는 것에서 볼 수 있다.

유아의 성향은 시기와 문화에 따라 매우 다르므로, 이 책에서는 이에 대해 간단히 언급하고자 한다.

자료 3-2　　**단계와 회기에서의 발달?** (요약)

1. 발달심리학에 관한 저서(Kagan, 1987)에서 Kagan은 심리학자들이 통계적인 방법을 적용하고자 하기 때문에 발달에서 옳지 않은 연구결과를 이끌어 냈다고 말하고 있다. 심리학적 결과를 숫자로 설명하고자 하는 것은 옳지 않다고 보았다. 그는 유아기에 나타나는 특성들은 아동기의 특성과 매우 다르기 때문에 모든 사회가 출생 후 2년간을 특별한 성장 단계로 보는 것은 매우 당연하다고 주장하고 있다.

2. 발달의 단계와 회기는 영유아에서부터 성인까지로 알려져 있다. 그러나 이것은 각 개인에 따라 다를 수 있으며, 반드시 이 순서를 밟아야 하는 것은 아니다.

3. 특별한 유전성(대물림)과 준비된 학습 프로그램을 통해 장려된 점은 개인의 인격형성을 진보시키거나 저해할 수도 있다. 또 지나치게 서두르는 조급함이 오히려 발달을 저해할 수도 있음을 유의해야 한다. 특히 기독교 가정의 부모가 신앙적인 이유에서 너무 빨리, 너무 높은 요구를 하는 것을 유념해야 한다.

4. 반항기가 반드시 가시적으로 나타나야만 하는 것은 아니다. 이 반항기는 생물학적으로 명확히 설명할 수 있는 것이 아니며, 주위 환경의 특별한 영향에 의해 나타나는 것으로 이해될 수도 있다.

5. 아동기와 청소년기에 일어나는 신체적인 형성과 변화만을 생각하여 사고와 감정의 변화도 이와 동시에 일어날 것이라 단정지어서는 안 된다. 청소년의 경우, 거구 속에 아직 아주 어린 정신이 거하는 것이 가능하다.

6. 발달에서 유전과 환경과의 관계에서 분명한 점은 대뇌는 생후 첫해를 마칠 때까지 완전히 형성되며, 이때 더 높은 지능적인 성과에 필요한 구조와 관련성들이 생성

된다는 것이다. 그러나 이것이 실제로 이루어지기 위해서는 사람과 사물을 접해 보는 경험이 필요하다. 일반적으로 다음과 같은 원리가 적용된다고 말할 수 있다. 즉, 어떤 특정한 성과를 내는 데 중요한 역할을 하게 된다. 그러나 개발하고자 원하는 행동이 복잡해질수록, 연습과 경험이 있기 때문에 신체적인 기능이 많이 필요할수록 유전적으로 주어지는 생물학적 성숙 과정이 좀 더 중요한 역할을 하게 된다.

7. 아동은 자주 그들이 '무엇을 할 수 있는가'로 평가를 받기보다는 성인의 자질을 그들이 가지고 있는지 아닌지로 평가받는다. 특히 언어능력이나 무엇이 옳고 그른가에 대한 이해력, 앞을 내다보고 행동하거나 사고하는 능력 등에서 판단된다. 부모는 자녀가 작은 성인이 아니라 어린이임을 염두에 두어야 한다.

2. 신체적 발달

오늘날처럼 다양한 학습사회, 소비사회에서는 자녀교육이 쉽지 않다. 이러한 상황에서는 자녀 수를 계획하는 것도 책임감 있는 부모로서의 중요한 역할이 된다. 물론 기독교인 중에는 자녀를 하나님의 선물로 생각하며 많은 자녀를 낳은 사람들도 있다. 그러나 많은 부모들은 가족계획을 원한다. 이에 대한 이유가 좁은 주택 문제 때문인지, 저소득에 따른 금전 문제인지 혹은 오늘날 교육이 요구하는 높은 수준 때문인지에 대해서는 여기서 자세히 언급할 필요가 없을 것이다. 목회상담과 일반상담에서 피임에 관한 질문이 자주 거론되는 것이 현실이다. 〈표 3-1〉은 (평가 없이) 다양한 피임 가능성들을 모아 놓은 것이다.

〈표 3-1〉 피임

종류	방법	안전도	부작용
예방(콘돔)	성기 위에 씌운 고무막으로 정자를 차단	조건적	없음
피임격막	자궁경부에 삽입하는 격막으로, 정자를 차단한다. 성교 전에 삽입하고 약 8시간 이후 제거한다.	조건적	없음
질세척	성교 후 정자를 제거하기 위해 물로 질을 세척하는 것	아주 불확실	없음
살정제, 좌약, 젤리	화학적 약품으로 성교 전 질 속에 삽입 내지 주입하는 것으로, 정자를 죽이거나 침입하는 것을 차단한다.	불확실	과민반응
루프	구리나 플라스틱으로 된 기구로 의사가 자궁 내에 삽입한다(반영구적으로 자궁 내에 둘 수 있음). 수정란이 착상되는 것을 막는다.	안전	간혹 월경과 관련된 부작용, 염증
경구용 피임약	호르몬을 통해 배란을 막는다. 규칙적인 복용이 필수적임	매우 안전함	신진대사 장애, 메스꺼움
배란일 측정법	생리주기로 보아 1일부터 11일 사이나 17일부터 28일 사이에만 성교를 함	아주 불확실	없음
체온측정법	Rötzer 박사의 증상체온법	안전	없음
질외 사정법	남성의 성기를 사정 직전에 질 외로 빼는 방법	불확실	심리적 장애, 긴장감

1) 출생 전 시기

출생 시 아기는 벌써 9개월째이며 이 시점에 벌써 평생에 걸쳐 가장 의미 있는 변화들을 경험한 상태다. 따라서 발달심리학에 관해 논할 때는 모태에서의 발달부터 시작해야 한다.

새로운 관찰방법(예, 초음파)에 따라 오늘날에는 출생 전 신체 발달을 연구하는 것이 상당 부분 가능하게 되었다. 중요한 연구결과들을 〈표 3-2〉(Rauh,

1987 비교)에 제시하였는데, 이로써 한 인간형성의 기적이 숫자와 사실로 분명히 나타나게 되었다. 여기서 분명한 것은 태아는 처음부터 인간이며, '종의 발달'이라는 의미에서 말하는 중간 또는 발달 단계물이 아니라는 사실이다. 그러므로 낙태는 항상 한 인간을 죽이는 것이지 어떤 중간 형태물을 죽이는 것이 아니라는 것이 분명해진다.

다음에 열거되는 숫자들은 오늘날 의술이 자라고 있는 한 인간의 생에 얼마나 많이 관여하고 있는가를 보여 준다. 즉, 수정된 100개 수정란 가운데 약 55%가량은 여성이 임신 증상을 느끼기도 전인 처음 몇 주 안에 죽는다. 즉, 착상이 되기도 전에 죽는다.

〈표 3-2〉 출생까지의 발달

나 이	신장/무게	기관과 정신적 발달	행동의 발달
16일	1mm	• 초기화–공간적 대칭적 방향을 가진 3자엽(전/후, 상/하, 내/외, 좌/우), 아직 신경세포는 없음 • 자궁 단계	
18~20일		• 신경관과 중앙신경조직의 형성 • 신경세포의 변화	
22~25일		• 근육세포들이 신체 중앙으로 생김 • 신체의 부분들이 나누어짐(이후 동작 단위가 됨)	
4주	6~8mm	• 내장기관이 형성됨. 사지가 형성되기 시작하며, 머리 부분의 감각기관들을 알아볼 수 있게 됨(눈, 귀, 콧잔등, 입, 혀) • 신경세포들을 서로 연결하는 축이 형성됨 • '과잉' 신경세포들은 소멸됨	
4~8주	8mm~2cm	• 내장기관이 기능의 특징을 나타냄 • 머리의 수용기들이 형태를 갖춤 • 손과 발이 형성됨 • 최초의 가시적 신경세포다발이 중간뇌의 천정 부분에 자람 • 뇌가 자극을 보냄	

(계속)

8~12주	2cm	• 기간의 구분화 • 심장박동, 간이 혈액세포를 생산함 • 신장이 혈액으로부터 소변을 추출함 • 아드레날린과 안드로겐(남성생식선으로부터)이 검출됨 • 인식과 정보수집에 필수적인 모든 기간들이 축소치로 갖춰짐 • 뇌기초와 수령·발송 간의 네트워크를 형성하기 위해 최초의 신경섬유가 만들어짐	• 8주 말기: 최초의 동작, 서로 다른 동작표본, 전체적인 움직임, 움츠림, 딸꾹질, 분리된 팔과 다리 움직임, 머리를 뒤로 젖히며 회전할 수 있음 • 11주경: 최초의 손-얼굴-접촉
12~16주	9cm	• 최초의 골세포와 연골형성 • 손톱과 발톱의 형태가 갖춰짐 • 생식기가 구분됨 • 성대가 형성됨 • 전뇌가 강하게 각인됨 • 비신경세포인 글리아세포들이 증가하며 형성됨. 이는 신경세포의 화학적·전기적 교류를 위한 조건을 조절함 • 3~5개월 때에 신경세포가 아주 강하게 증가하며 분열하며 중앙신경체계의 반구에 대한 세포이전이 신체를 대표하는 '지도'에 부합하게 됨	• 호흡운동, 턱의 움직임, 몸뻗음, 하품, 머리를 숙임, 눈을 깜빡거림 빨아들임과 마심, 걷는 움직임과 뒤로 '재주넘기', 손가락과 손목의 움직임 • 14주까지 전신 움직임이 증가함 • 약 14주를 회기로 급성장과 휴식기간이 있음
16~20주	16cm/ 100g	• 계속적인 연골형성 • 하지의 급격한 성장 • 눈의 근육형성이 완성됨	• 태아의 움직임을 산모가 느낄 수 있음 • 미세한 얼굴과 손의 움직임들 (반사작용이 일어날 수 있음)
21~24주	25cm/ 400g	• 골회가 성장함 • 피부구조가 최종적인 형태를 갖춤 • 피지선이 기능을 시작. 피부감각이 형성됨 • 소뇌는 아직 발달이 덜 된 상태임 • 약 20주째에 즈음하여 중앙신경계의 발달이 촉진됨 • 신경세포가 급격한 속도로 증가됨(조산의 경우에 호흡과 울음을 터뜨릴 수 있음)	• 자유롭게 많이 움직임 • 좋아하는 자세나 수면자세, 신생아에서와 같이 깨어 있는 시간과 선잠의 상태가 있음(규칙적인 것과 고통의 자극 사이에 대한 최초의 구분이 이루어짐)
25~28주	30cm 700g	• 온몸에 솜털이 생기고, 눈은 눈썹과 속눈썹을 완전히 갖추게 됨 • 혀에 맛을 감지하는 돌기가 생김 • 피부를 통한 탈수가 일어남 • 출생까지 뇌과 활동이 강한 증가를 보임 (자궁 밖에서도 제한적으로 생존이 가능케 됨)	• 신체의 자세를 산모의 움직임에 따라 조절함 • 눈을 뜰 때 눈의 움직임이 있음 • 불규칙적인 호흡운동 • 양수를 삼킴(움켜쥐는 반사작용을 하게 되고, 자기 무게를 유지할 수 있게 됨)

(계속)

29~32주	35cm 1,200g	• 대뇌가 전 뇌를 덮게 됨 • 머리카락의 형성 • 양쪽 검사 중 하나(남자태아의 병원세균)가 음낭으로 가라앉음 • 출생하기까지 다리부터 어깨까지 근육이 발달하며 머리부터 발 쪽으로 반응이 증가함 • 조산이라도 혼자 숨쉬기 가능함	• 자궁 밖에서 자립적인 생존이 가능함 • 숨쉬기, 울기, 삼키기 가능 • 여러 가지 특별한 반응, 그러나 정상 온도 유지가 필요함 • 감염되기 쉬움
33~36주	45cm 2,000g	• 피하지방의 생성 • 피부가 팽팽해짐 • 매주 몸무게가 500g씩 늘어남 • 35주부터 감각세포와 뇌 사이에 성숙한 시냅스와 축색돌기가 생겨 감각을 통한 정보 수용이 가능해짐	• 움직임이 아주 활발해짐 • 듣는 것이 가능하나 어머니의 심장박동 소리와 장에서 나는 소리 때문에 바깥소음이 덮힘
37~40주	51~54cm 3,000g 이상	• 뇌의 이차적 발달이 촉진됨 • 특히 시냅스와 신경세포, 글리아세포의 형성으로 뇌의 부피가 100에서 400ccm으로 증가됨(이로써 신경세포들의 분화가 일어남) • 대부분의 뇌세포를 갖춘 상태로, 자궁 밑으로 처짐 • 약 40주째 출생함	• 자궁 밖의 청각적 자극을 듣는 것이 가능해짐 • 어머니의 심장박동 소리와 장에서 나는 소리들은 '배경음악'으로 들리게 됨(좁아진 공간과 운동성의 축소에 따라 급작스러운 움직임이 감소)

출처: Rauh, G. Frühe Kindheit. In Oerter, R., Motada, L. *Entwicklungspsychologie.* München und Weinheim, 1987, pp. 132-133.

전체 출생아 가운데 10~15% 정도는 수정 후 10~15주째에 유산 또는 사산된다. 이후 생존한 태아들 가운데 독일에서만도 3분의 1이상은 유도된 낙태로 생명을 잃는다. 결과적으로 수정란 100개 중에서 단지 18~20개만이 출생에 이른다(Rauh, 1987).

출생 전에 무엇이 발생하는가?

중앙신경조직의 발달은 벌써 수정 후 첫 주부터 신경판과 척수의 형성과 함께 시작된다. 수정 후 3~5개월에는 신경세포가 급격히 증가한다. 이 시기에는 태아의 뇌에 가장 큰 손상이 일어날 수 있다. 출생 몇 주 전은 출생 후 3, 4개월째와 같은 급속한 성장이 이루어지는 시기다. 신경세포들은 이 기간에 점점 더 세분화하여 성장하는데, 전체적으로 볼 때 감각기관에 해당하는 뇌의 발달이 자극에 의해서 발달되는 것이 아니라 스스로 발달하는 것으로 보인다.

분명히 알 수 있는 사실은 태아는 자극을 받을 때만 반응하는 반사적인 존재가 아니라 벌써 8~12주째에는 특별한 자극이 없어도 움직이는 능동적인 존재라는 것이다. 어머니가 태아를 느끼기도 전에 태아는 이미 움직이며 몸을 뻗고 하품을 할 수 있다. 출생 후 인간이 평생에 걸쳐 보여 주는 것과 같은 동작을 할 수 있다.

'태아의 정신적인 삶' (Verny, 1981)에 대해서 살펴보는 것은 간단한 것이 아니므로 우선 이것이 무엇을 의미하는 것인지에 대해서 설명해야 할 것이다. 태아는 어머니로부터 특별한 분위기를 좋아하는 음악과 연관시키는 것을 배운다든가 혹은 태아가 아버지의 음성을 인식할 수 있다고 보는 연구들이 많이 이루어져 왔다. 그러나 만일 낙천적인 감정이나 고질적인 두려움 등이 출생 전 태아의 발달과 명백한 관련이 있다고 보는 경우에는 앞의 연구결과들은 문제시될 수 있다. 부모가 이런 견해를 가지고 있는 한 '예언을 스스로 성취하는 상황' 이 발생할 수도 있다. 즉, 부모가 자녀에게서 예상되는 모든 반응을 일정한 서랍에 분류해 넣는 현상들이 강화될 수 있다. 물론 이러한 행위는 출생 전의 경험들에 의한 것이 아니라 전형적인 학습 과정에서 습득한 것이다.

출생 전 손상에 대한 원인

전체 신생아의 약 3% 정도가 기형(신체치수의 손상, 입술갈림증 등)으로 태어난다. 그러나 이에 대한 원인을 규명하는 것은 쉽지 않다. 급작스럽게 생기는 기형 외에 특정 약물이나 마약으로 기형이 발생하는 경우도 있다.

가장 빈번하게, 태아의 발달에 심각한 손상을 주는 경우는 다음과 같다.

- 산모의 영양부족 또는 잘못된 식습관에 의한 경우
- 산모의 신진대사 장애(신진대사 문제)
- 산모의 연령(태반의 기능불능)
- 전염병
- 광선(예, 방사선)
- 환경오염(예, 공기 중의 납 성분)
- 음주
- 마약(특히 진통제와 환각제)
- 흡연(그리고 간접흡연)
- 스트레스
- 태아에 관한 배타적인 경향

2) 출 생

보편적으로 수정 후 266일 내지는 마지막 생리 후 280일이 지난 후 아기가 태어난다. 정상적으로 출생하였다면 유럽 국가의 경우 신장은 51~54cm 이며 몸무게는 3~3.5kg이다. 출생이 아기에게 심리적으로 상당히 중요한 경험이 되는지는 많이 논의되어 왔다. Freud는 아기가 좁은 관을 통과하는 과정에서 호흡곤란, 어머니로부터 격리되어야 하는 것에 의해 '출생 쇼크' 가 생긴다고 말했다. 이후에 나타나는 모든 두려움들과 공포반응들은 이 '원초적인 두려움' 에서 기인한다고 보았다. 격리 경험은 후에 낙원과 같은 모태 속의 상태로 되돌아가려는 무의식적인 동경으로 연결되며, 이것은 태아의 수면자세에 잘 나타난다고 한다.

이 점에 관해서는 다른 견해를 가진 많은 (경험적 학문) 연구결과들이 있다. 많은 전문의들의 관찰에 따르면, 아기들에게 소위 쇼크현상이 전혀 나타나지 않는다. 아기들은 출생 시 첫 울음을 터뜨린 후 매우 **빨리** 안정을 되찾고 조용히 누워 있는데, 이들은 아주 만족스러워하며 새로운 환경을 접하는 데 관심을 나타낸다(Rauh, 1987).

여기서는 누가 옳은지에 관해서는 분명한 언급을 하지 않고자 한다. 다만, 확실한 것은 출산이 어떻게 이루어지는가는 특히 산모에게는 중요한 의미를 갖는다는 사실이다. 그러나 이를 통해 어떤 '신앙적인 교리'를 유도해 내려고 하는 것은 이후 발달에 문제가 된다.

3) 신생아

신생아는 많은 양의 수면을 취한다. 최근 연구결과에 따르면, 이 수면주기는 약 16시간 정도이며 깨어 있는 단계는 하루에 약 8시간 정도다. 여기서 뚜렷이 알 수 있는 것은 상당히 많은 부분이 REM수면 상태라는 것이다. 즉, 성인들이 꿈을 꾸는 것과 같은 수면 상태다. 조산아의 경우에는 정상 출생아의 경우에서처럼 수면 상태와 깨어 있는 상태가 뚜렷이 나타나지는 않으며, 조산아의 경우 훨씬 더 강하게 반응한다. 신생아들은 상당히 많은 부분에서 반사작용을 하는데, 예를 들면 젖을 **빠는** 반사작용, 무엇인가 손에 잡으려고 하는 반사작용, 수영을 하는 반사작용 등이다. 이 반사작용들 중 몇 가지는 출생 후 첫 몇 주 안에 사라진다.

놀랍게도 신생아는 첫 호흡을 하기 시작한 순간부터 매우 발달된 하나의 유기체다. 보고 듣고 냄새 맡을 수 있으며, 통증과 접촉과 자세의 변화들에 민감하게 반응한다. 출생 시 바로 기능을 발휘하지 않은 유일한 감각은 맛을 보는 감각인데, 이것 또한 상당히 빠른 속도로 발달된다.

4) 영유아

영유아에게서 2가지 중요한 외적인 특징을 발견할 수 있는데, 이는 웃는 것과 낯을 가리는 것이다. 대다수 부모에게 자녀의 첫 배냇짓은 하나의 큰 감성적인 의미를 부여한다. 부모는 이제 자녀가 자신을 알아본다는 느낌을 갖게 된다. 그러나 이에 대한 연구결과는 다른 견해를 보이고 있다. 신생아가 웃음에 해당하는 모종의 행동방식을 보여 줄 수도 있는데, 이것이 부모에 의해 강화될 수도 있다는 것이다. 그러나 어쨌든 아기가 웃는 것을 본다는 것은 부모에게 매우 중요한 경험이 된다.

자료 3-4 **음식에 대한 거부**

음식을 거부하는 것은 종종 영유아가 부모에 대한 적대감을 표현할 수 있는 몇 안되는 방법 중 하나다. 그러나 음식에 대한 거부를 반드시 이러한 심각한 원인에서 찾을 필요는 없다. 왜냐하면 아이가 특정한 식재료를 좋아하지 않는 경우도 있기 때문이다.

그러나 만일 어떤 식재료가 식사를 위해서 꼭 필요하다면, 일정 기간 이 음식 이외에는 다른 음식은 식탁에 올려놓지 않는 방법도 시도해 볼 수 있다. 배가 정말 고프면 이러한 문제는 한두 끼가 지나면 해결되기도 한다. 그러나 이때 자녀가 먹지 않는다고 해서 부모가 화를 내서는 안 된다. 차라리 이런 경우는 그냥 접시를 치워 버리는 것이 더 낫다. 아이가 가끔 한두 끼를 거르는 것이 그리 큰 해가 되지는 않는다. 물론 이때 중간에 간식을 허용해서도 안 된다.

중요한 것은 자녀가 식사 시간은 작은 '잔치'라는 것을 제때에 배우는 것이다. 대화를 장려하라. 성경에서 자주 보듯이, 예수님은 제자들과 여인들, 세리들과의 식사 대화에서 중요한 교훈을 다루었다.

모든 아기에게 나타나는 것은 아니지만 낯을 가리는 행동은 낯선 사람을 보았을 때 울음을 터뜨리거나 경직되는 것을 통해 나타나는 상당히 급격하고 감정적인 반응이다. 이와 같은 행동은 생후 8개월 혹은 9개월째에 갑작스럽게 나타나므로 이를 종종 '8개월의 무서움'으로 표현하기도 한다.

많은 연구가들은 낯가리기는 하나의 두려움에 대한 반응으로, 어머니로부터 떨어지는 것과 그에 따라서 생기는 신체적 어려움(고통, 배고픔)이 생길 것에 대한 두려움과 관련 있다고 생각한다. 또 다른 연구가들은 아기의 사고능력이 발달하면서 분류하는 것이 가능해서 생기는 것으로 추측하기도 한다(Kagan, 1980). 아기는 신뢰할 수 있는 사람의 얼굴을 특별한 분류 속에 넣어 놓는데, 이 그림에서 벗어난 다른 얼굴을 보게 되면 반응이 더 격렬해지게 되는 것이다.

자료 3-5 손가락 빨기

사고발달의 배경(다음 장 참조)에서 본다면 아동이 입으로 새로운 사물을 연구하는 것을 좋아하는 것은 자연스러운 현상이다. 그리고 손가락을 빠는 것 또한 지극히 정상이다.

출생 후 첫 2년 동안 원할 때마다 언제든지 고무젖꼭지를 빨 수 있었던 아동은 대체로 이후에는 더 이상 손가락을 많이 빨지 않는다. 많은 부모가 손가락을 빠는 것에 대해 염려를 하는데 그럴 필요가 없다. 오히려 그런 행위를 무시해 버리는 것이 더 좋을 수도 있다.

물론 몇몇 심리치료사들은 4세 이후에도 손가락을 빠는 것은 어머니의 사랑을 너무 적게 받은 표시로 보기도 한다. 또 의사들은 자주 치아가 고르지 못한 것은 손을 빠는 행위 때문에 생겼을 수도 있다고 한다. 그러나 이 두 의견 모두 학문적으로 증명된 것은 아니다.

따라서 가장 간단한 방법은 손가락을 빠는 것으로부터 다른 것으로 아동의 주의를 환기시키는 것이다. 그리고 만일 취학연령이 다가온다면 반복해서 사랑을 가지고(잔소리하지 않고) 입에서 손가락을 빼 주는 방법이 좋다.

누가 양육해야 하는가?

어머니 없이 자녀를 키우는 것을 생각해 볼 수는 있다. 그러나 이런 경우 충분한 영양과 위생적인 주의에도 불구하고 아동이 잘 자라지 않거나 부분적으로는 신체적·심리적으로 쇠약해진다는 사실이 알려져 있다. R. Spitz는 이미 1940년에 영유아 고아원들에서 발견되는 발달장애에 대한 놀랄 만한 수치를 발표함으로써 주의를 환기시켰다.

처음에는 밀접한 어머니-자녀관계로부터의 분리가 아동에게 매우 큰 영혼의 고통을 안겨 주었기 때문에 고통 때문에 발달이 이루어지지 않는다고 여겼다. 그러나 이 모성의 특수성이 무엇인지에 대해서는 충분히 밝혀지지 않았다. 이후의 연구결과들은 납득할 만한 결과를 증명하였는데, 이는 이별의 고통이 사회적-감성적 결합의 존재를 전제로 한다는 것이다. 그러나 이러한 결합은 출생 후 첫해 후반기가 되어서야 생긴다. 그렇다면 이 연령대 이전에 수용된 아동은 이별의 고통과는 다른 어떤 원인들 때문에 발달장애가 생긴다고 보아야 할 것이다.

이 원인을 규명하고자 한 시도들은 "생모의 유무가 어떤 차이를 만드는가?"라는 질문에서 "자녀가 정상적으로 발달하는 데 어머니가 무엇을 하는가?"라는 질문으로 옮겨 가게 되었다.

아버지도 양육자 역할을 할 수 있다고 보는 연구들에서는 특히 양육 현실들을 중점적으로 보았다. 탁아원에 맡겨진 아동에게서는 환경을 통한 자극과 격려가 부족한 것으로 나타났다. 그래서 하루에 몇 번씩 쓰다듬어 주고, 안아 주며 안고 이리저리 왔다갔다 하는 것이나 심지어 녹음기를 통해 말로 격려해 주는 것, 또는 단조로운 색으로 이루어진 환경을 다양한 색감의 환경으로 바꾸어 주는 것 등으로도 명확한 호전을 보였다.

몇몇 연구자들은 심지어 어머니란 '자극의 풍부한 근원'이라고까지 말하고 있다. 이러한 생각에서 본다면 아버지나 어머니가 '옳은' 양육자인가에 대한 질문은 또한 "누가 더 잘 자극시키는가?"에 대한 대답으로 대체될 수 있다. 대답은 간단하다. 어머니가 자녀와 더 자주 함께 있으므로 만남의 밀도와 자극들이 더 높아지게 된다. 왜냐하면 아버지가 이때 함께 있게 되면 상호교류는 양부모 쪽으로 나누어지기 때문이다. 또한 친구들이나 형제도 양육에 있어서 중요한 역할을 한다(예전에는 양육이란 거의 성인들의 과제라고만 보아 왔다.).

아동 간의 양육에 관한 최근 연구결과에 관해서는 〈자료 3-6〉에 요약해 놓았다.

자료 3-6 **아이들이 아이들을 키운다**

몇 가지 새로운 연구결과들

• 아동은 이미 3세 이전에 다른 사람과 함께 놀 수 있는 능력을 가지고 있다. 이것은 성인에게서 배운 것이 아니다. 아기들은 심지어는 성인들에 대해서는 낯을 가리는 기간에도 다른 아동에 대해서는 긍정적인 관심을 나타내는 것을 볼 수 있다.

• 영유아들 간에 나타나는 상호 행동들이 지금까지 생각해 온 것처럼 반드시 부정적이고 공격적인 것은 아니다. 여기서 부정적이고 공격적인 행동들이란 특히 다른 아이를 밀거나 장난감을 빼앗거나, 좀 더 연령이 높은 아동의 경우 서로 맞잡고 싸우는 것들을 말한다. 최근 연구결과는 이러한 행동들을 오히려 '상호 행동에서의 서투름'이나 '주고받는 놀이' 또는 '격렬한 놀이와 서로 맞잡는 것' 정도로 보아야 한다고 주장한다.

• 같은 발달 수준에 있는 아동끼리 더 잘 이해하며 지낸다는 주장은 옳지 않다. E. A. F. Schmidt(1977)는 유치원에 갈 나이의 아동이나 취학 전 아동은 사회적 발달을 위해서 여러 연령층이 섞인 아동집단을 더 좋아하는 것으로 나타났다고 했다. 인지적인 관점에서 같은 나이끼리의 집단은 더 어려움을 겪는다. 왜냐하면 같은 또래의 친구들은 함께 놀거나 대화할 경우 이해심이나 타협 가능성에서 나이가 더 많은 아동보다 더 적은 융통성을 보이기 때문이다.

• 여러 명의 자녀가 있다고 해서 부모가 반드시 여러 자녀에게 관심이 나누어지게 되는 것은 아니다. 물론 둘째와 셋째로 태어난 자녀에게 소홀해진다고 보는 연구결

과들이 많이 있지만, 자녀 간에 긍정적인 상호교류가 많이 생긴다고 보는 연구 결과들도 있다. 연장자 형제들이 동생의 수준에 맞춰서 놀게 되며, 동생은 형의 행동을 모방하게 되고, 형은 이해하며 도움을 주는 자세를 가지게 된다고 보고 있다.

5) 어린 시절

아동기는 대개 4세부터 11, 12세 사이의 연령대로 본다. 이 시기는 특정한 신체적 또는 심리적인 변화들만을 통해서 정해지는 것이 아니고, 문화적으로도 정의된다. 독일어 문화권에서는 이 시기에 대해, 아동이 특정한 과제를 해결할 수는 있지만, 성인이 져야 할 책임에서는 제외되는 시기로 본다. 아동기에 대한 명확한 개념 규정의 특징은 성인에 대한 의존성이다. 양육의무는 성인에게만 지운다. 아동기는 무엇에 대해 책임져야 하는 성인기와는 아직 상당한 차이가 있으므로 성인과 아동의 역할 사이에서 갈등은 자주 일어나지 않는다. 아동은 기껏해야 놀이에서나 성인의 역할을 맡게 되며 매우 심각한 경우에만 예외적으로 성인과 경쟁하게 된다.

아동기는 예전에는 훨씬 짧았다. 그리고 다른 문화권들에서는 곧 바로 성인기로 진입하는 데 비해 독일어 문화권에서는 아직도 성인기와 아동기의 중간층으로 청소년기가 있다.

놀 이

아동기에서 중요한 특징은 바로 '놀이'다. 아동은 놀이를 통해 두려움을 감소시킬 수 있다. 뿐만 아니라, 예를 들면 역할놀이에서 성인의 역할을 함으로써 장래에 놓인 목표를 '대신해서' 해 볼 수도 있다. 무엇보다 놀이는 아동이 전혀 경험할 수 없는 환경을 조성하고 실행해 보는 데 적합하다(Bandura, 1982). 성인과의 관계에서 아동은 힘 없는 약자이며 자신이 조정할 수 있는 것이 적으며 연장자에 의존하고 있음을 깨닫는다. 반면에 놀이에서는 아동이 조정권을 맡아서 모든 것을 자신의 바람에 따라 해 볼 수 있다. 왜냐하면 상황을 다르게 해석하므로 자신이 원하는 목표에 적절하게 맞출 수 있기 때문이다. 예를 들면, 의자는 비행기가 되기도 하고 놀이동무는 아기로 변화되기도 한다. L. Vygotsky(1978)와 A. N. Leontjew(1977)는 이러한 이유에서 놀이를 아동이 가장 좋아하는 동시에 중요한 활동으로 표현했다.

놀이 자세는 아동기의 후반부에서도 겉으로 보기에 일로 보이는 활동들에서도 계속해서 존재한다. 또한 성인에게서도 몇몇 '중요한 직업활동' 가운데도 놀이의 성격을 포함한 행위가 있다(예, 컴퓨터로 하는 작업이 곧 일이 된다.).

자료 3-7 **놀이와 놀이치료**

아동에게 갈등을 일으키는 것이 무엇인가를 이해하기 위해서 부모가 해야 하는 것은 바로 아동심리학자가 늘 하는 것이 된다. 즉, 자녀가 놀고 있을 때 이를 잘 관찰하는 것인데, 이는 자녀가 가족 간의 상호관계와 교제를 어떻게 해석하는지를 이해하기 위해서다(놀이광경테스트).

이러한 관찰은 지금까지 몰랐던 부모-자녀관계에서의 어려움의 원인을 밝히는 데 큰 도움이 된다. 자녀에게 몇 가지 장난감 인형(할아버지, 할머니, 부모, 형제, 놀이동무, 동물 등)을 주어 보라. 그리고 자녀에게 이 인형들이 서로 말하게 해 보라고 권유해 보라. 이때 여러분은 지금까지 정확히 표현되지 않았던 아동의 문제에 관한 중요한 해결책을 얻을 수 있을 것이다.

아동의 발달과 적합한 여러 가지 놀이 형태

감각운동놀이 1~2세경의 아이는 '감각운동놀이'로 표현할 수 있는 행동들을 보여 준다. 아이는 신체적인 움직임에 재미를 느끼며 이러한 움직임을 자주 반복하며 오랫동안 한다. 이 움직임들은 처음에는 '사물'과 같이 여겨지는 자신의 신체부위로부터 시작하여 주위의 다른 물건(예, 딸랑이 또는 침대 위에 있는 딸랑이)로 범위가 넓어진다. 나중에는 주변에 있는 조종될 수 있는 새로운 물건들까지 포함된다.

정보놀이, 탐색놀이 주위의 사물을 다루어 보는 것은 탐색기능을 가지고 있다. 아동은 이 물건들을 가지고 무엇을 할 수 있는지, 어떻게 만들어졌는지, 내부는 어떻게 생겼는지를 알기 원한다. 그래서 종종 곰인형 또는 혹은 방금 새로 산 장난감 자동차를 분해(부모는 절대로 상상할 수 없지만)하곤 한다.

조립놀이 이는 아동이 물건을 이용해서 원하는 물건을 만들어 내는 일상에 근접한 놀이형태들이다. 그 예로는 나무조각들로 된 기구 놀이, 집짓기 놀이 등이 있다.

상징놀이, 상상놀이 이 형태의 놀이는 일반적으로 아동의 놀이로 잘 알려져 있다. 아동은 한 장난감이나, 장난감과 관련된 행동을 자신이 원하거나 의도하는 것에 맞춰 재해석한다. 이 행동 자체는 사회적 주변 환경, 즉 자신이 지금까지 해 온 경험에서 따온 것이다. 여기에는 인형놀이, 자동차 놀이, 카우보이 놀이, 슈퍼맨 놀이 등이 속하지만, '역할놀이'라고 일컫는 사회성 놀이도 역시 이에 속한다.

규칙놀이 이것은 놀이의 사회적 형태에 관한 것이다. 정해진 규칙이 우선시되고 규칙을 절대적으로 지켜져야 하는 동시에 이 규칙이 놀이를 재미있게 만든다.

규칙놀이는 거의 항상 시합놀이가 되는데, 처음에는 시합이 큰 의미가 없다가 점점 더 중심적인 역할을 하게 된다.

다른 놀이형태들에 비해 규칙놀이들은 대체적으로 이미 습득하고 있어야 하는 특수한 능력을 요구한다. 시합의 성격을 지닌 규칙놀이에서 흥미로운 점은 비슷한 수준의 시합 상대와 실력 비교를 해 본다는 것이다.

이러한 다양한 놀이 형태들에 적합한 나이를 도입하고자 한다면 광범위한 연령대로 나눌 수밖에 없다. 일반적으로 '감각놀이'는 7~30개월 정도에서 이루어진다. 12~30개월에 갑자기 '상징놀이'에 흥미를 느끼게 되는데, 이때부터 취학 전 연령까지 흥미가 점점 증가하다 그 이후부터 감소한다.

'역할놀이'는 3세 아동에게는 전혀 나타나지 않지만 정상적인 발달을 하는 4세 아동의 경우는 거의 '역할놀이'를 한다. '규칙놀이'는 취학 직전의 아동에게서는 드물게 나타나다가 초등학교 연령대로 넘어가는 과도기에 점점 더 자주 나타난다.

성의 발달

전인격의 발달에서 볼 때 아동기에는 중요한 발달이 이루어진다. 이 중에서 가장 중요한 요소들 중의 하나는 자신의 성별에 관한 정체성 문제다. 어떻게 정체성이 형성되는가에 대해서는 여러 가지 해석이 있다.

조금 오래된 해석 중의 하나는 Freud로부터 기원한다. 그는 성의 역할을 받아들일 때 아동의 성적인 성향(Triebwünsche)이 결정적인 의미를 갖는다고 보았다. 예를 들면, 소년들의 경우 발달장애가 없다면 아버지와 동일시를 통해 (동시에 아버지와 관련된 모든 것을 남성적인 것으로 일반화) 성의 전형적인 행위방식, 남성적인 성향(Charakterzüge)을 받아들이게 된다.

Freud의 이러한 견해를 수용할 수 없을지라도 오늘날 Freud이론으로부터 받아들일 수 있는 것은 아버지는 남성으로서, 어머니는 여성으로서 최초이자 결정적인 모델이라는 것이다.

　성적 역할을 수용하는 데 관한 또 다른 중요한 해석은 학습의 원리에서 출발한다. 이때 성에 따라 구별되는 행동을 계속적으로 강화하게 되면 아동은 주위 환경에서 성모델들을 살펴보게 되며, 동시에 자신의 행위를 칭찬하는 사람과 자신을 동일시하게 된다는 것이다.

　만일 이러한 견해가 옳다면 일정한 성격과 양육방법은 아동의 성정체성을 강화시킬 수 있다. 전통적인 성역할을 습득하는 데는 2가지 조건이 있는데, 다음과 같다.

- 동일한 성을 가진 부모, 즉 아버지는 아들에게, 어머니는 딸에게 세심한 배려와 호의적이고 관심을 가진 자세로 대할 뿐 아니라 스스로도 성역할의 전형적인 특징들을 지니도록 노력한다.
- 부모는 자녀가 각 성에 타당한 행동을 취할 때 칭찬해 주어야 한다.

　성적 역할의 정체성에 대한 세 번째 이론은 인지적 과정에서 출발한다. 아동이 서로 다른 임무를 가진 2가지의 성별이 있다는 것을 깨달음으로써 그는 사회적 환경에 첫 번째 질서를 부여할 수 있다. 아동은 아버지와 어머니 사이, 강하고 약한 것, 집 밖에 있는지 집 안에 있는지를 구분하게 된다.

　2개로 나누어진 사회적 세계를 구분하고 어느 정도 자신의 성을 인식한 후에 아동은 자신의 환경 가운데서 자신에게 무엇이 맞는지를 적극적으로 선택하게 된다.

　Kohlberg(1974)에 따르면, 성(Geschlecht)과 관련된 아동의 자기이해는 5~6세에 안정된다. 성정체성의 저변에 깔려 있는 논리는 다음과 같다. '나는 남자아이/여자아이다. 그래서 나는 남자아이/여자아이가 하는 것만 하기 원한다.' 이러한 정체성은 각 성별에 대한 구분이 생기고 난 다음에 생기는 것이지, 그 전에는 일어나지 않는다.

자료 3-8 생식기를 가지고 노는 것

아동은 자기 자신을 탐구하기를 즐겨 하는데, 이때 거의 자연스럽게 자신의 성기 부위를 가지고 놀게 된다. 부모는 자녀가 생식기를 가지고 노는 것에 대해 신체의 다른 부위를 가지고 노는 것보다 더 큰 의미를 부여해서는 안 된다.

아동이 수치스러워하게 되거나 위협을 받게 되면 생식기는 '나쁘다'는 고정관념을 갖게 되며, 이것은 미래의 삶에서도 부정적인 성관념으로 발전하게 된다. 그 결과는 신경성 성적 두려움이나 성인이 된 이후에 성적 불능으로까지 나타날 수 있다.

만일 자녀가 자신의 신체에 관해 해부학적인 질문을 한다면 그들에게 진실하고 사실에 기초한 대답해 주어야 한다. 유아적인 용어로 대체해서 쓰지 말고 '소변을 본다' '질' '생식기' 등과 같은 용어들을 사용하는 것 또한 이성적인 방법이다.

---

6) 아동기

1960년대에 독일에서 초등학교 준비 과정(Vorschule)이 널리 퍼지게 되었을 때 많은 부모들은 자녀를 되도록 빨리 취학시키고자 했다. 하지만 오늘날에는 오히려 반대 현상을 보인다. 이전에는 '취학하기에 충분히 자랐다.'라고 생각했다면 오늘날에는 '취학능력'이라고 표현하고 있는데 이는 선천적인 요소(유전)와 후천적인 요소(환경)가 조화되어야 한다는 것을 강조하기 위해서다. 이렇게 본다면 아동의 취학능력은 아동이 스스로 무엇이 되는가 하는 것보다는 주위 환경이 그에게 무엇을 요구하는가 하는 관점에서 보는 것이 된다. 다시 말하면, 인지적인 능력, 사회적 능력, 일 수행 시의 자세, 동기 등이 이에 속한다. 지능만 검사하는 취학 성숙도 검사만으로는 취학능력을 결정할 수 없다.

학교생활 가운데 생기는 새로운 과제들은 학교라는 새로운 '학습장소'가 다만 지식의 전달이나 인간발달에서 주변적인 영향만을 끼치는 것이 아니라, 근본적으로 변화시키는 곳이라는 것을 분명하게 한다(Oerter, 1987).

취학 당시 아동은 언어를 구사할 줄만 아는 상태다. 아동이 학교에서 언어를 간단한 글자로 해독하는 것을 배우는 것은 아동의 발달에 근본적인 영향을 미친다. 한정된 수의 문자 표를 가지고 이제 원하는 대로 표현할 수 있게 된다.

구사하는 말과는 달리 쓰여진 언어는 생각을 다시 한 번 검토해 볼 수 있도록 하며 비교를 가능하게 한다. 다시 한 번 검토하게 하는 것은 책임감을 부여하게 되는데, 이러한 근본적인 차이를 취학 후 첫 두 해 동안에 배운다.

이와 같은 인지적 성과 외에 학교에서 동급생들과의 함께 생활하는 것을 통해 새로운 삶을 배운다. 예를 들면, 아동은 '동등함'을 배운다. 다른 사람도 자신과 같이 동일한 요구를 할 수 있다는 것과 동등한 대접을 받는다는 것, 동일한 권리와 불이익을 가지게 된다는 것을 경험한다. 이로써 아동은 점차 공평함의 의미를 습득하게 되는데, 이는 아동에게 첫 번째 도덕 개념이 된다. 또 아동은 다른 사람들이 다른 욕구와 소원과 취향을 갖고 있다는 것도 인식하게 된다. 한 집단이 원하는 어떤 것을 실현시키기 위해서는 의견의 통합이 이루어져야 하지만, 그것이 어떤 특정한 사람의 희생 위에 이루어져서는 안 된다는 것도 배운다.

학교를 위한 준비

아동의 취학능력은 나이로만 판단해서는 안되며 아동의 전체적인 발달을 고려해야 한다. 부모가 이를 위해 어떻게 준비할 수 있는가?

다음과 같은 몇 가지 가능성들이 있다.

유치원을 다닌 아동은 일반적으로 학교생활에서 요구하는 사항들에 대해 더 체계적으로 준비되어 있다. 만일 화목한 가정에서의 양육과 유치원에서의 양육이 조화롭게 잘 이루어졌다면 취학 전 아동으로서 가장 좋은 발달과 학교생활에서 요구하는 것에 대한 최상의 준비는 이미 이루어졌다고 보아야 한다.

또 중요한 것은 아동이 학교 가는 것을 기다리며 고대하는 것인데, 이러한 기대는 배우는 기쁨으로 연결되기 때문이다. 자녀에게 학교에 대한 두려움을 심어서는 절대 안 된다. "너는 학교에 들어가기만 하면 끝장 날 거야."와 같은 표현은 부적절한 양육방식이다.

아동은 기초적 위생에 관한 습관들을 익혀야만 하는데, 학교 가기 전에 스스로 씻고 옷을 입을 수 있어야 한다.

또한 부모로서 준비시켜야 할 기초적인 사회성이 있다. 지시하는 것을 따르고 작은 과제를 맡을 수 있는 능력과 준비 자세가 이에 속한다. 더 나아가서 아동이 집단의 공동체 속에 자신을 소속시킬 수 있는 것이 중요하다. 그러나 형제가 없거나 유치원을 다니지 않았던 아동이라면 이 점은 특별히 어려울 수 있다.

마지막으로 취학아동은 색깔, 색연필, 진흙재료, 종이 등을 어느 정도 다룰 수 있어야 한다. 오늘날에는 왼손잡이의 아동을 오른손잡이로 뜯어고칠 필요가 없음을 유의하기 바란다. 왼손잡이는 원칙적으로 유전되는 것으로 왼손잡이 아동에게 오른손을 쓰라고 강요하는 것은 잘못된 일이다.

자료 3-9 **왼손잡이 아동을 어떻게 대할 것인가?**

인내를 가지고 연필, 숟가락, 붓들을 가끔씩 오른손에도 쥐어줘 보라. 아동은 양손을 이용하는 것을 발전시키게 된다.

매우 일반적으로 왼손잡이들에게서 섬세한 움직임들, 예를 들면 쓰기, 그림 그리기 등은 큰 운동기능적 움직임들보다(못 박기, 핸드볼 게임 하기 등) 더 쉽게 오른손으로 바꾸어 할 수 있다. 그러므로 큰 움직임은 그냥 왼손으로 계속하도록 두어야 한다. 극단적인 왼손잡이(왼손잡이에도 정도의 차이가 매우 크다)는 원칙적으로 평생 동안 왼손으로만 글을 쓴다. 심지어 이들은 오른손잡이보다 더 잘 쓰기도 한다.

왼손잡이는 대개 양손을 이용해서 오른손잡이보다 더욱 숙련된 솜씨로 일을 한다. 오른손잡이는 특별한 교육을 통해 왼손도 동일하게 사용하도록 전혀 배우지 않기 때문이다.

이제 막 취학한 아동의 성공적인 학습을 위해서는 언어발달이 특히 중요하다. 말하는 즐거움을 발달시키며 서로 관련성이 있는 단순한 문장들을 가지고 이해하기 쉽게 표현할 수 있는 것이 중요하다. 이를 위해서 부모는(예, 식사 시간에) 적합한 대화 형태를 모범적으로 보여 주는 것이 중요하다. 다시 말해서 완성된 문장을 이야기하며 다른 사람의 이야기 도중에 말을 가로막지 않는 것 등이다. 무엇보다 아동에게도 정확한 자기표현을 할 수 있도록 동등한 기회를 주어야 한다.

7) 청소년기

'전형적인 청소년'을 말하고자 한다면, 연령대로는 아동과 성인 사이에 속하는 약 12~20세로 볼 수 있다. 이 연령층을 특징짓는 2가지 주요한 점이 있다. 하나는 뚜렷한 신체 변화로 아동이 몇 년 안에 성인으로 변하는 것이고, 또 다른 것은 가치관, 감정, 행동방식의 변화로 이는 극단적으로 나타나기도 한다.

급격한 변화들 때문에 위기 상황이 생길 수도 있다는 것은 자명한 일이다. 그러나 최근의 연구결과에 따르면, 이러한 변화 때문에 반드시 성인에 대한 반항이 생기는 것은 아니라고 한다. 청소년의 위기에 관해서는 나중에 따로 다루고자 한다.

아동과 성인 사이의 과도기를 사춘기라고 표현하기도 한다. 외적으로 보이는 현저한 특징은 이차성징이다.

사춘기와 구분될 수 있는 것은 사춘기 이후에 오는 청년기다. 청년기를 지나면 청소년기는 막을 내리게 된다.

사춘기의 연령대를 보면, 11세부터 15~16세 사이가 되며 이후 17~19세는 청년기에 속한다. 남자청소년은 18~20세에 최종 신장에 이르게 되며, 여자청소년의 경우는 이미 약 16세부터 17세 즈음하여 키의 성장이 멈춘다. 남녀 모두에게 명확한 급성장 시기가 있다. 소녀의 경우는 12~13세, 소년의 경우에는 14~15세다. 이 기간에 신체부위들은 모두 동일한 속도로 성장하지 않고 다양한 속도로 성장한다. 이러한 이유에서 청소년의 흐느적거리는 자세를 잘 이해할 수 있게 된다.

성인의 상태에 이르는 첫 번째 신체부위는 머리, 손, 발과 같은 부분들이다. 또 성장의 대표적인 신체부위라고 볼 수 있는 몸통보다는 다리와 팔이 먼저 자란다. 이러한 상이한 속도의 성장은 소년의 경우 일반적으로 점퍼보다 바지의 크기가 한 해 더 일찍 맞지 않게 되는 것에서 볼 수 있다. 주로 남성에 일어나는 근육 성장의 증가도 이때 뚜렷이 나타나게 된다. 소녀들은 11세 때는 소년들과 동일하거나 오히려 더 많은 근력을 소유하지만 이후부터 소년들과 현저한 격차를 보이게 된다.

청소년기에서 신장과 몸통 부분의 성장이 매우 가시적이긴 하지만, 신체의 주요 변화는 이들 영역에서가 아니라 성적 성숙(Geschlechtsreifung)의 영역에서 나타난다. 이것은 현저한 호르몬의 변화로 생긴다.

〈자료 3-10〉은 소녀와 소년의 성적 특징들의 성숙 과정을 나타낸 것이다 (Rice, 1975).

자료 3-10	청소년기의 성적 특징의 변화
소년의 연령대	변 화
12~13세	고환, 음낭, 성기의 발달이 시작됨
13~16세	음모가 고르게 됨. 첫 변성기. 성기, 고환, 음낭, 전립선, 정낭선의 급격한 성장. 최초의 정액사출. 음모가 곱슬해짐. 신장이 최고로 자람
16~18세	겨드랑이 털이 자람. 수염이 자람. 머리 숱이 촘촘해짐. 현저한 음성의 변화

소녀의 연령대	변화
10~11세	골반이 원형이 됨. 지방의 축척. 가슴과 유두가 자람
11~14세	음모가 고르게 됨. 음성이 약간 둔탁해짐. 난소, 질, 자궁과 음순의 급속한 성장. 음모가 곱슬해짐. 신장이 최고로 자람. 유두가 서게 됨. '초기의 가슴 단계'가 형성됨. 초경(난자의 성숙과 월경)
14~16세	겨드랑이 털이 자람. 가슴이 성인의 형태를 가지게 됨 (이차적인 가슴 단계)

성적 성숙은 자연적으로 청소년의 심리적 발달에 영향을 미친다. 그러나 이 영향은 지금까지 생각해 왔던 것만큼 크지 않다. 예전에는 신체적 발달과 이에 따른 '정신 상태' 사이에 매우 밀접한 관련이 있다고 보았지만 최근 연구 결과들은 정신적·신체적 발달 사이에는 단지 6~10% 정도의 공통점만이 존재하는 것으로 밝혀졌다(Oerter, 1969).

신체적 변화

물론 몇 가지 전형적인 새로운 문제들, 예를 들어 소녀는 월경, 소년은 몽정 등이 발생하기도 하는데 청소년과 함께 이 점에 대해 대화해야 한다.

월 경

정기적인 월경은 위생 면에서 많은 변화를 가져다준다. 소녀들(종종 부모도)이 이러한 변화를 긍정적으로 보지는 않는 경우를 자주 본다. 활동하는 데 자주 불편함을 느낀다. 월경은 보통 4~6일 정도 계속되는데, 자주 신체적 불편함과 통증을 동반하기도 한다.

스포츠 활동이나 수영을 할 때도 충분히 감염 예방을 한다면 월경 중이라도 별로 문제시되지 않는다. 오히려 월경 전 기간 동안 운동을 하는 것은 성가신 월경 동반 현상들을 감소시키는 효과를 주기도 한다.

정액사출

남성 중 약 83%는 언젠가 정액사출을 경험하게 되는데, 대부분 사춘기 시작 후 1, 2년 이후다. 정액사출은 자주 성적인 꿈과 연관되어 나타나므로 잠자리에 흔적을 남기게 되는데, 청소년은 이에 대해서 수치스러워하거나 불안해한다. 따라서 부모가 정액사출의 생물학적 원인을 설명해 주고 이것을 너무 심각하게 생각지 않도록 하는 것이 중요하다. 기독교인 부모와 교육계에 있는 사람들을 위해 단체 '백 십자가(Weisses Kreuz)'는 부모와 청소년이 손쉽게 읽을 수 있는 유익한 간행물을 발간해 왔다(Naujokat, 1975, 1980; Rost, 1984).

자위행위

목회상담을 하는 데 소위 '수음'과 관련하여 많은 어려움을 겪게 된다. 성경적으로는 이 용어는 오난의 정액사출에서 유래되었다. 그러나 이와 관련된 성경구절을 자세히 읽어 보면 이것은 자위행위에 대해서 말하는 것이 아님을 알 수 있다. 오난의 경우는 성관계를 중단한 경우다. 그의 불순종은 오난의 과오이며, 따라서 용어 'onanie(역자 주: 수음)'은 이런 청소년의 경우에는 전혀 맞지 않는 것이다.

오늘날에도 자위행위 문제와 관련된 것을 공개적으로 거론하기를 꺼리는 경향이 있다. 특히 기독교계에서는 이러한 경향을 뚜렷이 볼 수 있다. 청소년(대개는 젊은 남성들)이 '큰 죄의식'에 대해서 말할 때 자위행위에 대해서 언급되지 않는 목회상담 대화는 거의 없을 정도다. 그러나 지난 수십 년 동안 삶의 여러 영역 중에서 자위행위만큼 벌과 협박에 내몰린 경우는 없다. 이런 상황에서 많은 목회상담자와 상담가들이 아직도 이 문제를 완전히 소화하지 못하고 있다는 것은 쉽게 납득이 간다.

자료 3-11 **오난의 불순종**(창세기 38:6~10)

유다가 장자 엘을 위하여 아내를 취하니 그 이름은 다말이더라. 유다의 장자 엘이 여호와 목전에 악하므로 여호와께서 그를 죽이신지라. 유다가 오난에게 이르되 네 형수에게로 들어가서 남편의 아우의 본분을 행하여 네 형을 위하여 씨가 있게 하라. 오난이 그 씨가 자기 것이 되지 않을 줄 알므로 형수에게 들어갔을 때에 형에게 아들을 얻게 아니하려고 땅에 설정하매. 그 일이 여호와 목전에 악하므로 여호와께서 그도 죽이시니.

매우 많이 읽혀진 오래된 출판물에서는 종종 자위행위를 '파멸의 결과를 초 래하는 살인적 패륜' 이며 '치료가 매우 어려운' 것으로 다루고 있다. 이 '패륜' 의 결과로 두통, 현기증, 떨림증, 땀을 심하게 흘림, 심장박동, 두려움 상태 등을 들었다. '아주 심하게 남용' 할 경우에는 정신병원에 가게 되는 중병이나 결핵 까지 생길 수 있다고 했다(Capellmann & Bergmann, 1923).

이후 점차적으로 목회상담자들과 상담가들 사이에서 새로운 의식이 생기기 시작했는데, 자위행위는 성적 성숙 과정에서 생기는 하나의 자연스럽고 불가 항력적인 현상이라고 보는 것이다. 이 경우 도움을 주어야 하는 것이지 비난 받을 사항이 아니라는 것이다. 물론 이 '자연스러운 현상' 이 중독, 고립, 자아 도취 상태를 초래하여 청소년을 병들게 할 수도 있다. '발달수음' 으로서 자위 행위는 사춘기 이전의 소년은 자주하게 되며, 일반적으로 사춘기에 이른 소년 은 자위행위를 한다. A. Kinsey(1967)는 15세 정도의 소년들 중 약 90%가 이와 같은 방식으로 충동자위행위(Tribebbefriedigung)에 이른다는 것을 보여 주었 다. 이 수치는 연령이 높아질수록 뚜렷이 줄어들기는 하지만 40대의 독신자에게서 60%(기혼자의 경우는 약 20%)로 나타난다. 미국에서 이루어진 Kinsey의 연구결과가 독일의 상황에도 적용된다고 보아도 된다. 예를 들면, 비슷한 수치들이 독일에서도 1970년대에 이루어진 G. Schmidt와 V. Sigusch의 연구결과에서도 나타났다(Schmidt & Sigusch, 1971).

오늘날 의학적인 관점에서 보아도 자위행위가 병이거나 생물의학적 발달장애가 아니라는 것이 분명하다. 드물게 심리사회적 갈등의 한 표징이 되는 경우가 있지만 자위행위 자체가 아니라 이에 따른 갈등을 치료해야 한다.

자위행위가 청소년의 정상적이고 통례적인 성적 발달의 한 단계라고 본다면 이 문제에 대한 교육적인 접근 방식을 위한 실제적인 적용안이 생긴다. 다른 문제를 해결하는 데 도움이 되었던 방법이 이 문제에서도 해당되는데, 곧 청소년과 열린 대화를 하는 것이며 이 대화는 가능하면 빠를수록 좋다. 대화의 중심은 잘못된 죄 문제를 찾는 데 있는 것이 아니라 자위행위는 정상적인 것일 수 있으며 문제가 될 경우에는 도덕적인 차원('죄'로 판단해서는 안됨)이 아니라 심리사회적인 차원이 되어야 한다. 심리사회적 장애요소가 생기는 근원적인 이유는 낮은 자존감, 불안정, 접촉의 빈곤, 고립과 부족한 성취도들이다. 이러한 원인들은 치료과정을 거쳐야 한다. 치료를 할 때 '역설적 의도'로('제5장 6. 로고테라피' 참조) 자위행위를 '이 세상에서 가장 큰 사소한 일' 정도로 이해하도록 만드는 것이 효과적인 것으로 나타났다.

청소년기의 위기

오늘날에는 수많은 경험적 자료들에 의해 청소년기를 급박한 위기, 정서적 불안정, 급속한 위험의 시기라고 단정 짓는 것은 옳지 않은 것으로 나타났다(Bachmann, 1984). 그렇다고 해서 아동기에서 성인기로의 과도기에 있어서 발달과제가 간단하다고 볼 수도 없다.

삶의 모든 단계에서 청소년기는 이전 시기나 이후 시기보다 더 뚜렷하게 당사자들이 이 시기의 발달이 저절로 이루어지는 것이 아니라 성숙되는 것이라고 느끼게 되는 시기다. 청소년은 특별한 발달과제에 직면하고 있으며, 성인의 과제는 이들이 잘 해결해 나가도록 자유공간을 마련해 주는 것이다.

    R. J. Havighurst(1972)와 E. Dreher(1985)는 청소년이 스스로 혹은 또래 친구들과 함께 혹은 부모와 함께 해결해야 하는 청소년기의 과제들을 다음과 같이 열거했다.

청소년기의 발달 과제들

- 자신에게 나타나는 신체적 현상들을 받아들이기—운동과 휴가, 일 속에서 신체를 의미 있게 사용하는 것을 배운다.
- 남성과 여성의 역할을 습득하기—이때 청소년들은 남성과 여성의 행위와 성역할의 수행에서 개인적인 해결책을 찾아야 한다.
- 남자, 여자 또래들에 대해 더 새롭고 성숙한 관계성을 이루어 가기—이 과정에서 또래집단은 더욱 중요한 의미를 가지게 된다.
- 부모나 다른 성인으로부터 정서적 독립성을 획득하기—이 과제는 특히 부모에게 자주 아픔을 가져다주는데, 이는 부모가 자신의 자녀를 유능한 성인으로 키우기 원하면서도 가족구조를 되도록 오랫동안 유지하기를 원하기 때문이다.
- 직업생활 준비하기—청소년기에 배우는 것은 직접적이거나(직업교육) 또는 간접적으로(상급학교로의 진학) 직업적 활동을 목적으로 한다.
- 결혼과 가정생활 준비하기—장래 배우자와 가족에게 대해서 자신이 해야 할 일들에 필요한 지식들과 사회적 성숙도를 습득해야 한다.
- 사회적으로 책임감 있는 행동 익히기—공공의 복지를 위한 의무를 지는 것과 정치적ㆍ사회적 책임에 대한 입장을 정립해야 한다.
- 가치 체계와 자신의 행동을 위한 판단규범으로서의 윤리의식 정립하기—

이 단계에서는 주변 문화에서 나타나는 가치관을 분석함으로써 자신의 행동을 결정하는 방향으로 독자적인 가치관을 정립해야 한다. 이것은 후에 종교적 발달에 관한 부분에서 보듯이 성인으로서 그리스도를 향한 결단을 새롭게 하는 것이다.

- 자기 스스로에 대해서 이해하기─나는 누구이며 무엇을 원하는가를 아는 것이다. 자신의 정체성을 발견하는 과제는 다른 모든 과제들보다 우위에 있으며, 청소년기의 중심적 과제로 간주될 수 있다(Erikson, 1968, 1974).

- 이성과의 친밀한 관계(성문제, 친밀감) 수용하기─이 발달 과제는 결혼과 가정생활의 준비를 위한 전제가 되며, 이 점은 일반적으로 청소년에게는 부부나 가정의 개념보다 더 근접한 개념이다. 또 성관계는 부부관계 속에서만 이루어지는 것으로 책임감 있게 기다리는 것을 배워야 한다.

- 미래를 생각하는 점 발달시키기─아동은 계획 없이도 살 수 있다. 그러나 청소년은 자신의 삶을 스스로 관리하며 자신이 이룰 수 있다고 믿는 목표들을 설정해야 한다.

정체성 확립

E. Erikson(1968, 1974)은 정체성의 발달을 청소년기의 중심 발달 과제로 보았다. 정체성이란 무엇을 의미하는가?

정체성을 묘사하기 위해서는 최소한 2가지 요소가 필요하다. 다른 사람이 자신을 누구로 여기는가 하는 것과 자기 스스로를 누구로 여기는가 하는 것이다(Oerter, 1987).

Erikson은 연구를 통해 왜 청소년기 전이나 후가 아닌 바로 청소년기에 정체성 문제가 핵심문제가 되는지를 설명하고자 했다. 그는 이 시기가 되어서야 사고의 발달이 어느 정도 진보되며 스스로 결정할 수 있기 때문이라는 결론을 내렸다. 청소년기에는 관심사와 성격면에서 다른 청소년과 공통적인 점도 있지만 여러 면에서 서로 다르다는 것을 발견했다.

이와 동시에 청소년은 자기 자신과 자신의 미래에 대해서 많이 생각해 보도록 주위로부터 많은 압력을 받게 된다고 보았다. 사춘기 동안의 신체적 변화들은 자신의 성별에 관해 관심을 끌게 되며, 부모는 자립성과 책임감을 요구하며, 학교 교사나 직업학교에서의 교사(직업훈련을 받을 경우)로부터 장래 직업에 생각하도록 압력을 받는다. 게다가 사고력이 발달하면서 모든 상황을 종합해서 볼 수 있게 된다.

정체성을 확립하는 데는 사고와 행위와 감정이 더 이상 모순에 빠지지 않게 되는 것이 중요하다. '정체성의 위기'를 극복하고 나서야 성인의 성숙한 인격에 이르게 된다. 그러나 지금까지의 삶의 경험과 앞으로 기대되는 것들 사이에 전혀 격차가 없을 때나 가능한 소위 '완벽한' 정체성을 확립하려고 애쓴다면 정체성을 확립하는 데 어려움에 부딪히게 될 것이다. 또 이에 따라 정신적으로나 사회적으로 유연성이 있어야 한다는 생각을 마비시킬 수도 있다. 완벽한 정체성은 우선은 만족감을 줄 수 있지만 근본적으로는 새로운 정체성 위기를 유발시키는 무관심(Phlegma)으로 이끄는 첫 단계가 된다(Heidemann, 1979).

그러나 반면에 경험과 기대 간의 간격이 너무 커지게 된다면 정체성 확립은 두려움을 수반하게 되고 다시 극단적으로 흐를 수 있다. 따라서 건강한 정체성을 확립하기 위해서는 사고와 행위가 완전히 일치하지 않더라도 극단적인 상반관계가 아닐 때 가능한 것이다.

정체성을 확립해 가는 모든 과정은 청소년에게 성공적인 체험이 된다. 그러나 청소년이 심리적으로 불안정한 상태에서는 다시 힘들어지게 되는 경우도 있다.

만일 확고한 정신적·사회적 입장을 가지고 있지 않다면 청소년은 비타협주의적인 입장으로 빠질 수도 있다. 타협을 하거나 수용하는 것을 약자의 상징이라고 생각한다. 주위 환경에 따라 한계를 느끼고 자신의 이상을 관철시키는 것이 저지됨으로써 청소년은 이 성숙기에 자존감의 문제를 유발시키는 정체성 위기에 처하게 된다.

실패를 경험하게 되고 인정받지 못하고 외모적인 요소(예, 깨끗하지 못한 피부, 멈춰 버린 신체적 성장 등)가 첨가되고 보상 가능성들(예, 운동면에서나 음악에서 혹은 학업에서 좋은 성적을 거두는 것)이 존재하지 않는다면 정체성의 위기는 장기간으로 돌입하게 될 수도 있다.

종종 꿈꾸듯이 멍하게 있는 상태(Tagträume)는 청소년들이 정체성 위기로부터 도피하는 방편 중의 하나다. 그러나 이것은 일반적으로 문제해결책이 될 수는 없다. 정체성을 확립하는 데 청소년을 장기적으로 도울 수 있는 길은 그들에게 구체적인 상황에서 과제를 주며 문제를 해결해 나가도록 하는 것이다(Wagner, 1966). 청소년은 나이에 맞는 구체적인 과제들을 해결함으로써 인정받게 되고 자신을 진지하게 받아들인다는 느낌을 가지는 성공 체험에서 커 가게 된다.

3. 사고의 발달

양육과 관련된 문제에서 사고의 발달은 바울서신에 나온 성경구절, 즉 "성령이 친히 우리 영으로 더불어 우리가 하나님의 자녀인 것을 증거하시나니"(로마서 8:16)의 영향으로 목회상담자에게 특별히 중요한 위치를 차지한다.

사람의 사고, 감정, 의지 전체를 포함하는 개념인 정신에 성령이 말씀하신다고 본다면, 하나님에 의해 창조된 인간의 정신 발달은 복음선포와 목회상담 영역에서 무시되어서는 안 될 것이다. 성령이 아동과 성인에게 맞게 역사하시는 것은 자명한 사실이다.

하나님의 말씀은 연령층에 따라 다른 형태를 취할 수 있으므로 하나님의 말씀을 선포할 때에는 이 점을 신중하게 고려하여야 한다. 다시 말하면, 구체적으로 부모나 교사로서 복음을 전할 때 아동의 사고체계(정신)를 고려해야 한다는 것을 의미한다. 이로써 아동의 상황에 맞는 성령의 '증거하심'을 위한 환경을 마련하게 된다.

기독교계의 어린이 사역과 청소년 사역에서 이 부분에서 불확실함과 무지가 있다는 점에 나는 동감한다. 특별히 중요한 것은 교육자나 상담자가 아동을 작은 성인으로 여겨서는 안 되며, 아동의 사고체계 또한 성인과는 질적으로 다르다는 것을 알아야 한다. 다시 말하면, 아동은 생각을 적게 하는 것이 아니라 원칙적으로 다르게 한다는 사실에서 출발해야 한다.

1) Piaget의 사고 단계

Piaget(1980)의 사고발달에 관한 견해들은 지난 몇 년간 비판적으로 검토되어 왔으며 그의 이론 중 몇 가지는 수정되었지만(Chance & Fischmann, 1987) 사고발달에 대한 기본적인 이해를 하는 데는 그의 견해가 아직도 중요한 의미를 가지고 있다.

아동의 최초의 지식들은 행위와 그 행위를 통해 얻은 감각적 경험들에 기초를 두고 있다. 출생 시부터 신생아는 듣고, 보고, 냄새 맡는 것과 같은 인간의 기본적인 인식과정에 참여한다. 이 인식은 예민함이 아직 최대에 도달하지는 않지만, 아동은 이러한 모든 감각 분야에서 오는 정보들에 대해 반응한다. 아동은 다양한 모델들을 인지할 수 있는데, 예를 들면 'c'와 'cis'를, 혹은 소리나는 음절 'pa'와 'ba'를 구별할 수 있다.

아동이 세상을 보는 나름대로의 생각을 가지게 되면 자신이 이미 알고 있는 것과 새로운 경험들을 서로 연관시킨다. 새로운 지식은 아동이 관련성에 대해 관심을 가지고 집중하게 될 때 얻게 되며, 아동의 관심을 일깨우고 사로잡는 가장 중요한 요소들 중의 하나는 변화다. 실제 아동의 관심을 끌며 고정시키는 것은 사물의 움직임과 어둡고 밝은 것 사이의 경계, 갑자기 만진다거나 약동하는 것 같은 소리다.

아기는 단순하게 연결시키지만 유아들은 도식을 만들어 낸다.

자료 3-12　Piaget는 도식을 어떻게 이해했는가?

도식은 근원적인 사건과 관련된 경험들의 모델이다. 예를 들면, '도로'는 하나의 도식이 될 수 있다. 도로는 아동에게 있어서 차들이 다니는 것 이상의 의미를 가지고 있다. 맛을 보고, 냄새를 맡고, 보고, 느끼는 것을 통해 도로는 아동에게 여러 가지를 할 수 있는 장소로서의 이미지를 가지게 된다.

도식은 또한 이전에 경험한 것을 다시 인지할 수 있도록 한다. 여기서 도식은 현실과 같은 복사본일 수 없다. 왜냐하면 정신은 실제 상황의 모든 요소를 다 기억할 수 없을 뿐 아니라 상황이 똑같을 수 없기 때문이다.

인간의 정신은 두 번째 경험을 첫 번째 것과 연결시키며 세 번째 경험은 두 번째 것과 연결시킨다. 이때 정신은 각 경험이 약간씩 다르다는 것을 인지하지만 전체에 대해 종합적인 그림을 그려 간다. '도식적인 전형'으로 표현되는 이 종합은 이전에 겪은 어떤 경험과 동일하지 않으며 정신이 만들어 낸 하나의 조형물이다.

아동이 경험으로부터 하나의 도식적인 전형을 만들어 냈다면 이는 그가 한 가지 사건을 여러 가지 면에서 관찰했다는 것을 의미한다. 아동이 이러한 작업을 할 수 있다면, 아동은 구체적인 경험 없이도 추상적 성질을 이해할 수 있다. 그러나 이 과정에는 적응과 균형과정이 필요하다. 이에 대해서는 '제2장 5. 사고'에 자세히 설명되어 있다.

Piaget는 사고발달에 있어 4가지 다양한 균형 단계를 발견하였는데 이것은 다음과 같이 나타난다.

- 감각운동기
- 전조작기
- 구체적 조작기
- 형식적 조작기

다음에서 이 4가지 사고발달 단계에 대해 상세히 설명하고자 한다.

감각운동기

사고의 첫 번째 단계라고 볼 수 있는 이 감각운동기는 2세까지 발달되는데, 아동은 인지와 신체적 움직임(맛을 봄, 냄새를 맡음, 느낌, 움켜쥠 등) 사이의 관련성을 발달시킨다. 이것은 이 연령대에서의 '사고'는 주로 감각기관을 통해서만 이루어진다는 것을 의미한다. 따라서 유아에게서 사물이란 자신이 냄새를 맡을 수 있고 만져 볼 수 있고 이해할 수 있을 때만 존재하는 것이다.

이런 배경에서 유아가 어머니가 방을 나가면 왜 우는지를 쉽게 이해할 수 있다. 즉, 유아는 어머니가 방을 나가면 더 이상 어머니가 없다고 생각한다. 유아는 자주 반복해서 커튼 뒤에 숨기 놀이를 하거나, 사라졌던 어머니가 다시 나타날 때마다 늘 환호성을 지른다.

이 연령층의 아동에게 '사랑'을 인식시키려 한다면 감각기관의 차원에서 해야 한다. 즉, 부모가 쓰다듬어 주고 기저귀를 갈아 주고, 먹여 주는 것 등을 아동이 경험해야만 한다. 책을 읽어 주는 것은 읽어 주는 사람의 일정한 목소리가 아동에게 안정감을 부여하는 것 외에는 큰 의미가 없는 것으로 보인다.

전조작기

2~7세의 연령대에서는 지금까지 만져 보기만 했던 사물에 아동이 익힌 내면화된 상징들과 표시들을 사용한다(예, 흉내, 몸짓에 의한 표현). 예를 들면, 이

단계에서 아동은 한 단어인 '공'으로 여러 가지를 표현한다. 즉, 공을 갖고 싶다, 공을 다른 사람에게 주고 싶다 등의 경우에도 '공'을 사용한다.

취학 전의 아동의 사고는 '지금과 여기'에 제한되며 매우 자기중심적인 성향을 띤다. 아동은 점차적으로 문이 열리고 닫히는 것이 동일한 원리에 기초해 있다거나, 부모가 나갔다가 다시 돌아올 수 있다는 것을 익히게 된다. 그리고 일정량의 우유를 넓고 평평한 그릇에 옮겨 담는다 해도 양이 적어지지 않는다는 것을 이해하게 된다. 그러나 이미 언급했듯이 이러한 발달은 몇 해에 걸쳐 이루어진다.

전조작기의 아동은 토끼가 비둘기로 변한다거나 사람이 갑자기 사라진다거나 하는 것을 받아들이는 데 아무런 문제가 없다. 따라서 부모와 주일학교 교사가 알아야 할 중요한 사실은 이 연령대의 아동에게 있어 성경에 나오는 기적들을 문제시할 필요가 없다는 것이다.

〈자료 3-14〉의 예는 전조작기가 어떻게 진행되는지를 보여 주는데, 이 과정을 이해하는 것은 쉽지 않을 수도 있다.

자료 3-13 | 언어발달

약 15개월 때 즈음 대부분의 아동들은 자신들에 익숙한 사람들이나 물건들에 대해 개별적인 단어를 사용하기 시작한다. 아동들은 엄마, 아빠 등을 말하며 이러한 '한 단어들'로 자신들의 모든 욕구를 표현한다. 얼마 있으면 둘 혹은 여러 단어들을 함께 사용하는데, 일반적으로 유아기 끝날 단계인 약 3세쯤에는 짧은 문장을 익숙하게 말할 수 있다. 언어발달은 부모가 자녀와 얼마나 많이 이야기하는가 하는 것과 얼마나 자주 자녀와 대화를 하는가에 좌우된다.

말하면서 사고하는 것과 자기 스스로와 대화하는 것은 유아기에서 지극히 정상적인 현상이다. 또한 유아는 '상상 속의 친구'가 있어서 그와 이야기를 나눌 수 있으며, 이 상상 속의 친구가 유아가 말하는 것을 연습하도록 도와주는 것도 정상적인 것이다.

자료 3-14 전조작기에서의 아동의 사고

여러분이 숫자를 가지고 계산해야 하는데 계산을 하기 시작하면 갑자기 숫자의 가치가 변한다고 상상해 보라. 3이라는 숫자가 더 이상 3이 아니고 6개 중의 한 부분이 된다. 그것이 12개 중에서 나온 것이지만 더 이상이 된다. 사각형을 세우게 되면 더 이상 사각형이 아니다. 한 선을 구부리면 그것은 여러분의 눈에는 더 이상 동일한 선이 아니다. 고양이가 갑자기 토끼나 개로 변할 수도 있다. 사람은 사람을 어떻게 인지하느냐에 따라 존재하기도 하고 없어지기도 한다. 예를 들면, 커튼 뒤나 이불 밑으로 사라지기도 한다.

전조작기의 아동에게 어떻게 '사랑'을 전달할 수 있을까? 일반적으로 아동은 '사랑하다'라는 단어를 알고 있으며 어떻게 말하고 행동해야 하는지를 알고 있다고 추측된다. 물론 아동은 '사랑'이나 '사랑스럽다'를 자기 자신과 어머니와의 관계에만 적용시킨다. 아동에게 하나님의 사랑은 구체적이며 인격적이고 개인적으로 도움이 될 때 비로소 의미를 갖게 된다. 따라서 이 연령대에서 하나님의 사랑 또는 예수님의 사랑에 대해서 이야기해 주는 것이 중요하다. 아동은 하나님께서 자신을 보호하시며 돌봐주신다는 것을 이해한다. 또 아동은 자신이 다른 사람으로부터 무엇을 빼앗았을 때 '사랑스러운 행동을 하지 못했다'는 것을 안다. 그리고 '사랑스럽지 않기' 때문에 사람이 하나님께 올 수 없다는 것이 무엇을 뜻하는지도 이해한다. 그리고 적어도 전조작기 말기의 사고로는 예수님께서 그의 사랑을 우리에게 주셨다는 것을 이해할 수 있고, 예수님 덕분에 하나님 앞에서 모든 것이 다시 정상적으로 된다는 것도 이해하게 된다.

구체적 조작기

7~12세의 아동은 구체적이고 가시적인 상황에서는 논리적 결론들을 이끌어 낼 수 있다. 즉, 이 시기의 아동은 자가용, 버스, 자전거, 롤러스케이트의 공통점을 인식할 수 있다. 그리고 액체를 여러 가지 그릇에 옮겨 담아도 무게나 양이 변하지 않는다는 것을 안다. 조작적 사고방식에서는 아동은 사회적 구조들(서열)도 인식하며, 그들이 이해할 수 있는 도덕적 규칙들에 대해 감사해한다. 아동은 논리적 조작을 수행하도록 하는 원칙들을 의식하고 있지는 않지만 〈자료 3-15〉에 나타난 것처럼 놀랍게도 이 수준에서 행동하고 있다.

자료 3-15 구체적 조작기에서의 사고(Cage & Berlliner, 1979)

아동은 다음과 같은 요소들을 통해 분류할 수 있게 된다.

합성구성: 한 시스템의 2가지 요소들이 조합되면 항상 이 시스템 안에 또 다른 요소가 생긴다. 즉, 소나무들(A)과 다른 침엽수나무들(A′)이 결합되면 다른 침엽수(B)가 생긴다.

교환가능성: 합계를 할때 이 두 가지 요소를 교환하는 것이 가능한데, 그 순서는 아무런 상관이 없다. 즉, A+A′=B는 A′+A=B다.

가역성의 가능성: 침엽수가 아닌 나무들(B′)만 침엽수들(B)과 합해서 나무들(C)을 만들어 낼 뿐 아니라 침엽수가 아닌 나무들(B′)을 나무들로부터 뺄 수 있으며, 그 결과로 침엽수가 나오게 된다. 즉, B=C-B′ 혹은 A=B-A′가 되는 것이다.

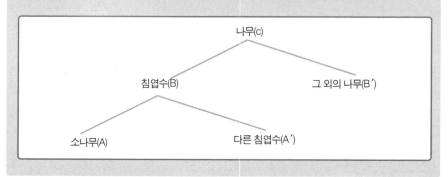

구체적 조작기의 사고 단계에서 '사랑'에 대해서 말하고자 한다면 아동은 이제 '너'라는 개념을 이해할 수 있는 것으로 추측한다. 사랑은 이제 더 이상 자신에게만 관련된 것이 아니며, 아동은 구체적으로 남을 도와주고 싶어한다.

아동은 자신이 예수님께 사랑을 받고 있으며 모든 세상의 죄를 위해 돌아가신 것을 이해한다. 사랑은 구체적인 증거가 필요한데, 한 예로 예수님의 십자가에서 하나님의 온 세상을 향한 사랑이 나타나는 것과 같다. 이 단계에 있는 아동은 구체적인 사랑의 표시(세상 죄를 위해 고난당하신 예수님)를 통해 하나님의 사랑을 이해할 수 있다.

형식적 조작기에서의 사고

형식적 조작기(약 12세부터)에 있는 청소년은 구체적인 대상에서 탈피하여 추상적인 관계구조에서도 사고할 수 있으며, 일반적인 상부원리들로부터 실제적인 경우들을 추론해 낼 수도 있다. 이것은 이 시기에 있는 청소년에게는 우선 원칙을 분명하게 납득시키고 나서 그 다음에 예를 들어 설명해야 함을 의미한다. 이 사고 차원에서는 '관용' '명예심' 등과 같은 좀 더 일반적인 주제들에 대해 상황적인 예를 들지 않고서도 토론하는 것이 가능하다. 그리고 이 단계에서는 일반적인 원칙들, 예를 들어 '이웃사랑'을 정의할 수 있고 개인적으로 이러한 것을 적용할 수 있다.

실제 삶 속에서는 성인도 일반적으로 이러한 사고 세계에 살지 않는 것으로 나타났다. 이것은 어떤 규칙을 설명할 때 듣는 사람이 예(즉, 구체적인 조작기적 사고)를 묻는 것에서 잘 나타난다. 따라서 강연이나 설교를 할 때 현실적인 예로부터 시작해서 형식적 조작기 차원으로 단계를 높이면 큰 실수를 하지 않게 된다.

형식적 조작기의 사고 단계에서 '사랑'에 대해서 접근하고자 한다면, 청소년은, 예를 들어 고린도전서 13장이 의미하는 신적인 '아가페적' 사랑을 모든 것을 포용하며 한 개인에게만 제한되지 않은 사랑으로 이해하는 것으로 나타났다. 이러한 신적인 '사랑의 원칙'에서 각각 다른 형태의 사랑으로(즉, 다른 사고 단계에서도) 유도될 수 있다.

Piaget의 이론에 대해 비판(Chance & Fischmann, 1987)이 거론되고 있는데, 이는 Piaget의 단계도식에 예외가 있으며 완전치 못하다는 것이 증명되었기 때문이었다. 이미 앞에서 언급한 것처럼, 다른 발달 단계들에서나 마찬가지로 모든 발달 단계들이 반드시 순서대로 진행되지 않는다는 것이다. 특히 Piaget의 발달이론이 비판받는 점은 발달 기간들이 대체적으로 길고 안정적이다가 갑자기 다음 변화기로 들어간다는 점이다.

근래 연구결과들에 따르면, 대부분의 중요한 변화들은 점차적으로, 즉 여러 달 혹은 여러 해에 걸쳐 일어난다. 그리고 사고의 전체적인 변화들보다는 어떤 특정 분야의 변화를 잘 살펴보아야 한다는 것을 강조한다. 예를 들면, 기억력의 발달, 문제해결력의 발달, 창의력의 발달 혹은 사회적 상호작용의 발달 등과 같은 영역들을 주의 깊게 보아야 한다. 각 영역의 변화와 발달은 아동의 연령뿐만 아니라 환경의 영향을 받게 되므로 발달 기간은 매우 유동적인 것으로 나타났다.

예를 들면, 새로운 연구결과들은 기억력이 발달되는 것은 아동이 자라면서 습득한 다양한 기억기술 결과로 생기는 것이라고 보는 경향이 있다. 사람의 기억력은 출생에서 5세까지 매우 급격한 속도로 증가하다가 아동기의 중반기와 청년기의 연령에서는 서서히 증가한다는 것이 발견되었다. 또한 기억을 반복하면 기억기술이 향상되는 것으로 나타났다. 나이가 들수록 아동은 단순히 기억하던 데서 벗어나 스스로 생각해 낸 방법들을 통해 기억하기 시작한다. 또 아동은 이때 자기보다 나이가 많은 아동이나 성인을 모방함으로써 학습한다는 사실이 나타났다.

문제를 해결하는 능력 또한 연령이 증가함에 따라 발달한다. 그러나 이것의 상당 부분은 학습 과정의 결과들이다. 아동이 문제해결을 할 때 배우는 가장 중요한 것 중의 하나는 조직적 실행법이다. 문제해결을 잘하지 못하는 아동은 매우 즉흥적으로 과제에 접근한다. 그들은 미리 생각해 보지도 않으며 시도와 착오를 두려워하지 않으며 일어날 수 있는 오류를 전혀 고려하지 않는다. H. Eichenbaum은 유아가 약간의 방법적인 시행방법을 배우기만 한다면 훨씬 더 나은 문제해결자가 될 수 있다는 것을 보여 주었다.

Piaget의 연구결과에 대한 또 다른 비판점은 이미 언급했던 최근 연구결과들에서 분명히 나타난 것처럼, 모든 성인들이 네 번째 사고발달 단계에 이르는 것이 아니라는 것이다. F. E. Weinert가 증명하듯이 많은 사람들이 이 네 번째 사고발달 단계에 전혀 이르지 못한다는 것이다(Oerter, 1987).

이러한 부분적인 비판점이 있음에도 불구하고 전반적으로 Piaget의 이론은 아직도 매우 중요한 연구자료로 그 입지를 유지하고 있으며, 아동과 청소년 현장교육이나 실용적 적용에서 학습자료의 선별뿐만 아니라 학습방법의 선별에서도 중요한 도움을 제공하고 있다.

2) 조망수용

부모는 늘 자녀에게 조금이나마 아버지와 어머니의 상황을 이해해 달라고 요구한다. 그러나 자녀에게 요구하기 전에 이러한 이해가 가능한지를 먼저 질문해 보아야 할 것이다.

전문적인 학술 용어로 '조망수용'이라는 용어가 있는데, 이것은 다른 사람의 관점을 이해하고 추측하여 결과를 끌어냄으로써 다른 사람의 심리적 상태, 사고, 심리적 과정들, 감정, 소원을 이해하는 것이다(Oerter, 1987).

이 조망수용을 학문적으로 연구하고자 한다면, 아동에게 일련의 미완성의 그림들을 보여 주고 그림을 완성해 보라고 할 수 있다.

이러한 실험의 경우 당연히 체계적인 오류가 생길 수 있는데, 이는 사람이 서로 다양하기보다는 서로 비슷하다는 데 기인하는 것이다. 다시 말해서 사람들이 자신의 상황으로부터 남의 형편을 추측할 때 올바른 결과에 이를 확률이 커지는 것이다.

망치 이야기

한 사람이 그림을 벽에 걸기를 원한다. 그런데 못은 있지만 망치가 없다. 이웃집에는 망치가 있다. 그래서 그는 옆집에 가서 그 망치를 빌리려고 한다. 그런데 이때 다음과 같은 의심이 생겼다. 만일 그 이웃이 나에게 망치를 빌려주지 않는다면 어떻게 하지? 그는 어제 이미 그냥 무성의하게 나한테 인사하지 않았는가? 아마 바빠서 그랬을 것이다. 아니면 그냥 바쁜 척한 것이고 사실은 나에 대해 뭔가 좋지 않은 감정이 있어서 그랬을지도 모른다. 그렇다면 무엇인가? 나는 그에게 아무것도 잘못한 것이 없다. 그가 무엇인가 그냥 스스로 그렇게 생각하는 것이겠지. 만일 누군가 나에게 연장 하나를 빌리려 한다면 나는 얼른 빌려줄 것이다. 그런데 왜 그는 그렇게 하지 않으려 하는가? 사람이 어떻게 이웃에게 그런 단순한 부탁을 거절할 수 있는가? 이런 류의 사람들은 다른 사람의 생활을 파괴하는 인간이다. 그는 자기가 없으면 내가 아무것도 못할 것이라고 생각하겠지. 겨우 그 망치 하나 가지고 있으면서. 이제 정말로 이것으로 됐다.

그는 옆집으로 건너가서 초인종을 누르고 그 이웃은 문을 연다. 그런데 그 이웃이 "안녕하세요."라고 말하기도 전에 우리의 주인공은 그 이웃에게 소리를 지른다. "그래 그 망치 갖고 잘 사시오. 이 무례한 사람아!" (P. Watzlawick)

이제 왜 많은 사람들이 어떤 때는 옳게 행동하다가 다른 때에는 불쾌감을 느끼는지 잘 이해할 것이다. 그들은 조망수용을 배우지 못했거나 혹은 대부분의 것을 자기중심적으로 생각하는 것이다. 다른 사람의 감정을 완전히 이해하

지 못하더라도 때로는 상황 추측이 맞을 수도 있다.

다른 사람의 '행동' 을 이해하는 것 이외에 다른 사람의 '감정' 을 이해하는 '감정 조망수용' 이라는 것도 있다. 3~6세에서는 감정의 구분과 표현에서 중요한 발달이 생긴다. 지금까지는 아동이 다른 사람도 자신과 똑같다고 생각했지만 이 시기가 지나면 다른 사람의 감정을 더 분명하게 상상할 수 있게 된다.

R. L. Selman(1980)은 조망수용에 관한 중요한 연구자료를 발표했다. 그는 사람의 인간관계에 대한 발달을 여러 수준에서 나누었다. 그의 연구결과 중 몇 가지는 다음과 같다.

수준 0   자기 중심적이고 구분되지 않는 조망들(약 3세까지)

이 연령대의 아동은 자기 자신과 다른 사람의 생각과 감정은 알 수 있지만 비슷한 경험을 다른 사람은 자신과 다르게 해석한다는 사실을 받아들이지는 않는다. 아마도 이것은 아동이 자신의 조망을 다른 사람의 전망과 정확히 구별하지 못하는 데서 오는 것으로 설명할 수 있다. 동시에 아동은, 예를 들어 주관적인 면과 사회의 객관적인 면을 혼동한다.

가장 낮은 수준이라고 볼 수 있는 조망수용의 단계에서는 아동이 자기가 원하는 것을 다른 아동이나 성인에게 소리 지르며 갑자기 물건을 빼앗거나 때로는 몸을 부딪치며 밀어 버리는 행위에서 실제로 자주 나타난다.

수준 1   주관적이거나 구분화된 조망(약 3~6세까지)

이 수준의 아동은 똑같이 인식한 상황에서 자신의 조망과 다른 사람의 조망이 같을 수도 있고, 다를 수도 있다는 것을 이해한다. 아동이 각 개인의 마음은 다르다는 것을 이해하게 되었다는 사실은 특별히 중요한 의미를 가진다. 이 수준에 있는 아동은 종종 다른 사람에게 자신이 원하는 것을 해 주도록 떼를 쓰기도 한다. 그러나 동시에 다른 사람을 대할 때 예의를 갖출 줄도 안다.

수준 2 자기반영적이거나 상호적인 조망(6~12세까지)

아동은 자신의 감정과 생각을 다른 사람의 관점에서 볼 수 있게 되는데, 이 것은 자신을 다른 사람의 입장에 두고 생각하는 것을 의미한다.

이처럼 자신과 타인의 관계성 속에서 바라보는 새로운 의식의 출발은 아동 으로 하여금 다른 사람의 생각과 감정에 대한 자신의 평가와 판단을 생각해 보는 것을 가능케 한다. 다시 말하면, 상대방의 관점을 받아들일 수 있는 이 능력은 상호관계라는 새로운 형태의 의식으로 발전하게 된다. 더 이상 행위의 상호관계(그는 나를 위해 일한다–나는 그를 위해 일한다)만이 아니라 사고와 감 정의 상호관계(그가 나를 좋아하는 것을 나는 안다. 내가 그를 좋아하는 것을 그가 안다)다.

이제 실제 상황에서 아동은 친절하게 남을 설득하므로 자신의 견해를 지지 해 줄 지원자를 얻고자 시도하며 자신의 능력과 지식으로 다른 사람에게 좋은 인상을 심어 주고 이를 통해 자신의 목표를 이루고자 한다. 자신의 소원을 분 명히 이야기하거나 자신의 소원을 다른 사람의 소원에 종속시키거나 다른 사 람을 따르기도 하지만 자신의 의견을 제안하고 분명하게 불평등하다고 생각 될 때는 저항하기도 한다.

수준 3 상호적인 관점, 제삼자의 관점(청소년)

이 수준에서는 수많은 연쇄적인 상호 관점들을 깨달음과 동시에 질적으로 새로운 의식에 도달한다. 즉, 상호적인 인간관계에서 나오는 사고들과 서로 간의 관점들을 동등하게 잘 조합하는 개인의 능력에 대한 의식이다.

제삼자의 관점을 수용하는 이 능력은 사람 간의 상호관계에 대한 의식으로 이끌어 준다.

수준 3의 경우는 실제 상황에서 다른 사람이 나타낼 수 있는 반응을 자신의 계획에 포함하여 생각하는 것에서 잘 볼 수 있다. 그리고 이 단계의 청소년은 다른 사람과의 관계성과 자신의 구체적인 목표에 똑같이 중점을 두고자 한다.

또 이들은 관계성의 지속성을 고려하면서 일을 처리한다.

수준 4 │ 사회적 입장과 심층관점(성인)

수준 4번도 수준 3번과 같이 모든 사람이 이 단계에 이르는 것은 아니다. 이 단계에서는 각 사람의 생각이 공동의 기대나 당위성을 가질 뿐 아니라 여러 차원에서 서로 경쟁관계에 있을 수도 있다는 점을 받아들인다.

그래서 두 사람은 피상적인 정보나 공통의 관심사를 나누기도 하고 혹은 매우 깊이 있으며 표현되지 않은 생각까지도 나눌 수 있게 된다. 이 수준에서는 인간관계를 네트워크나 시스템으로 보게 된다. 사람의 견해를 사회적 · 법적 · 도덕적 관점의 컨셉트로 일반화한다.

4. 가치관과 도덕관의 발달

"경험적–학문적으로 연구하는 심리학자는 윤리를 해명하고자 하지 않는다. 그들은 다만 인간의 경험과 판단과 행위를 이끄는 규범이 얼마나 다양한지, 또 사람이 이 규범을 얼마나 다양하게 변호하는지, 이 규범들을 얼마나 다양하게 준수하는지, 규범을 지키지 않을 경우와 지키는 경우에 얼마나 다양하게 반응하는지를 나타내고자 할 뿐이다."(Montada, 1987)

독일어권에서 발달심리학 분야에서 가장 널리 알려진 L. Montada의 저서에서 말한 이러한 정의를 통해 신학과 심리학의 경계가 어디에 있는지 명확히 알 수 있다. 심리학자는 도덕적 영역을 발달시키기를 기대해서는 안 되며 기대할 수도 없다. 그렇지만 심리학자는 윤리와 도덕의 성경적 입장을 도입하거나 가정해 볼 수 있으며, 이를 통해 인간의 경험, 판단, 행위가 어떻게 결정되는지를 검토할 수는 있다.

학자들은 실험대상의 아동과 청소년에게 문제 경우를 제시하고 이러한 경우에 어떠한 결정을 내리겠는지 대답하도록 해 보았다. 이러한 연구에 관해서는 Piaget 외에도 특히 L. Kohlberg(1974)의 연구결과가 잘 알려져 있다. Kohlberg는 아동과 청소년이 어떤 구체적인 규범을 가지고 있는가, 혹은 그들이 이 규범에 합당한 행위를 취하는가 하는 것보다는 이러한 판단을 하게 한 원인과 방향에 더 많은 관심을 가졌다. 이러한 '딜레마 상황'은 예를 들어 전쟁 참전 거부나 위험에 처할 경우 묵비권행사를 하는 등 삶의 거의 모든 영역에 존재하기 때문이다.

〈자료 3-16〉에서 묘사된 딜레마를 가지고 Kohlberg는 다양한 연령 단계의 아동과 청소년의 결정 원인에 대해 연구했다.

자료 3-16 **어떻게 해야 하는가?** (하인츠 딜레마)

한 여인이 불치의 암을 앓고 있었다. 의사들은 그 병을 고칠 수 있는 유일한 약이 있는데, 그 약은 최근에 어떤 약사가 발견한 것이라고 하였다. 하지만 그 약사는 그 약을 조제하는 것 자체가 매우 비싸다면서 약의 제조가의 10배나 비싼 가격을 요구했다. 2천 마르크 정도가 원래 제조가라면 2만 마르크를 지불해야 했다.

병든 여인의 남편인 하인츠는 그 돈을 여러 군데서 빌리려고 시도하였으나 약사가 요구한 가격의 절반밖에는 구하지 못했다. 그래서 그는 약사에게 자기 아내가 곧 죽게 되었다고 사정하며 약을 조금 더 싸게 판매하거나 아니면 나머지 금액을 나중에 지불할 수 있도록 부탁하였다. 그러나 그 약사는 "아니요! 나는 그 약을 발견했소. 나는 그것으로 돈을 벌고 싶소!"라고 말했다. 절망에 빠진 하인츠는 약국에 침입하여 아내를 위해 그 약을 훔쳤다.

하나님의 말씀을 잣대로 삼는 기독교인이라면 이러한 딜레마 상황들의 많은 부분은 즉시 해결될 수 있는데, 이는 성경적 율법이 존재하기 때문이다. 그럼에도 그들 또한 이 문제를 가지고 고민하지 않는 것은 아니다.

1) Kohlberg의 발달 단계

Kohlberg가 추출한 연령에 따른 도덕적 판단의 발달 과정은 [그림 3-1]과 같이 나타난다.

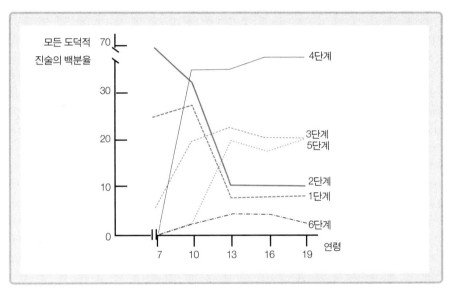

[그림 3-1] **도덕적 판단의 발달**

Kohlberg는 3가지 수준으로 묘사했다.

- 흥미 위주의 인습 이전 수준
- 친한 친구와 가족을 위주로 하거나 사회를 위주로 하는 인습 수준
- 비교적 자율적으로 만들어진 원칙에 우선을 두는 초인습 수준

이들 각 수준은 세부적으로 두 단계로 더 나눌 수 있으므로 총 6개의 단계로 볼 수 있다.

Kohlberg의 도덕발달의 6단계

1. 인습 이전 수준

   - 처벌과 복종 지향(7세 미만)

   힘이 있는 자에 대한 순종은 옳은 것이다. 아동은 벌을 받지 않는 것을
   판단의 기준으로 삼는다.

   - 도구적 상대주의(7~10세)

   내게 무슨 이익이 되는지와 내가 원하는 것(때로는 나와 가까운 사람이
   원하는 것)에 맞는 것이 옳은 것이다. 여기에는 '네가 나한테 하는 대로
   나도 너에게 한다는 자세' 가 속한다.

2. 인습 수준

   - 상호 일치 혹은 착한 아이 지향(10~13세)

   이 단계에서 아동은 다른 사람이 자신에 대해서 좋게 생각하도록 하는
   것을 기준으로 삼는다. 다시 말하면, 아동은 칭찬과 동의를 얻고자 하
   며 다른 사람의 마음에 들고자 하며 남을 돕고자 한다. 이들에게 좋은
   사람이란 착한 성격을 가진 사람에 국한된다.

   - 사회유지 지향(13세부터)

   이 수준에서는 의무를 이행하는 것이 기준이 된다. 일반적인 행동규칙
   들은 개인적인 관심사보다 더 우선권을 갖고 있다. '품행이 방정한 것
   은 언젠가는 보상받게 된다' 는 것을 믿는다.

3. 초인습 수준

   - 사회계약 정신 지향(15세부터)

   갈등 상황에서는 법이나 논리, 이성을 통해 볼 때 타당한 행동이 개인
   적인 욕구보다 더 우선권을 갖게 된다.

   - 보편적 도덕원리 지향(19세부터)

   개인적인 이상과 원칙들이 유효하게 된다. 스스로 결정을 하게 되며,
   이러한 결정들은 때로는 주위 환경에 전혀 영향을 받지 않을 수 있으

며 일반적으로 이해되는 것과 상반될 수도 있다. 불확실한 경우에는 자기 자신을 주위 환경이나 법 위에 세우게 된다. Kant가 말한 "네 의지의 최대가 항상 일반적인 입법의 원칙으로서 지배할 수 있도록 하라."라는 것이 이 도덕발달의 단계에 속한다.

경험적 연구에서는 여섯 번째 단계는 드물게 나타났다. [그림 3-1]에서 나타나듯이 성인의 가치와 도덕관의 대부분은 다섯 번째 단계에 속해 있다.

오늘날 Kohlberg의 이론 중 몇 가지는 빼야 한다(Chance & Fischmann, 1987; Ekensberger 1979; Reinshagen 1980). 특히 고려해야 할 점은 그의 연구결과들이 미국의 중산층 문화권에 의해 많이 영향을 받았다는 것과 단계이론을 규명했던 그의 초기 논문들은 숫자적으로 남자청소년의 생각을 많이 고려했다는 것이다. 또 이 연구결과들은 교육 수준이 높은 경우에 더 잘 '맞는' 것으로 알려져 있다.

자료 3-17 '하인츠 딜레마'에 관한 아동 및 청소년의 대답

하인츠는 훔쳐야 했는가? (Eckensberger & Reinshagen, 1980)
• 1단계: 아니요. 그는 절대 훔쳐서는 안 된다. 그러면 감옥에 갈 수도 있다. 간단히 말해 훔쳐서는 안 된다.
• 2단계: 예. 그는 약을 훔쳐야 한다. 약사는 너무 돈을 밝히고 있고 약사가 돈을 필요로 하는 것보다 하인츠가 약을 필요로 하는 것이 우선한다. 내가 만일 하인츠라면 나는 훔쳤을 것이고 나머지 돈은 아마도 나중에 갚았을 것이다.
• 3단계: 예. 만일 누군가 죽는다면, 그 사람을 정말로 사랑한다면 그의 행동은 정당한 이유가 된다. 만일 그가 다른 방법으로는 그 약을 구할 수 없다는 상황하에서는 정당한 이유가 될 수 있다.
• 4단계: 예. 만일 그가 절도죄에 따른 결과를 책임질 준비만 되어 있다면(감옥에

간다등), 그는 약을 훔쳐서 아내에게 준 다음에 자수해야 한다.
- 5단계: 예. 한 사람의 생명은 말할 수 없이 귀하지만 물질적인 것-이 경우에 는 약이 될 것이다-은 그렇지 않다. 생명에 대한 병자의 권리는 이익에 대한 약사의 권리보다 앞선다.
- 6단계: 아니요. 하인츠는 다른 사람들에게도 그 약이 자기 아내와 마찬가지로 필요한지를 생각하고 결정을 내려야 한다. 그는 자기 아내에 대한 특별한 감 정에 따라서 행동해서는 안 되고 다른 사람의 생명가치도 생각해야 한다.

비슷한 구조가 반복하여 나타나는 나선형적인 발달 가능성에 대해서도 논 의가 되었다. 또 발달을 7단계로 나눌 수 있다는 견해도 있다. 도덕적 판단은 평생에 걸쳐 발달된다고 생각한 Kohlberg(1973)는 인생의 의미를 발견하는 마 지막 단계인 7단계설에 대해 언급했다.

도덕적 발달에 관한 연구는 현재도 계속되고 있다. Kohlberg의 연구결과는 전체적으로 볼 때 새로운 연구결과나 그와 관련하여 초기 이론들이 몇몇 한계 성을 드러내고 있긴 하지만 아직까지는 매우 중요한 위치를 차지하고 있다. 그의 이론은 상담자와 목회상담자에게 각 연령층의 가치 범주들을 이해하는 데 도움을 주지만 이것이 성인에게 반드시 적합하지는 않다.

2) 다른 연구결과

Kohlberg와 그의 제자들 외에 다른 학자들도 연구결과를 발표했다. Havighurst, R. Oerter를 비롯한 학자들은 가치관과 도덕관의 발달에 있어 일반 적인 도덕행위를 판단하는 과정에서의 쇠퇴는 권력과 개인적 분야에서 중요성 이 상승하는 것과 동반하여 나타나는 것으로 보인다고 주장했다. Oerter는 이 에 대한 경험적 연구결과들을 이미 20년 전에 제시하였으며(Oerter, 1967), 이러한 발달을 '더 큰 현실주의에로의 경향' ('건강한 이기주의')이라고 표현했으며, 더 많은 자율로 가게 된다고 했다([그림 3-2]).

이미 1938년에 미국 학자인 J. A. Spaulding은 학교를 졸업하는 청소년들이 한 국가의 시민으로서의 책임에 대해서 긍정적으로 이야기하지만 개인적으로 희생하는 데 대해서는 거부하는 것을 발견했다(독일에서도 비슷한 현상이 나타난다.). 그는 청소년이 일단 학교를 졸업하면 국가시민으로서 어떠한 것도 하지 않으려 한다고 했다. 나중에도 사회적 문제들에 대한 관심은 학교에 다닐 때처럼 많지 않다고 보았다(Spaulding, 1938).

A. Maslow(1978)의 연구결과도 인간의 삶에서 다양한 동기를 생리적 욕구로부터 자아실현의 욕구까지 5가지로 분류하고 있는데, 이들은 이기주의 경

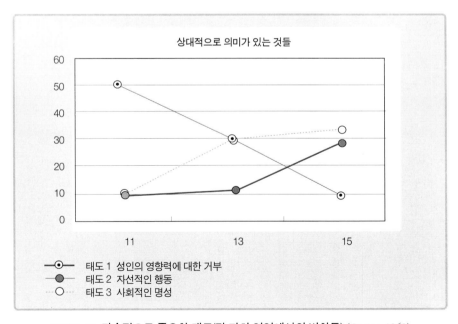

[그림 3-2] **관습적으로 중요한 태도(각 가치 영역에서의 변화들)** (Oerter, 1969)

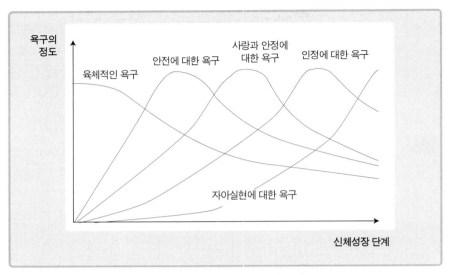

[그림 3-3] Maslow의 욕구의 단계

향으로 나아가는 것으로 나타났다([그림 3-3]).

이러한 연구결과들은 서로 의존하여 공동체로 살아가야 하는 국가시민으로서의 입장에서 본다면 긍정적이라고 할 수 없으므로 이 점을 어떻게 변화시킬 수 있는가에 대해 질문하게 된다.

사람의 가치관은 살아가면서 고정화되었기 때문에 바꾼다는 것은 그렇게 단순한 것이 아니다. 이러한 변화가 이루어지기 위해서는 패러다임의 변화(다시 말하면, 감정과 행위를 포함한 총체적인 사고구조에 대한 새로운 평가)가 이루어져야만 한다.

예수 그리스도와의 인격적 만남을 통해 젊은이나 노인의 가치관이 근본적으로 변하게 된다는 것은 분명하게 밝혀졌다. 그러므로 다음에서는 종교적 가치관의 발달을 상세히 살펴볼 필요가 있다.

5. 종교적 가치관의 발달

의도적으로 이 부분의 제목을 명확하게 표현하지 않았는데, 이는 일반적으로 종교적 발달을 경험적 심리학이라는 도구로 서술하는 것이 어렵기 때문이다. 심리학에서 쓰는 방법으로는 겉으로 나타나는 인격의 면들만 이해할 수 있게 한다. 물론 심리학은 보이지.않는 세계가 사람에게 어떻게 영향을 미치고 있는지를 관찰하고 설명할 수 있다. 종교적 가치관의 발달에 관한 것도 이에 해당한다.

그러나 독일어로 출판된 발달심리학 관련 서적들 중 잘 알려진 것들을 살펴보면, 종교적 사회화에 관해서는 상당히 빈약하게 언급하고 있음을 알 수 있다. 물론 종교적 발달을 다루는 몇몇 서적들은 종교의 영향에 대해서 다루고 있긴 하지만, 삼위일체 하나님에 대한 기독교적 신앙의 특수성은 언급하지 않고 있다.

영어권에서는, 예를 들어 J. Westerhoff(1979)과 같이 '믿음의 단계들' 혹은 이 단계들에서의 결단들(Fowler, 1981)에 대해서 다루고 있다. 그러나 이러한 단계들은 인간의 발달(사고, 가치 등)에서 일어나는 다른 면들과는 관련성 없이 다루고 있으므로 '영적인' 인간으로부터 '자연적' 인간으로의 길을 깨닫는 것은 쉽지 않다.

그러나 전체적으로 볼 때 앞에서 설명한 신체적 발달, 사고의 발달, 도덕적 가치의 발달을 종교적 가치관의 발달 혹은 다르게 표현해서 '영적인 발달'과 함께 살펴볼 수 있다.

F. Bridger는 1988년에 출판된 논문을 통해 이러한 점에서 접근하고자 했으며, 앞으로 몇 가지 다른 견해들도 소개될 것으로 보인다. 우리는 여기서 2가지 측면에서 접근하고자 하는데, 곧 종교적 발달을 먼저 하나의 가치관의 변화로 보며 그 다음은 개인적인 신앙의 결단으로 보는 것이다.

1) 가치관의 변화로서의 종교적 발달

종교관과 관련해서는 다른 가치관과 마찬가지로 일반적으로 잘 알려진 연구결과들을 참조해 볼 수 있다.

일반적으로 가치관의 변화는 단순히 자신의 의견을 바꾸는 것 그 이상이라는 것이다. 왜냐하면 하나의 새로운 가치를 내면화한 사람은 그것을 행동으로 나타낼 뿐 아니라 그의 변화된 사고와 행동에 대해 책임지기 때문이다.

이를 볼 때 가치관의 변화에서 인지적 요소, 정서적인 요소, 행동적인 요소를 구분해서 보는 것이 중요하다. 새로운 가치관 혹은 변화된 가치관 형성이라고 말할 때는 다음의 요소들이 있을 때에 가능하다.

- 새로운 혹은 변화된 확신들을 말 혹은 글로 표현할 수 있을 때
- 새로운 혹은 변화된 감정들을 말 혹은 글로 나타낼 수 있을 때
- 새로운 혹은 변화된 행동이 외적으로 표출될 때

이로써 가치관의 변화는 새로운 관점에 대한 단순한 지식이나 혹은 다른 습관이나 감정의 변화 그 이상임을 알 수 있다. 가치관의 변화는 우선 이 3가지 관점들 모두 똑같이 변화될 때 비로소 지속적인 것이 된다. 그러므로 이러한 변화를 패러다임의 변화로 볼 수 있다.

2) 종교적 발달과 개인적 신앙결단

만일 종교적 관점을 한 인간이 살아가는 동안 경험하는 가치관들 중의 하나로만 간주한다면 가치관 습득에서 다른 관점들과 질적으로 다를 것이 없다. 물론 복잡한 종교적 가치관이 있을 수 있으며, 우리가 여러 일반 문학 서적들에서도 자주 보듯이 나중에 무신론자가 된 사람들 또한 종교적 성향이 그들의

전반적인 사고, 정서, 행동에 많은 영향을 끼쳤다고 말한다.

그러나 우리가 여기서 짚고 넘어가야 할 것은 앞에서 설명한 가치관의 변화라는 의미에서 볼 때 복잡한 종교관의 발달, 습득 그리고 변화는 그리스도를 따르는 삶과 예수 그리스도에 대한 인격적인 삶의 헌신과는 분명한 차이가 있다는 사실이다. 후자는 단순히 인간 자신이 가치관의 방향을 바꾸는 것 이상이다. 이는 하나님이 인간을 변화시킴으로써 가치관을 바꾸는 것이다.

물론 이러한 변화는 외적으로도 뚜렷이 나타나게 됨으로써 앞에서 언급한 가치관이 변할 때 나타나는 외적인 기준들을 적용할 수 있다. 이것은 예수 그리스도와 함께하는 삶을 사는 각 사람에게 다음과 같이 나타난다.

- 새롭게 변화된 생각, 성경에 기초한 확신을 말이나 글로 설명할 수 있어야 한다.
- 새로운 감정, 예수 그리스도와의 만남을 통해 변화된 감정을 말이나 글로 표현할 수 있어야 한다.
- 예수 그리스도에 기초를 두는 새로운 행위가 외적으로 분명히 나타나야 한다.

3) 발달 단계

이러한 배경 아래서 외적으로 나타나는 현상을 가지고 종교적인 발달을 연구해 보면 종교관에서 이 3가지 요소가 동일하게 발달하지 않는다는 것을 알 수 있다.

일반적으로 유아는 종교적 관습을 거의 모방하는 것으로 나타난다. 기도하는 것, 찬양하는 것, 성경과 찬양집을 펼쳐 보는 것들은 부모나 교회 사람들을 단순히 모방하는 것이다. 이 단계에서는 '제2장 3. 3) 관찰학습'에서 언급한 것과 같이 잘 알려진 모방학습의 원칙들이 유효하다.

얼마의 시간이 지난 후에는 이러한 종교적 행위들의 모방에 정서적 요소들이 추가된다. 교회나 주일학교에는 다른 것들과 분명히 구별되는 감정을 자극하는 상황이 있다. 다시 말하면, 화려하면서도 엄숙한 고요함이라든가 독특한 냄새, 알록달록한 교회창문이나 그림, 높은 곳에 위치한 오르간 소리, 혹은 어두운 공간들과 같은 것이다. 이러한 감정들은 관습들(행위들)과 연관시키게 되며, 아동은 이를 통해 대체적으로 종교에 대해 긍정적인 관점을 갖게 된다. 그러나 여기서 분명히 해야 할 것은 이러한 관점은 종교에 대한 부모나 교육자들의 자세에 많이 달려 있다는 사실이다.

전체적 관점을 받아들이는 데 필수적인 세 번째 요소로서 인지적 요소는 유치원 때 처음으로 발달한다. 아동은 처음에는 하나님에 대해 매우 불분명한 생각을 가지고 있다. 만일 누군가 아동에게 하나님에 대해서 질문한다면 아동은 하나님은 하늘에 살고 있으며 할아버지 같은 분이며(왜냐하면 하나님은 나이가 아주 많기 때문에) 사람이 물건을 만들 듯이 땅과 천체를 만들었다고 이야기한다. 하나님과의 만남은 큰 힘을 가진 사람(예, 황제나 대통령)과의 만남 정도로 여긴다. 성부, 성자, 성령은 취학연령까지는 구분하지 못한다.

이미 사고의 발달에서 언급하였듯이, 아동에게 동화나 성경에 나오는 기적들은 현실과 다르다고 분명히 이야기해 주지 않으면 아동들은 그대로 받아들이게 된다. 아동에게 기적은 전혀 어려움이 없이 받아들일 수 있으며 가능한 것이다.

교육자들이 종교성을 긍정적으로 본다면 아동도 긍정적인 생각을 가지게 된다. 아동에게 종교의 가치는 모든 것 중에서 첫 번째 위치를 차지하게 된다(Oerter, 1969). 이런 점에서 예수님의 말씀, 즉 "가라사대 진실로 너희에게 이르노니 너희가 돌이켜 어린아이들과 같이 되지 아니하면 결단코 천국에 들어가지 못하리라."(마태복음 18:3)는 새로운 의미를 갖게 되는 것이다.

신앙간증에서 자주 언급하듯이 이 시기에 어린이전도라는 형태는 아동이 예수님을 위해 개인적으로 신앙결단을 했다고 볼 수 있다. 하지만 이러한 결단에 대해서는 아직도 논란의 여지가 있다. 아마도 아동이 여기서 결단한다는 것은 "예, 예수 그리스도가 나를 위해 결단하셨습니다."라고 말하는 것으로 받아들이는 것이 좋을 것 같다. 즉 아동은 자신의 사고차원에서 하늘로 가는 길은 예수 그리스도를 통한 길밖에는 없다는 것을 이해한 것이다.

아동이 일반적이고 불분명한 종교적 가치관을 받아들였든 예수 그리스도와 동행하는 삶을 받아들였든 커 가면서 자신이 살고 있는 사회에는 종교적 가치들을 평가할 때 비판적인 생각이 지배한다는 것을 알게 된다. 전 아동기 동안 일반적으로 교육자는(그들이 설사 종교적으로 무관심할지라도) 아동이 종교적 규정과 가치들을 지키도록 가르친다. 그러나 아동은 나이가 들수록 종교란 오직 어린이나 비자립적이며 연약한 자들을 위한 것이라는 생각을 배워 간다. 독일에서의 예배 참석률이 국민의 약 3~10% 정도에 그치고 있다는 사실은 이것을 뚜렷이 뒷받침한다.

이미 여러 학자들이 주장하듯이, 전반적으로 청년기에는 종교에 대한 긍정적 생각이 점차적으로 감소한다. 교육적인 영향을 통해 이것을 몇 년 후로 미룰 수는 있겠지만 분명한 것은 청소년에게 있어 조직화된 종교적 규정들과 관습들에 대한 불만족이 계속해서 증가한다는 것이다. 그러나 '종교적인 것'이 전체적으로 볼 때는 감소하지만 그 의미를 잃어버리게 되는 것은 아니다. Kohlberg가 언급한 것과 같이 '여섯 번째 단계'에서 절대성에 대한 요구가 줄어들게 되며 종교적 가치관은 다른 가치관들과 유사하게 진보적인 성향을 띤다. 즉, 청소년은 전통적으로 내려오는 믿음의 유산과 다른 사상 사이에서 타협점을 찾으려고 하며 자신이 만든 가치 구조 안에 포함시키려 한다.

불명확한 종교관을 가진 듯한 이러한 경우가 예수님을 인격적으로 만남으로써 가치관의 변화를 체험한 사람에게도 해당할지는 의심스럽다. 대체로 청년 기독교인은 조직적으로 정해져 있는 종교관습에 대해 많은 불만을 가지게 된다.

이런 상황 속에서 청년 기독교인들은 신앙생활을 새롭게 정비할 필요가 있다. 청소년의 정체성 위기에는 자주 신앙의 위기도 속한다. 청소년들은 자신이 겪는 '새로운' 감정을 추상적 사고의 가능성과 관계성 속에서 바라보게 되며 상위 개념을 유도해 내는 새로운 방법과 함께 예수 그리스도에 대한 자신의 관계성에 대해서도 새롭게 생각해 보게 된다.

이때 부모와 교사가 반드시 명심해야 할 것은 성경에 대한 반발을 겁낼 필요가 없다는 것이다. 성경은 아동의 수준에서뿐만 아니라 성인의 수준에서도 이해될 수 있다. 아동의 사고, 감정, 행동의 차원에서 심어진 믿음이 성인의 연령에서도 그대로 전이된다는 것은 불가능하다. 성인 연령에서 그것은 부적절하며, 언젠가는 검토되어야 한다. 따라서 이것은 신앙의 위기로부터 예수 그리스도를 새롭게 만나는 길을 찾아가는 것이다.

F. Spranger(1925)는 가치 변화를 통해 생긴 종교적 위기를 해결하기 위한 다음과 같은 3가지 가능성을 발견했다.

- 청소년은 종교적으로 무관심해진다. 이것은 청년기에 생기는 다른 형태의 사고와 감정, 행동에 의해 나타난 신앙의 위기를 진지하게 생각하지 않는 경우다. 복음을 아동기부터 알았지만 젊은 성인으로서의 자신의 실제적인 문제에 도움이 되지 않을 때 그들은 무관심하게 된다.
- 청소년은 기존의 종교 형태와는 다른 종교관을 찾는다. 청소년이 '비종교적'이지 않다는 것은 아시아 지역에서 태동한 종교나 뉴에이지 운동에 대한 청소년의 강한 반응을 통해 뚜렷이 알 수 있다.
- 청소년은 전통적인 믿음의 자산들을 스스로 새롭게 구성해 감으로써 어린 시절 가졌던 신앙을 재정비한다. 더 정확히 말하면, 청소년은 자신의 변화된 사고를 복음의 현실성에 적용시킨다. 여기서 '새로운' 혹은 '예수 그리스도에 대한 반복된 결단'이라고 말하는 것은 적절하지 않다. 이 결단은 예수 그리스도에 의해 내려진 것이며, 아동은 이미 이를 받아들인 것이다. 그리고 이제는 변화된 사고와 감정의 구조들로 "그의 영이 우리

의 영에 어떻게 증거하는지"(로마서 8:16) 새롭게 배우는 것이다.

Westerhoff(1976)는 믿음의 발달에서 예수 그리스도에 대한 결단에 이르기까지 4단계를 소개했는데 이는 청소년기의 말기에 이루어지는 과정으로 [그림 3-4]에 나타나 있다.

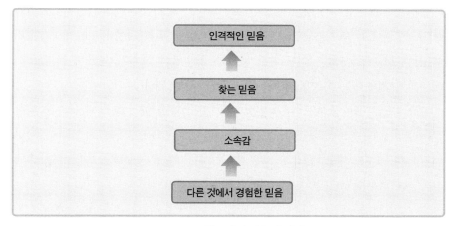

[그림 3-4] 청소년의 믿음의 단계

4) 성경 지도를 위한 실제적인 방안

부모는 성경의 귀한 진리를 아동의 각 연령에 맞게 어떻게 다루어야 할지를 늘 질문한다. 우리는 여기서 아동이 하나님의 선물인 예수 그리스도를 개인적으로 영접하고 예수 그리스도를 그의 삶에 받아들이는 것을 부모가 대신해 줄 수 없다는 점을 분명히 인식해야 한다. 그러나 부모와 교육자는 자신에게 맡겨진 아동이 예수 그리스도와의 만남을 준비하도록 할 수는 있다. 이를 위해서는 아동의 각 연령에 적합한 성경 부분들을 선택해야 할 필요가 있다.

어떤 성경 부분들을 어떤 연령대에?

나는 여기서 성경에 대한 다양한 종교들의 접근에 대한 컨셉트를 제시한 K. Heim(1927)의 견해를 기초로 하고 부모의 연령과 영적 배경을 배려하여 몇 가지 다양한 선택의 가능성들을 제안하고자 한다.

구약에 관한 접근　구약에 나오는 많은 이야기들은 모든 연령대에게 흥미롭다. 특히 전조작기(Piaget의 두 번째 단계), 처벌과 복종 지향(Kohlberg의 1단계)의 취학 전 아동에게는 이스라엘 백성의 흥망성쇠 이야기가 아주 적합하다. 예언서와 지혜서는 이 연령대에는 별로 적절하지 못하다.

취학 전 시기의 아동을 위한 성경이야기를 선택할 때는 다음과 같은 원칙을 주의해야 한다. '꼭 다루어야 할 것만 다루어라.' 여기서 '꼭 다루어야 하는' 요소들에 해당하기 위해서는 '선택된 성경이야기를 무대에 연극으로 올릴 수 있는 것인가?'를 질문해 볼 수 있다.

공관복음서(마태복음, 마가복음, 누가복음)와 사도행전에 관한 접근　마태복음, 마가복음, 누가복음의 내용들은 취학 전 아동과 초등학교 저학년 아동에게 복음을 이해하도록 돕는 데 매우 적절하다.

취학 전 아동에게 '신기한' 생각은 나쁜 귀신이나 마술사로부터 자신을 보호해 주며 병을 고쳐 주는 유용한 생각으로 받아들이게 된다. 따라서 이러한 성경이야기를 통해 아동은 예수님이 어떻게 두려움을 없앨 수 있으셨는지를 경험하게 된다. 아동은 기적을 별다른 어려움 없이 받아들일 수 있으며, 오히려 그들은 예수님이 이러한 방식으로 하시기를 기대한다. 예수님의 삶과 고난, 죽으심과 부활이 공관복음서에 아주 잘 묘사되어 있으므로 그리스도가 다름 아닌 이야기를 듣고 있는 자신을 위해서 죽으셨고 이를 통해 하나님께로 가는 길을 여셨다는 것을 쉽게 이해할 수 있다.

요한복음에 관한 접근　성인이 되어 가는 아동과 청소년, 즉 약 12세 이후부터는 논리적인 사고를 할 수 있다. 이 시기의 아동은 관련성들과 원리를 이해할 수 있으며, 어떤 일에든지 항상 반대 생각이 존재한다는 것을 안다. 철학과 사상을 접함으로써 모든 물질적인 현상세계는 유한한 것이며 심지어 그것이 허구일 수도 있다는 것을 이해한다. 이 시기에는 요한복음이 예수 그리스도께로 인도하는 중요한 길이 된다. 청소년은 예수님이 신령한 빛으로 어두운 세상에 오셨다는 것이 무엇을 의미하는지 이해할 수 있게 된다. 청소년은 허무감을 극복하고 신령한 삶에 동참하길 원하는 자신의 갈망을 하나님이 채우실 수 있다는 것을 보고 경험하게 된다.

청년으로서 다양한 종교들과 철학들을 접해 본 사람은 예수님이 자신을 가리켜 말씀하신 '생수' '참빛' '세상 죄를 지고 가는 어린 양'이라고 말씀하신 것이 무슨 뜻인지 이해할 수 있다.

바울서신에 대한 접근　지금까지 우리는 연령대 내지는 발달 상태를 기초로 한 다양한 접근들을 보았다. 그러나 여기서 또 생각해 보아야 할 점은 '기독교가정에서 자란 아동과 비기독교가정에서 자란 아동에게 복음에 접근함에 차이가 있는가?' 하는 것이다.

앞에서 언급하였듯이, 여기서는 특히 정체성의 위기에 있는 청소년을 위해서 여러 가지 방법을 모색해 보아야 한다. 예수님에 대해 많이 알지 못하는 청소년에게는 요한복음이 많은 도움을 주는가 하면 기독교가정에서 자란 청소년에게는 바울서신이 큰 도움이 된다.

기독교가정에서 자란 많은 청소년은 오랫동안 복음에 대해서 들었지만 복음이 주는 능력을 아직 체험하지 못한 경우가 많다. 그들은 종종 '선한 행위'를 통해 하나님께 나아가고자 하는 경건한 사람에 속한 경우가 있다. 열심히 행함으로 의로운 신앙생활을 하려고 한다. 특별히 Kohlberg의 발달 단계 중 3, 4단계는 청소년기의 가치관을 이해하는 데 많은 도움을 준다. 이들은 대체로 어려서부터 복음을 잘 알고 있으며 부모와 교회로부터 많은 믿음의 예들을 보아 왔지만 계속해서 절망했다.

이때에는 한때 율법의 길을 걸었던 사도 바울의 메시지를 제시해야 한다. 청소년은 "너희가 은혜로 구원을 얻은 것이라."(에베소서 2:5)라는 그의 말을 이해할 수 있을 것이다. 바울의 관점에서 청소년은 아무리 경건한 연습을 할지라도 자신이 하나님이 원하시는 것을 행할 수 없는 상황을 이해할 수 있게 된다. 율법과 은혜에 관한 바울의 메시지를 통해 청소년은 체험, 감정, 의지적 노력이 아니라 오직 예수 그리스도가 골고다에서 그들을 위해 행하신 일이 죄 사함과 양심에 평안을 가져다주는 것임을 이해하게 된다.

6. 발달: 전 생애에 걸친 과정인가

많은 사람들이 정도의 차이는 있지만 청소년 시기를 돌아보며 아쉬워한다. '과연 아직도 변화할 수 있는가?' '만약 있다면 어떻게 변화되는가?' '다만 앞으로만?' 이라고 많은 사람들이 스스로에게 질문한다.

많은 학문적 연구들(예, Erikson, C. Bühler)은 청소년기에서 성인기로의 발달이 어떻게 진행되는지를 밝혀내려고 하였다. 그러나 전체적으로 그 결과들은 미미했으며, 아동기나 청소년기에 대해서 알고 있는 것에 비한다면 매우 보잘 것없는 것이었다.

아마도 독자는 미국 저널리스트들이 18~55세의 115명에게 그들의 인생에 대해서 인터뷰한 내용에 관심이 있을 것이다. 다음에서 이 결과들을 10개의 단계로 나누어 설명하고자 한다. 여기서 발달심리학에서의 모든 숫자와 마찬가지로 다음에 나온 연령 표시들을 너무 숫자 그대로 받아들여서는 안 되며, 이 단계들도 반드시 순서대로 이루어지는 것이 아님을 유념해야 한다.

1) 성인 인생행로의 10단계

1단계

20대 초기에 가족으로부터의 분리가 이루어진다(Meueler, 1982).

2단계

직업생활을 시작하여 성인의 세계로 발을 들여놓으며, 어떻게 만족하며 성공적인 삶을 살아갈 것인지에 대한 질문을 하는 매우 동적인 20대 시기를 보낸다.

3단계

가정을 이룬다.

4단계

직업에 관해 앞으로 어떻게 할 것인가에 대한 문제들을 다룬다.

5단계

30대에 가까워지면 많은 남녀에게 답답함과 한계성의 감정들이 엄습하게 된다. 20대에 내렸던 개인적인 결정들을 돌아보며 자주 불만족하게 된다. 많은 사람들은 인생의 밑바닥에 도달한 것 같은 느낌을 갖는다. 주위 사람으로부터 인정을 받기 위해서는 업적을 달성해야 한다고 생각한다. 이러한 상황은 이해하지만 동시에 자아실현을 하기 위해서는 다른 사람을 위해 살아야 하는 역할로부터 벗어나야 한다는 충동이 자주 생긴다.

6단계

30대의 시작과 동시에 지금까지보다는 더 이성적이고 정돈된 삶을 시작하게 된다. 완숙함과 경험이 증가하고, 자아개념이 안정되며, 정신적·육체적 에너지가 자신이 느껴질 정도로 많아진다. 많은 사람들은 경험과 업적을 통해 주위로부터 무엇인가를 이루고 있으며 이루었다는 인정을 받게 된다. 미래는 과거와 현재의 연장선으로 보인다.

7단계

많은 사람들에게 30대 중반에서 40대 중반까지의 시기는 한 단계로 간주된다. 인생의 반이 지나간다. 직업상의 발달이 마감되고, 자녀의 교육—학교 문제가 대두된다. 시간 흐름이 점점 빨라지기 시작한다. 청년기 때의 힘이 없어지고 당연하게 생각해 오던 건강이 점점 약화되며 지금까지 자신의 정체성을 결정해 주던 사회적 역할들이 갑자기 별 의미 없게 느껴지고 여러 가지 질문들에 대해 만족스러운 대답을 얻지 못하게 된다—이러한 모든 충격적인 경험들은 이 과도기적 시기가 위기라는 점을 보여 준다.

'그것이 모두는 아니었는데…….'라고 이 시기에 자주 생각한다. '이 인생의 중간 지점'에서는 자주 지금까지의 삶의 행로를 던져 버리고 삶을 부인하며 실패를 과장하여 생각하며 이전보다 더 다른 사람과 자신에게 책임을 돌리고자 하는 압박감이 생겨난다. 또한 신체적 아픔들과 연관하여 분명히 설명할 수 없는 두려움 증상도 나타난다.

8단계

40대 중반의 어느 시기가 되면 대체로 다시 균형을 찾게 된다. 지금까지 인생행로에서 내렸던 결정들을 받아들이므로 자신의 삶에 대해 지금까지보다 더욱 원만한 자세를 갖게 된다. 종종 새로운 안정감은 '자신을 세우는 것'을 통하여 생긴다.

9단계

앞의 발달 단계들에서는 앞으로 다가올 미래를 생각하여 행동을 취한 반면, 이 연령대에서는 우선적으로 현재 삶의 상황에서 생겨나는 직접적이고 생존적인 문제들과 관련된 행동을 취하는 경우가 많다.

10단계

퇴직-은퇴기는 직업 상실이 그 특징이다. 이와 함께 직업상 얻은 지위, 사회적 접촉, 종종 경제적 수입까지도 사라지게 된다.

자료 3-18   은퇴에 대하여(Tournier, 1987)

나는 은퇴생활을 기다리며 그때 지금까지 하지 못했던 것을 할 수 있으리라 기대하지만 실제로 은퇴하면 그 모든 것을 하지 못하는 부류를 보았다. 그들에게는 모든 것이 아무런 생동감이 없어 보였고 일상에서 뛰쳐나갈 수 없었다. 또 다른 부류의 사람은 아주 잠깐 동안 그들의 은퇴생활을 기뻐했지만 얼마 지나지 않아 의미 없는 삶에 고통스러워하기 시작한다. 꿈꿔 왔던 작은 일들이 갑자기 모두 실제 생활과는 관계가 없는 것처럼 느껴진다. 가장 행복한 사람은 나이가 들면서 삶이 바뀌어야 하며 '무엇을 하는가.'라는 것보다는 내면이 중요하다는 것을 깨닫고 받아들이는 사람이다. 이런 부류의 사람은 자신이 무용지물이라는 견디기 힘든 감정에 덜 시달리게 되는데, 이 무용지물이라는 느낌은 대부분의 사람의 마음을 매우 무겁게 누르며 이는 성과를 가장 중요시 여기는 현대사회에 그 책임이 있다.

노인은 가족의 해체를 경험한다. 자녀가 독립하며, 배우자가 먼저 사망하기도 한다. 새로운 두려움이 생겨난다. 특히 도시의 밀집된 공간에서는 고립감이 더욱 심해진다.

체력과 에너지, 예전에 자신 있어 하던 능력들, 다른 사람을 끄는 매력 등은 이제 사라진다. 이제 주위 환경과 싸우며 부딪쳐 나가는 것은 행동에서보다는 생각 속에서 이루어진다. 일시적인 만족감들(예, 음식, 대화, 신체적인 편안함)에 대한 관심이 증가한다. 동시에 이 연령대에서는 물질 사회의 비인간적인 상태를 특히 고통스럽게 느낀다. 노인은 자신이 이제 더 이상 일할 능력이 없음에 따라 경제발달에 무용하며 사회로부터 짐이 되는 존재로만 여겨짐을 체험하게 된다. 만일 양로원에 가게 되면 대부분 육체적 죽음에 앞서 사회적 죽음을 먼저 체험한다. 양로원과 요양원으로 보내진 사람의 32%가 그곳에 보내진 후 6개월 안에 사망한다.

2) 노인에게서는 무엇이 변화하는가

몇 년 전까지만 해도 발달심리학에서는 성인기의 시작을 발달의 끝이라고 생각해 왔지만 근래에 와서는 인간의 발달을 평생에 걸친 과정으로 계속해서 다루어야 한다는 의견이 늘어나고 있다. 이러한 접근방식에 대해 여러 원인들이 제시되고 있다(Thomae, 1976).

- 인간의 삶에서 행동의 변화가 없는 시기는 없다.
- 삶의 각 단계에는 일정 기간에 행위가 변하지 않는 사실을 입증할 수 있다.
- 다양한 사람들 사이의 행위의 차이점들은 생명의 생성부터 죽음까지를 잘 입증할 수 있다.

어떤 행위의 변화들이 예상되는가?

장기 연구보고는 지능은 25세에 이르러 최고점에 달하며 그 이후로는 점점 낮아진다고 했다. 그러나 장기연구에서는 유동성, 혁신성과 창조력을 보여 주는 '유동적 지능' 면에서는 약간 줄어들지만 '결정화된 지능'(조직화하는 것, 분류하는 것)은 연령의 증가와 함께 오히려 조금 증가하는 것으로 나타났다.

80대의 연령이 되어서야 해체 현상들을 생각할 수 있다(Filipp, 1987). 그러나 이 점에서 같은 연령대 집단 내에서도 큰 차이가 있을 수 있다. 중요한 것은 이미 젊은 시절에 이 영역에서 스스로 훈련했는가 하는 것이다. 왜냐하면 차이의 40% 정도는 '활동적인' 과거를 통해 이해되기 때문이다. 즉, 늘 정신적인 자극을 받는 직업생활을 했던 사람은 나이가 들어서도 오랫동안 활기를 보존한다.

또한 기억 능력에 관한 새로운 연구는 예상 외의 결과를 보여 준다.

단기기억력의 경우 학습자료를 완전히 습득해야 할 경우에(노인의 경우에는 청각의 약화에 따라 이것이 항상 가능한 것은 아니다) 젊은 사람과 비교해서 전혀 차이가 나지 않는다는 것이다. 그러나 여러 가지 정보에 주의를 기울여야 하는 경우 젊은 사람에 비해 노인은 어려움이 있으며, 단기적인 저장을 다시 불러낼 때도 젊은 사람에 비해 노인은 더 오랜 시간이 걸린다.

장기기억력에서도 몇 가지 특징적인 점들이 나타난다. 기억한 내용을 다시 재생하는 문제에서 노인은 상당한 어려움을 겪는다. 그러나 만일 하나의 암시적인 자극을 준다면(예, 시의 첫 부분이나 기억된 내용의 구조 등) 기억은 훨씬 쉽게 재생된다. 전체적으로 보면, 노인은 학습된 자료를 다시 불러올 때 현저한 어려움을 겪는다. 이러한 연구결과를 설교나 강연을 할 때 참고할 수 있다. 예를 들면, 목차를 분명히 하거나 반복해서 내용의 구조를 언급하는 것이다.

만일 인격적 특징의 변화를 여러 연령단계를 걸쳐 조직적으로 살펴보고자 한다면, 성인연령 초기에는 어떤 '삶의 방식'을 결정하고 만들게 되는데 이것이 장기간에 걸쳐 계속되는 것을 알 수 있다. 그러므로 변화들이 점점 퇴행된다고 보는 것은 옳지 않다. 거의 모든 연구결과는 노년기에 문제가 있는 사람들은 이미 젊은 시절에도 문제가 있었음을 보여 준다.

노인 연구에 관한 모든 연구결과는 노년기를 이미 청소년 때부터 준비하는 것이 매우 중요함을 보여 주고 있다.

| 자료 3-19 | **삶의 방식의 변화** |

30대와 70대 사이의 종단연구결과

유형	30대	70대
일 중심적인 어머니	경제적 상황과 결혼생활에 대한 불만을 느낌	적어진 부담에 따라 만족 스러워짐
결혼 중심적인 어머니	두 연령 간에 차이점이 적음	
가족 중심적인 아버지	두 연령 간에 차이점이 적음	
불성실한 남편	두 연령 간에 차이점이 적음	
적극적이고 능력 있는 남편	신경질적, 자극에 민감함, 긴장함	사랑이 많고, 지원을 아끼 지 않음

또 이들 연구결과들은 노인이 '오래된 고철'에 속하는 것이 아니라 가족이나 교회에서 중요한 과제를 맡을 위치에 있음을 보여 준다. 바울은 디모데에게 누구도 그가 젊다는 것으로 업신여겨서는 안 된다고 말했지만, 오늘날에는 누구도 노인들을 업신여겨서는 안 된다고 말해야 할 것이다. 성경도 많은 부분들에서 우리에게 이 점을 가르치고 있다.

3) 갱년기

많은 여성에게 (이는 남성에게도 마찬가지다) 갱년기에 대한 위기 의식이 보이지 않는 위협처럼 도사리고 있다. 그들은 "이제 곧 너의 능력은 정지하게 될 것이고 그렇게 된다면 너는 늙은 것이야."라는 속삭임을 듣는다. 갱년기에 대해 학자들은 무엇이라 이야기하는가?

갱년기에 대해서도 일반적으로 통하는 원칙이 유효한데, 즉 신체적 변화와 그에 따라 생기는 심리 상태와의 관련성은 지금까지 여겨졌던 것보다 훨씬 적다는 사실이다.

신체적 영역에서는 폐경이 갱년기의 가장 중요한 특징이다. 여성은 자주 신체적 변화들과 함께 몸이 갑자기 더워지며 땀이 나는 증세, 목부터 머리까지 화끈거리는 증상을 호소한다. 그리고 이러한 신체적 증상들은 종종 장래가 어두워 보이고 쉽게 흥분하거나 우울해지는 심리 상태와 관련이 있다. 그렇다고 의사를 찾아야 할 것인가? 갱년기 여성이 '병'을 앓고 있는 것인가?

원칙적으로는 그렇지 않다. 왜냐하면 이것은 지극히 자연스러운 발달 과정 중의 하나이며 또 갱년기에 대해 이야기하는 것 중의 많은 것들은 '학습된' 것일 수도 있다.

이러한 학습 과정은 비교적 간단히 설명될 수 있다. 즉, 실제로 큰 어려움을 가진(이들은 자신에 대해서 많이 생각할 시간을 가진 자들이다) 여성은 젊은 여성에게 자신의 갱년기의 어려움을 이야기하는데, 그러한 증상은 일반화된다. 게다가 의사는 주로 갱년기 어려움이 있는 여성을 환자로 돌보게 됨으로써 의사가 이러한 신체적·심리적 변화들에 대해서 자주 언급하게 되는 것이다.

실제로 이러한 증상들이 나타나긴 하지만 일반적으로 받아들여지는 것보다 훨씬 적다. 대부분의 여성은 아무런 어려움이 없는데, 의사들은 이러한 여성은 접할 기회가 없는 것이다. 이러한 이유에 따라 소수의 예외적인 경우를 가지고 하나의 심각한 위기로 언급하게 될 수가 있다.

폭넓은 경험적 연구들에 따르면, 2,000명의 설문자 여성 중에 40%가 이미 갱년기 전에 갱년기 증상들과 갱년기에 나타날 건강 장애요소 등을 예상했다. 그러나 설문자의 1.5%만이 이러한 증상이 실제로 나타난 것으로 답했다.

이러한 결과들로 유추해 볼 수 있는 것은 갱년기에 대한 두려움 때문에 스스로 예상했던 증상을 현실로 느낀다는 점이다. 삶을 너무 심각하게 받아들이고 아직 닥치지도 않았는데 미리 혹시나 생길 수도 있을 것에 대한 두려움으로 사는 사람은 실제로 그러한 현상이 나타나게 되면 2배로 고통받게 된다.

늙는다는 것과 일상적인 일을 더 이상 처리할 수 없을 것이라는 생각, 더 이상 매력적이지 않을 것이라는 데 대한 두려움은 여성과 남성을 자주 병적인 불안감으로 내몬다.

요약하면, 갱년기라는 것은 존재하며 일반적으로 남성보다 여성에게 더 심하게 나타난다. 그러나 종종 가족구조의 변화, 예를 들면 자녀의 '독립'에 따라 강화되는 생물학적 변화들을 가지고 자연적으로 생기는 위기를 막을 수는 없다. 만일 위기가 생긴다면 그것은 일반적으로 사회적인 요소에 의한 것이지 생물학적 원칙에서 생긴 것은 아니다.

자료 3-20   노인의 성생활?

많은 젊은 사람들은 늙어서도 성적인 감각을 가질 수 있다는 것을 상상하지 못하는 것 같다. 그러나 실제로 모든 연구들은 반대 현상을 보여 준다.

많은 여성들은 폐경기 이후에 자녀를 더 이상 가질 수 없게 되었을 때의 성생활은 비정상적인 것이거나 혹은 옳지 못한 것으로 생각하기도 한다. 실제로 성생활에 대해 역겨움을 느끼기까지도 한다. 이러한 잘못된 생각은 노년기에 만족스러운 성생활을 누리는 데 장애요소가 된다.

모든 연령대의 남성과 여성이 알아 두어야 할 것은 성생활은 하나님의 선물이며 부부간의 성생활의 기쁨은 고령에까지 지속될 수 있다는 것이다. 이것은 특히 부부생활에서 영혼의 일치가 존재할 때 가능한 것이다.

자료 3-21   노인이 지켜야 할 6가지 규칙

1. 규칙적인 생활을 하라.

노인 연구결과에서 여러 가지 차이점이 있지만 한 가지 연구결과는 공통적이다. 일하고 쉬는 것, 즉 긴장 상태와 휴식을 취하는 것을 규칙적으로 반복하는 것, 규칙적인 식사, 신선한 공기를 마시며 하는 운동, 다른 사람들과의 정기적으로 교제를 가지는 것, 규칙적인 수면은 건강을 지키는 데 매우 중요하다는 것이다. 수면 문제나 소화 문제를 약으로 해결하려고 하지 마라.

2. 쉬는 사람은 녹슨다.

노인도 배워야 하고 정신적으로나 신체적으로 계속 움직여야 한다. 이것은 가족이나 교회 내에서 특정한 책임을 맡음으로서 가능하다. 그리고 규칙적으로 운동하라. 손자들과도 산책을 하라. 이것은 활기를 북돋아 주며 두 사람 모두에게 유익하다. 신문과 책을 규칙적으로 읽으라. 그리고 무엇보다 성경을 읽으라.

3. 병에 대해서만 이야기하지 말라.

아픈 것이 삶의 주 내용이 되지 않도록 하라. 주위 사람에게 자신의 병이나 다른 사람의 병에 대해서 가급적이면 언급하는 것을 피하라. 분명히 더 긍정적인 대화의 소재가 있을 것이다.

4. 정상적으로 식사하라.

요즘에는 노인에게 적합한 영양가 많으며 맛이 좋은 음식들이 많이 있다.

운동을 한다 할지라도 나이가 들수록 열량 소비가 줄어든다. 60~70대는 20~30대가 필요로 하는 열량의 80% 정도가 필요하며 70대 이상의 연령에서는 70% 정도만 필요로 한다. 식단에서 빠져서 안 될 것은 우유와 유제품, 과일과 야채, 곡류, 달걀, 신선한 생선, 지방이 적은 육류고기, 식물성 기름과 지방이다. 권장하지 않는 음식은 케이크나 단것, 기름진 육류와 짠 음식이다.

5. 과한 것은 건강을 해친다.

이것은 특히 기호식품에 해당한다. 적당한 것은 유익이 될 수 있으며 적당한 양의 맥주, 한 잔의 적포도주는 입맛이나 기분을 좋게 한다. 커피나 홍차는 심장과 혈액순환을 활발하게 하며 뇌 역할에도 영향을 미친다. 그러므로 자기 전에는 마시지 않는 것이 좋다. 꼭 차를 마시고 싶다면 차를 오랫동안 우려 마셔라. 우러나온 차의 성분은 심신을 진정시키는 역할을 한다.

6. 외모를 가꾸라

외모를 가꾸는 사람은 다른 사람과 교제하기가 훨씬 수월하다. 이것은 삶의 다른 상황에도 적용된다. 외모를 가꾸는 것은 나이가 든 후에도 신체적으로 신선함을 느끼게 해 줄 뿐 아니라 자신감과 삶을 즐거움을 더해 주는 역할도 한다.

햇빛, 공기, 물 등은 오래 전부터 피부와 혈액순환에 좋은 것으로 잘 알려졌다. 나이든 사람이라고 해서 피부 관리 용품이나 화장품을 소홀히 해서는 안 된다. 저녁에는 따뜻하게, 아침에는 차갑게 샤워를 하고 가끔 사우나에 가는 것도 좋다. 이는 청춘의 샘이 될 수 있다.

심리학과 | HANDBUCH
목회상담 | PSYCHOLOGIE &
SEELSORGE

제4장

만약
어떤
문제가
생긴다면

제4장 만약 어떤 문제가 생긴다면

지금까지 우리는 주로 건강한 사람에 대해 알아보았으며 유아에서 노년까지의 발달 단계를 다루었다. 그리고 인체 신경조직의 복잡성에 대해서 별도로 다루며 주위 환경이 사람의 인격형성에 어느 정도 영향을 미치는가를 살펴보았다. 그로써 주위의 영향에 따라 신체적 혹은 심리적 기능장애를 겪는 경우가 자주 있음을 알 수 있었다.

심리적 장애들은 신체적·사회적·심리적 원인과 같은 여러 가지에 의해 다양하게 나타난다. 또한 신비주의적인 성향에 따른 심령적인 압박(okkulte Belastung)도 심리적 장애로 이어질 수 있다. 목회상담자는 내담자를 자신이 도와야 하는지 혹은 다른 전문가로 하여금 도움을 받도록 해야 하는지를 판단하기 위해서 이와 같은 여러 가지 원인에 대한 지식을 가지고 있어야 한다.

자료 4-1 목회상담자, 상담자 혹은 정신과 의사?

신체적 질병이나 정신적 질병과 관련이 있는 심리적 문제들은 정신과 의사가 다루어야 한다. 그리고 외적인 어려움들에 대한 반응으로 생긴 대부분의 심리장애들은 일반적으로 상담자(드문 경우에는 교육자나 복지사, 상담자 혹은 목사도 포함)가 다루어야 한다.

심리적 질병에서 신앙 문제와 관련이 있을 경우 목회상담자를 가장 먼저 찾게 되는데, 이는 목회상담자가 내담자로부터 가장 많은 신뢰를 받고 있기 때문이다. 이때 목회상담자가 전문훈련을 추가적으로 받았다면 가벼운 심리적 장애(특정한 우울증)일 경우에 성경치유적-목회상담적 차원에서 돕는 것이 가능해진다.

목회상담자는 이외에도 심각한 장애증상들을 알아내는 데 중요한 역할을 하게 되는데, 이는 많은 내담자들이 의사나 상담자보다 목회상담자로부터 더 자주 조언을 구하기 때문이다. 이때 목회상담자는 내담자에게 도움이 될 만한 전문가를 연결시켜 줄 수 있어야 한다. 이것은 목회상담자가 문제해결에서 중요한 위치에 있다는 것을 의미한다. 그는 상담적 차원의 목회적 대화가 필요한지 혹은 정신치료나 심리치료가 필요한지를 잘 판단할 수 있어야 한다.

일반 분야에서뿐만 아니라 교회 분야(예, 성경적 치유 목회상담 프로그램)에서 얻어진 결과는 정도가 그리 심각하지 않은 경우 많은 사람들이 '도움을 주는 그룹(Helpergruppe)' 혹은 전문 목회상담자가 아닌 '비전문적 목회상담자(Laienseelsorge)'들을 통해서도 효과적이고 눈에 띌 만큼 좋은 결과를 얻은 사실을 보여 준다.

목회상담자는 두려움이나 우울증에 시달리는 사람을 자주 접하게 된다. 많은 기독교인도 이러한 장애를 겪고 있다. 두려움과 우울증의 원인과 증상에 대해 잘 알고 있는 목회상담자가 이에 필요한 '방법'까지 알고 있다면 두려움과 우울증으로부터 내담자가 자유롭도록 도와줄 수 있다. 다시 말하면, 이들을 성공적으로 돕기 위해서는 목회상담자로서 영적인 전제조건들을 갖출 뿐 아니라 심리학적 지식과 심리치료적 방법 또한 어느 정도 갖추어야 한다는 것이다.

이러한 지식 중 몇 가지는 이미 이 책의 앞에서 다루었고 나머지는 다음에서 다루고자 한다. 이 장에서는 심리적 장애의 분류에 대해서 중점적으로 다루고자 하는데, 이는 좀 더 정확한 진단을 하기 위해서다. 제5장에서는 성경적 치유 목회상담에 대한 다양한 이론들을 살펴보고자 한다.

심리적 질병을 설명하는 데는 2가지 큰 방향이 있다. 첫째는 질병의 발생원인들을 다루는 것이며, 둘째는 질병을 앓는 사람의 행동에 관심을 두는 것이다. 이 책에서는 두 번째 방향에 중점을 두고자 한다. 우리가 두 번째 방향에서 다루고자 하는 이유는(물론 발생 원인들을 원칙적으로 배제할 수는 없지만) 이 방향이 의학적으로 전문가가 아닌 목회상담자나 일반상담자가 납득할 수 있는 시스템을 제공하고 있기 때문이다.

행동심리학은 미국에서 잘 알려진 정신장애의 진단 및 통계 편람 제4판 (Diagnostischen Statistischen Maunal psychischer Stoerungen: DSM-IV)에 근거하고 있다. 이 분류는 지난 수년 동안 독일어권에서 사용빈도가 증가하는 추세다(Horn, 1987).

각 질환을 진단할 때 근본적으로 염두에 두어야 할 것은 정신장애를 분류하는 것을 통하여 사람 자체를 어떤 범주 속에 가둬 버리는 실수를 범하지 않아야 한다는 것이다. 정확한 진단은 정확한 치료에 매우 중요할 뿐만 아니라 상담자 간의 정확한 정보교환을 가능하게 하므로 상담 초보자인 경우 진단의 한계를 인식하는 것을 특히 염두에 두어야 한다. 진단은 한 사람이 일정 기간 겪는 특정한 증상을 나타내는 것이지 '그 사람 전체'를 말하는 것이 아니다. '정신병자' '신경증환자'라고 말하는 것은 작은 실수에 그치는 것이 아니라 우리가 용납할 수 없는 어떤 사고 형태를 표현하는 것이라고 봐야 한다.

1. 누가 병든 사람인가

국제보건기구(WHO)에 따르면, 건강한 사람과 병든 사람을 구분하는 것은 이상적인 상태에서 출발한다. "건강하다는 것은 질병이 없는 상태만을 의미하는 것이 아니라 신체적·정신적·사회적으로 건강한 완전한 상태다." (WHO, 1958)

WHO는 예전의 이러한 극대치 개념에서 후퇴하여 요즘은 건강하다는 것은 인간으로 하여금 사회적으로 생산적인 삶을 영위하는 것을 가능케 하는 정도로 정의하고 있다. 여기서 '사회적으로 생산적'이라는 말은 삶의 목표를 이루어 나갈 수 있다는 의미다. 이로써 건강은 더 이상 그 자체가 목적이 아니라 목적을 위한 수단으로 여겨지며, 이러한 관점에서 특정한 목표를 이루기 위해 갈등을 극복해 가는 능력을 의미한다.

그렇다면 이러한 의미를 정신적 질병과 관련하여서는 어떻게 적용할 수 있는가?

심리치료의 근원은 의학에서 나왔다. 따라서 정신적 장애를 겪는 사람을 처음부터 '질병을 앓고 있는' 것으로 생각했으며, 앞에서 언급한 병든 자의 개념으로 본다면 오늘날에는 훨씬 더 부정적으로 간주되고 있다.

정신적 '질병'을 의학적으로 보는 견해는 환자는 치료를 받아야 한다는 관점과 연결되는데, 이것은 환자가 소극적이며 수동적이 되는 것을 의미한다. 하지만 정신적 장애에서는 환자의 적극적인 참여가 치유에 결정적인 역할을 한다.

제4장의 표제를 '만약 무슨 문제가 생긴다면'으로 했다면 어디서부터 문제로 바라봐야 할지 측정기준이 필요할 것이다. 다른 말로 표현하면, 언제부터 질병을 앓고 있다고 할 것인가 하는 문제는 WHO의 정의에 따라서 삶의 목표를 이루기 위해 갈등을 극복하는 능력을 어느 시점부터 가지고 있지 않다고

봐야 하는가에 대한 질문이 될 것이다.

만일 우리가 인간 정신의 장애라는 관점에서 출발한다면 표준(정상, nor-men)에 대해서 설명해야 할 것이다. L. J. Pongratz는 정상이라는 것은 검사법을 통해서 알 수 있거나 DSM-IV에 적용되는 통계적인 자료만을 통해서는 알 수 없다고 했다. 이러한 '객관적으로 보이는 정상' 외에 각 문화의 풍속과 관습이 고려된 '각 문화권 내에서 정상적' 인 것뿐 아니라 타인의 의견과 무관하게 각 개인이 느끼는 '주관적인 정상적인 것' 도 반영되고 동등하게 고려해야 한다.

그러므로 하나의 장애를 판단하기 위해서는 항상 이 모든 3가지 요소들을 고려하는 것이 매우 중요하다. 그러므로 예로 어떤 기독교인이 자신을 정상으로 느낀다면 객관적인 자료들, 즉 DSM-III에서는 '양극화된 장애' 로 진단하거나 사회문화적 환경이 그를 '비정상적 우울병자' 로 간주할지라도 그가 주관적으로 '정상으로' 느끼는 것이 가능하다.

자료 4-2   **행동표본과 사고표본으로서의 규범**

규범에 대한 정의를 찾고자 할 때 이것은 2가지에서 나타난다. 즉, 행동규칙으로서의 규범과 가치표본으로서의 규범이다(Pongratz, 1975).

첫 번째 관점은 규칙과 표준들을 의미하는 것으로, 이것은 인간의 행위를 결정한다. 두 번째 관점은 집단의 한 일원으로서 생각, 즉 세상을 보는 한 집단의 공통적인 형태와 방식에 관한 것이다.

이 2가지 관점은 서로 관련이 있다. 그 어떤 문화나 집단 또는 종교단체도 집단 구성 원이 정상적인 행동을 나타내는 것만으로는 만족하지 못하기 때문에 두 관점이 관련되는 것이다. 즉, 그들은 구성원이 내적인 가치관들까지도 받아들이길 원한다. 따라서 규범에 대한 개념은 내적인 것과 외적인 면, 가치관과 행위, 사고를 포함한다.

2. 정신장애의 근본 원인

정신장애의 소수만이 갑자기 발현한다. 일반적으로는 병이 발현하기까지는 오랜 기간이 걸리며, 이들 원인도 여러 가지 요소들로 나뉠 수 있다. 정신장애의 3가지 주요 원인은 다음과 같이 요약할 수 있다.

- 유전적 배경에 의한 장애들
- 양육에 따른 장애들
- 환경에 따른 장애들

또한 영적인 문제들도 정신장애의 배경이 될 수 있는데, 이는 자주 다른 원인들과 동반하여 나타난다. 많은 영적 문제들이 때때로 정신적 문제로 '가장'하여 나타나는 것처럼, 많은 정신장애들이 신앙생활 속에서도 나타난다. 이러한 것은 자주 강박증세로 나타난다. 예를 들면, 집에 불을 모두 껐는지 계속해서 확인해야만 하는 강박증 행동을 가진 사람은 예수님을 믿은 후에도 신앙생활을 하면서 유사한 행동을 보일 수 있다는 것이다. 그는 매일 긴 기도목록들을 가지고 '지칠 때까지' 기도해야 한다고 생각할지도 모른다.

이러한 자연적 정신장애의 경우 내담자나 그의 가족, 교회에서조차 그렇게 여길지라도 목회상담자는 이것이 신앙 위기에서 비롯된 것이 아님을 인식하는 것이 중요하다.

물론 정신적인 차원과 영적 차원 사이에는 몇 가지 교차점이 있다. 성경은 모든 인간고통과 질병을, 죄에 의해 하나님과의 분리되어 생긴 결과로 보고 있다. 그렇지만 맹장염을 무조건 기도로만 치료하고자 하는 것은 비이성적이다. 이런 경우에는 실력 있는 외과의를 찾아야 할 것이다. 이럴 경우에라도 우리가 알아야 할 것은 어떤 의학 지식이 필요하든 치료는 하나님께로부터 온다는 점이다.

맹장염 치료 시에 의사의 관점이 진단에 필수적인 것처럼, 정신장애의 경우에는 정신과적인 관점에서의 진단이 필수적이다. 정신장애의 원인에 대해 말한다고 해서 모든 인간 고통의 원인이 원죄에 있다는 사실과 어긋나는 것은 아니다. 제5장에서는 성경적-치료적 목회상담이라는 관점에서 심리학과 신학 사이의 경계를 가늠하는 질문들을 통해 다시 한 번 살펴보게 될 것이다.

앞에서 언급한 것처럼 정신적 장애를 유전과 환경, 스트레스가 발생할 수 있는 가능성 가운데서 살펴보아야 할지라도 이들 요소가 인간의 책임을 회피하기 위한 변명이 되어서는 안 된다. 많은 정신적 문제들은 실제로 무책임한 행위 때문에 발생하기도 한다. 즉, "사람은 자신의 행위에 대한 결과에 책임져야 한다."라는 것과 "뿌린 대로 거둔다."(갈라디아서 6:7)라는 것을 생각할 수 있다. 그러나 자신의 잘못된 행위만이 사람을 고통스럽게 하는 것이 아니라 타인의 잘못된 행위 때문에도 상당히 고통받을 수 있다. 따라서 목회상담에서는 이 점을 고려해야 한다.

정신적 장애를 알아내고자 할 때 누가 잘못했는가를 따지는 것이 중요한 것이 아니라 병적인 행동방식을 될 수 있는 대로 정확하게 묘사하는 것이 중요하다. 또한 장애 원인에 대해서 이야기할 때 한 사람의 인격은 여러 가지 요소들의 상호작용으로 이루어지며 어떤 특정한 요소의 영향이라고 분명히 말하기가 매우 어렵다는 것을 인식해야만 한다.

1) 유전적 요인

정신적 문제를 검진할 때 유전적인 배경을 조사해 보는 것은 중요하다. 예를 들면, 조울증의 경우에는 유전적인 성향이 뚜렷이 나타난다. 경험적 연구들을 통해서 볼 때도 정신분열증을 겪는 부모의 자녀는 그들이 부모 밑에서

자라지 않더라도 그렇지 않은 부모를 가진 아동보다 정신분열증을 앓는 빈도
가 높은 것으로 나타났다.

그러나 현대의 유전 연구에서 일반적으로 널리 알려진 사실 중 몇 가지는
왜곡된 부분이 있다. 따라서 많은 사람들은 자신의 총체적인 문제를 '나쁜 유
전소질' 로 탓하며 자신의 잘못된 행위를 정당화시키려 한다. 우리는 "아버지
가 알코올 중독자였기 때문에 나도 그의 발자취를 따르게 될 것이다."라는 말
을 자주 듣는다. 이러한 생각을 하기까지 유전학적인 연구결과들이 매우 일방
적으로 해석되어 왔음을 알 수 있다.

물론 유전적 조건이 앞에서 살펴본 것처럼 실제로 지능적·감성적 역량에
영향을 주는 것은 사실이지만, 성인으로서의 행동은 유전적으로 미리 결정지
어진 것이 아니다. 그 예를 우울증을 앓는 사람에게서 살펴볼 수 있다. 물론
우울증에 대한 성향은 어느 정도 유전적일 수 있다. 그러나 이러한 성향에 대
해 대처해 나가는 상당 부분은 자신의 통제 아래 놓여 있다. 즉, 교육이나 사
회화 과정을 겪는 동안의 경험과 사고방식, 행동방식에 따라 어떤 사람은 다
른 사람보다 주어진 상황을 더 잘 극복해 나갈 수 있다는 것이다.

유전자 자체는 사람이 반항적 태도를 갖거나 원한을 품도록 하지 않는다.
그러나 유전적으로 우울증 기질을 가진 사람은 평생 동안 우울하게 되지 않고
자 적극적으로 싸워야 한다는 특정한 전제조건을 가진다. 또 알코올 중독이었
던 부모의 자녀가 다른 아동보다 알코올 문제에 더 쉽게 노출된다는 것은 잘
알려져 있다. 그러나 이것은 그 자녀 스스로 술을 마시게 될 때에만 유효하다.
알코올을 마심으로 메스꺼움이나 구토가 생기기까지는 유전적 기질의 조건
상 알코올 중독자 부모를 가진 자녀가 이러한 유전적 기질을 갖고 있지 않은
자녀보다 더 많은 알코올을 마셔야 할 것이다. 이것이 의미하는 바는 '정상적
인' 청소년이 자기 신체 증상을 통해서 술을 마실 때 자신이 감당할 수 있는
만큼의 양을 마시는 것을 더 잘 훈련할 수 있다는 것이다. 그리고 이를 통해
중독될 가능성은 희박해진다. 유전적으로 이러한 신체 기능이 극소화된 범위

에 노출된 사람은 다른 결과들을 통해서 알코올을 즐기는 것이 문제가 될 수 있다는 것을 배워야 한다.

요약하면, 어떤 사람은 유전적 조건에 따라 다른 사람들보다 훨씬 더 쉽게 알코올 중독에 빠질 수도 있다. 그러나 다른 면으로 본다면 이는 그 누구도 중독성에 대해 기질상 자유롭지 못하다는 것을 의미한다.

2) 교 육

정신질병에 대한 원인으로서 유전적인 요소 이외에 양육도 중요한 역할을 차지한다. 제3장에서 이에 대한 많은 현상들을 대해 소개했다. 실제로 특정한 양육방법은 유전적인 요소나 스트레스를 줄 수 있는 요소와 연관이 될 경우 정신적 질병의 원인이 될 수 있다.

아주 엄격한 부모 밑에서 자란 아동이 성인이 되었을 때 완벽주의나 우울증에 자주 걸리는 것을 볼 수 있다. 또한 무관심 속에서 자란 아동은 사회성 부분에서 종종 병적인 장애들을 나타내기도 한다.

성경에 기초하지 않은 은혜와 정죄에 대한 설교를 매주 예배 시간에 듣고 자라게 되면 성인이 되어서도 종종 구원에 대한 확신을 가지는 데 어려움을 겪는 것을 보게 된다. 우울증 증세, 두려움, 강박관념들은 이러한 배경 아래서 자주 나타난다. 어머니와 아버지가 늘 싸우는 가정에서 자란 아동이 사회성 부분에서 어려움을 겪게 되는 것은 예견할 있는 일이다.

유전적인 요소와 환경적인 요소는 정신적 장애의 발생 가능성을 통계적으로 예측해 볼 수 있도록 하는 것이다. 하지만 이 요소를 가지고 인과적인 결론을 내리는 것은 적절하지 않다. 비록 유아기 시절의 사회화가 정신장애 발달에서 중요한 역할을 하는 것은 의심할 여지가 없지만, 이것이 한 사람이 건강하고 행복한 삶을 영위하는 데 결코 결정적 요소는 아니라는 것을 늘 염두에 두어야 할 것이다. 이러한 잘못된 생각은 정신장애가 '고착화' 되도록 하는 원인이 될 뿐 아니라 유아기나 유전적인 요소를 자신의 잘못된 행위에 대한 변명으로 삼는 원인을 제공하기도 한다.

3) 스트레스 요인

정신장애에서 스트레스는 종종 정도(한계)를 넘어서게 되는 경우가 있다. 만약에 어떤 사람이 유전적으로 어떤 '약점'이 있거나 어려운 환경 가운데 자랐다면 스트레스를 받을 경우 쉽게 정신장애에 걸릴 가능성이 있다.

스트레스가 구체적으로 각 장애에 어떻게 작용하는지에 대해서는 아직까지 분명하지 않다. 정신장애를 일으키는 스트레스 요인은 내담자가 목회상담자에게 하소연하는 어려움들일 수 있다. 하지만 스트레스는 인간의 삶 속에 항상 내재되어 있다.

자료 4-3   **스트레스 상황에 대한 하나님의 말씀**(이사야서 43:1~3)

야곱아 너를 창조하신 여호와께서 이제 말씀하시느니라. 이스라엘아 너를 조성하신 자가 이제 말씀하시느니라. 너는 두려워 말라. 내가 너를 구속하였고 내가 너를 지명하여 불렀나니 너는 내 것이라. 네가 물 가운데로 지날 때에 내가 함께할 것이라. 강을 건널 때에 물이 너를 침몰치 못할 것이며 네가 불 가운데로 행할 때에 타지도 아니할 것이요, 불꽃이 너를 사르지도 못하리니 대저 나는 여호와 네 하나님이요, 이스라엘의 거룩한 자요, 네 구원자임이라.

이스라엘은 역사상 반복하여 심한 스트레스를 경험했지만 살아남았다. 물론 여러 가지 스트레스는 사람들로 하여금 하나님께 다시 돌아오게 하는 기능을 가지고 있기는 하다. 그러나 모든 스트레스가 하나님께로부터 오는, 소위 하나님의 양육방법이라고 말하는 것은 성경적이지 않다. 손가락질하며

정죄하는 목회상담자들은 성경적인 진리와는 멀리 동떨어져 있다. 예수님을 따르는 제자들은 주께서 겪으신 것, 즉 거절당함, 정죄당함, 불의함, 비난, 유혹 등을 만날 수 있다는 것을 고려해야 한다. 이러한 목록은 더 많아질 수 있다.

스트레스를 개인적인 죄나 무책임함과 연관시킨다면 그 사람을 돕기보다는 그를 망가지게 할 것이다. 스트레스는 종종 적든 많든 상실을 통해 생긴다. 만일 백혈병으로 자녀를 잃은 어머니가 상담과 위로를 찾는다면 일반적으로 목회상담자는 쉽게 그 슬픔에 동참할 수 있다. 그러나 이러한 상실을 이해하기가 어려운 상황이거나 잘 드러나지 않는 경우에는―예를 들어, 노인이 기력 상실에 걸렸을 경우―훨씬 더 어렵다.

목회상담자는 이러한 상실이 죄의 결과가 아니라는 것과 질병이나 죽음도 출생과 결혼과 같이 삶의 한 부분이라는 것을 내담자가 깨닫도록 도와주어야 한다. 당사자는 이러한 큰 상실이 본인이 잘못해서 생긴 벌이라고 자주 생각한다. 예를 들면, 자녀가 부모의 이혼을 경험했다거나 혹은 부모가 장애 자녀를 가지게 될 경우 종종 이와 같은 경향을 보인다. 실제로는 전혀 그렇지 않지만 이러한 책임을 느끼게 될 경우 스트레스는 더 커지고 거기에 죄책감이 생긴다. 하지만 책임감을 느껴야 하는 경우도 있다. 예를 들면, 부부간의 갈등을 폭력으로 해결하는 경우가 이에 해당된다고 볼 수 있다(〈자료 4-4〉 참조).

자료 4-4 **부부갈등을 폭력으로 해결해야 하는가?**

대체로 남편이 폭력을 행사할 경우 아내는 피해자가 된다. 그리고 아내는 고통당하는 자로서 많은 동정을 받는다. 하지만 이때 갈등이 빚어지는데, 아내가 한 역할은 흔히 간과되는 것이다. 실제로는 '약한' 아내가 학대의 원인을 제공하는 경우를 자주 볼 수 있다. 이에 대해서 학자들은 아내가 무의식적으로 이런 방식을 통하여 자신을 만족시키고자 하기 때문이라고 말한다.

> 현대의 사회연구가들은 학대받는 아내는 학대받았던 딸인 경우가 자주 있다고 본다. 이것은 아버지와의 관계가 남편과의 관계에서도 반복된다는 이론을 많이 뒷받침한다. 남편의 임무는 절제력을 배우는 것이고 아내의 임무는 비판으로 남편의 성질을 건드리는 것이 아니라 남편이 비판을 잘 감당할 수 있도록 남편을 대하는 법을 배우는 것이다.

목회상담자를 찾는 사람들 중에는 스스로의 삶에 대해 통제력을 잃어버렸다고 믿지만 실제로는 그들 스스로 문제를 만드는 경우가 많다. 이들은 일반적으로 자신의 삶을 힘들게 하는 스트레스 원인을 스트레스에 대처하는 자신의 '병적인' 방법에서가 아니라 주위 환경에서 찾는다.

스트레스를 정신장애의 원인으로 연구하고자 할 때 반드시 유념해야 할 것은 장애의 직접적인 원인이 되는 것이 스트레스가 아니라 각 개인의 대처 방식에 달려 있다는 것이다. 이 외에도 생각해야 할 것은 특정한 스트레스 상황으로부터 자신을 보호하고자 하는 각 개인의 의지도 중요하다는 것이다.

피할 수 없는 스트레스의 경우에는 목회상담자가 내담자에게 종종 도움이 될 수 있다. 그 예로 강한 스트레스 요인이 되는 불치병을 앓는 경우가 있다. 심근경색을 경험한 사람은 적게 일하는 것을 배우도록 애써야 한다. 당뇨병 환자들은 처방된 식단 때문에 사회생활, 예를 들면 가족모임 같은 곳에서 자주 어려움을 겪을 수 있다. 그러나 그들은 자신의 한계를 받아들이고 경우에 따라서는 자신의 특별한 상황에 맞춰 나가는 것을 배워야 한다. 신체적 장애가 있는 사람은 자주 자신이 다른 사람에게 성가신 존재가 된다고 느끼고, 그렇지 않아도 장애로 소외된 상태를 스스로 더욱 소외시키는 경우가 있다.

3. 정신적 장애의 예, 우울증

목회상담과 상담의 현장에서 우울증은 정신적 장애로서 매우 자주 나타나므로 '제4장 4. 심리장애의 분류'에서 다룰 일반적인 심리장애 범주와 분리하여 별도로 다루는 것이 필요하다.

자주 우울증 증세가 있는 기독교인이 목회상담 시간에 와서 수개월, 심지어는 수년 동안 기도해 왔으며 몇 번이고 안수를 받았으며 전 교인이 그를 위해 기도했지만 우울증 증세가 호전되지 않고 있다는 이야기를 자주 하곤 한다. 또 상담을 찾는 많은 사람들이 수년간 목회상담을 받았으나 좋아지지 않았다고 한다.

자료 4-5 **우울증-간단한 역사적 고찰**

우울증은 환자가 치료를 원치 않기 때문에 고대부터 특별히 힘든 질병으로 간주되었다. 그래서 우울증에는 '이해가 되지 않는 병'이라는 개념이 따라 붙게 되었다.

고대와 중세에는 특별한 다이어트나 운동, 공기를 바꾸어 보는 것, 유희 등 비교적 부드러운 치료법을 사용했으나 17세기에 들어와서 치료법이 갑자기 바뀌었다. R. Burton은 그의 『우울증의 해부』라는 책에서 우울증적인 증기를 빼내기 위해서 두개골의 봉합선에 벌겋게 달군 쇠를 꽂거나 두개골에 구멍을 뚫는 등의 방법에 대해 언급하고 있다.

많은 기독교인이 우울증을 신비주의의 영역에 속한 것으로 간주했다는 역사적인 사료는 신비주의자 H. von Bingen에서 찾아볼 수 있다. 그녀는 우울증의 육체적인 증상으로 보이는 검은 담즙은 자연스러운 체액이 아니라 아담과 이브가 뱀의 유혹에 빠진 때부터 우리의 피 속에 흐르는 악마의 독이라고 간주했다. T. Aquinas는 우울증이 우리 속에 거하시는 하나님의 사랑 안에 세워진 영적인 삶을 폐하므로 심지어 죽음에 이르는 죄로 간주했다.

> 이러한 사고방식, 즉 우울증을 본인의 잘못으로 생긴 질병이나 무거운 죄로 간주하는 것은 오늘날까지도 부분적으로 남아 있음을 볼 수 있다. 한마디로 요약하면, 우울증은 본인이 책임져야 한다는 것이다.

노력을 별로 하지 않았는가? 더 많이 기도해야 했는가? 목회상담을 더 받아야 했는가? 이런 질문들은 자주 들을 수 있는 것이다. 전통적으로 교인도 공개적으로 또는 은연중에 이런 질문을 하고 있다(〈자료 4-5〉 참조). 그런데 이런 질문들은 우울증 환자를 더욱 깊은 수렁으로 밀어 넣을 수 있다. 즉, 우울증 증세를 본인의 책임으로 돌린다면 환자 스스로가 영적으로 더 많은 '노력을' 해야 하며 동시에 목회상담자는 짐을 덜게 된다. 그렇다면 오히려 '나는 우울증세를 보여도 괜찮다.' 라고 생각하도록 내버려 두는 것이 더 쉽지 않을까?

실제로 우울증의 수렁에서 헤쳐 나오기 위한 첫 단계는 우울증 증세에 어떤 의미가 있다고 인정하는 것이다. 다시 말하면, 우울증을 부족한 기도생활이나 믿음생활과 연결하지 않고 지친 삶에서 일어날 수 있는 당연하고도 정상적인 반응이라고 생각하는 것이다. 우울증에 걸린 많은 사람의 경우 우울증은 그 사람으로 하여금 쉬도록 하기 위한 마지막 수단일지도 모른다. 이런 경우 좋은 말이나 약으로만 대치하고자 한다면 좋은 기회를 놓치고 마는 것이다. 하나님께서는 이런 방법을 통하여 그 사람에게 말씀하기를 원하고 계실지도 모른다. 그러므로 우울증이 있는 사람에게 그의 우울증 상태는 오히려 인생을 구원하는 기회가 될 수 있다고 분명하게 이야기해야 할 것이다.

1) 우울증에 대한 정의

이미 언급했듯이 전공서적에서는 우울증을 2가지 큰 부류로 설명한다.

다소 오래된 심층심리학에 기초한 치료는 우울증이 생기게 된 원인으로부터 시작하는 반면, 현대적인 의미에서는(우리가 '제4장 4. 심리장애의 분류'에서 다루게 되는 DSM-IV의 의미에서) 우울증 환자의 정확한 증세를 설명하려고 한다. 이들 두 종류는 모두 의미가 있으므로 둘 다 간단하게 소개하고자 하지만, 먼저 우울증의 전염성에 대해서는 몇 가지 언급해야 할 필요가 있는 것 같다.

2) 누가 우울증에 걸리는가

전 세계적 인구의 3~5%(1억 5천만~2억 5천만 명)가 지속적인 우울증에 시달리고 있는 것으로 추측된다. 최근 스웨덴의 한 연구결과는 지난 30년간 우울증 환자의 수가 거의 2배로 증가했음을 보여 주었다. 그러나 이것이 실제로 우울증에 걸린 사람의 숫자가 늘었음을 의미하는 것은 아니다. 오히려 진단방법의 발달로 우울증 증세를 더욱 분명하게 파악할 수 있게 되었다고도 볼 수 있다. 우울증의 확산과 연관하여 대부분의 연구들은 여성이 남성보다 2배나 많이 우울증 치료를 받고 있다고 말한다(혹자는 7:3 비율이라고 보는 경우도 있다.). 그러나 이에 근거해서 우울증이 유전된다고 결론을 내리는 것은 섣부른 판단이다. 오히려 쌍둥이를 연구하여 수치를 분석하는 것이 우울증에 유전적 소인이 있는지 알아보는 데 더 적합하다. 그러나 이 수치들은 실험의 조건들을 고려하여 정확하게 구분해서 해석해야 한다. 최근 연구결과는 젊은 성인들(특히 18~44세) 가운데 우울증에 걸리는 수가 예전과 비교해 볼 때 더 많이 증가했음을 보여 주고 있다. 여성은 35세 이전에 많이 걸리는 반면, 남성의 경우 55~70세에 가장 많이 걸리는 것으로 나타났다.

가족관계와 관련해서는 다음과 같은 순서를 보이고 있다. 가장 적게 우울증에 걸리는 사람은 결혼한 남성, 그다음으로 결혼한 여성, 독신녀 혹은 과부, 그다음으로 독신남, 상처했거나 이혼한 남성 순이다. 가장 우울증에 많이 걸리는 부류는 별거 중이거나 이혼한 여성이다. 그리고 사회경제적 지위가 낮은 사람이 우울증에 더 자주 걸리는 것으로 나타났다.

우울증의 증세

우울증은 종종 생각하는 것처럼 사람의 감정에만 영향을 미치는 것이 아니다. 전인격, 즉 육체, 영혼, 정신 모두에 영향을 끼치게 된다. 증상이 심할 경우 〈자료 4-6〉에서 보는 증세가 보통 사람보다 거의 30%나 더 자주 나타난다.

자료 4-6 우울증 증세

- 감정 영역: 좌절감, 만족감의 상실, 울고 싶은 마음, 자기 스스로를 싫어하게 됨, 관계성을 가지기를 싫어함, 기쁨의 상실
- 동기와 사고의 영역: 부정적인 기대, 자살충동, 왜곡된 자아상, 가치를 느끼지 못함, 결단력의 부족, 동기의 상실, 낮은 자기평가, 자기비판, 자기비하, 죄에 대한 소욕
- 육체적인 영역: 식욕부진, 수면장애, 피곤, 성적욕구 감퇴, 변비, 말이 느려짐, 구부정한 자세, 슬픈 표정, 즉흥적으로 무엇을 하고자 하는 마음이 사라짐

---

3) 우울증의 원인

DSM-IV에 따른 분류와는 달리 종전의 우울증 규명과 분류는 우울증의 발생 원인에서 출발한다. 가장 자주 사용되는 것은 내생적 우울증과 외생적 우울증으로 나누는 것이다. 내생적 우울증은 광범위한 의미에서 신체 내 신진대사 장애에 기인하는 것이고, 외생적 우울증은 주위에서 일어나는 어떤 일에 대한 반응으로 생기는 것이다. 일반적으로 내생적 우울증이 더 심각하고 오래 지속된다고 볼 수 있다.

아마도 두 우울증 형태를 숫자로 비교해 본다면 내생적 우울증은 모든 우울증 환자의 1/10일 정도뿐이다. 다시 말하면 외부적인 원인으로 인해 생기는 외생적 우울증이 훨씬 빈번하다는 것이다.

외생적 우울증은 '심리적' '반응적'이라고 말할 수 있는데, 즉 심적 부담을 주는 외부환경에 의해 생기는 것이다. 내생적 우울증은 신경전달물질계의 이상에 따른 것이라고 볼 수 있다('제2장 2. 3) 신경계의 기능' 참조).

최근의 연구들은 몇 가지 희귀한 내생적 우울증의 형태가(조증과 울증을 보이는) 11번 염색체의 이상에서 비롯된 유전적 원인에 따른 것임을 증명했지만 이런 우울증 형태는 가장 드문 경우다.

우울증의 생화학

전문가들은 생화학적인 연관성 없이 생기는 우울증은 있을 수 없다고 생각한다(Battergay, 1987). 그렇다면 어떤 생화학적인 관련이 우울증 뒤에 숨어 있는지에 대한 의문이 생긴다.

'제2장 2. 사람의 신경계통'에서 신경세포 간의 연결에 신경전달물질인 세로토닌이 관계하고 있음을 이미 살펴보았다. 우울증의 경우 이 세로토닌의 함량이 충분하지 않다고 보고 있다. 물론 여기서 말하는 이 함량은 1,000분의 1g 수준이라는 것을 염두에 두어야 할 것이다.

어떤 환자를 하룻밤 동안 자지 못하게 한다면 이러한 가정에 근거가 있다는 것을 알 수 있게 된다. 다음 날 그의 컨디션이 더 좋아진다면 세로토닌 부족에서 그 원인을 찾을 수 있다. 비슷한 결과는 세로토닌 생산을 촉진하는 심한 운동, 예를 들면 조깅 후 몸이 훨씬 좋아진다는 것에서도 알 수 있다.

세로토닌 외에도 우울증을 유발시키는 다른 많은 생화학 물질이 있다. 우울증 환자의 뇌에는, 예를 들면, 노르아드레날린도 충분치 않다고 추측된다.

우울증의 유발자

우울증은 그것이 외부적이든 내부적인 이유에서 생긴 것이든지에 상관없이 환자가 느끼는 증세는 비슷하다.

우울증을 일으키는(최근의 연구결과에 따르면, 내성적 우울증도 결코 갑자기 생기는 것이 아니라는 것이 밝혀졌다) 가장 큰 요소는 종종 사망, 이별을 들 수 있다. P. Kielholz의 연구는 여성의 경우 특히 사랑하는 사람과의 갈등, 결혼생활의 난관, 남편의 외도, 술주정 등이 가장 큰 요인이며, 그다음으로는 고립, 방황, 다른 사람과의 관계성 부족, 이혼 등이라고 말하고 있다. 남성의 경우 가장 우선을 차지하는 요인은 직장에서의 과중한 업무, 좋지 못한 직장 분위기, 일자리를 잃는 것 등이 있다.

우울증의 약물치료

생화학적이고 심리적인 요소가 우울증의 발생에 함께 작용한다는 것을 감안한다면 우울증 치료도 약물과 이를 지원하는 심리치료를 동반해야 한다는 것이 명백해진다. 그러나 우울증 발생 원인에 따라 어디에다 중점을 두어야 할 것인가를 고려해야 한다.

내생적 우울증에는 약물치료가 우선되어야 한다. 그러고 나서 심리치료적인 방법을 도입해야 한다. 외생적 우울증의 경우에는 심리치료에 우선해야 한다.

그러나 비교적 많은 우울증 환자에게서 약물은 효과가 없는 것으로 드러난다. 약물치료가 별 효과를 보이지 않는 경우를, Kieholz는 15%, A. Beck은 35~40% 정도로 추정한다.

4) 발생 원인에 따른 외생적 우울증의 형태

외생적 우울증을 발생 원인에 따라 분류하면 다음과 같이 구분할 수 있다.

과로우울증(탈진우울증)

종종 공장이나 농장에서의 과도한 노동과 같이 육체적인 과로만으로도 우울증이 유발될 수 있다. 이런 경우에는 치료방법은 휴식만으로도 충분하다. 하지만 힘든 시험을 치러야 하는 상황이나 계속 비난을 받는 상황도 과로(탈진)우울증의 원인이 될 수 있다.

이러한 종류의 우울증은 교회에서 책임을 맡은 사람에게서 자주 볼 수 있다. 사람들은 목사나 교회 책임자가 밤낮으로 언제든지 자신들을 도와줄 준비가 되어 있기를 기대한다. 과로(탈진)우울증은 이러한 삶의 결과로 나타난다.

많은 기독교인이 자신의 한계에 이르도록 수년간 내적 갈등을 하여 과로(탈진)우울증에 빠진 경우를 볼 수 있다. 또 교회 일을 하면서 생기는 죄책감, 양심의 가책으로 갈등하는 것을 볼 수 있다. 우리는 이미 예수 그리스도가 승리를 쟁취한 영역에서 아직도 싸우고 있는 것이다. 교만한 사람은 혼자서 모든 유혹을 이겨 내고자 한다.

상실우울증

주위의 소중한 사람을 잃었을 때 많은 사람들은 우울증에 빠진다. 배우자나 가까운 가족이 죽었다거나 혹은 친구와 헤어지는 경우를 예로 들 수 있다.

이 증세는 가정에서 자녀가 성장하여 다 독립하고 나면 어머니가 갑자기 말할 수 없는 허탈감에 빠지게 되는 경우에도 나타난다. 이는 심리치료의 전문용어로 '빈둥지 증후군'이라고 알려져 있다. 비슷한 상황이 남성에게도 나타나는데, 성공적이던 직장인이 갑자기 할 일이 없어질 때 찾아오는 우울증의 한 현상인 '은퇴증후군'이 그것이다. 또한 상실우울증은 종종 직업상의 목적을 이루지 못했을 때나 나이 때문에 더 이상 이룰 수 없을 때에도 찾아온다.

노이로제성 우울증

"모든 것은 시간이 지나면 잊히게 된다."라는 말이 있다. 그러나 이 말이 모든 경우에 해당하지는 않는다. 사람이 갈등을 완전히 혹은 부분적으로 마음속에 감춰 놓는다면 이것이 우울증의 원인이 되기도 한다. 마음속 깊이 감춰 놓은 죄 문제도 여기에 속할 수 있다.

죄를 가진 사람은 그 죄를 더 이상 생각하지 않으려고 하거나 혹은 감추려고 할 수 있다. 심지어 이들은 이런 죄 문제를 무의식의 세계로 옮겨 버리므로 더 이상 그 사건에 대해서 기억하지 않게 될 수도 있다. 그러다 갑자기 우울증 증세가 나타나게 된다. 다시 말하면, 소위 '이리저리 떠도는 불안감'이 찾아오는 것이다. 감춰 놓은 요소를 알기를 원하지 않거나, 또 알 수 없기 때문에 이 두려움의 원인을 알 수 없게 된다.

'학습된 무력감'을 통한 우울증

'제2장 3. 학습'에서 언급한 것처럼 우울증도 학습될 수 있다. 그러므로 이러한 우울증은 부모나 교사의 교육방식, 혹은 교회나 모임에서의 설교 방식 등과도 관련하여 살펴보아야 한다. 만약 항상 행동에 따른 결과가 있어야 한다고 생각하는 사람이 있다면 그는 행동이 아무런 결과를 가져올 수 없다고 생각하게 될 때 우울증에 걸릴 수도 있다.

이러한 경험을 반복하게 되면 그 사람 마음속에는 장래에도 나는 아무것도 할 수 없을 것이라는 생각이 굳어지게 된다. 그는 무기력을 습득하게 되고 이것은 다시금 나중에 우울증의 초기 단계가 될 수 있다.

우울증 증세가 있는 기독교인이 목회상담 시간에 오면

우울증 증세가 있는 기독교인이 목회상담 시간에 오면 그가 어떤 형태로 자신의 행동을 통제하고 있는가를 살펴보아야 한다.

우울함의 원인이 외부로부터 주어진다고 생각하는 우울증 환자는 자신의 노력이 별로 의미가 없다고 생각하는 경향이 있다. 만약 예배 시간에 "당신은 온전히 하나님께 자신을 맡겨야 합니다."라든가 "기다리십시오. 하나님께서 당신을 위하여 싸우실 것입니다."와 같은 내용의 설교를 듣게 된다면, 다른 성도는 이 설교를 통해서 은혜를 받게 될지라도 그의 우울증 증세는 더욱 심해질 수가 있다.

이런 우울증 환자에게는 내적으로 확신을 가지는 것이 중요해 보인다. 이 말은 그 자신이 무엇인가를 하기 위해 자리를 털고 일어서야 한다는 것을 뜻한다. 예를 들면, "나는 하나님께서 앞서 가신다는 것을 믿고 앞으로 나아간다."와 같은 좌우명이 좋은 효과를 가져올 수 있다. 또한 A. H. Francke가 지은 "이제 기쁨으로 눈을 들고 앞으로 나아가세. 우리는 하나님의 손 안에 있으며 그가 우리와 함께 가시네."라는 노래도 효과적일 수 있다.

위장된(가면성) 우울증

젊음, 활력, 건강, 능력을 최고로 여기는 사회에서는 우울증이란 굉장한 위험 요소다. 그러므로 많은 우울증 환자들은 일반적으로 자신의 우울증을 되도록 감추려고 한다. 이런 자기기만으로 우울증 증세가 외부적으로는 그리 심각해 보이지 않을 수도 있고 때로는 주위에서 전혀 알아채지 못하기도 한다.

오늘날에는 성공적인 사업가가 스키를 타다 다리가 부러진 일은 이해하지만 그가 우울증에 걸리는 것은 고운 시선으로 바라보지 않는다. 현대인은 젊고 역동적이어야 하며 우울 증세를 가져서는 안 되므로 이들은 차라리 숨기게 된다. 그러므로 우울증은 현대인이 가장 많이 감추는 병이 되었다. 우울증은 젊고 건강한 사회에 도무지 어울리지 않는 병이다. 그러나 환자는 그야말로 생존을 위한 처절한 싸움을 하고 있다. 우울증 환자는 이러한 상태를 감추고,

심지어는 자신 스스로에게도 병을 숨긴다.

겉으로 정상인의 모습을 유지하기 위해 끊임없이 우울증 증세에 대한 적절한 이유를 찾는다. 가을에는 종종 날씨가 나쁘기 때문이라고 하고 어떤 때는 감기에 걸렸거나 어떤 때는 잠을 잘 못 잤거나 혹은 음식을 잘못 먹었거나 부부 사이가 안 좋다거나 혹은 아무런 이유 없이 그렇다거나 혹은 그냥 부끄러워서 그렇다거나 자신도 어쩔 수 없다거나 등등의 이유를 댄다.

무슨 변명을 늘어놓든지 근본적으로는 우울증에 걸리지 않았다고 스스로 속이는 것이다. 이런 배경에서 수시로 변하는 여러 가지 우울증 증세를 치료받기 위해서 가정의학과 의사를 찾는 것은 당연한 결과다. 진실한 면을 가리고 있기 때문에 위장된(가면성) 우울증 환자의 90%는 이 의사에서 저 의사에게로 떠돌아 다니는 긴 여정을 시작하게 된다.

교회 내에도 이런 위장된(가면성) 우울증 환자가 있다. 교회 안에는 그리스도로 인해 항상 기뻐해야 하므로 기독교인은 슬퍼할 수도, 슬퍼해서도 안 된다는 묵시적인 율법이 있다. 기독교인은 "괴로운 표정을 짓고 있는 기독교인은 주님을 위해 좋은 증인이 될 수 없다."라는 말을 알고 있다. 그래서 계속 내적인 싸움을 한다. 웃는 얼굴을 하고 있지만 마음에는 깊은 상처를 안고 있거나 슬퍼할 수 없기 때문에 슬퍼해서는 안된다고 생각하게 된다. 이런 긴장이 너무 커져서 어느 순간 쓰러질 때까지 이런 상태로 수년간 살게 된다.

우울증에 걸려 보지 않은 사람은 교회의 성도들이 무의식적으로 던지는 무시의 눈길 때문에 우울증을 앓고 있는 사람이 얼마나 큰 고통을 당하는지 잘 상상할 수 없을 것이다. 이러한 무시하는 말에는 "올바른 믿음이 없다." "성경을 적게 읽는다." "기도를 적게 한다." 등과 같은 말이 포함될 것이다. 이러한 것들은 그렇지 않아도 내면적인 긴장 가운데 있는 환자를 더욱 답답하게 만들 것이다.

그 결과 신앙심이 돈독한 기독교인일지라도 자살충동을 느끼고 종종 이를 시도에 옮기는 경우가 생긴다. 이런 배경에서 우리는 환자로부터 종종 듣는

"이런 상황을 오래 견디는 것보다 차라리 암에 걸리거나 다리를 자르는 편이 낫겠어요."라는 심정을 이해할 수 있게 된다.

4. 심리장애의 분류

신체장애에서 장애에 대한 분류가 필요하다거나 장애에 대한 더 정확한 진단이 필요하다는 데는 학자들 간에 이견이 전혀 없다. 오히려 모든 전문가들은 치료를 시작하기 전에 확실한 진단을 내려야 한다고 생각한다. 그러나 신체장애가 아니라 심리장애 분야에서는 진단을 내리는 데 일치된 의견을 보는 것이 쉽지 않다.

1) 분류는 가능한가

일부 심리학자나 정신과의사들은 심리장애를 분류하는 것에 대해 반대하는 입장을 가지고 있다. 그들은 이에 대해서 여러 가지 중요한 근거를 제시하고 있는데, 그 예로 만약에 한 사람에게 어떤 병명의 진단을 내렸다면 이 병명이 오랫동안 그 사람을 따라다닐 수 있다는 연구결과가 나왔다.

D. L. Rosenhan(1973)은 어떤 사람이 아주 정상적임에도 매우 심각한 정신병환자라고 진단을 받은 예를 들고 있다. 다시 말하면, 치료하는 의사와 심리학자 간에 어떤 병에는 어떤 증세가 나타난다는 것이 서로 일치하지 않는다는 것이다.

이 외에도 또 다른 문제는 모든 진단 뒤에는 자기 계시라는 측면이 있다는 것이다. 즉, 진단이란 어떤 병명을 이야기해 주는 역할을 하는 동시에 진단된 병을 고정화시켜 버리는 기능도 갖고 있다.

목회상담자는 자주 접하는 심리적인 문제를 다루기 전에 먼저 심리장애의 전반적인 개요에 대해서 아는 것이 중요하다. 병의 원인과 심리장애에 관한 학문인 정신병리학이 이 점에 대해서 다루고 있다.

고전적인 정신병리학에서는 심리장애의 원인을 주로 심층심리학적–정신분석적인 면에서 고찰한다. 장애를 규정하는 데 주로 심층심리학이론에 근거한다. 여기에는 사람의 성격 구조에 대한 Freud의 이론인 '원초아' '자아' '초자아' 등의 개념이나 정상적인 혹은 장애적인 발달(예, 심리성적이론), 사람이 장애에 대해서 반응하는 특정 기능(방어, 전이)등이 포함된다.

이 방법의 문제점은 이 분류를 경험적–학문적으로 증명할 수 없다는 것과 심층심리학의 이론을 추종하지 않는 다른 상담자에게는 충분하지가 않다는 점이다. 독일에서는 1960년대까지 심리치료의 형태가 심층심리학뿐이었으므로 이 점에 대해서 전혀 문제가 되지 않았다.

영어권에서는 1945년부터 특히 행동연구가들 사이에서 경험적–학문적인 방법으로 검증할 수 있는 정신병리학을 요구하는 목소리가 커졌다. 미국 정신의학회는 이러한 요구에 따라 표준분류인 정신장애의 진단 및 통계 편람(Diagnostic and Statistical Manual of Mental Disorders: DSM)을 개발했다. 1952년에 DSM–I이 발표되었고, 이를 더욱 확장하고 수정한 목록이 현재 DSM–IV까지 나와 있다. 심리장애에 대해서 비교적 분명하고 무엇보다 검증할 수 있는 진단을 내리기 위해서 이 DSM은 독일어권에서도 사용빈도가 높아지고 있다.

여기서는 심리장애를 20개의 기본 범주로 나누고 있는 독일어판 DSM–IV에 근거하여 살펴보고자 한다. 이미 언급한 것처럼, 많은 상담자나 정신과 의사들이 모든 분류를 없애야 한다는 견해를 가지고 있다. 그들은 분류하는 명칭 자체가 파괴적인 것이며 영혼의 문제를 무책임의 정도에 따라 구분한다는 것은 적절하지 못하다고 생각하고 있다. 이들의 주장은 어느 정도 타당해 보인다.

물론 명칭은 위험할 수 있으므로 명칭을 적용하는 데는 주의를 기울여야 한

자료 4-8	심리치료방법의 다양성

독일에서는 제2차세계대전이 끝나고서야 정신분석이 정식으로 알려지게 되었으며, 그 이후 심리치료에 유일하게 적용되었다. 하지만 벌써 그 당시에 다른 나라, 특히 미국에서는 심리치료방법이 여러 가지 형태로 발전하고 있었다.

심리장애의 발생에 대한 Freud의 이론에 대해서는 갈수록 의문이 제기되거나 개정되었다. 또한 심층심리학으로부터 독립한 행동주의, 인본주의 심리학 등을 통해서 완전히 새로운 심리치료방법이 생겨났다(제5장 참조). Corsini의 『심리치료에 대한 개론』(1983) 2권은 현재 독일어권에서 인정받은 70개 정도의 심리치료방법에 대해서 언급하고 있다.

다. 그러나 사람은 범주 안에서 사고하며 정보를 자동적으로 그들의 사고 속에서 조직하기 때문에 모든 분류체계를 무시한다는 것은 적절하지 않은 것 같다. 그러므로 기존의 체계를 없애 버린다는 것은 또 하나의 다른 체계로 옮겨 간다는 것을 의미할 뿐이다. 일괄적인 진단체계를 폐기시킨다는 것은 결국에는 각 임상심리학자, 정신과 의사, 상담자가 각자 고유의 체계를 계발하게 된다는 것을 의미한다(각 개인이 이 점을 전혀 의식하지 못할 수도 있다.).

학문을 연구하는 사람들은, 연구자가 동료와 자료를 교환한다면, 통일된 용어를 사용할 때만 가능하다는 것을 잘 알 것이다. 진단체계의 통일성은 두 상담자가 어떤 특정한 증세에 대해서 이야기할 수 있는 전제조건이 된다. 즉, 두 사람이 실제로 똑같은 것에 대해서 생각하고 있어야 한다는 것이다.

심리장애에 대한 여러 가지 분류체계를 생각해 볼 수 있다. 이런 체계는 학문적으로(즉, 객관적으로) 검증될 수 있어야 한다는 조건을 갖추어야 한다. 또는 서로의 의견교환을 단순화시킬 수 있어야 한다. 즉, 용어가 되도록 이해하기 쉬워야 하고 납득할 수 있어야 한다.

DSM은 많은 부분에서 부족하기는 하지만 앞에서 언급한 2가지 점에서는 고전적인 분류체계를 능가한다. 또한 점점 빨라지고 작아지는 세상에서 이 분류체계는 세계적으로 인정받음으로 어디서나 이해되고 있다는 장점이 있다. 그리고 중요한 부분에 대해서는 세계적으로 인정받고 있는 ICD 9(Manual of the international Statistical Classification, Injuries and Causes of Death)와 상응하고 있다.

그리고 DSM은 어떤 특별한 철학적-이데올로기적인 상부구조 없이도 적용할 수 있다는 장점이 있다. 이 체계는 특정 가치관을 가미하지 않고 인간을 관찰할 수 있다. 기독교인이 다른 학문의 진보를 사용하듯이, 이 DSM시스템도 사용할 수 있다.

2) DSM-IV의 진단체계

고전적인 심리진단학에서는 심리장애가 대부분 한두 개 단어로 표현된 데 반해, DSM-IV와 관련된 진단에는 환자에 대한 진단이 소위 DSM- IV축이라고 불리는 5가지 면에서 기술되고 있다.

축 1에서는 고전적 의미에서의 심리장애를 기술하고 있으며, 축 2에서는 성격장애와 특별한 발달장애를, 축 3에서는 환자를 이해하는 데 중요할 수 있는 신체장애나 증세가 기술되어 있으며, 축 4와 축 5에서는 사회환경, 그 사회환경 속에서 경험한 환자의 스트레스 증상을 나타낸다. [그림 4-1]에서 각 축을 개별적으로 살펴본 다음 각 축에 대해서 좀 더 상세히 살펴보고자 한다.

DSM-IV의 축 1에는 이른바 '임상적인 증세'가 기록되어 있다. 여기서는 당사자의 성격구조에서 오는 장애가 아니라 어느 정도 갑자기 장애로서 나타나는 심리장애를 말한다.

〈자료 4-9〉는 DSM-IV의 축 1과 축 2에 사용되는 중요한 심리장애 범주를 열거한 것이다. 최신판 DSM-IV은 이러한 규명에서 DSM-III와 그리 큰 차이를 보이지 않는다.

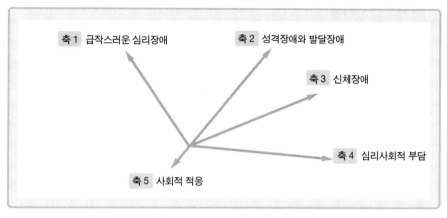

[그림 4-1] DSM-IV의 다섯 관찰 축

자료 4-9	DSM-IV의 축 1과 축 2

급성심리장애(축 1)

1. 유아기, 아동기, 청소년기의 장애
2. 유기적 원인에 의한 장애
3. 약물사용장애
4. 정신분열증
5. 정신착란
6. 다른 범주에 속하지 않는 심리장애
7. 정서장애
8. 불안장애
9. 신체형 장애
10. 해리장애
11. 성적 장애
12. 수면장애
13. 자기기만적인 허위성장애
14. 다른 범주에 속하지 않는 충동조절장애
15. 적응장애

성격장애와 발달장애(축 2)
1. 발달장애 (정신장애, 매우 광범위하고 특별한 발달장애)
2. 성격장애

성격구조나 발달과 관련된 심리장애

심리장애는 DSM-IV에서 축 1과 축 2에 기술하고 있다. 그리고 축 2에는 환자의 성격구조나 발달과 연관되어 생긴 심리장애를 기술하고 있다. 이런 규정은 고전적인 심리진단학에서 잘 알려진 이른바 '성격노이로제' 와 상응한다. 여기에는 장기간에 걸쳐 형성되어 한 사람의 성격이 되어 버린 장애가 속한다. 그러므로 DSM-IV는 이러한 것을 '성격장애' 라고 부른다.

자료 4-10 | **DSM-IV에서 성격장애의 정의**

성격이란 주위 환경과 자신에 대해 어떻게 지각하는지, 어떻게 관계성을 맺는지, 어떻게 사고하는지에 대한 지속적인 유형을 말한다. 성격은 넓은 분야에 걸쳐 개인적으로 중요한 상황과 연관되어 나타난다.

성격이 융통성이 없고 잘 적응하지 못하거나 사회성과 일 수행 능력에서 심각한 영향을 미친다거나 개인적으로 어려운 상황을 유발시킬 때만 성격장애라고 본다. 성격장애는 중년기나 노년기에는 눈에 덜 띄게 될지라도 일반적으로는 청소년기에 이미 형성되어 있으며 더 일찍 나타날 수도 있고 성인이 되고서도 계속하여 진행될 수도 있다.

신체적인 장애와 상태

DSM의 축 3에는 환자를 이해하고 치료하는 데 중요할 수 있는 신체적인 장애와 상태가 기술되어 있다. 이러한 신체적인 장애가 심리장애와 상관관계가 있을 수도 있고 아무 상관이 없을 수도 있다.

몇몇의 경우는 알츠하이머병을 통하여 생긴 치매현상처럼 신체적으로 나타나는 증세의 원인을 추정할 수 있다. 신진대사장애나 호르몬장애도 심리장애와 관련하여 볼 수 있다.

축 3에 있는 진단은 의사의 진찰을 받고 난 다음에야 가능하다. 만약 진찰받지 않았다면 진단기록서의 축 3에 '진찰받지 않았음' 이라고 기록해야 한다. 그러나 의사의 진찰을 받았으나 별 이상이 발견되지 않았을 때는 '특이한 점이 발견되지 않았음' 이라고 쓰면 된다.

심리사회적 부담 요소의 정도

오래 전부터 스트레스가 인간의 심리에 어떤 영향을 끼치는지에 대한 많은 토론이 있었다('제2장 1. 5) 몇 가지 예' 참조). 특별한 심적 부담 그 예로 가까운 가족의 죽음, 중병, 이혼 등은 심리장애의 중요한 원인으로 보인다.

축 4에서는 심리사회적인 부담요소, 즉 현재의 장애를 더욱 악화시키거나 혹은 장애를 일으키는 데 중요한 영향을 끼칠 수 있는 요소를 열거했다. DSM-IV 설명에서는 정상인이 같은 사회문화적 조건 아래에서 이러한 심리사회적인 요소로 고통당할 수 있는 심적 부담을 의사의 판단에 따라 정한 것이다. 즉, 외부적인 스트레스의 부담 정도를 측정할 때, 예를 들어 어떤 교회에 속해 있는가 등의 사회문화적인 요소는 고려하였지만 개인적인 어려움 등은 고려하지 않았다.

예를 들면, 음악가에게 조그만 청각장애는 도로공사판에서 일하는 근로자의 청각장애와는 다른 의미를 가진다. 이러한 차이는 부담 정도의 설정에 고려되었다. 아들이 학교에서 유급한다면 엄한 아버지는 인생을 느긋하게 바라보는 아버지보다 이 사실을 더욱 심각하게 느낄 것이다. 이러한 차이는 외적

인 상황이 아니라 당사자의 성격에서 기인한 것이므로 DSM의 축 4에서 고려
되지 않았다.

심리사회적인 부담 요소를 구분하는 데는 부담 요소를 비교할 수 있는 단계
로 구분되어 제시되었다. 정상인이 동일한 상황과 사회문화적 조건에서 느낄
수 있는 부담들을 비교의 대상으로 삼아서 심리사회적인 부담 요소들을 단계
별로 분류했다. 아동과 성인을 위한 예는 〈자료 4-11〉에서 찾아볼 수 있다.

코드	정도	성 인	아동·청소년
자료 4-11	**축 4 부담의 단계**		
1	없음	특별히 눈에 띄는 심리사회적 부담이 없음	특별히 눈에 띄는 심리사회적 부담이 없음
2	최소	경미한 범법 행위 소액의 은행부채	가족과의 휴가
3	약간	이웃과의 다툼 근무 시간의 변경	교사 바뀜 새학년
4	중간	인생의 새로운 단계의 출발 좋은 친구의 죽음 임신	부모의 잦은 다툼 전학 가까운 친척이 병에 걸림 동생이 태어남
5	심함	중병에 걸림 가족 중의 하나가 중병에 걸림 재산의 큰 손실 배우자와의 이별 자녀의 출생	학교 친구의 죽음 부모의 이혼 외출금지 조치 입원 계속되는 부모의 엄한 양육방식
6	매우 심함	가까운 친척의 죽음 이혼	부모 중 한쪽이나 형제 중의 한 사람이 죽음 반복된 신체적·성적 학대
7	파괴적 수준	강제수용소에 감금 심각한 자연재해	가족 중 몇 명이 죽음
0	단계를 매길 수 없음	정보가 없거나 실례가 없음	정보가 없거나 실례가 없음

사회적 적응

심리장애의 성공적인 치료를 위해서는 주위의 도움이 매우 중요한 것임이 계속적인 연구를 통해서 밝혀졌다.

축 5를 기술하는 데는 사회적응을 고려했으며, 현재 상태보다는 가능성 있는 진단에 더 관심을 가졌다. 그러므로 90개로 나누어진 추측 영역에서는 지난해에 도달한 것에 대한 의견에 가장 많은 점수를 주었다.

이들 과정에서 다음과 같은 세 분야를 그 중요성에 따라 순서를 매겼다.

- 사회적인 관계성(가족, 친구관계 등)
- 직업능력(직업, 학교, 대학 성적 등)
- 여가시간의 활용(취미, 휴가 등)

이 세 영역은 앞에서 언급한 순서로 그 중요성에 따라 분류된다.

첫 번째로 사회적인 관계에 대한 판단은 특히 심리장애를 진단하는 데 매우 중요한 의미를 지니고 있다. 두 번째로 중요한 직업능력은 당사자도 즐거운 마음으로 일을 하고 있는 경우에만 최고 점수를 받을 수 있다. 마지막으로 여가시간의 활용을 살펴보는 것은 인간관계나 직장에서 특별한 문제가 없을 경우나 혹은 장애나 은퇴로 더 이상 직장을 다닐 수 없게 된 경우에만 중요한 요소로 관찰했다.

DSM은 사회적응의 여러 가지 단계에 대해서 예를 들어 설명하고 있다. 심리장애의 모든 분류를 고찰하는 데는 정상 상태에서 장애 상태로의 이동은 경계가 뚜렷하지 않음을 알아야 한다. 어떤 심리 현상이 외부적으로 보기에 한 면에서 정상적인 상태를 분명히 벗어났을 때만 장애로 보아야 한다(객관적이거나 통계상으로 정상인에 대한 고찰은 〈자료 4-2〉 참조).

각각의 사람은 이 범주 어디에든 속하며 대부분의 사람들은 '비정상'이라고 할 수 없다고 봐야 한다. 모든 사람이 두려움을 가지고 있지만 소수의 사람들만이 불안장애를 보인다. 그리고 대부분의 사람들이 강박적인 성격을 가지고 있지만 소수의 사람만이 강박적 성격장애를 가진 환자로 분류된다. 30세가 넘으면 매일 수천 개의 뇌세포가 죽는데도 불구하고 매우 소수의 사람만이 유기적인 뇌증후군을 가지고 있다.

DSM은 객관적인 정상치에만 중점을 두고 고려했는데, 사회문화적인 면뿐만 아니라 개인적인 규정도 있다는 것을 염두에 두는 것이 매우 중요하다.

심리학과 | HANDBUCH
목회상담 | PSYCHOLOGIE &
SEELSORGE

제5장

어떻게
도울 수
있는가

제5장

어떻게 도울 수 있는가

제4장에서 살펴보았듯이, 정신적으로 고통당하는 사람은 우리 사회에 많이 있으며 기독교인도 이런 고통을 당하고 있다. 기독교인은 신앙적인 배경을 잘 알지 못하는 심리치료사를 신뢰할 수 없기 때문에 치료과정에서 자주 어려움을 겪는다. 이럴 경우 성경적–치료적 목회상담을 생각해 볼 수 있다 (Dieterich, 1987). 성경적–치료적 목회상담은 기존의 심리치료에 쓰이는 방법을 성경적인 현실이해와 결합시킨 것이다. 성경적–치료적 목회상담은 가시적이거나 비가시적인 하나님의 세계와 관련된 기독교인의 행동과 믿음을 기회와 과제로 보고 있다.

그러나 대부분의 기독교인은 일반심리치료에서 사용되는 방법을 이용하는 것에 대해 회의를 가질 수 있다. 우리가 다루고자 하는 방법의 타당성을 살펴보기 위해 '제5장 1. 성경적–치료적 목회상담'에서 방법론적 문제에 대해 많은 지면을 할애했다.

1. 성경적-치료적 목회상담

자료 5-1 성경적-치료적 목회상담

'성경적'이라는 말은 목회상담에서 성경을 근거로 하며, 성경에 최종 결정권을 부여하는 것을 말한다.

형용사 '치료적'이라는 말에는 2가지 의미가 있다. 그중 하나는 그리스어 원어에서 볼 수 있는 '섬기다' '치료하다'다. 이는 목회상담과 심리치료에서 내담자가 상담자로부터 기대하는 것과 일치한다. 상담자가 내담자보다 더 많이 알거나 자신의 전문성을 과시하는 것이 아니라 오히려 섬기는 자의 태도를 가지는 것이다. 즉, "섬기는 자는 이 마음을 품은 자, 곧 그리스도 예수의 마음을 가진 자이다."(빌립보서 2:5).

'성경적-치료적 목회상담'을 한다고 해서 지금까지의 실질적인 목회상담의 의미가 없어지거나 '전문가'로 대치해야 한다는 말이 아니다. 모든 기독교인은 특별한 전문적 교육 없이도 하나님의 말씀에 기초하거나 또는 인도하심에 따라 목회상담을 할 수 있다.

그럼에도 최근에 심각한 경우(예, 우울증, 중독증, 자녀교육 문제, 직장 문제, 부부 문제, 성문제 등)가 급속히 증가하고 있으며, 많은 기독교 상담자들이 올바른 해결책을 찾지 못하고 있는 것을 본다.

1) 전인적 목회상담으로서의 성경적-치료적 목회상담

성경적-치료적 목회상담은 전인적 성향을 전제로 한다. 이는 이것이 시대정신에 맞거나 요즘 유행하기 때문이 아니라 구약과 신약의 인간관과 일치하기 때문이다. 이는 실생활에서 정신, 영혼, 육체(인지적·감성적·행동적 측면의 인격)를 하나님이 기뻐하시는 하나의 전체로 보는 것을 의미한다. 인격의 여러 가지 측면은 서로 연관되어 있으므로 마음 상태와 관련하여 육체적인 질병이 발생할 수도 있음을 의미한다.

A. D. Müller는 1961년에 목회상담을 다음과 같이 정의했다. "목회상담이란 모든 정신적인 위기, 삶의 위기를 근본 원인부터 조명하여 이해하고자 하며 그리스도를 통하여 극복하려는 신앙과 삶에 도움을 주는 것이다." 다시 말하면, 목회상담은 2가지에 초점을 맞추어야 한다는 것이다. 첫째, 성경적-치료적 대화(예, 대인관계 문제, 운명적인 생각을 극복하는 것, 우울증 등)에서 신앙 문제를 다루어야 한다. 둘째, 목회상담을 통해서 드러난 신앙 문제를 신앙과 상관없이 객관적 배경(예, 가족, 직업, 교육 등) 아래서도 고려해야 한다.

실제로 이런 문제들은 자주 볼 수 있다. 내담자가 말로 표현한 신앙 문제가 내담자의 신앙 상태를 보여 주는 것이 아니라 내담자가 처한 상황을 통해 그의 신앙 상태를 추측해 볼 수 있다.

어떤 문제가 있더라도 목회상담자는 내담자의 내면 깊숙이 얽매인 인생 문제에까지 들어가 그를 도와줘야 한다. 그러고 나서 내담자 스스로가 하나님 앞에서 그의 마음을 어디에 둘 것인지를—생명의 주 하나님 혹은 어떤 다른 것을—결정해야 한다. 여기서 다른 어떤 것은 대부분의 경우 우상의 차원이다. 하나님이냐 우상이냐 하는 실존적인 질문은 치료의 근원이 될 수도 있고 파멸로 이끌 수도 있다.

사람의 인생에서 밖으로 드러나지 않는 요소들이 서로 어떻게 연관되어 있는지를 전인적인 차원에서 이해하는 것은 부분적으로만 가능하다. 이것은 내담자의 마음에 일어나는 성령의 역사이며, 이것을 통해 내담자는 새로운 삶을 살고자 내적으로 결단하게 된다. 여기서 알아야 할 중요한 것은 Müller(1961)가 말한 것처럼 "위기, 혼돈, 절망에 빠진 사람은 스스로가 자신에 대해서 생각하는 것보다 하나님께서 그를 훨씬 더 좋게 보고 계신다는 것을 인식하게 될 때 치료가 가능하다. 또한 그가 선악에서 자기 자신이 바라보는 것보다 하나님께서 보는 것이 맞다는 것을 깨달을 때만이 치료될 수 있다.”라는 것이다.

이런 인식은 갑자기 생기는 것이 아니다. 일반적으로 내담자가 하나님의 관점에서 그의 삶을 바라보고 이해하기까지는 많은 대화가 필요하다. 기독교 상담자가 아무리 숙련된 대화를 한다 할지라도 이런 과정은 내담자와 하나님 사이에 일어나는 은밀한 것이며 성령의 특별한 선물이다.

자료 5-2 **대교리 문답 중 제1계명에 관한 Luther의 견해**

이 계명은 정말로 믿음과 마음속의 확신을 요구하며 삼위일체의 하나님을 만나고 오직 그에게 매이는 것을 뜻한다. 또 나로 너의 유일한 하나님이 되게 하고 다른 신을 찾지 말라. 또한 불행과 위기를 당할 때 나에게 무릎 꿇고 나를 의지하라. 내가 너에게 풍족히 주며 모든 위기에서 너를 도우며 너의 마음이 어떤 다른 것에도 매이지 않게 하리라. 사람들이 잘 이해하고 기억하도록 하기 위해서 반대 현상을 가지고 설명하겠다. 하나님과 재물과 재산을 충분히 가지고 있다고 생각하는 사람은 그것을 신뢰하게 되며 그것을 아무에게도 나누어 주지 않을 정도로 거기에 매달리게 된다. 이 사람도 하나의 신을 갖고 있는데 그 이름은 맘몬(Mammon)이다(마태복음 6:24). 그것은 재물과 재산이며 거기에 그의 온 마음을 두는데, 이는 이 세계에서 가장 흔히 볼 수 있는 우상이다. 재물과 소유를 가진 사람은 그가 마치 낙원에 있는 것같이 즐거워하며 두려워하지 않는다. 그와 반대로 재물과 소유를 갖지 못한 사람은 그가 마치 하나님을 모르는 것처럼 절망하고 좌절한다. 맘몬(재물)이 없이도 슬퍼하거나 탄식하지 않고 기뻐할 수 있는 사람을 찾기란 쉽지 않다. 인간은 이런 자연적인 속성에 죽을 때까지 매여 있다. 또한 재능, 지혜, 권세, 친구, 명예 등을 가진 사람도 신을 섬기고 있는데, 그들의 신은 참된 하나님이 아니다. 사람이 이런 것을 신뢰할 때 그들이 얼마나 교만하게 되는지 그리고 이것이 없어졌을 때 얼마나 절망하고 좌절하는지를 볼 수 있다.

내담자가 전인적 측면에서 그의 삶을 바라보게 되면 목회상담적–치료적

과정도 전인적인 방향에서 이루어져야 한다. 드러난 문제를 분리해서 1가지 원인만 다루고 이에 따라 조언을 해 준 것이 내담자를 도왔다고 생각한다면 오산이다.

목회상담적인 만남에는 여러 가지 요소, 즉 상담자와 그의 태도, 내담자의 인생사, 그의 성격, 내담자의 현재 문제 등이 함께 작용한다. 전인적 목회상담에서는 외적인 조건도 간과해서는 안 된다. 여기에는 내담자의 개인적 상황(가족 상황, 직업, 경제적 형편 등)과 상담의 외적 환경(좌석 배치, 자세, 분위기 등)이 속할 것이다. 그중 성경적–치료적 목회상담의 외적 조건에서 영적인 요소는 매우 중요하다. 왜냐하면 목회상담의 만남은 가시적이거나 비가시적인 하나님의 역사를 기대하며 이루어지기 때문이다. 매번 상담을 시작하기 전에 기도하는 것, 보이지 않는 영적인 세계와 예수 그리스도의 임재하심을 인정하는 것은 성경적–치료적 목회상담 가운데 성령께서 역사하실 것을 기대하는 것과 마찬가지로 당연한 일이다.

이러한 전인적인 목회상담은 여러 가지 요소를 고려하는 것을 전제로 하므로 목회상담자는 유동성이 있어야 한다. 즉, 모든 경우를 1가지 방법만으로 접근할 수는 없는데, 이는 처한 환경과 문제를 보는 시각이 너무도 다르기 때문이다. 그러므로 전인적 목회상담은 본질에 집중함과 동시에 방법적 문제에 있어서 다양성을 요구한다.

이처럼 까다로운 과제에 대해서 다음과 같은 목회상담 공식(Dieterich, 1987)이 도움이 될 수 있다.

$$M = f(S, R, U)$$

다른 말로 표현하면, 성경적–치료적 목회상담에서 방법론적 과정(M)은 상담자(S), 내담자(R), 그리고 그때그때의 상황(U)에 의존(f)하고 있다는 것을 의미한다.

또한 목회상담 중에도 방법의 변화는 가능하며, 종종 그것이 도움이 되기도 한다. 이런 목회상담은 모든 문제를 한 가지 방법으로 접근하는 것을 막아 준다. 이러한 방법론적 다양성을 적용하도록 하기 위해서 성경적-치료적 목회상담은 6가지 방법론적 특성을 제시하고 있는데, 목회상담에서 〈자료 5-3〉의 6가지 방법론적 특성은 각 단계에 방향을 제시해 줄 수 있다.

자료 5-3 **성경적-치료적 목회상담의 6가지 형태적 특성**

1. 성경적-치료적 목회상담은 (내담자를) 위로한다.
2. 성경적-치료적 목회상담은 (내담자를) 올바르게 가르친다.
3. 성경적-치료적 목회상담은 해방시키기도 하며 얽어매기도 한다.
4. 성경적-치료적 목회상담은 학습과 전환사고의 과정을 이끈다.
5. 성경적-치료적 목회상담은 자기인식의 과정을 이끈다.
6. 성경적-치료적 목회상담은 과거를 분석하고 미래를 내다보게 한다.

각 형태에서 목회상담의 한계

상담현장에서 우리는 앞에서 서술한 전인적 목회상담이 매우 드물며 일반적으로 상담은 고전적 형태(〈자료 5-3〉의 1~3항 참조)에 국한되어 있음을 볼 수 있다. 이것은 현대적 목회상담운동에 존재하는 찬반논쟁 때문이다. 이들 논쟁 가운데는 '구원'과 '치유' '가시적인 세계와 비가시적인 하나님의 세계' '성령과 인간의 영'의 개념을 정의하는 데 자주 혼란이 있음을 볼 수 있다. 또한 우리는 "자유와 기쁨이 있는 곳이 하나님의 나라다."라는 말을 자주 듣는데, 이에 대해 바울은 신약에서 "자유가 있는 곳에 하나님의 나라가 있는 것"이 아니라 "성령이 있는 곳에 자유가 있다."라고 말하고 있다.

이러한 상황에서 1978년에 Seitz가 말한 것은 매우 적절하다고 보인다. 그는

"설교식 목회상담이 인문과학적 인류학을 소홀히 하며 방법론적인 것을 너무 적게 고려하고 있다고 비난하게 되면 오히려 목회상담을 하는 데 너무 방법론적인 것을 받아들이게 되고 결국 심리학의 방향으로 나아가게 된다."라고 언급했다.

실제로 심리치료적 방법을 지나치게 강조하다보면 성경의 견해를 무시하게 되는데, 대다수의 기독교인이 이러한 접근 방법을 거부하는 것은 당연해 보인다. 그러므로 심리적인 방법론을 도입하는 데서 한계를 긋는 것이 필요할 것이다. 그러나 목회상담을 영적인 일로만 간주한다면 그것은 성경적인 명령을 제한하는 것이 된다. 기독교적 목회상담의 주요 요소가 죄 고백, 죄 사함, 믿음으로 인도(전도), 악령으로부터의 해방 등이라고 본다면 삶의 다른 영역은 목회상담에서 제외시키게 되고 결국 심리치료사에게 맡기거나 이들 문제를 영적으로 승화시켜 구원의 문제와 결부시킴으로써 지나치게 편협한 목회상담을 하게 된다. 이와 같은 생각 때문에 종종 정신병 증상을 귀신들린 것으로 간주하기도 한다. 목회상담의 다른 형태를 통하여 많은 도움이 될 수 있는 문제에도 영적인 방법으로 대처하려고 시도한다.

목회상담을 하는 데에서 사라져 버린 성경적 견해

전인적 목회상담에 대한 많은 성경적 관점들이 요즘 실제 현장에서는 적용되지 않고 있다(〈자료 5-3〉의 4~6항 참조). 목회상담자가 마음속 깊은 곳에서 내담자와 함께 기뻐하며 고통스러워하거나, 그 내담자의 말을 주의 깊게 듣거나, 그를 이해하는 경우가 흔치 않다. 그리고 목회상담의 고전적 형태를 너무 강조해서 예수님의 제자의 삶을 살도록 하거나 과거의 삶을 현재의 결단과 장래의 삶의 차원에서 바라보도록 하는 사고전환과 학습이 거의 이루어지지 않고 있다.

성경에는 경청, 학습, 사고전환, 생활방식을 분석하는 것 등에 대해서 오늘날 심리학이나 심리치료에서 다루는 것만큼 자세하게 언급되어 있지 않다. 하지만 이런 것들은 이미 성경에 나와 있으며, 전인적 목회상담이라는 의미에서 간과해서는 안 될 것이다.

성경적-치료적 목회상담에서의 6가지 목회상담 형태의 의존성

성경적-치료적 목회상담의 '고전적' 및 '사라져 버린' 형태의 특징은 성경적 인간관과 그의 상호의존의 배경에서만 이해될 수 있다. [그림 5-1]은 그 관계를 명확히 보여 준다.

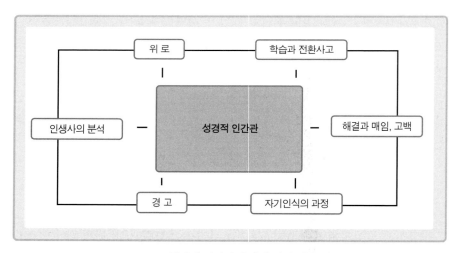

[그림 5-1] 성경적 인간관에 관한 것과 상호 간의
성경적-치료적 목회상담의 6가지 형태의 의존성

성경적 인간관에 대한 견해

성경에서 말하는 인간은 단지 몇 줄로 표현할 수도 있을 만큼 매우 포괄적이다. 성경적-치료적 목회상담의 중요한 몇 가지 견해를 〈자료 5-4〉에 정리했다.

자료 5-4 성경적 인간관

1. 인간은 가시적인 세계와 비가시적인 세계와의 관계성 속에 있다.
2. 인간은 하나님의 형상과 그의 속성에 상응하는 성품을(재능, 지혜로움, 이성적임) 갖고 있다. 인간은 타락 후, 하나님께 대하여 반란자(권위에 반항하는, 죄 있는)가 되었다.

이로써 성경적-치료적 목회상담에서 다음과 같은 점이 요구된다.

3. 목회상담적 도움은 인간을 창조하실 때 주신 능력(예, 학습능력) 정신적 고뇌에 긍정적 영향을 미치는 믿음의 역학(죄 사함의 자유)을 고려해야 한다.
4. 성경적-치료적 목회상담은 서로 연관된 것인 치유와 구원을 구별하기는 하지만 이 2가지를 서로 분리하지는 않는다.

〈자료 5-4〉를 보면 사람은 가시적인 세계와 비가시적인 세계를 인식하고 있음이 분명하다는 것을 알 수 있다(〈자료 5-4〉의 1항 참조). 인간을 자연과학적 견해에서만 바라보는 것은 인간을 둘러싼 보이지 않는 하나님 세계의 차원에서만 보려고 하는 것과 마찬가지로 잘못된 것이다.

인간은 타락한 후에도 하나님의 형상을 가지고 있다(〈자료 5-4〉의 2항 참조). 인간이 에덴동산에서 쫓겨난 후에 하나님의 형상을 닮은 것이 변한 것이 아니라 창조주를 향한 그의 태도가 변한 것이다. 하나님과 교제가 없는 삶은 예수 그리스도를 통해 하나님께로 돌아오지 않는 한, 모든 사람이 살아가는 삶의 모습이다.

이로써 성경적-치료적 목회상담의 현장이 어떠해야 하는지에 대한 방향을 잡을 수 있게 된다. 인간은 타락 이전이든 이후든 여전히 하나님의 형상을 지니고 있기 때문에 하나님이 인간을 창조하실 때 인간에게 주신 능력을(〈자료 5-4〉의 3항 참조) 고려해야 한다. 이 능력은 기술적이며(handwerklich) 정신적인(geistig) 능력뿐만 아니라, 심리적(psychisch) 능력(예, 학습의 능력, 전환사고,

자기인식 등)도 의미한다. 이 심리적인 능력은 심리치료적, 교육적, 혹은 의학적 '방법'에 이용될 수 있다. 물론 성경적-치료적 목회상담은 인간의 영적 육적 범위에 영향을 미치는 믿음의 역학도 고려한다.

그럼 이제 성경적-치료적 목회상담에서 목회상담적 문제의 영적인 면과 실제적인(sachlich) 면을 분명히 구별하고자 한다(〈자료 5-4〉의 4항 참조). 모든 목회상담적 문제나 모든 정신적 병을 구원의 문제와 연관시키거나 구체적인 죄 문제로 돌릴 수 없다. 반대로 구원에 대한 풀리지 않는 문제나 구체적인 죄가 정신적인 문제를 가져오게 할 수는 있다. 그러므로 성경적-치료적 목회상담에서의 대화는 구원과 치유에 관한 차원이 고려되어야 하며, 이에 적절한 방법을 취해야 한다.

2) 실존하는 가시적이며 비가시적인 하나님 세계

자신 스스로나 다른 사람을 아무 생각 없이 대하는 것이 아니라 뚜렷한 생각을 가지고 대하는 사람이라면 상대방이 어떤 인생관을 가지고 있는지 묻게 된다. 여기서 인생관이라고 하는 것은 단순히 남들로부터 받아들인 생각이나 견해를 말하는 것이 아니라 우리가 살고 있으며 속해 있는 세상을 성경적인 입장에서 어떻게 이해하느냐 하는 것이다. 이에 대해 히브리서 11장 1~3절(〈자료 5-5〉 참조)은 우리에게 명확한 견해를 보여 준다.

자료 5-5 성경은 믿음을 어떻게 이해하고 있는가?(히브리서 11:1~3)

믿음은 바라는 것들의 실상이요 보지 못하는 것들의 증거니 선진들이 이로써 증거를 얻었느니라. 믿음으로 모든 세계가 하나님의 말씀으로 지어진 줄을 우리가 아나니 보이는 것은 나타난 것으로 말미암아 된 것이 아니니라.

성경말씀에 기초해 볼 때 기독교인의 믿음은 그가 현재나 시간적으로 가능성이 없어 보이지만 바라는 것들과 관련되어 있다. 다른 한편으로는 믿음은 공간적으로 보이지 않는 것을 믿는 것이다. 히브리서에서 나타난 표현을 통해 볼 때, 기독교인은 시간적 · 공간적으로 기대할 수 있는 것보다 보이지 않는 것에 훨씬 더 많이 기대한다는 것을 알 수 있다.

히브리서 11장1~3절에서 말하는 믿음은 무엇과 관련 있는가? 히브리서의 저자는 이미 10장 34절에서 보이지 않는 세계에서의 더 나은 영구한 재산을 기대하고 있음을 분명히 했다. 이 보이지 않는 영역은 곧 하나님의 보이지 않는 세계다. 히브리서 11장 3절은 보이지 않는 하나님의 세계가 보이는 세계보다 먼저임을 보여 주고 있다. 보이는 세계는 보이지 않는 세계로 말미암아 생겼다. 그러므로 우리는 적어도 2가지 세계(즉, 보이는 세계와 보이지 않는 세계)를 생각해야 한다. 많은 고통과 어려움을 동반하는 보이는 세계는 보이지 않는 하나님의 세계로 둘러싸여 있다.

놀라운 것은 이러한 하나님의 두 세계의 뚜렷한 존재 이외에도 이 두 세계가 어떻게 현재와 관련되어 있는가 하는 점이다. 기독교인은 삶의 마지막 순

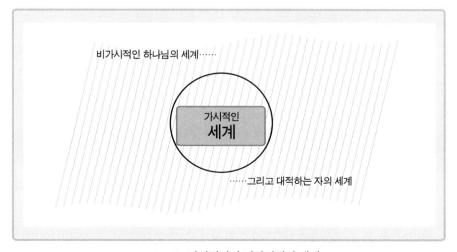

[그림 5-2] **가시적이며 비가시적인 세계**

간이나 먼 미래, 혹은 주님의 재림 후에 보이지 않는 세계의 축복을 받는 것이 아니라 현재에 받는다.

성경적 의미에서 사람은 회심과 거듭남을 통해 예수 그리스도와의 교제 안에 들어갈 때에 비로소 보이지 않는 세계와 관련된 입장을 받아들이게 된다. 그 전에는 보이는 것만 보게 되며 하나님의 완전한 실체에 대해서 불분명한 생각만 가지고 있다.

방법과 영, 창조와 믿음

목회상담에 심리치료적 방법을 도입하고자 하는 데서 가시적인 세계를 하나님이 이미 주신 규칙을 가지고 자연과학적인 방법을 통하여 살펴보는 것과 그 보이는 세계를 해석하는 것을 구별하는 일은 매우 중요하다('제1장 3. 학문적 연구결과의 해석-학문적 이론에 대한 탐구' 참조).

자연과학자들이 서로 다른 인문학적, 철학적 배경을 가지고 자연과학적인 방법으로 어떤 문제에 접근할지라도 결과는 대부분 비슷하다. 자연과학자들이 어떤 이데올로기에 영향을 받았든지 그들은 하나님께서 창조하실 때 세상에 주신 구조와 법칙을 지나칠 수는 없다. 인간은 이 지구를 잘 활용하길 원하지만 이것은 자연법칙에 잘 따를 때에만 가능하다.

그러나 경험적 학문 분야가 아닌 연구결과를 세계관에 기초하여 해석하는 것은 상황이 다르다. 여기에는 이데올로기, 세계관, 철학, 신학 등이 모순이나 경쟁관계로 작용할 수 있다. 그러므로 성경적-치료적 목회상담에 대한 연구에서 각 심리학파나 심리치료학파들이 제시한 검증할 수 있는 연구결과들과 그들이 자신의 세계관을 기초로 한 해석을 구별하는 것이 중요하다. 2개를 구별하지 못하게 되면 잘못된 해석과 그에 따르는 불확실함, 두려움들이 생긴다.

우리가 순수 자연과학적인 결론은 항상 단편적이거나 단지 특수한 설명에 불과하며 결코 총체적인 세계관이 될 수 없다고 간주한다면(Hemminger, 1987) 현대 자연과학은 기독교인이 제시하는 실제적이며 총체적인 문제에서 도움이 되지 않거나 오히려 해가 된다는 생각과 마찬가지로 '기독교적' 학문도 매우 문제가 될 수 있다. 자연과학적인 방법으로 하는 심리학은 기독교인이나 비기독교인 모두가 연구할 수 있다.

기독교인이 아닌 자연과학자들이 언급한 신앙에 관한 견해는 기독교적인 입장에서는 별 의미가 없다. 신앙이 있는 자연과학자들이 학문적인 결과를 가지고 보이지 않는 세계에 대한 성경적 진술들을 증명하고자 하거나 심지어 성경에 나오는 진술을 가지고 자연과학적인 연구를 시도하려는 것도 경계해야 한다.

하지만 기독교인은 도덕적 관점에서 목소리를 내야 하는 의무가 있다. 예를 들면, 자연과학자들이 그들의 능력을 믿고 하나님의 권위에 도전하려고 하거나 하나님의 창조를 파괴하는 일(환경 문제)에 관한 것이 될 것이다.

3) 하나님 형상으로서의 사람

심리치료적 방법을 둘러싼 논쟁에서 타락한 인간이 발견한 방법을 다른 사람의 영혼을 돕기 위해서 이용하는 것이 성경적으로 합당한 것인지에 대해서 항상 의문이 제기되어 왔다. 이것은 인간이 타락한 후에는 하나님의 형상을 더 적게 소유하고 있다는 생각에 근거한 것이다. 이러한 생각이 옳은 것일까? 인간이 타락함으로써 무엇이 달라졌는가?

분명한 것은 아담과 이브가 더 이상 하나님과의 영적 교제를 하지 못하게 됐다는 것이다. 그들은 생명나무로부터 분리되었으며 낙원에서 추방되었다. 이것은 하나님같이 되고자 했던 그들의 소원에 대한 대가였다. 이들의 불순종으로 말미암아 그 이후의 사람들은 자기의 신, 우상, 형상을 만들게 되었다.

하나님의 주권과 권위에 대적하는 인간의 생각, 계획, 열망으로 인간은 어려서부터 악한 존재가 되었다(창세기 6:5, 창세기 8:21). 인간이 하나님을 창조주, 주인으로 인정하지 않고 하나님의 자리에 다른 사상, 주권들로 채우려 할 때 인간은 죄인이 되었다.

인간이 하나님과의 교제권 밖에 있다는 것이 원죄다. 구원은 오직 예수 그리스도를 통해 하나님께로 올 때에 가능하다. 그러나 이런 비극의 와중에도, 즉 타락 후에도 인간은 하나님의 형상을 가지고 있다. 인간은 기도로 하나님과 대화할 수 있으며 예수 그리스도를 통하여 하나님과 새롭게 교제할 수 있는 잠재적인 하나님의 대화 상대자다(창세기 5:1, 야고보서 3:9). 이 하나님의 형상을 소유하고 있음에 따라서 하나님은 모든 사람을 존엄하게 보셨으며 이 존엄성은 인간의 타락 후에도 변함없다(창세기 9:6).

비록 인간의 행동동기, 목표가 하나님의 마음에 들지 않을지라도 타락 후 인간이 존엄성, 재능, 총명, 지혜를 가지고 있다는 것은 피조물에 대한 하나님의 뜻이며 은혜다. 인간이 하나님의 형상을 가졌다고 해서 그가 하나님의 자녀가 되는 것은 아니다. 먼저 죄 사함, 거듭남, 예수 그리스도와의 교제에 들어갈 때에 비로소 하나님의 자녀로서의 신분을 가지게 된다.

하나님의 형상을 지님에 따라 인간은 하나님으로부터 특별한 과제를 받게 되었다. 성경적으로 볼 때 인간은 피조물에 대해서 책임 있는 결정권을 가지고 있다(창세기 2:18~23). 인간이 세상의 사물들을 바라볼 때 (예, 일을 하거나 어떤 연구를 하게 되는 경우) 그는 인간에게 창조세계를 맡겨 주신 창조주 하나님을 객관적으로 만나게 된다. 인간에게 피조물을 다스리도록 하신 것은 인간이 하나님 앞에서 특별한 책임을 가지고 있다는 것을 보여 준다.

창세기 4장은 인간이 어떻게 타락한 공동체 가운데서 수공업적인 능력(동철로 기계를 만드는 자의 조상-두발가인)을 개발하며 다양한 문화 창작(수금과 퉁소 잡는 자의 조상-유발)을 이루어 가는가를 보여 주고 있다. 다시 말하면, 인간은 타락 후에도 하나님의 형상을 가진 존재로서 선천적 재능을 지니고 있다. 인간은 이것을 선이나 악을 위해서 사용할 수 있다. 이 점에서 본다면 우리는 이러한 능력을 자연과학적인 연구에도 적용할 수 있다.

하나님께서는 기독교인이나 비기독교인 모두에게 동일하게 이러한 재능을 주셨다. 그러므로 학문 이론상으로 본다면 '기독교적' 연구나 '기독교적' 자연과학이라는 것은 없다. 그러나 신앙을 가진 훌륭한 자연과학자들은 있을 수 있다. 우리가 일반적으로 간단하게 사용하는 '기독교적' 음악이나 예술 면에서도 마찬가지다. 신앙적 내용이나 그에 맞는 곡을 부르는 뛰어난 기독교인이 있으며, 붓과 캔버스로 기독교적인 동기를 표현하는 기독교인이 있다.

'제1장 2. 학문적 심리학의 방법'에서 이미 언급한 것처럼 인간의 경험과 태도를 연구, 관찰, 검증하는 학문적 심리학은 인간의 경험과 태도에서 일반적인 원칙을 도출해 낸다. 이러한 경험적 연구결과는 '제5장 3. 학습과 탈학습'에서 말한 것과 같이 잘못된 행동을 교정하고 새로운 것을 학습하도록 하기 위한 행동심리학에 사용될 수 있을 것이다. 이들 연구결과는 또한 자기인식과 자기치료('제5장 4. 서로 대화하기' 참조) 간의 관련성이나 생활방식 분석에('제5장 5. 개인심리학에서 삶의 양식분석' 참조) 필요한 원칙을 가르쳐 준다.

기독교인도 약을 복용하는 것이나 현대적 교통, 통신수단을 이용하는 것처럼 심리학의 학문적 지식을 이용할 수 있다. 인간이 터득한 연구의 결과를 사용하는 경우는 성경에서도 빈번하게 볼 수 있다. 지혜서를 기록하기 위해서도 세속의 지혜로운 사람이 관찰한 것을 많이 인용하고 있다. 지혜는 범세계적인 것이다. 성경이 솔로몬의 지혜를 찬양할 때 동양과 이집트의 아들들과 비교하여 훨씬 뛰어나다고 하고 있다. 잠언서 22장 17절에서 23장 11절까지에서는 전혀 거리낌없이 Amenemope(역자 주: 고대 이집트 작가)의 이집트식 잠언을 인용하고 있다.

그러므로 기독교인은 현대의 지혜인 자연과학을 무시하거나 극단적으로 마귀적이라고까지 할 필요가 없다. 대신 기독교인으로서 마귀의 기술을 잘 인식하고 깨어서 대항할 수 있어야 한다. 그럼에도 불구하고 사도 바울이 우상에 바친 제물의 고기에 대한 기독교인의 자유와 관련하여 말한 것처럼 기독교적이면서 지혜로운 행동이란 신화적인 요소를 배제할 것을 전제로 한다. "우리가 우상은 세상에 아무것도 아니며 또한 하나님은 한 분밖에 없는 줄 아노라. 비록 하늘에나 땅에나 신이라 칭하는 자가 있어 많은 신과 많은 주가 있으나 우리에게는 한 하나님 곧 아버지가 계시니."(고린도전서 8:4~6)

기독교인이 주님과의 교제 안에 있다면 이 세상의 학문, 기술, 성과, 지식 등에서 선택할 자유를 가지고 있다. 물론 이를 위해서 사도 바울이 세운 분명한 원칙에 유념해야 할 것이다. "모든 것이 내게 가하나 다 유익한 것이 아니요, 모든 것이 내게 가하나 내가 누구에게든지 제제를 받지 아니하리라"(고린도전서 6:12)

여러 가지 방법이 성경적-치료적 목회상담에 도입된다 할지라도 성경적 인간관에는 변함이 없어야 한다. 심리치료적 방법이 내담자 위에 군림하게 되거나 내담자를 더 이상 하나님의 사랑을 받는 귀한 재능이 있는 사람으로 보지 않을 경우 또는 내담자를 조종할 수 있는 대상으로 보게 될 경우에는 성경적 인간관에 기초하여 이러한 방법을 과감히 버려야 한다.

4) 육체-영혼-문제, 그리스적인가 혹은 성경적인가

목회상담에 심리치료적 방법을 도입하는 것에 대해 많은 교회들이 불안해하는 데는 신학적인 이유도 있다. 육체와 영혼은 자주 이원론적으로 이해되어 왔다. 이는 인간의 영혼은 영원하며 신성을 가지고 있다는 생각과 관련되어 있다.

이와 같은 생각에서 사람을 심리학적 혹은 심리치료적 방법으로 돕고자 하는 것은 오직 신의 영역에 속하는 것을 침해하는 금지된 것으로 간주된다.

만약에 인간의 영혼이 신성과 영원성을 가지고 있다고 한다면 심리치료는 정말 신적인 구원과 경쟁관계에 있게 될 것이다. 그러나 이러한 생각은 육체와 영혼에 대한 성경적 견해와 일치되지 않는 그리스 철학을 전제로 한다.

성경적 해석에 따르면, 육체와 영혼은 2가지의 다양한 것이 아니라 하나다. 이 둘은 다양한 분야의 의미에서 서로 분리될 수 있는 것이 아니라 서로 구별될 수 있는 것이다. 영혼(näfäsch)은 전 삶을 의미하는 신·구약적인 동의어라고 할 수 있다. 인간의 영혼은 육체와 분리할 수 없이 결합되어 있으며 영원하지 않다. "오직 그에게만 죽지 아니함이 있고."(디모데전서 6:16)

자료 5-6	육체와 영혼의 분리에 대한 플라톤적 사고

오르페우스적–플라톤적 철학에 따르면, "인간은 귀한 것과 비천한 것의 반반씩으로 구성되어 있다. 귀한 부분은 영혼이며 비천한 부분은 육체다. 영혼은 숭고함의 원천이다. …… 영혼은 신의 세계에서 나오는 빛의 섬광이므로 본질적으로는 불면적이고 영원하며 죄가 없다. 지구상에서 이 신적인 존재는 육신이라는 거처에 속박된 상태에 있다. 영혼은 이 속박에 고통당하고 있으며 잃어버린 근원에 대한 기억을 결코 잊을 수가 없다."(Köberle, 1983)

이러한 육체–영혼의 이원론은 그리스 철학의 논지가 되었다(그리고 1세기의 기독교적 설교에 영향을 주었다.). 이러한 생각은 뚜렷하지는 않지만 오늘날까지도 많은 기독교인의 생각에 존재한다.

성경적 해석에 따르면, 인간은 영혼을 가지고 있는 것이 아니라 하나의 영혼이다. "여호와 하나님이 흙으로 사람을 지으시고 그 코에 생기를 불어넣으시니 사람이 생령(원어: 살아 있는 영혼)이 된지라."(창세기 2:7)

자료 5-7 요 약

요약하면, 헬레니즘적인 사고와 성경적인 사고가 서로 섞여서 심리치료적 방법을 도입하는 데 혼란과 염려가 생겼다고 볼 수 있다. 정신적 영역에서 영혼이 더 중요하다고 하는 것도 성경적이지 않다. 반대로 성경은 인간을 전인격적 의미에서 육체와 영혼을 동등하게 보고 있다. 영혼은 인간의 육체와 똑같이 피조물에 속한다.

심리학 혹은 심리치료학이 인간의 경험과 태도를 살펴보는 데 정신 속에 내재하는 일반적인 원칙을 활용한다면 치유에 도움이 되는 방법은 합법적이며 성경적이다. 이는 사람이 의사에게 치료를 받으면서 육체의 치료를 소망하는 것과 마찬가지다.

5) 성경적 관점에서의 육체, 영혼, 정신, 마음

기독교적 입장에 서 있는 목회상담 문헌에는 육신, 영혼, 정신, 마음에 대한 이해가 명확하지 않다. 이들에 대해 말하면서 자주 인간의 '한 분야' 혹은 '한 부분'이라고 언급하고 있으며, 이러한 표현에는 앞에서 언급한 그리스적인 이원론이 배후에 깔려 있는 경우가 종종 있다.

육체, 영혼, 정신, 마음을 어떻게 이해하느냐 하는 것에 대한 대답은 제1장에서 언급한 것처럼, 심리학적 측면에서 다루어질 수 있는 것이 아니다. 심리학은 19세기 말에 철학으로부터 분리되어 나온 후 더 이상 영혼에 관한 문제를 다루지 않고 경험적 방법을 통해 얻은 '인간의 경험과 태도'를 연구하는 데 중점을 두고 있다.

Wolf(1977)는 신학적인 측면에서 정신, 영혼, 육신, 마음(감정)에 관한 개념을 적절하게 언급했다. 그는 하나님의 형상을 가진 인간은 다양한 부분들이 결합된 것이 아니라 전인적 의미에서 육신, 영혼, 정신, 마음의 관점에서 보아야 한다고 강조하고 있다.

| 자료 5–8 | 성경적 시각에서 본 피조물인 인간에 대한 4가지 중요한 측면 |

육체 – 또는 인간의 연약함의 면

이 개념은 신체적 측면에서 인간을 의미한다. 여기에서 인간은 특히 연약함과 무상함을 경험한다. 다른 한편으로는 목회상담적 만남에서 심리적 · 신체의학적 연관성을 함께 고려해야 한다. 육신 혹은 신체는 또한 '근친(혈연자)'으로서 부부, 부모, 자녀를 나타내는 견해다(창세기 2:24).

영혼 – 또는 인간의 필요에 대한 측면

'네페쉬(näfäsch)' 히브리어적 단어의 의미는 경부(호흡)로부터 목(칼과 밧줄에 의해 생명이 위협받는 것), 욕구(요구, 생각, 삶에 필요한 것들에 대한 갈망, 욕구), 영혼(감성), 삶(죽음과의 반대 의미), 각 개인(생명 있는 개체)에 이르기까지 폭넓다. 사람이 생령인 한 그는 고통, 번민, 미움, 사랑, 슬픔, 눈물, 기쁨, 하나님께 대한 환희 등의 온갖 감정에 지배당하고 있다. 인간의 필요라는 측면에서 본 영혼은 감정적인 범위를 벗어나지 않는다.

영 – 또는 인간의 전권위임의 측면

'루아흐(ruach)'라는 히브리어의 의미도 비슷하게 포괄적이다. 바람(하나님에 의해 유지되는 기상학적 현상), 호흡(하나님께서 불어넣으시고 육신을 살아 있게 만드는 힘), 생명의 힘(하나님께서 선지자들에게 부여하셨고 그에게 능력을 부여해 주신 것), 영(여호와로부터 보내진 자립적인 존재), 감성적인 자극(놀라워하는 것, 인식, 절망, 고민, 능력이 뛰어남), 의지력(선을 원하는 것이나 유혹에 빠지지 않는 것, 깨닫고 분별하는 것을 통한 의지력) 등이다. 하나님의 영으로나 인간의 영으로 쓰인 성경은 역동적 관계에서 하나님과 인간을 보여 준다. "그러나 인간이 살아 있다는 것, 선을 원하는 것, 능력 가운데 역사하는 것은 자발적으로 생기는 것이 아니다."

마음 – 또는 이성적 인간의 측면

히브리어 용어 '렙(leb)'은 다음과 같은 의미를 포함하고 있다. 마음(육신의 기구로서), 느낌(감수성, 정서, 비합리성, 기쁨과 근심), 요구와 갈망(외부로 나타나지 않는 소원과 상상의 의미에서), 이성(지적이며 합리적인 기능, 지식과 기억, 합리적인 숙고, 이해), 의지적인 결단(양심, 마음이 두근거릴 때, 유혹과 지혜로운 권면 사이에서의 결단, 순종하는 의미에서의 의식적인 의지를 통한 희생, 의식적으로 살아가는 한 사람의 중심), 하나님의 마음(자기백성에 대한 내적으로 완전한 사랑, 긍휼히 여기고자 결단한 하나님의 의지 = 가난한 자에 대한 마음) 등이다. 특기할 사항은 사람은 마음의 측면, 좀 더 정확히 말해서 수면 상태의 측면, 즉 머리와 뇌에 이끌리게 된다는 것이다.

〈자료 5-8〉에 나온 개념을 통해서 보듯이 육체, 영혼, 영과 마음을 단순하게 분류하고자 하는 것은 인위적이며 성경의 여러 가지 의미와 일치할 수 없다는 것을 잘 알 수 있다. 인간은 항상 전인적 의미에서 관찰되어야 하며 목회상담의 만남에서 인간의 다양한 면들이 고려되어야 하는 것은 중요하다.

다음에서는 성경적-치료적 목회상담의 6가지 양상을 상세히 다루고, 또한 실제 상담에 도움이 될 조언들에 대해 언급하고자 한다. 여기에서 여러분은 다양한 양상을 살펴볼 때 항상 '목회상담의 공식'을 염두에 두어야 한다. 다시 말하면, 이 양상 중 어떠한 것도 가장 중요하다고 말할 수 없다는 것이다. 가장 적절한 방법은 상담마다 상담자, 내담자, 그리고 그때의 상황에 의해 결정되며, 이미 말한 것처럼 상담의 진행 과정 중에도 몇 번이고 바뀔 수 있다.

2. 위로, 권면, 해결 그리고 화합

1) 성경적-치료적 목회상담은 위로하는 것이다

기 회

성경적-치료적 목회상담의 중요한 분야는 참 위로다. 상담자는 믿음의 차원과 가시적이며 비가시적인 하나님의 세계에 대해 알고 있다. 성경적-치료적 위로는 하나님의 행하심, 예수 그리스도 안에서 인간을 향한 그의 사랑에 그 기초를 두고 있다.

위로를 찾는 사람은 종종 우울증이 있는 사람들이다. 이미 제4장에서 언급한 것처럼 종종 그들은 무표정하며 겉으로는 목회상담적인 만남을 거의 받아들이지 않는다. 이들이 위로의 말에 귀를 기울이지 않는다 하더라도 성경적-치료적 목회상담자가 그의 감정을 이해해 주거나 그와 함께 있어 준다는 것만으로도 하나님의 위로하시는 친근함을 보여 줄 수 있음을 우리는 많이 보아 왔다.

말이 없으며 수동적인 대화 자세의 상담자

요즘 같은 개인주의 시대에는 같은 기독교인끼리라도 개인적 상황에 관여하는 것이 이상해 보이는 일이 되었다. 우리는 성경이 이기주의적인 '나' 중심에서 성도들의 교제 속인 '우리'로 들어가도록 한 권면에 귀를 기울여야 할 것이다. "즐거워하는 자들로 함께 즐거워하고 우는 자들로 함께 울라."(로마서 12:15)

여기에서는 다른 사람의 내적 세계에 관심을 보이는 것을 말한다. 성경적-치료적 목회상담자는 다른 사람의 느낌, 생각 그리고 삶에 동참하도록 의무를 부여받았다. 상담자가 가져야 할 자세로는 사랑에 기초한 개인적 희생과 다른 사람의 상황을 관심 있게 받아들이는 것이 매우 중요하다.

목회상담자의 위로하는 자세는 아무 말도 하지 않고 고통당하는 사람을 감당하며 특별한 무엇인가를 하지 않고자 하는 것이다. 큰 어려움에 처한 사람을 목회상담으로 만나게 되면 상담자는 우선 고통받는 사람의 편에 서야 하며, 그의 상황에 대해서 형식적으로 캐묻지 않고 그냥 함께 있어 주는 것만으로도 내담자를 위로할 수 있다.

자료 5-9   성경에 나오는 경청

욥은 인생의 기반이었던 모든 것을 순식간에 잃어버렸다. 가축, 하인들, 자녀들, 모든 소유, 건강. "욥이 재 가운데 앉아서 기와조각을 가져다가 몸을 긁고 있더니."(욥기 2:8) "때에 욥의 친구 세 사람이 그에게 이 모든 재앙이 임하였다 함을 듣고 각각 자기 처소에서부터 이르렀으니 …… 그들이 욥을 조문하고 위로하려 하여 상약하고 오더니 눈을 들어 멀리 보매 그 욥인 줄 알기 어렵게 되었으므로 그들이 일제히 소리 질러 울며 각각 자기의 겉옷을 찢고 하늘을 향하여 티끌을 날려 자기 머리에 뿌리고 칠일 칠야를 그와 함께 땅에 앉았으나 욥의 곤고함이 심함을 보는 고로 그에게 한 말도 하는 자가 없었더라."(욥기 2:11~13)

세 친구는 욥의 곁에 있었으며 그와 함께 그의 불행에 동참했다. 마음에 동참하는 표정, 동정을 통하여 그들은 욥이 그의 탄식을 다 토로할 수 있게 했다.

적극적인 대화 자세의 목회상담자

이는 성경적-치료적 목회상담자가 위로를 찾는 사람에게 하나님의 말씀을 전하는 것을 말한다. 그는 위로를 전하는 사람이 된다.

스스로 역사하는 힘이 있는 하나님의 말씀은 내담자로 하여금 하나님의 눈으로 그 상황을 보게 할 뿐만 아니라 실제 상황도 변화시킨다. 하나님은 '대화의 상대자로서' '상담자로서' 새로운 방식과 경험을 통해서 위로받을 자를 만나 주신다. 이때 내담자는 하나님이 멀리 있지 않으며 벙어리도 아니시고 바로 여기에 있다는 것을 인식하게 된다.

하나님의 빛 안에서 내담자의 현재 상황을 바라보는 것은 성경적-치료적 상담에서 중요한 목회상담적 방법이다. 선지자들이 그러했던 것처럼 상담자는 특별히 어려움에 처한 내담자에게 하나님의 전권대사로서 하나님의 약속을 선포하는 것이다.

탄식−위로의 차원

목회상담에서 위로하는 것을 통해 사람은 어려운 상황이 지난 후에 어떤 말을 하게 되는가가 결정되기도 한다. 다시 말하면, 고통, 우울, 병의 내력 등을 가지고 하나님께 원망하는지 아니면 시편 기자처럼 하나님 앞에서 불평하는 방법을 찾든지 하게 될 것이다.

성경적−치료적 목회상담자가 내담자로 하여금 탄식의 과정을 거치고 고난을 통해서 하나님과의 새로운 관계성 안으로 들어가도록 돕느냐 혹은 그가 하나님과 사람에 대해 원망하는 상태에 떨어지느냐 하는 것은 내담자의 장래 신앙생활을 위해서도 매우 중요하다.

슬픔에 직면한 위로

슬픔은 가까이 있는 사람을 잃어버린 사람에게뿐만 아니라 다른 많은 상황 가운데서도 생긴다.

자료 5−10 사망과 관련한 슬픔의 단계

1. 충격: 가까운 가족과의 이별은 세상이 무너지는 것과 같은 충격적인 영향을 미친다. 감정을 표현할 수 없는 상황에 처할 수도 있다.
2. 조절되는 단계: 이 중간 단계는 일반적으로 장례식을 치르기까지인데, 흔히 꿈을 꾸는 것처럼 느끼게 된다. 유족은 장례식의 준비로 정신이 다른 곳으로 쏠리게 된다. 장례식 자체는 유족이 그의 새로운 상황을 인식하는 데 도움을 준다. 장례식은 위로를 줄 수 있으며 유족에게 추억이 되는 경험일 수 있다.
3. 죽음과 삶 사이: 유족은 이 단계에서 많은 도움이 필요하지만 오히려 혼자 남겨지게 된다. 슬픔의 과정이 시작된다. 많은 흔적들, 실망, 변화된 상황을 정신적으로 소화해야 한다. 다음에 열거한 단어들은 어두운 슬픔의 골짜기를 통과하는 도중에 거치게 되는 감성을 잘 말해 준다. 고독, 위험, 고인을 미화시키는 것, 하나님으로

부터 버림받은 느낌, 회복이 서서히 이루어짐, 죄 의식, 책임전가 등 하나님으로 말미암은 죄 사함, 예수 그리스도의 부활에 관한 성경 진리는 유족에게 큰 도움이 될 수 있다. 상실감을 늘 안고 사는 것, 일에 파묻혀 버리는 것, 과거를 소화하지 않는 것 등은 슬픔을 이겨 나가는 데 장애물이 되므로 특히 주의해야 한다.

4. 새로운 삶을 위한 결단: 삶을 새롭게 꾸려 나간다. 고인에 대한 현실적인 관계가 성립된다(옷장을 비우는 것, 책상을 새로운 소유자에게 넘겨주는 것 등). 살아 있는 사람과의 새로운 대인관계가 형성된다.

예를 들면, 좋아하는 동물을 잃어버렸을 때 슬퍼하며, 청소년은 친구관계가 끝났을 때 슬퍼하며, 부부관계가 파괴되었을 때 슬퍼하며 가족이 직업적인 이유로 고향을 떠나야 할 때 슬퍼한다. 우리가 마음에 두고 있던 것을 잃어버리게 되면 슬픔이 찾아온다. 슬퍼하는 자와 함께 슬퍼하는 기독교인이 옆에 같이 있으면 큰 위로가 된다.

우리가 슬픔에 빠진 사람에게 하나님의 위로하시는 말씀을 전해 주기 위해 그를 방문할 때 상대방의 심리 상태를 아는 것은 매우 중요하다. 슬픔은 여러 가지 단계에서 나타나며 다양한 형식으로 표현된다(O. J. Lindner).

영적인 말씀도 적절하지 않은 때에 선포되면 예상치 못한 영향을 미치게 된다. 예로 "항상 아버지 하나님께 감사하며"(에베소서 5:20)라는 바울의 말씀이 슬픔의 세 번째 단계에 있는 유족에게는 거부감과 회의를 불러일으킬 수 있다. 이럴 경우 목회상담적-전도적 대화의 다리가 쉽게 끊어져 버리게 된다.

슬픈 사람을 위로하는 경우나 중병이나 죽을 병에 걸린 사람의 경우에도 그들의 특수한 상황을 이해해야 한다. 종종 죽어 가는 사람 옆에서 몇 가지 말을 더 해도 되는지 묻는 경우가 있다. 죽음에 직면한 상황에서는 사람의 생각이나 형식적인 위로는 자제할 필요가 있다. 이러한 경우에는 하나님의 말씀이나 찬송가 가사를 통해 힘을 얻는 것을 볼 수 있다.

H. Bräumer(1988)는 그의 저서 『마지막 가는 길에, 중병에 걸린 자와 임종에 있는 자를 위한 목회상담(*Auf dem letzten Weg, Seelsorge am Schwerkranken und Sterbenden*)』에서 이러한 경우를 위해 매우 적절한 도움들을 모아 놓았다.

위로하는 목회상담의 한계

위로는 단지 성경적-치료적 목회상담의 한 형식이다. 말로 하는 위로가 오히려 해를 끼칠 때가 있다. 예를 들면, 다음과 같은 상황에서다.

- 내담자가 심한 우울증에 있을 경우다. 이 경우에는 안수의식이나 성만찬 의식의 형식을 통하고, 이때 상담자는 수동적으로 행동하며 말하지 않고 그냥 함께 있어 주는 것이 필요하다.
- 심한 강박감에 시달리는 사람에게 위로는 잘못된 행동을 악화시킬 수도 있다. 이런 사람은 오히려 다른 사람의 격려와 위로의 말에 매이지 않는 것을 배워야 한다.

위로하는 목회상담의 형식

위로의 목회상담을 위해 상담자는 성경에 있는 위로의 말씀, 찬송가, 시 등 여러 가지를 잘 익히고 있어야 한다.

이렇게 함으로써, 예를 들어 임종을 앞둔 사람을 갑자기 심방했을 때 도움이 되는 여러 가지를 떠올릴 수 있게 된다. 병실에서 찬송가나 성경을 이리저리 뒤적거리는 것은 신뢰할 만한 목회상담적 만남에 별 도움이 되지 않을 것이다.

자료 5-11 **어려움 중에서 탄식한 예들**

"아, 하나님, 저는 누구에게 하소연해야 하나요? 저는 어디에 희망을 두어야 하나요? 저의 삶은 불쌍하고 제 삶의 유일한 기쁨마저 잃어버려 절망하고 있습니다. 아, 하나님, 저는 당신에게 저의 모든 번민을 하소연하길 원합니다. 제가 여기 이 세상에서 많은 고난을 겪어야만 하는지, 하나님 당신이 그것을 원하시는지, 그것이 당신의 마음에 드는지, 그렇다면 저는 절망하지 않고 하나님께 부르짖습니다. 당신은 저를 떠나시지 않으며, 신실하게 저와 함께하실 것입니다. 저를 위로해 주소서, 하나님, 당신의 선하심으로 슬픈 저의 마음을 위로하소서, 저를 슬픔으로부터 보호해 주시며 고난으로부터 자유케 하소서."(Leipzig, 1586)

"오 하나님, 당신은 신실합니다. 고난과 시련이 제가 감당할 수 있는 것보다 더 크지 않게 하소서. 제가 감당할 수 있고 언젠가 끝나는 그런 고통만이 저를 엄습하게 하옵소서."(Heermann, 1646)

위로하는 성경적 의미의 예

성경에 있는 큰 위로의 말씀 중 하나는 이사야서 43장 1~4절에서 찾아볼 수 있다. "너는 두려워 말라. 내가 너를 구속하였고 내가 너를 지명하여 불렀나니 너는 내 것이라. …… 내가 너를 보배롭고 존귀하게 여기고 너를 사랑하였은즉 내가 사람들을 주어 너를 바꾸며 백성들로 네 생명을 대신하리니."

W. Grimm(1986)은 이 성경말씀의 치료적 차원을 간결하게 다음과 같이 서술했다. "각 절 배후에는 이름을 부르는 것과 한 어린이를 양자로 받아들이는 비유가 있다. 새로 태어난 신생아의 이름을 부르는 것은(누가복음 2:59) 법적인 효력을 가진다. 이름을 붙여 줌과 동시에 이름을 주는 자는 이름을 받은 자에 대해서 권리, 부양의 의무, 법적 보호, 그의 생활에 대해 책임을 떠맡게 된다. 그러므로 이사야서 43장 15절은 하나님의 백성 이스라엘에 대한 그의 법적인 소유권을 설명해 준다.

앞의 문단은 이스라엘이 하나님의 사랑과 은혜로 하나님으로부터 다시 한 번 삶을 선물 받았음을 보여 준다. 이를 위해 선지자는 한 비유를 이용한다. 양자로 받아들임과 그에서 비롯된 기쁨, 목적지를 향한 여행 중의 안전 그리고 귀향이다. 이처럼 귀한 삶은 속죄와 죄사함에 근거한다.

바벨론 포로 생활 가운데 있는 이스라엘 백성의 역사적 상황에서 볼 때 하나님의 위로하시는 말씀은 항우울제와 같은 것이었다. 이스라엘이 '반사적 우울증에 시달렸음'을 여러 곳에서 볼 수 있다. 선지자는 강제로 끌려간 자들의 상황을 깊이 있게 이해하고 있었다. 그는 그들이 얼마나 외부세계와의 접촉을 기피하였던가를 알고 있었다. 어디고 기댈 수 없는 상황, 버림받고 잊힌 느낌, 지치고 절망적인 느낌, 염세주의, 허무주의, 만족함이 없음, 벌레와 다를 바와 없다는 느낌, 소멸되고 패배한 느낌, 어둠에 갇힌 느낌, 죄의식, 저주받은 느낌, 사방으로 닫혀 있는 문 앞에 서 있는 느낌 등에 대한 것을 이 구절에서 볼 수 있다.

선지자는 이스라엘 백성의 깊은 우울증에 대해서 권세 있는 하나님의 말씀을 선포했다. 아버지의 보호 아래에 있는 어린이의 성장 과정을 비유로, 그는 이스라엘에게 그의 자녀됨과 그의 백성에 대한 하나님의 신실하심을 새롭게 해 주었다. 그는 이스라엘로 하여금 장래에 일어날 놀라운 해방과 약속의 땅을 바라보도록 했다.

이 이야기를 듣는 자들은 이 비유를 통해 실제로 일어나고 있는 것처럼 상상할 수 있었다. 따라서 우울한 생각으로부터 벗어날 수 있고 새로운 관점을 보게 되었다. 사람이 그의 인생을 하나님의 빛 안에서 바라보기 시작하면 그는 참 자유에로 발걸음을 내디딘 것이다.

2) 성경적-치료적 목회상담은 권면하는 것이다

성경적-치료적 목회상담의 두 번째 형식은 기독교인이 성경적 윤리에 상응하는 기준과 가치 아래서 살아가기를 원하는 것을 전제로 한다. 목회상담을 통하여 내담자가 기독교적인 가치나 윤리에 맞는 삶에서 벗어나 있다는 것이 분명해지면 그에게 회개를 권면하는 충고를 해야 할 것이다. "그리스도의 말씀이 너희 속에 풍성히 거하며 모든 지혜로 피차 가르치며 권면하고."(골로새서 3:16)

여기서는 목회상담의 직접적인 형태에 관해서 이야기하고 있다.

그러므로 이것은 사랑의 영 안에서 이루어져야 한다. 권면이 성경적으로 이루어진다면 성도 간의 교제를 유지하고 성도 간의 우애를 돈독히 하는 데 도움이 된다. 왜냐하면 형제애란 죄의 세력에 함께 맞서 싸우는 것을 의미하기 때문이다.

기 회

기존의 윤리도덕과 가치관이 흔들리는 요즘 시대에 성경의 계명은 시대착오적인 것처럼 보인다. 그러나 심리학적·심리치료적 연구결과들이 성경에서 말하는 규칙이나 가치관, 질서, 목적과 비슷하게 나타난 것을 보면 매우 놀랍다. 성경 규범들을 심리치료적인 과정에 사용하면 많은 도움이 된다('제5장 3. 학습과 탈학습' 부터 '6. 로고테라피' 까지 참조)

성경적-치료적 목회상담 중에 이 방법을 사용할 때는 성경의 계명이나 규칙들이 삶을 제한하기보다는 삶에 질서를 가져오는 데 매우 유익하다는 것을 인식하는 것이 중요하다. 성경적인 윤리관은 때때로 목회상담을 통하여 배워야 하는 경우도 있다.

상담자는 내담자에게 필요한 하나님의 말씀을 전할 때 그가 율법을 세운다는 점을 분명히 인식해야 한다. 물론 이와 같은 과제는 신뢰가 바탕이 된 목회상담적인 대화가 이루어질 때 의미가 있다. 또한 이러한 목회상담에서 복음이 주는 위로와 관점을 내담자에게 분명히 전달하지 못한다면 이는 무책임한 일이 된다.

권면하는 목회상담에서 상담자는 자신 스스로가 하나님 앞에서 죄인이라는 것을 인식해야만 한다. 죄인이라는 점에서는 목회상담자가 내담자보다 더 나은 것이 아니라 내담자와 같은 위치에 있으며 그는 오히려 동료다. 그는 하나님의 죄 사함의 은혜를 잘 이해하고 있어야 한다.

일반적으로 목회상담자의 개인적인 삶이 내담자의 상황(예, 연령, 사회적인 지위, 성별 등)과 다르기 때문에 상담 가운데 소개된 상담자의 경험은 종종 도움을 주기보다 오히려 방해가 될 수 있다. 또 성급하게 위인의 삶을 인용하는 것도 비슷한 효과를 가져올 수 있다. 내담자가 그의 인생을 하나님의 뜻 안에서 새롭게 발견하기 위해서는 자기 스스로의 길을 찾는 것이 무엇보다 중요하다고 할 것이다.

권면하는 목회상담자는 해박한 성경 지식뿐 아니라 현대적인 문제에 대한 성경적 규범이나 성경적 가치관에 대해서도 분명히 알고 있어야 한다. 목회상담 과정에 자주 거론되는 질문은 다음과 같은 삶의 영역과 관련된다. 영적인 삶(예, 교회, 공동체, 하나님에 대한 믿음), 가족(예, 부부, 자녀와 부모의 관계), 생계의 현장(예, 가족, 직장, 동료와의 관계에서), 공공생활(예, 국가, 정치와 관련된 질문들) 등이다. 성경은 이 모든 영역에 대한 견해를 가지고 있다. 물론 성경은 현대인이 하는 질문에 항상 직접적으로 대답하고 있는 것은 아니다. 개별적인 말씀을 통해 성경이 어떤 입장을 취하는지를 인식하고 오늘날의 상황에 맞게 체계적이며 총체적인 의미로 변화시켜야 할 것이다. 비록 목회상담자가 모든 분야에 대해서 시원하게 대답해 줄 수 없다고 하더라도 그는 전문가로서 이런 문제에 대해 알고자 노력해야 한다. 여러 사회사업단체가 발간한 책들이 이에 대해 도움을 줄 것이다.

> **자료 5-12** 기준으로서의 성경
>
> 기독교인조차도 공동체의 관심사보다 개인적인 관심사를 우선시하고, 주는 것보다 받는 것에 더 가치를 두며, 공동체의 유익보다 개인의 유익을 앞세우는 요즘 시대에 성경의 규범들을 가지고 내담자의 상황을 구체적으로 해석하는 것은 보통 일이 아니다. 형제자매 간에 권면하는 장벽은 매우 높다. 그럼에도 목회상담학적인 행동의 동기로서 공동체의 관심에서, 형제가 진보를 가져오기를 원하는 마음에서 권면은 더 자주 이루어져야 한다. 또 내담자를 개인적으로 돕는 것을 공동체의 범위에서 보아야 할 것이다. 성령의 은사에 관해 사도바울은 다음과 같이 말하고 있다.
>
> "각 사람에게 성령의 나타남을 주심은 모두를 유익하게 하려 하심이라."(고린도전서 12:7)

물론 내담자의 잘못된 태도를 하나님의 기준에 맞추어 단순히 지적하는 것만으로 임무가 끝난 것이 아니다. 이 첫 단계에 다음의 단계가 따라야 한다. 내담자가 다시 하나님의 기준에 맞는 생활을 할 수 있도록 구체적인 도움을 주어야 한다. 이를 위해서는 일반적으로 성경적-치료적 목회상담의 다른 형태를 적용해야 한다.

권면적 목회상담의 한계

권면적 목회상담은 명백히 하나님의 계명을 위반한 경우에 주로 사용된다. 즉, 내담자의 상황이 알려졌을 때 권면적 목회상담을 고려할 수 있다. 그러나 흔히 이러한 상황 뒤에는 성경말씀만으로는 해결할 수 없는 관계성 문제나 양육의 문제 등이 숨어 있는 경우가 많다. 이럴 경우에는 내담자에게 도움이 되고 문제를 구체적으로 다룰 수 있는 다른 목회상담의 형태를 생각해야 한다. 목회상담자는 상담 초기에 언급한 '문제' 때문에 상황을 잘못 인식하게 되는 경우가 있다. 잘못된 몇몇 행동을 통해서 내담자의 태도를 '명백한 죄'로 단정 지으며 이러한 행동을 장기간에 걸쳐 생긴 행동보다 더 심각하게 다루는 위험을 범할 수 있다.

'훈계적 목회상담'의 재고

이 상담은 『자유롭게 하는 목회상담, 성경적인 인생상담의 이론과 실제(*Befreiende Seelsorge, Theorie und Praxis einer biblischen Lebensberatung*)』의 저자 Adams(1972)가 이룬 업적이다. 그는 이 책을 통하여 비전문적인 사역자들도 목회상담 사역에 동참할 수 있도록 했을 뿐 아니라 목회상담에서 성경적 기준을 만드는 데 큰 기여를 했다. 많은 기독교인들은 그의 목회상담 접근 방법을 통해서 일반 심리치료방법을 기독교 상담자가 어떻게 받아들여야 하는지에 대해서 많은 도움을 받았다.

Adams는 "충분한 성경 관련 교육을 받았으며 자격증을 소지한 상담가는 심리치료사나 다른 어떤 부류의 사람보다 더 능력 있는 조언자들이다."(p. 17) 라고 했는데 그의 이 말은 주의하여 받아들여야 한다. 그의 접근 방법은 타락한 인간은 근본적으로 부패했고 인간으로부터는 어떤 선한 것도 기대할 수 없다는 것을 전제로 한다(p. 18). 그러므로 그는 내담자가 말하는 모든 문제들은 근본적인 것이며 하나님에 대한 불순종의 배경에서 보아야 한다고 한다. 이들이 가진 문제는 해결되어야 할 삶의 문제라기보다는 오히려 구원의 문제라는 것이다.

실제로 타락한 인생은 하나님과의 교제가 끊어지고 하나님과의 화평 가운데 있지 않다. 구원의 관점에서 볼 때 타락한 인생은 예수 그리스도를 만나지 못하고 하나님을 "아바 아버지."라고 부를 수 없는 한 하나님과 분리되어 있는 것이다.

인간에게 주어진 하나님의 형상에 관해서는 이미 앞에서 언급한 것처럼 다른 관점이 있다. 앞에서의 설명을 통해 분명해졌듯이, 인간의 구원과 치유는 서로 분리되는 것이 아니라 서로 다른 것이다. 타락한 인간도 하나님으로부터 은사를 받았으며 약점과 재능을 가지고 있는 하나님의 피조물이다.

질병 중에도 하나님과의 관계가 어긋났기 때문에 생겼다고 할 수 없는 병이 있다(요한복음 9:1~3). 그러므로 기독교인이나 비기독교인도 하나님과의 관계성과는 상관없이 아프거나 건강할 수 있는 것이다.

구원과 관련하여서는 기독교인이 아닌 경우가 외적으로는 건강에 자신이 넘친다 하더라도 사실상 이들은 '죽음에 이르는 병'으로 고통을 당하는 것이다. 그러나 기독교인은 구원의 관점에서 볼 때 그가 비록 현재 모든 육체, 영, 마음에 고통을 당한다 하더라도 예수 그리스도를 통하여 이 '죽음에 이르는 병'으로부터 구원을 받은 것이다.

Adams는 모든 인생 문제의 뿌리를 하나님과의 관계성에서 보았는데, 이러한 그의 견해는 요즘 들어 문제점이 있는 것으로 여겨진다. 그는 전통심리학과의 논쟁 중 죄와 죄의식에 대한 질문에서 〈자료 5-13〉과 같은 예를 들어 설명하고 있는데, 이는 기독교 신앙을 가진 부모의 교육 자세가 문제시될 수 있음을 보여 준다.

자료 5-13 훈계적 목회상담에서의 죄 또는 죄의식(Adams, 1972: 37)

이 상담이론에서 전형적인 슬로건은 "수지가 립스틱을 사용했다고 해서 죄지었다고 할 수 없다."라는 것이다 립스틱을 사용하는 것이 죄라고 가르침을 받은 가정에서 자랐다면 수지는 죄가 있을 것이다. 그녀가 고학년이 되자 친구들로부터 특별한 아이로 불리는 것이 싫어서 지금까지의 기준을 거스르고 립스틱을 사용하게 된다면 그녀는 실제로 죄를 지은 것이 되고 만다. 비록 립스틱을 사용하는 것이 전혀 죄가 아님에도 수지의 행동은 믿음으로 행한 것이 아니기 때문에 죄가 되는 것이다. …… 수지가 립스틱을 바를 때 그녀는 자신의 행위가 하나님께 대한 죄라고 혹은 죄가 될 수 있다고 생각했지만 그럼에도 그녀는 립스틱을 발랐다. 그녀는 하나님을 거역하였고, 따라서 그녀의 양심은 그녀를 항상 괴롭힌다. 그녀는 죄 사함과 평강을 얻기 위해 죄를 고백해야 한다. 그녀에게 그녀의 죄의식은 잘못된 것이라고 말해 주는 것은 옳지

않다. 수지의 잣대가 성경적인지 아닌지에 대한 질문은 당연히 나중에 다시 제기
될 것이지만, 그것은 전혀 문제가 아니다.

Adams가 정신에 관해서 말할 때 그는 무엇보다도 영혼의 구원을 생각했
다. 그는 정신적인 질병을 배제했다. 그에게 질병이라는 개념은 단지 신체기
관의 범위에 국한된 것이다. 그는 정신적인 갈등을 질병으로 간주하는 것을
강력히 반대하는 입장이다. 그래서 그는 "정신적인 질병이 개인 문제의 원
인이라고 본다면 사람들은 책임감을 느끼지 않게 될 것이다."(p. 5)라고 말
했다.

정신적인 질병은 그의 관점에서 볼 때 죄 문제를 가리는 학습된 가면과 같
은 것이다. '정신적으로 병든 사람들에게 필요한 것이 무엇인가? 그들의 문제
는 그들 자신 속에 있고 스스로 자초한 것이다. 타락한 인간은 하나님으로부
터 멀어졌다. 인간은 죄 가운데 태어났고 나면서부터 그릇된 길로 가기 때문
에(시편 58:4) 자신의 죄를 보지 않도록 하기 위해 자연스러운 방법으로 죄악
된 계략을 쓰게 된다. 사람은 인생 문제에 대해서 죄와 허물을 가리는 다양한
태도를 취하며 이러한 태도는 숨기는 것이 성공적인가 실패인가에 따라서 수
시로 변화한다. 신체적인 장애가 있는 것 이외에 정신적으로 병든 사람은 실
제로 자신의 문제를 극복하지 못한 사람이다.

이러한 견해에 따라 Adams는 우울증에 대해서 다음과 같이 말하고 있다.
"성경적인 판단 기준에 따라 양심이 좌우되는 기독교인으로서 죄와 항상 함
께 있지 않고서도 심각한 우울증에 걸린다는 것은 매우 의심스러운 현상이
다."(p. 101)

지금까지 독일의 목회신앙상담 관련 저서들에 널리 알려진 Adams의 목회
상담에 대한 몇 가지 견해를 살펴보았다. 그의 견해를 얼핏 살펴보면 이해가

되지만 상담의 실제에서는 조금 다르게 접근해야 할 필요가 있다.

Adams가 인식하지 못했을지라도 성경에는 인간이 죄 없이도 우울증에 빠지는 경우를 보게 된다. 과로에서 오는 우울증, 혹은 과중한 업무 이후 그에 대한 반응으로 생기는 우울증, 혹은 어려움이 오랫동안 지속된 후에 생기는 우울증 등이 있다. 이런 증상들을 죄와 결부시켜서는 안 된다.

Adams는 신체적인 원인에 기인하지 않은 모든 정신적인 질병은 죄 때문에 생긴다고 하는데, 이는 그가 매우 강하게 비판했던 Freud 정신분석의 인과응보 원칙과 동일선상에 서는 것이다.

요약하면, 많은 인생 문제들은 믿음의 차원 혹은 구원의 차원을 지니고 있다. 이런 경우 권면하는 신앙상담이 필요하다. 인본주의적인 인간관이 지나치게 강조되는 시대에 Adams가 죄와 정신적 갈등 사이의 성경적인 관련성을 분명히 하고, 이를 기독교 상담에서 무시할 수 없는 위치로 끌어올리는 데 매우 긍정적인 역할을 했다.

그러나 믿음이나 구원의 문제와 직접적으로 연관시킬 수 없는 많은 심리적·병적 상태가 있다. 이들 병적인 상태는 영적 삶을 방해하므로 전인격적인 면에서 접근해야 한다. 신앙을 도와주는 것은 삶을 도와주는 것과 같다. 상담을 하는 데 영적인 차원이라면 영적인 전문성이 요구되고 실제적인 차원이라면 심리치료적인 전문성이 요구된다.

권면적 상담의 형태들

다음의 2가지 예는 훈계적 상담이 실제적으로 어떻게 적용되는지 잘 보여주고 있다.

분명한 성경계명을 통한 훈계　　상담이 그리스도의 사랑에 기초해서 이루어진다면 경책과 훈계로서의 상담은 내담자의 드러난 죄에 대해서 분명한 입장을 취하게 된다. 내담자가 간음을 고백하면서 자신의 행위를 변명하여 정당성을 되찾고자 한다면, 형제사랑으로 권면하고 그의 행위를 하나님의 빛 가운데서 보며 성경의 규범에 기초하여 이를 죄로 규정지어야 한다. 이것은 무엇보다 중요하며 앞으로의 상담에서 결정적인 것은 내담자가 성경의 기준을 받아들이는 것이다. 내담자가 한 죄고백에 대해서 죄 사함을 선포하는 것은 그의 결혼생활, 그의 생활방식, 새로운 방향 설정에 대한 전망, 화해 등에 관한 앞으로의 상담에 있어서 기초가 된다.

상담적인 권면은 이런 경우에 분명한 성경계명에 기초를 두며, 어떤 심리치료적인 중도적 타협도 있을 수 없다. 죄는 죄다. 죄는 드러나야 하고 하나님 앞에 고백해야 한다. 이 고백은 단지 '문제를 말로 표현하는 것' 이상의 것이다.

사람에게 역사하시는 하나님의 행하심에 기초한 훈계　　내담자가 모든 도움, 심지어 상담자의 도움마저도 거절하는 경우가 생길 수 있다. 그는 혼자서 새롭게 일어서려고 노력한다. 그러나 그는 하나님의 도움이나 다른 사람의 도움을 받아들이려고 하지 않기 때문에 이미 실패하게 되어 있다.

이런 경우에는 성경적-치료적 상담의 다양한 상담 형식들을 고려하면서 삶의 다른 부분들에 대해서도 다루어야 한다. 그리고 인간에게 역사하시는 하나님의 방법에 대해서 내담자에게 이야기해 주어야 한다. 상담자는 내담자에게, 하나님은 믿는 자들이 새로운 삶을 시작하고 그가 예수 그리스도와의 생명의 교제 가운데로 나아갈 수 있도록 도우신다는 것을 말해 주어야 한다. 하나님의 은혜와 도우심을 받아들이는 것, 하나님의 선물을 조건 없이 영접하는 것 외에 다른 길이 없음을 내담자가 받아들일 때 그는 다른 영역에서도 도움을 받는 것을 배우게 된다.

성경적−치료적 상담에서 이런 류의 대화를 위해서는 예수님의 비유나 성경에 나오는 삶을 설명해 주는 것이 매우 효과적이다.

3) 성경적−치료적 목회상담은 해결하고 화합하게 하는 것이다

"진실로 너희에게 이르노니 너희가 땅에서 매이면 하늘에서도 매일 것이요, 무엇이든지 땅에서 풀면 하늘에서도 풀리리라." (마태복음 18:18)

예수님께서 제자들에게 주신 이 권한이 수세기 동안 교회사를 통해서 고해, 고백이라는 형태로 정착되었다. 고백은 기독교인으로서 당연히 해야 하는 일이며, 생명력 있는 교회를 위해서는 가장 중요한 일이다. 비록 고해(고백)가 개신교에서는 거의 이루어지지 않고 않지만, 우리는 Luther가 "그러므로 내가 여러분들에게 죄를 고백하도록 권면하는 것은 기독교인이 되도록 권고하는 것과 다름없습니다. 만약 내가 여러분을 기독교인으로 만들기 원한다면 여러분이 죄를 고백하도록 도울 것입니다."라고 한 것을 기억해야 한다.

누구든지 고백을 통해 과거의 무거운 짐을 내려놓으면 새롭게 시작하게 되며 새로운 미래를 가지게 된다. 그러므로 성경적−치료적 목회상담 사역을 통하여 자유롭게 하며 축복을 가져다주는 고백이 교회 내에서 활발해졌으면 한다. 물론 이를 위해서는 상담자 자신부터 고백을 시작해야 할 것이다.

고백의 일반적인 측면

고백은 다음과 같이 3가지 서로 다른 형태로 구별될 수 있다.

- 이른바 '마음속의 고백' (시편 32:2~5)
- 공개적인 혹은 일반적인 형태의 고백(예, 예배 중에 하는)
- 개인고백(가톨릭에서 이루어지는 것과 같은 고해성사)

개인고백은 가장 어렵고도 확실한 형태의 고백이다. 믿음의 형제, 자매가 증인이 되어서 예수 그리스도의 분부하심에 따라 죄 사함을 선포할 수 있다. 그러나 우리는 증인이나 고백을 하는 사람 모두가 죄인들임을 인식해야 한다. 개인고백에서 양자는 동일한 죄인들이다. 그러므로 상담자는 권위적인 위치에서가 아니라 같은 상황에 처한 자의 자세로 경청해야 함을 항상 잊지 말아야 한다.

고백을 하는 데 중요한 전제조건은 성령을 통하여 죄를 깨닫는 것이다. 우리는 죄를 깨닫게 될 때에만 죄를 고백하게 된다. 죄를 고백하는 것은 쉬운 일이 아니며 종종 죽을 것만 같이 느껴질 때도 있다. 바로 이 점에서 고백하는 사람이 그리스도의 십자가에서 죽으심에 동참하게 되는 것이다.

자료 5-14 **왜 증인들 앞에서 고백해야 하는가?**

"꼭 사람이 있어야 하는 것은 아니지만, 하나님의 임재하심을 보조하는 역할로서 한 사람이 있을 수 있다. 이는 하나님께서 나에게 주신 하나의 도움이다."(Bürki)

고백 이후에 필요한 확신을 위해서 증인들은 매우 도움이 된다. "시험하는 악한 영들은 우리와 악한 영들 사이에 존재하는 비밀을 통해서 역사한다. 아무도 알아서는 안 되는 숨겨진 사실들이 우리 삶에 있는 한 하나님의 원수들은 우리의 영위에서 권세를 부리게 된다. 그러나 비밀이 드러나게 되면 인생에서 어두움의 권세는 힘을 잃게 된다."(Koeberle)

귀신 들린 경우의 고백

상담자가 내담자가 귀신 들렸는지를 정확히 알아내는 것은 쉬운 일이 아니다. 상담자는 내담자를 충분히 알지 못한 상태에서 질병이나 우울증에 대한 원인을 빨리 찾으려고 하기 때문에 이와 같은 진단을 하는 경우가 있다. 수년간 기독교인이 상담한 경험에 비추어 볼 때 기독교인이 귀신 들리는 경우는 생각보다 그리 흔하지 않다. 성경적−치료적 목회상담에서 이런 진단을 내리기 전에 과거 병력을 철저히 살펴봄으로써 가능한 모든 원인들을 보아야 할 것이다(Dieterich, 1986).

귀신 들린 경우에는 공통적으로 다음과 같은 증상이 나타난다.

• 귀신 들린 사람은 의식적으로, 의지적으로 어두움의 권세를 받아들였다 (적극적인 귀신 들림).
• 하나님의 영향력에 대하여 특별하게 반항심을 보인다.
• 초자연적으로 어떤 것을 인식하고 특히 하나님, 예수님, 성경에 관한 비성경적인 계시를 말한다.

실제 상담에서 이와 같은 증상을 가진 귀신 들린 사람은 대화를 원하지 않으며 목회상담을 단호히 거부한다. 그래서 '귀신 들린 것처럼 보이는' 사람에게 해 주는 위로는 대체로 예수 그리스도가 이룬 승리를 분명히 깨닫게 해 주며 그들의 과거 죄가 깨끗이 씻어졌음을 언급하고 더 이상 귀신 들리지 않았음을 인식하도록 해 주는 것이다.

어떤 사람이 의식적으로나 의지적으로 어두움의 권세를 받아들인 경우에는 같은 방식으로 고백을 통해 의식적이며 의지적으로 악의 권세와 관계를 끊겠다고 말해야 한다. 악령의 권세에 너무도 강력하게 묶여서 스스로는 이런 권세로부터 분리되고자 하는 의지를 분명히 할 수 없는 경우가 있다. 이런 경우에는—일반적으로 귀신 들린 사람들과 상담하는 중에—다른 믿음의 형제자매를 동참시키고 함께 그를 위하여 기도하는 것이 특히 중요하다.

> | 자료 5-15 | **관계를 끊는 기도**
>
> 다음은 H. Bruns가 제안한 관계를 끊는 기도다.
> "나는 사탄과 그의 모든 어두움의 존재들과 역사함에 단호히 절교를 선언하며 삼위일체이신 성부와 성자와 성령께 나 자신을 드리며 나의 일생을 마지막까지 믿음과 순종 안에서 하나님께 충성하겠습니다."

부지(不知) 중에 혹은 자신의 의지와 상관 없이 신접(수동적 신접)하게 된 사람은 그 상황을 과대평가하지 말아야 한다. 상담을 통하여 예수 그리스도 안에서 관계를 맺고 풀며 다시 정상적으로 되돌아갈 수 있는 기회가 될 수 있다.

'화합' 이란 무엇을 의미하는가?

이 질문은 고백의 현장에서 가장 어려운 질문들 중 하나다. 원칙적으로 죄 사함을 선포할 수 있는지 아닌지는 오직 상담 대화를 통해서만 분명해진다. 예를 들면, 어떤 사람이 간음한 사실을 고백하기는 하지만 혼외파트너와 헤어질 준비가 되어 있지 않다면 그에게 죄 사함을 선포해서는 안 된다는 것이다. 고백하는 사람이 참회와 자기의 죄에 대한 통찰을 하는지 분명히 알 수 있어야 한다.

고백이 깨끗한 양심을 얻는 수단으로 여겨질 수도 있다. 증오, 부정적 생각, 시기심 등을 고백했더라도 조금 지나면 다시 예전과 같아진다. 그리스도의 이름으로 죄 사함을 받는 것은 매우 귀한 것이며 너무 쉽게 죄 사함을 선포해서는 안 된다. 이런 경우에는 다른 형태의 성경적-치료적 목회상담방법을 적용하는 것이 바람직하다.

고백에서 안수의 의미

안수는 우울한 사람을 위로할 때뿐만 아니라 고백의 현장에서도 상징적인 의식으로서 의미가 있다. 죄사함의 선포나 축복을 확정하는 것은 말로만 아니라 행동으로도 전달될 수 있는 것이다. 그러나 고백을 하지 않은 상태에서 안수를 해서는 안 된다.

그러나 심한 우울증의 경우에는 다르다. 이때의 고백은 고백하는 사람과 같이 느낀다는 차원이며, 하나님의 축복을 전해 주는 의미를 가진다(Erbsegen).

한 계

고백하는 사람이 혹시 그가 받은 교육 때문에 도덕적인 죄의식을 가지고 있다면, 고백은 잘못된 의미에서 죄의식을 털어 버리는 작용을 하게 되기 쉽다. 많은 사람들은 자기 자신의 존재에 대해서 질문을 던지기 전에 상담자로부터 단순히 위로나 도움, 구원을 기대한다. 자기를 괴롭히고 불확실하며 근본적인 죄성과 씨름하는 것보다 분명한 하나님의 계명이나 교회의 규율을 어긴 것을 고백하는 것이 훨씬 쉽다(Kondrau, 1962).

이를 보면 상담 대화가 한 가지 형태로만 이루어질 수 없음이 분명해진다. 일반적으로 저지른 실수나 죄는 이를 유발하는 배경이 있기 마련이다. 물론 죄는 하나님과 사람 앞에서 변명될 수 없는 것이며, 죄는 죄인 것이다. 그러나 만약 성경적–치료적 목회상담이 한 사람에게 온전한 도움이 되고자 한다면 이러한 점들도 고려되어야 할 것이며, 죄를 고백하는 사람과 함께 다른 상담 형태로도 이야기해 보아야 할 것이다.

고백적 대화의 형태

P. Zimmerling(1988)은 상담 대화에서 고백으로 넘어가는 데 매우 도움이 되는 고백 규칙을 사용했다. 이는 하나의 형식으로 사용될 수 있으며, 고백하

고자 하는 사람과 사전에 논의해 볼 수 있다. 고백하고자 하는 사람이 자유롭
게 기도하는 것을 배우지 못했다거나 기도하기를 매우 어려워하는 경우에는
찬송가의 가사나 기도문을 읽는 것이 좋은 방법이 될 수 있다.

함께 하는 시작 기도
저를 살피소서, 하나님,
저의 마음을 아시옵소서.
저를 시험하시고 저의 의도를 아시옵소서.
제가 악한 길에 있는지 보시고
저를 영생의 길로 인도하소서(시편 139:23~24).

혹은
여호와여 제가 깊은 데서 주께 부르짖나이다.
주여 제 소리를 들으시며
저의 간구하는 소리에 귀를 기울이소서.
여호와여 주께서 죄악을 감찰하실진대
주여 누가 서리이까?
그러나 사유하심이 주께 있음은 주를 경외케 하심이니이다(시편 130:1~4).

증인(또는 고백을 받는 사람)
예수께서 그 믿는 자들에게 말씀하시되,
"너희가 내 말에 거하면 참 내 제자가 되고 진리를 알지니 진리가 너희를 자유
케 하리라." (요한복음 8:31~32)
하나님의 자녀들을 자유하게 하는 그 길은 먼저 예수 그리스도의 십자가 아래
로 가는 길이요, 죄사함으로 가는 길입니다. 그러므로 하나님 앞에서 당신의 양심
을 억누르는 것, 당신이 하나님과 사람 앞에서 죄지은 것을 입으로 고백하십시오.

고백자(告白者)

예수님이 이곳에 계심을 믿고 내가 아는 한 아무것도 숨기지 않고 나를 누르는 것을 고백하겠습니다(사죄를 구하는 기도로 끝맺는 고백이 뒤따른다.).

증인

이 모든 것을 참회하며 예수 그리스도께서 제물이 되심으로 당신의 죄가 사해 지기를 간절히 구하십니까?

고백자

나의 죄를 진심으로 참회합니다. 나의 옛길에서 돌아서며 예수 그리스도를 따르는 데 방해하는 모든 죄를 끊고 거짓 없이 그리스도의 길을 따르겠습니다.

증인

"만일 우리가 우리 죄를 자백하면 저는 미쁘시고 의로우사 우리 죄를 사하시며 모든 불의에서 우리를 깨끗하게 하실 것이요."(요한1서 1:9)

예수 그리스도의 종으로서 당신에게 이릅니다.

"당신은 죄 사함을 받았습니다. 평안히 가세요. 하나님의 아들 예수 그리스도의 피가 당신을 모든 죄로부터 정결케 하십니다."

예수께서 말씀하십니다.

"보라 새 것이 되었도다."(요한계시록 21:5)

함께 하나님께 죄 사함을 감사드리고 시편 103편에 기초해서 기도하겠습니다.

두 사람이 함께

내 영혼아, 하나님을 찬양하라. 내 안에 있는 것이 모두 거룩한 하나님의 이름 안에 있습니다. 내 영혼아. 하나님을 찬양하고 하나님께서 너에게 어떤 선한 일을 이루셨는가 잊지 말아라. 너의 모든 죄를 사하시고 어그러진 것을 모두 치료하신다. 너의 인생을 모든 범죄에서 구원하시고 은혜와 자비하심으로 너에게 관을 씌우신다.

증인
"두려워 말라. 내가 네게 명한 것이 아니냐. 마음을 강하게 하고 담대히 하라."
(여호수아 1:9)
전능하신 성부 하나님, 성자 그리고 성령께서 너를 지키시고 축복하시는도다.

두 사람이 함께
아멘.

두 사람이 함께 감사기도를 드리고 증인이 축복을 하기 전에 안수할 수도 있다.

안수
고백자가 무릎을 꿇고 증인이 그 옆에 서서 그의 오른손을 머리에 얹는다. 그리고 축복의 말씀을 전한다.

증인
두려워 말라. 보라 네게 명한 것이 아니냐 마음을 강하게 하고 담대히 하라.

두 사람이 함께
아멘.

3. 학습과 탈학습

'제5장 2. 위로, 권면, 해결 그리고 화합'에서 성경적-치료적 목회상담의 처음 3가지 형태(위로, 권면 그리고 자유케 함)에 대해서 다루었는데, 여기에서는 성경적-치료적 목회상담에 있어서 전인격적인 목회상담의 3가지 상담 접근 방법을 소개하고자 한다. 이 접근 방법들은 앞의 3가지 형태에서보다 일반 심리치료방법을 더 많이 사용한다. 이미 언급하였듯이, 방법과 이데올로기를 서로 분리하는 것은 가능하며 다음에 기술될 형태들이 사실 '잊힌' 성경적 목회상담에 속하는 것임을 보게 될 것이다. 왜냐하면 이들은 성경적으로 보아 정당한 것이기 때문이다.

다음에서 설명할 행동치료에 대한 방법들은 하나님으로부터 받은 인간의 능력인 학습과 전환사고 등에 근거하고 있다.

1) 다른 치료형태와 비교한 행동치료의 제한점

행동치료는 학습심리학에서 경험적-학문적으로 검증받은 연구결과를 어떤 행동에서 변화를 이끌어 내기 위해서 적용하는 것이다. 즉, 앞의 '제2장 3. 학습'에서 얻은 결과들을 학습심리를 위해서 체계적으로 적용한다는 것이다. 이것은 경험적-학문적인 점을 강조하며 어떤 행동의 배경이나 원인에 대해서 개략적으로 다룬다는 점에서 정신분석과는 현저한 대조를 이룬다. 또 인간중심 심리치료와도 근본적으로 다른데, 다른 점은 다음과 같다.

예전의 행동치료이론은 사람이란 조종할 수 있으며 치료할 수 있는 충동-반응-메커니즘(Reiz-Reaktions-Mechanismen)의 관점에서 보아 왔지만, 이제는 사람을 자아발견과 긍정적 자아형성 측면에서 보고 있다.

그러나 '인지치료'(Kanfer, Beck, Ellis, & Lazarus)라 불리는 최근의 행동치료

는 내담자가 상담에서 적극적이며 함께 반응할 것을 요구한다. 새로운 행동치료이론은 전통적인 행동심리의 이론의 범위를(자극이나 강화-반응에 중점을 둠) 더 넓혀 가고 있다.

현대의 행동치료에서는 이전에 블랙박스(black box)로 간주했던 인간의 내면에 대해서 질문을 던지고 이를 치료과정에 참작하는 경우가 많다. 이런 과정을 통해 다양한 치료형태들이 서로 가까워지게 된다. 이는 결국 현장에서 행동치료, 인간중심치료 혹은 심층심리학에 기초한 심리치료형태 등의 개별 심리 사이를 뚜렷이 구별할 수 없게 되었다는 것을 의미한다.

행동치료 기초로서의 학습 과정

간단히 말하면, 행동치료 접근법은 원하지 않는 행동(예, 두려움)도 학습되었다는 데서 출발한다. 학습과 탈학습은 생리학적인 배경에서 볼 때 서로 다른 것이 아니므로 원치 않는 행동 또한 다시 탈학습될 수 있다는 것이다.

자료 5-16 **성경은 학습에 대하여 어떤 입장을 취하고 있는가?**

성경적으로 볼 때 학습능력은 하나님께서 인간에게 부여한 인간의 기본 능력이다. 그러므로 행동치료의 방법은 신학적 배경에 근거해 거부할 이유가 없다. 만약 이를 거부한다면 하나님께서 인간에게 주신 능력을 거부하는 것과 같은 것이다.(잠언 1:7, 마태복음 9:13, 마태복음 11:29, 요한복음 6:45, 디도서 3:14 참조)

학습의 여러 가지 종류

학습심리학('제2장 3. 학습' 참조)의 여러 가지 접근법에 적절한 다양한 행동치료의 형태들이 있다. 대략 다음과 같은 4가지 경우로 구분될 수 있다.

- 고전적 조건화에 의한 치료방법
- 조작적 조건화를 통한 학습치료방법
- 모델학습에 의한 치료방법
- 통찰학습에 의한 인지치료방법

행동치료에서의 질병의 개념

행동치료와는 달리 정신분석에서는 비정상적인 행동양식들이 근본적으로 아동기의 상처에 그 원인이 있다고 본다. 그러므로 정신분석(최소한 고전적 정신분석의 경우)은 내담자의 과거에 집중하며 현재, 즉 사회적·환경적 요소는 소홀히 한다.

행동치료에서는 고전적인 병적 증세(신경증 환자, 정신분열증 환자 등)에 상관없이 정확한 행동묘사(제4장에서 언급한 DSM-III 진단 참조)를 하고자 한다고 본다. 이런 접근 과정에서 병적인 것과 건강한 상태 차이는 정도의 차이이며, 학습의 법칙은 모두에게 적용된다.

전형적인 행동치료형태에서는 원하거나 혹은 원치 않는 행동을 자극과 자극에 따르는 결과를 연관지어 본다. 즉, 행위는 주위 환경에 의해 발생한다는 것이다. 최근의 행동치료이론은 사람은 스스로 원해서 행동한다고 본다.

경험적 – 학문적 자기이해

정신분석과는 반대로 행동치료에서는 어떤 행동을 일으킬 상황을 설정하고 이를 실험적으로 점검한다는 의미에서 학문적 자기이해를 하게 된다.

이때, 적용된 방법들이 성공적이지 못했다면 가정을 철회해야 한다. 때에 따라 가정이 적절하게 현실화되지 못했을 경우도 있다.

행동에 대한 정확한 묘사 – 어떠한 판단도 하지 않는다

행동치료의 문제점들 중에 하나는—행동치료뿐 아니라 모든 다른 치료방법 또한 마찬가지로—분석하지 않고서 행동을 묘사하기가 매우 어렵다는 것이다.

자료 5-17 **개인적으로 평가하지 않고서는 거의 불가능하다**

다음의 문장들을 읽고 + 또는 − 평점을 기록해 보라.

진술

나의 의견

프리츠는 매우 감성적이다.   (   )
칼은 늦게 잠자리에 든다.   (   )
마리아는 항상 정시에 모임에 온다.   (   )
한나는 신장이 170cm인데 몸무게가 70kg이다.   (   )
에릭은 음악성이 있는 사람이다.   (   )
에르나는 내성적인 편이다.   (   )

만약 이 질문지를 다른 사람에게 주면 그는 전혀 다르게 평가하는 것을 볼 것이다.

우리는 사람의 행동을 묘사할 때 비교적 일반적이면서 정확하지 않은 형용사를 사용한다. 예를 들면, 그녀는 '버릇이 없다' '어리석다' '겁이 많다' '우울하다' 라는 단어를 쓰는데, 이런 형용사들은 일반적으로 가치판정을 이미 내포한다.

행동치료이론에 근거하여 치료하는 상담자(행동치료사)는 관찰한 것과 평가를 분리하려고 노력한다. 이는 상대의 행동을 될 수 있는 대로 정확하게 묘사할 때 가능하다. 이때 행동치료사는 다음과 같은 질문을 할 수 있다.

- 그 행동이 무엇에 관계된 것인가? (되도록 많이)
- 어떤 환경에서 발생하는가?
- 누가 그 행동과 관련되어 있는가?
- 어느 시점에 그 행동이 발생하는가?

그리고 나서 반드시 '정상적인 것' 은 무엇인가를 생각하여 평가를 내려야 한다. 이때 과잉행동(원치 않게 자주 나타나는 경우)과 행동장애(전혀 없거나 나타나지 않는 경우) 사이를 구분하는 것이 매우 중요한 것으로 나타났다.

성공적인 행동치료의 조건들

다음에는 행동치료를 성공적으로 이끌기 위한 조건들을 열거했는데, 언뜻 보면 당연한 것 같아 보인다. 그러나 좀 더 자세히 살펴보면 이런 조건들이 전혀 혹은 매우 적어도 행동에 변화가 일어나지 않음을 알 수 있다.

행동치료를 성공적으로 이끌기 위한 전제조건들

1. 내담자는 신체적으로 볼 때 행동을 변화시킬 수 있는 능력이 있어야 한다.
2. 원치 않는 행동을 정확하게 기록하고 그러한 행동을 야기시키는 '강화제' 를 분명히 알아야 한다. 그리고 치료목표도 자세하게 정의해야 한다. (즉, 단순히 '더 나아져야 한다.' 식이 아니라 '나는 4시간 동안 울지 않고 일을 하고 싶다.' 식이어야 한다).
3. 내담자가 변하고자 하는 소원이 있어야 한다(적어도 마음의 준비를 하고 있어야 한다.). 치료를 시작하기 전에 이 점을 점검해야 한다.
4. 내담자가 치료에서 행하는 것보다 상담자가 더 적극적이면 이는 잘못된

것이다.

5. 상담자가 보조적인 태도를 취하지 않고 좋은 조언을 강조하는 것도 잘못된 것이다.

6. 내담자는 치료과정 중에 자기 스스로 치료과정을 평가할 수 있는 능력이 있어야 한다.

7. 행동변화에 따른 이득과 손실이 메워져야 한다. 모든 행동의 변화는 익숙지 않다. 종종 이전의 행동이 아마도 유리할 수도 있다(병자가 얻는 이득). 그러므로 반드시 지금까지의 행동이 어떤 의미를 가지고 있는지 분석해 보아야 한다.

8. 행동변화를 위한 노력은 당사자가 성공을 경험할 때 계속 유지된다. 그러므로 치료를 시작할 때는 작고 성공할 확률이 높은 부분적 목표를 설정하고 변화를 기록으로 남겨야 한다. 행동치료에서 변화시키고자 하는 여러 목표를 동시에 이루려 하는 데서 자주 실패의 원인이 발견된다.

9. 행위의 원인이 죄와 연관성이 있을 때에는 행동치료를 적용해서는 안 된다. 죄는 치료되는 것이 아니라 사함을 받아야 하는 것이다.

10. 과거의 원인들과 현재의 고통 사이에 분명한 관련이 있을 때 행동치료는 의미가 없다.

이와 같은 10가지 사항들이 충족되지 않았다면 행동치료를 시작해서는 안 되거나 혹은 다른 치료 형태를 적용해야 할 것이다. 나는 앞에서 상담 공식, M=f(S, R, U)처럼 여러 가지 방법들은 상담자와 내담자 그리고 주변 상황들과 서로 관련되어 있음을 분명히 했다. 일반적으로 실패한 치료보다는 치료를 아예 시작하지 않은 것이 낫다고 말한다. 이는 실패한 치료는 내담자에게 역시 도움이 되는 방법이 없다는 생각을 심어 주기 때문이다.

2) 고전적 조건화에 의한 치료방법

행동치료가 과거에 어떻게 이루어졌으며 오늘날에도 부분적으로 어떻게 이루어지고 있는지는 개에 대해 과민한 두려움을 가지고 있는 사람의 예를 통해서 잘 알 수 있다. 행동치료를 하는 데 중요한 원칙은 행동을 일으키게 하는 원인(여기서는, 예를 들면 개가 노려보는 것이나 개의 짖는 소리)과 그에 따르는 과다반응(예, 강한 공포감) 사이에 정상적인 관련성을 이어 주는 것이다.

전통적인 행동치료에서는 이를 위해서 여러 가지 방법을 개발했다. 그러나 다음에 서술한 방법들은 부분적으로 문제가 있으므로 여러 가지 상황을 매우 신중하게 고려하고 내담자와 충분히 상의하고 합의한 가운데서 치료해야 할 것이다.

소 거

내담자에게 자극을 유발시키는 원인을 제공하지만, 이 원인에는 자극을 주는 요소를 없앤 상태다(예, 얌전하게 밥을 먹고 있으며 짖지 않는 개를 주시하도록 한다.).

대응조건화

내담자에게 조금씩 더 강한 자극을 준다(예, 다음과 같은 순서로 진행한다. 개의 사진, 개가 짖는 것, 줄에 묶여 있는 개). 그러나 이러한 자극과 함께 매우 긍정적인 환경을 제공해 긍정적인 생각과 연관짓도록 한다(예, 자극을 줌과 동시에 긴장을 풀게 하는 운동을 하도록 한다.).

자극의 범람

내담자가 지쳐서 더 이상 공포반응을 보일 수 없도록 더욱 강한 자극을 제공하는 방법이다. 이렇게 하면 지금까지의 자극원(原)이 훨씬 더 약하게 느껴지게 된다.

우리의 예에 적용한다면, 내담자로 하여금 지칠 때까지 개 짖는 소리를 듣게 한다. 이는 끔찍한 방법이기는 하다.

반감치료

원치 않는 행위를 차단하기 위해 공포반응에 대한 체계적인 교육을 실시한다. 그래서 예전에는 알코올 중독자들로 하여금 알코올 음료를 구역질이 나는 것과 연관시키도록 했다.

외적인 통증 자극 대신에 숨어 있는 상상력을 통해서도 이러한 목적을 달성할 수 있다. 예를 들면, 내담자는 강렬한 상상력을 통해 술잔을 손에 잡는 순간 메스꺼움을 느끼며 구토를 하게 된다.

3) 조작적 조건화에 의한 치료방법

이는 목적지향적 강화를 통한 행동의 구축과 제거에 관한 것이다. 전형적인 행동치료에 근거한 많은 실제 접근 방법들이 있다.

행동장애

원치 않는 행동은 이 행동과 상관이 없는 다른 반응을 통하여 저지된다(예, 담배를 끊겠다는 소원으로 담배를 물지 않는다. 또는 잔소리를 줄이기 위해서 30까지 수를 센다.).

행동의 지연

다른 행동이 가능하도록 일정한 행동을 지연시키는 것이다(담배를 책장 높은 곳에 두거나 서랍 안에 두고 잠근 후 이웃에게 그 열쇠를 맡긴다.).

행동형성

완전한 행동고리를 부분행동으로 나누고, 그 부분행동을 하나씩 강화한다. 먼저 부분행동들을 확실히 하는 것은 더 많은 것을 하게 한다.

행동연결

행동연결은 뒤에서부터 시작하고 강화한다. 예를 들면, 윗옷을 혼자서 입지 못하는 아동에게 먼저 마지막 단추 하나만 스스로 끼우는 것을 배우게 한다. 아동이 이것을 익힌 다음에는 곧바로 강화한다. 그다음은 아동에게 혼자서 마지막 2개의 단추를 끼우게 하고 처음의 목적에 도달할 때까지 강화시켜 가는 것이다.

사고의 정지

특정한 부정적 생각들은 원치 않는 강화제(부정적 사고)가 될 수 있다. 그러므로 미리 단절되어야 한다. 예를 들면, 부정한 생각이 떠오르면 주먹을 쥐거나 혹은 바닥을 구르거나 하면서 자기 자신에게 "그만!"이라고 말한다. 그리고 이 정지신호에 이어서 곧바로 긍정적인 대체사고를 한다.

이러한 방법을 철저하게 실천한 후 며칠이 지나면 원치 않는 생각들이 현저히 줄어든 것을 볼 수 있다.

자료 5-18   상담에서의 사고의 정지

상담을 하다 보면 자주 내담자가 '성령에 대항하는 죄'를 지었다고 생각하는 경우를 본다. "그러므로 내가 너희에게 이르노니 사람의 모든 죄와 훼방은 사하심을 얻되 성령을 훼방하는 것은 사하심을 얻지 못하겠고."(마태복음 12:31)

비록 상담자가 대화를 통해 이런 질문을 하는 내담자에게 예수님의 이 말씀에 적용되지 않는다고 신학적으로 설명을 해 주고 또 내담자가 이를 이해했다고 하더라도 내담자는 상담을 마치고 집으로 돌아가는 길에 벌써 강박관념 때문에 자신이 심판을 받을 자가 아닌가 생각할 수 있다.

이러한 경우 사고의 정지를 배우는 것은 아주 중요한 도움이 될 수 있다. 상담자는 전화를 통해서 그가 배우고 활용하기로 약속한 "그만."이라는 말과 대체사고를 상기시켜 줄 수 있다.

자기서약

어떤 행동양식에 대하여 내담자 스스로 보상을 하도록 약속을 한다(예, 시험 준비를 할 경우에 공부할 내용을 나누고 이것을 실천한 경우 보상을 하는 것). 이 방법은 가능하면 스스로 점검하는 것이 바람직하다.

밤에 오줌을 싸는 아이에 대한 행동치료의 예

많은 부모들이 자녀가 오줌을 싸는 문제로 큰 고민을 한다. 여기서 그 원인이 병적으로 방광의 변화에 기인한 것인지 아니면 자연스러운 과정인지를 구분하는 것은 쉽지 않다.

아동이 오줌 누는 것을 습득하지 못한 것을 '근원적 야뇨증(primärer Enuresis)'이라고 한다. 이는 드문 경우이며, 흔히는 자연적 야뇨증(Enuresis nocturna)이라고 한다.

방광의 작용이 조절될 수 있는 나이는, 전문서적에 따르면 2세 반에서 5세 반 사이로 그 기간의 폭이 넓다. 그러므로 야뇨증을 진단하는 것은 정확하지 않을 수 있다.

아동의 방광 용량에 대한 측정결과에 따르면, 2세에서 오줌 누는 것을 조절할 수 있는 나이인 4세 반 사이에 방광 용량이 2배나 증가되는 것으로 나타난다. 오줌을 누는 것을 스스로 조절할 수 있는 아동의 경우 일반적으로 300~360cc 정도의 오줌을 눈다. 연구결과에 따르면, 야뇨증이 있는 아동은 방광의 용량이 적기 때문에 그 용량을 늘이는 데 치료의 목표를 두어야 한다.

야뇨증세를 가진 아동을 행동치료적인 근거에서 바라보기 전에 비뇨기과나 신경과 전문의의 진찰을 먼저 받아 보아야 한다. 진찰결과가 부정적으로 나오면 그제야 심리치료에 들어갈 수 있다. 모든 행동치료에서처럼 야뇨증의 경우도 먼저 외적인 조건을 잘 살펴보아야 한다(〈자료 5-19〉 참조).

자료 5-19 **야뇨의 진단**

1. 일반적인 질문
   - 가정의 환경, 분위기가 일반적으로 어떠한가?
   - 부모와 아동, 형제자매들과 아동, 그리고 상담자와 아동 사이에 어떠한 방식으로 대화하는가?
   - 가정에서 청결을 위하여 지금까지 어떤 일들을 했는가?
   - 야뇨증 증상이 어떻게 진행되었는가?
2. 야뇨증에 대한 특별한 관찰
   - 부모는 일주일 이상 화장실을 가는 빈도수, 오줌의 양, 야뇨의 양을 기록한다.
   - 최대 방광 용량을 측정해 본다. 이를 위해서 아동은 되도록 최대한의 수분을 섭취하고 용변을 될 수 있는 대로 오래 참는다. 그다음 개량용기에 오줌을 누고 그 양을 확인한다.
   - 아동이 임의로 오줌을 눌 수 있는지, 오줌을 중지할 수 있는지를 검사한다.

> - 취침습관과 집의 구조(밤에 화장실로 가는 길)를 검토한다.
> - 야뇨증과 관련하여 장애물이나 긍정적인 결과를 검토한다.

치료에 들어가며

소위 '밤에 침대에 오줌을 싸지 않는 것(dry-bed-training)'은 많은 치료 요소를 포함하는 행동치료적 방법이다. 이를 위해서 다음과 같은 여러 가지 방법이 있다.

- 방광의 용량을 늘리고 오줌이 마렵도록 하기 위해서 수분 섭취를 증가시킨다.
- 시간마다 깨운다.
- 아동이 조그마한 자극에도 반응하여 일어나는 것을 훈련한다(아동의 이름 부르기).
- 화장실 사용법을 연습한다.
- 밤에 화장실에서 오줌을 눌 경우 상을 준다.
- 아동이 침대에서 오줌을 쌀 때 종을 울리도록 한다.
- 마른 침대와 젖은 침대를 구별하도록 주의력을 훈련한다.

물론 이와 같은 훈련은 집중적인 주의를 요하며 치료사와 부모에게 어려운 일이다. 연구에 따르면, 26명의 아동들이 훈련받기 이전에는 일주일에 7회 오줌을 싸다가 훈련이 끝난 첫 3주에는 일주일 동안 평균 1회 오줌을 싸는 것으로 나타나더니 점점 침대에 오줌을 싸지 않게 되었다. 그 후 14일을 연속적으로 침대에 오줌을 싸지 않은 것을 기준으로 삼았고, 이 기준을 달성하기까지 각 아동들은 모두가 평균 2회 오줌을 쌌고, 가장 느린 아이는 이 기준을 달성하기까지 한 번 더 오줌을 쌌다는 결과를 얻을 수 있었다.

새로운 연구결과(Berbalk & Bahr-Crome, 1980)는 다른 기기를 이용하거나 치료사의 도움이 없이도 이 치료방법이 성공적일 수 있다는 것으로 나타났다.

4) 모델학습에 의한 치료방법

Bandura는 특별히 사회적·언어적 태도는 모델학습을 통하여 획득될 수 있음을 증명했다('제2장 3. 3) 관찰학습' 참조). 여기서 학습자와 모델 사이의 관계성은 중요한 역할을 한다. 사람은 일반적으로 권력이나 높은 사회경제적인 지위를 가지고 있으며, 잘생긴 사람들로부터 더 잘 배우며 또 나이나 성, 직업 등과 관련해서는 자신과 비슷한 사람들로부터 혹은 벌을 받을까 두려워하는 사람으로부터 잘 배우게 된다.

모방을 통한 학습은 학습자가 자존감이 낮고 의존심이 있으며 무능하며 불확실해하거나 소외되었을 때 특히 잘 일어난다. 모델학습으로부터 여러 가지 다양한 치료방법을 유도해 낼 수 있다.

역할연기

이 방법은 관계성 맺기를 꺼리는 사람이나 자기의지를 관철하는 데 약한 사람에게 적용할 수 있다. 그리고 주로 행동형성의 방법과 연관시키는 경우가 많다. 예를 들면, 사람과의 접촉을 꺼리는 사람에게는 지나가는 사람에게 말을 걸어 보거나 돈을 바꾸고 신발가게에 들어가서 사지 않으면서도 신발을 신어보는 등 부분적인 행위로 나누어 이루어진다.

역할교환

내담자는 대화 상대의 역할을 하게 되는데, 이를 통해 내담자는 상담자가 어떻게 하여야 하는지를 알 수 있다. 이때 내담자는 자신에게 필요한 행동방식을 관찰하고 그와 동시에 자기 자신에게 일어나는 변화를 체험하게 된다.

대리적 무감각화

모델은 관찰자에게 두려움을 일으키는 자극에 대하여 두려움 없이 성공적으로 일을 처리하는 것을 보여 준다(예, 애매한 대화의 경우).

대리적 민감화

억제반응을 배운다. 예를 들면, 알코올 문제를 가진 내담자가 자기보다 더 심한 알코올 중독 증세를 가진 사람을 돌보는 것을 통하여 알코올 중독의 엄청난 결과를 접하는 것인데, 이것은 알코올 중독자를 치료하는 데 유용하다. 이러한 방법은 우울증 환자에게도 적용된다.

그룹치료

치료받는 사람의 그룹 내에 서로가 서로에게 미치는 영향은 크다. 그룹 구성원 중 한 사람이 자기 문제를 진실하게 말할 때 다른 구성원도 용기를 얻어 진지하게 자기 자신에 대해서 생각하고 자신의 문제를 그룹 구성원들에게 말하게 된다.

5) 통찰학습에 의한 치료방법(인지치료)

이 개념은 내담자가 자기평가를 통하여 자신의 행동을 새로 점검하고 교정하는 것에 관한 것이다. "마음을 새롭게 함으로 변화를 받으라."(로마서 12:2)는 말씀이 이 방법에 대한 성경적인 근거가 될 수 있다. 이 방법의 많은 부분은 오해를 바로 잡는 것, 즉 인식의 재구성을 큰 틀로 하고 있다.

잘못된 사고의 원인들은 예를 들면 다음과 같다.

이원론

대부분의 사람들은 어떤 사람의 성격을 규정할 때 2가지의 극단적인 성향으로 나누고자 하는 경향이 강하다(예, 선과 악, 흑과 백, 옳고 그름 등). 그 한 예로 부부 간의 갈등은 자주 이러한 이원론적인 생각과 연관되어 있는 것을 볼 수 있다.

이를 극복하기 위해서는 '옳다' 혹은 '그르다' 라고 하는 대신 실질적으로 맞을 확률은 0~100%에 있음을 받아들이도록 하는 것이 도움이 될 것이다.

자료 5-20 **성경 가운데 나타난 중용의 길?(잠언 30:8~9)**

곧 허탄과 거짓말을 내게서 멀리 하옵시며 나로 가난하게도 마옵시고 부하게도 마옵시고 오직 필요한 양식으로 내게 먹이시옵소서. 혹 내가 배 불러서 하나님을 모른다 하여 도적질하고 내 하나님의 이름을 욕되게 할까 두려워함이니이다.

과일반화

이원론적 사고로 생기는 문제들과 자주 부딪히는 부류는 과일반화해서 생각하는 사람들이다. 예를 들면, 모든 의사들, 목사들, 변호사들이 옳다 혹은 옳지 않다고 생각하는 것이다. 이렇게 생각하는 사람은 한 개인을 보면서 "모든 보험판매원은 사기꾼이다." 라고 생각하거나 "모든 선생은 게으름뱅이다." 라고 생각할 수가 있다. 이러한 생각을 바꾸어 보면 긍정적인 일반화도 있을 수 있다. 즉, "모든 어머니들은 아이들을 사랑한다." 라든가 "~를 위해서라면 내 목숨을 걸겠다." 라고 하는 것이다.

이런 과일반화를 극복할 수 있는 효과적인 방법은 "어떠한 것도 확실한 것이 없고 단지 많은 부분 혹은 작은 부분이 그럴 것이다."라는 점을 강조하는 것이다.

다른 사람의 판단을 의식하는 것

이런 생각은 많은 사람들에게 해당되는데, 특히 부모가 자녀에게 "이웃 사람들이 뭐라고 하겠니?"라고 말할 때 이런 사고가 아동에게 형성된다.

치료접근법들

치료과정에서 다음의 몇 가지 사고방법들을 내담자에게 계속 분명하게 심어 주어야 한다.

- "나는 바보야."라고 말하는 사람과 '나는 바보 같은 일을 많이 했어.'라고 말하는 사람은 분명히 다르다는 것이다. 내담자로 하여금 어떤 사실에 대해서 설명하는 것과 그 일을 판단하는 것은 전혀 다른 것임을 인식하게 하는 것이 중요하다. "나는 전업주부예요."라고 말하는 것은 있는 사실을 이야기하는 것이지만 "난 그저 전업주부에 불과해요"라고 말하는 것은 사실에 대한 판단을 내포하는 것이다.
- 합리적인 생각(합리적-감성적 치료): 어떤 사람이 감정적으로 매우 흥분했을 때(두려워하거나 우울하거나 화가 났을 때) 똑같은 감정 상태에 있는 사람이 그에게 "이런 상황에서 어떻게 이성적인 행동을 취할 수 있을까?"라는 질문을 한다고 상상해 보라. 상상 속의 인물과 대화를 하면 이를 통해서 비이성적인 생각이 정리가 되고 대안을 찾게 된다.
- 내담자에게 상담자를 똑같은 수준에 있는 대화 상대로 소개하는 것이 도움이 될 수 있다. 그러면 대체적으로 내담자는 "나는 당신에게 이야기할

것이고, 그러면 당신은 내 생각이 어떻게 잘못되었는지를 말하라는 것을 나는 알아요."라고 한다.

- 예견하는 생각: "개인의 행동은 사건을 예견하는 방식으로 나타나게 된다."(Lazarus, 1978; Kelly, 1995 재인용) 즉, 소망을 불러일으키는 방법들은 이러한 생각에 기초해서 볼 때 치료의 효과가 있다. 그러므로 내담자로 하여금 어떻게 하면 병적으로 반응하지 않고 긍정적으로 반응하는 것인지를 스스로 체험하도록 계속하여 상상하게 하는 것은 도움이 된다. 만약 어떤 사람이 사람을 만나는 것을 두려워한다면 그가 어떻게 이 어려움을 극복하고 또 상황을 역전시킬지를 집에서 긴장이 풀린 상태로 상상하도록 해 본다.

- A. Ellis(1982)는 오류적 사고를 교정할 수 있는 다양한 합리적인 사고형태를 기술하였는데, 다음에 몇 가지를 소개한다.

  - 성인은 모든 사람들로부터 사랑과 인정을 받아야 할 필요가 없다. 여기서 '원하는 것'과 '꼭 필요로 하는 것'은 다르다는 것을 강조해야 한다.
  - 자신의 가치를 외적인 지위나 성공과 연관 짓지 않는 것이 좋다.
  - 간절히 원하는 것들이 원하는 대로 되지 않을 때에도 절망적으로 생각하지 않는 것이 좋다.
  - 대부분의 불행한 일들은 외적으로 생겨난 것이라기보다는 내적인 데 있다.
  - 위험에 대하여 염려하고 일어날 가능성에 대해 고민한다고 해서 두려워하는 상황을 되돌릴 수는 없다. 두려워하는 일이 일어날 것을 미리 상상하는 것은 두려운 일 그 자체보다 더 나쁘다. 미리 염려하는 것은 예방의 효과가 전혀 없다.
  - 어려움과 책임을 회피하고 항상 쉬운 길로 가게 되면 게으름과 두려움, 지루한 시간을 가지게 된다. 너무 쉽게 생각하지 않는 것과 자기 자신을 혹사시키는 것 사이에서 중도를 찾도록 한다.

- 강한 사람에게 의지하지 않도록 하는 건강한 자립심을 기르도록 해야
  한다. 그러나 오늘날과 같은 복잡한 사회에서는 서로를 필요로 하기
  때문에 너무 독립적으로 생각하는 것도 옳은 것은 아니다.
- 각 사람이 살아온 삶은 현재의 행동에 직접적인 영향을 끼치지만, 그
  렇다고 해서 과거의 삶이 계속해서 앞으로의 행동을 좌우하며 영향을
  주지는 않는다.
- 다른 사람의 문제나 어려움에 대해서 흥분하는 것은 별 의미가 없다.
  다른 사람에게 건설적인 충고를 하거나 친절한 도움을 주는 것과 그
  들의 입장에서나 그 어려움에 대해서 흥분하는 것과는 전혀 별개의
  것이다.
- 살아가면서 생기는 문제를 완전히 통제하려고 하거나 완벽해지고자
  하는 것은 심한 불안감과 허무를 느끼게 한다. 완전한 해결책을 바라
  는 대신에 잘못된 결정을 통해서 배우도록 격려하는 것이 중요하다.

자료 5-21 잘못된 사고의 교정을 위한 연습

잘못되고 비합리적이며 비현실적인 생각에 대해서 바르고 현실적이며 성경적인 생각을 찾아 오른쪽에 기입하시오.

잘못된 생각	교정
1. 누구든지 나를 좋아하고, 나에게 호의적이며, 나를 사랑해야 한다. 특히 나에게 중요한 사람은 더욱 그러해야 한다	
2. 나는 모든 것에 능숙하고 잘해 내야 한다. 그렇지 않으면 차라리 하지 않고 잘할 수 있을 때까지 기다린다.	
3. 나는 나 스스로나 다른 사람이 나의 가치를 판단하기 전에 모든 것을 잘해 내고 성공적이어야 한다.	

잘못된 생각	교정
4. 나는 내 삶을 어찌할 수 없고 다른 사람이나 상황이 내 삶을 좌우한다.	
5. 과거의 경험들은 변하지 않는다.	
6. 어떤 문제에 대한 올바른 답은 오직 하나뿐이며, 내가 그것을 찾지 못하면 나는 실패자다.	
7. 나는 내 주위의 모든 사람들을 행복하게 해 줄 수 있어야 한다. 그렇지 않다면 나는 뭔가가 잘못되었다.	
8. 나는 이 세상의 모든 문제들을 고치고 해결해야 할 책임이 있다.	

인지치료를 위한 효과적인 접근 방법

잘못 형성된 사고를 교정하기 위한, 상담자에게 도움이 될 만한 여러 가지 효과적인 인지치료 접근 방법이 있다.

내담자의 개인적인 패러다임(인식체계)을 확인하라   비록 상담자에게는 매우 비논리적으로 보이지만 내담자는 자신의 주관적인 관점, 즉 부정적 생각과 확신을 매우 이성적이고 납득할 만하다고 생각한다. 그는 자신이 부당한 대우를 받고 있으며 완전하지 않으며 쓸모없으며 사랑받을 가치가 없다고 확신하고 있다. 이러한 내적 확신은 주위로부터 그렇지 않다는 반증을 반복적으로 보았음에도 불구하고 여전히 지속된다. 이런 확신들은 잘못된 생각이 누적되었다기보다는 앞에서 언급하였듯이 이미 인식체계에 따라 형성된다. 내담자는 부정적 생각을 반증하게 하는 사건을 올바르게 해석하지 못한다. 그는 자신이 생각하는 것을 '객관적'이라고 보고 있다.

상담자가 이런 생각들을 고집하는 이유를 밝히려고 하면, 내담자는 자신의 부정적인 관점이 옳다는 것을 주장하기 위하여 다음과 같은 2가지 방법을 근거로 든다.

- 그는 자신의 부정적인 생각을 뒷받침해 주는 과거의 특정한 몇 가지 사건들을 이야기한다.
- 그는 현재 사건들을 근거로 자기 생각의 정당성을 주장한다.

치료를 위해서는 현재에 일어나는 사건을 다루는 것이 좋다. 왜냐하면 내담자가 현재에 일어난 일에 대해서 잘 설명할 수 있기 때문이다. 현재에 일어난 일에 대해서 잘못 해석했다면 별 어려움 없이 교정할 수 있는데 이는 최근의 일이기 때문이다.

그런데 상담자가 내담자의 잘못된 생각을 너무 빨리 반박하고자 하면 그는 오히려 거부하거나 사실을 왜곡하는 경우가 생긴다. 그러므로 상담자는 이 점을 주의하고 치료의 시작 단계에서는 조언자의 역할을 취하는 것이 좋다. 다음 장에서 설명할 것이지만 그의 생각에 동감하는 제스처를 보인다. 세 발 전진하기 위해서 두 발 뒤로 물러나는 것처럼 우선 그의 잘못된 생각을 이해해 주는 것이 좋다. 내담자는 잘못된 것을 지적받기 전에 우선 자신의 문제를 말할 기회가 주어졌다는 인상을 받아야 한다.

가치판단 내리는 것을 피하라　상담자는 내담자를 비합리적이거나 장애 성격을 가진 사람으로 보기보다는 문제를 가지고 있는 사람, 혹은 비합리적인 생각을 가진 사람으로 보는 것이 적절하다.

나는 행동양식이 변화될 수 있는 것이라고 보는 입장이다. 내담자가 계속적으로 부정적인 생각을 하게 되면 상담자도 화가 날 수 있다. 상담자는 내담자가 치료받고자 하는 소원이 없다거나 너무 수동적이며 자립적이지 못하며 고집스럽고 반항적이라고 자주 생각하게 된다. 그러나 패배적인 생각을 가진 상담자는 객관적이 될 수 없다는 사실을 알아야 한다. 그러므로 내담자도 할 수만 있다면 더 자립적이며 더 적극적이길 요구받는다.

만약 내담자가 과제를 수행하지 않거나 약속을 지키지 않을 경우 경험 있는 상담자라면 이런 행동을 일으키는 원인을 찾을 것이다. 요약하면, 상담자는 부정적인 생각을 내담자의 내면에 깊이 자리한 특징으로 보기보다는 전형적인 우울증의 증상으로 보아야 한다는 것이다.

원치 않는 행동은 무의식적인 소원에서 나오는 것이라는 생각을 버려라 내담자가 아무런 생각 없이 어떤 소원을 이야기하면 종종 이를 전통적인 정신분석에 기초하여 해석하려고 한다. 즉, 그의 부정적이고 원치 않는 행동들은 복수심에서나 관심이나 동정을 받으려는 마음에서 나온 것이라고 규정짓는다. 이런 견해는 내담자로 하여금 자신은 나쁘고 별 가치가 없다는 그의 부정적인 생각을 더욱 확증시킬 뿐이다. 그 결과 그는 더 우울하게 된다.

상담자는 이러한 자기 파괴적인 해석을 하지 말아야 한다. 인지치료는 스스로에 대해서 생각하는 것, 생활환경, 장래소망에 대한 내담자의 생각을 가장 중요하고 행동을 좌우하는 요소로 간주한다. 즉, 인지적 심리치료는 이 점에서 의식적으로 정신분석과 상반된 입장을 취한다.

활동이나 구조에 관한 사항은 내담자의 필요에 맞추라 우울적인 성향을 가진 내담자들의 대부분은 집중하는 데 어려움이 있으므로 문제를 정확하게 표현하는 능력이 부족하며 문제를 해결할 능력은 더더욱 부족하다. 그들은 어쩔 줄 몰라하며 모든 상황에서 문제에 짓눌려 있다. 이들은 자신의 부족함과 사랑스럽지 못함이나 열등감에 대한 이유를 상담자가 알아차리기를 원하는 경향이 있다. 이런 이유에서 대화를 사전에 잘 계획하지 않는다면 그들은 부정적 생각을 끝없이 쏟아 놓게 된다. 즉, 짜임새 있는 대화를 위해 사전에 고려해야 한다. 이 방법은 다음에서 다루게 될 방향 없는 대화심리치료와 상반되는 점이 있다.

인지적 심리치료에서는 다른 전통적인 심리치료와 달리 상담자가 매우 능동적이며 주도적인 역할을 많이 한다. 상담자는 내담자로 하여금 치료목적에 부합되는 대화를 하도록 하기 위해 이끌게 된다. 그는 인도자로서, 양육자로서의 역할을 하게 된다. 그는 대화의 흐름과 내담자의 관심을 특정한 목적으로 이끈다.

인지치료의 시작 단계에서는 상담자가 더 능동적이다. 그러나 상담자는 드러난 내담자의 요구에 따라 그의 활동 정도를 정해야 한다. 우울증이 심한 사람들은 질문에 대해 종종 한두 단어나 단 한 문장으로 대답한다. 이런 경우에 상담자는 내담자를 자극해서 무기력한 상태에서 이끌어 내기 위하여 매우 적극적으로 행동하게 된다. 이때 간략하며 단순하고 직접적이며 구체적인 표현들이 매우 효과적이다. 이 외에도 상담자는 내담자로부터 구체적인 대답을 얻기 위해 노력해야 한다.

물론 적극적인 상담자는 질문이나 설명을 하고 나서 내담자가 자기 생각을 스스로 정리하고 대답을 할 수 있도록 적당한 시간을 주어야 한다. 상담자는 경험에 비추어 이 간격이 너무 짧은 지, 긴 지 판단해야 한다. 이 시간 간격이 너무 길어지면 우울한 사람은 혼란스러워하게 된다.

요약하면, 인지적 치료는 우울증에 매우 도움이 될 수 있다. 왜냐하면 내담자가 어느 정도 자기의 사고구조와 행동에 인정을 받았다고 느끼기 때문이다. 내담자는 '상담자가 나와 대화를 한다는 것은 상담자가 나를 좋아하는 것'이라고 생각하게 된다. 조직적으로 잘 구성된 치료는 심각한 우울증에 걸렸거나 집중력, 주위력 장애를 가진 사람에게 다른 방법보다 더 효과적이다.

하지만 상담자가 너무 적극적이면 내담자는 조종당하고 있으며 자신의 감정과 소원에는 관심이 없다는 인상을 받게 될 수 있다. 그러므로 중도를 취해야 한다.

질문을 가장 중요한 치료도구로 사용하라　　질문은 인지적 치료에서 가장 중요한 방법적 도구다. 질문은 여러 가지 목적을 가질 수 있는데, 예를 들면 다음과 같다.

- 진단과 살아온 삶의 배경에 대한 정보를 얻기 위해서
- 내담자가 가진 정신적 문제에 대한 일반적인 생각을 얻기 위해서
- 현재의 생활 상태나 특별한 스트레스 요소나 다른 사람과의 관계성에 대한 정보를 얻기 위해서
- 내담자가 스트레스를 어떻게 참는가를 알고 자기를 진단할 수 있는 능력, 자기 자신에 대한 객관성을 가졌는지를 평가하기 위해서
- 막연하고 추상적인 어려움을 구체적이고 분명하며 윤곽이 드러나는 문제로 전환하기 위해서
- 한 가지 문제에 대한 여러 가지 해결 가능성을 물어봄으로써 한 가지 결정을 하도록 유도하기 위해서
- 내담자로 하여금 특정한 대안을 선택하도록 하기 위해서. 이때 각각의 안에 대해서 찬성과 반대를 저울질해 본 후 가장 원치 않는 것은 제외시키는 방법이 있다.
- 적절치 못한 행동의 결과에 대해서 생각해 보도록 하기 위해서. 그 예로 "당신이 침대에 누워 있으면 얻는 것이 무엇입니까?"라는 질문을 한다.
- 적절치 못한 행동의 의미를 평가하도록 하기 위해서, "어떤 점에서 손해를 보게 될까요?"라든가 "자기 고집을 통해서 불만을 야기한다면 무엇이 좋을까요?" 혹은 "그렇게 한다면 당신이 손해 볼 일은 뭘까요?"라는 질

문을 한다.

- 내담자로 하여금 부정적인 자기평가의 기준을 검토해 보도록 하기 위해서(예, 자신이 무가치하다거나 약하다거나 무능하다고 생각할 때)
- 내담자가 부정적인 것들에 기초하여 결론을 내린다는 사실을 분명히 보여 주고자 할 때
- 내담자가 긍정적 경험들을 부인하거나 평가절하하는 성향이 있다는 것을 분명히 말하고자 할 때

언쟁이 될 만한 대화를 하거나 가르치려고 하기보다는 질문을 하라 조심스럽게 구성된 질문들은 내담자로 하여금 어떤 특정한 테마나 결정, 견해에 대해서 다시금 세밀하게 검토할 수 있도록 도와준다. 질문들을 통하여 내담자는 호기심을 얻게 된다. 그리고 지금까지 고집했던 생각은 일을 하는 데 가설의 의미를 가지게 된다. 이런 방법으로 질문들은 우울하며 억제된 사고방식을 완화시키는 데 이용될 수 있다.

여기서 주의해야 할 점은 상담자가 내담자의 사고방식에 대하여 추측하고 기대하는 것을 알려 주기보다는 내담자가 생각하는 것을 이끌어 내려고 노력해야 한다는 것이다. 종종 내담자의 표현은 상담자가 기대했던 것과 완전히 다른 경우가 있다.

유머를 의도적으로 사용하라 인지치료에서는 자주 유머와 과장이 중요한 도움이 된다. 유머가 즉흥적이거나 내담자로 하여금 자기의 관점이나 생각을 거리를 두고 관찰할 수 있도록 한다면 유머는 매우 유용하다. 그러나 내담자가 비웃는다는 감정을 가질 때는 유머를 사용해서는 안 된다.

유머를 통해서 상담자는 내담자를 직접적으로 공격하지 않으면서 그의 확고한 신념을 흔들어 놓거나 완화시킬 수 있다. 상담자는 어떤 의견에 대한 증거를 충분히 설명하지 않고서도 간접적으로 내담자의 주장을 다시 한 번 생각

해 보게 할 수 있다.

이는 유머가 인지적 부조화를 해결하는 데 사용될 수 있다는 것을 의미한다. 그 결과로 내담자 스스로 적절한 다른 대안을 찾도록 할 수 있다. 이때 유머의 목적은 내담자 자체가 아니라 그의 생각이라는 점에 유의해야 할 것이다. 또한 과장도 내담자의 생각이 얼마나 비합리적이고 부적절한가를 분명히 보여 줄 수 있다. 결국 내담자는 자신의 생각이 얼마나 어긋난 것인가를 보고 웃을 것이다.

6) 자기관리와 자기통제: 행동치료의 현대 모델

Skinner는 어떤 사람이 문제가 되는 행동을 스스로 만들어 낸 다른 절제된 행동을 통해 변화시킬 수 있을 때 이를 '자기조정'이라고 말한다. F. Kanfer는 이 접근법을 확대하여 서로 다른 갈등 상황에서 생성된 다음과 같은 2가지 자기절제 대안을 제시했다.

- 유혹에 대한 저항: 예를 들어, 잠들기 전에 2개의 초콜릿을 먹고 싶다는 생각은 순간적인 만족감은 주지만 장기적으로 긍정적인 결과를 위해서 이 소원을 포기한다(잠자러 가기 전에 초콜릿을 먹지 않은 것=장기적으로 더 큰 만족을 가져다준다[Hecht, 1985].).
- 불편한 상황을 참는 것: 잠시 동안 매우 불편한 상황(예, 치과에서 치료받을 때의 통증)을 장기적으로 보아 긍정적인 결과(치통 없이 휴가를 즐길 수 있음)를 생각하면서 참는다.

Kanfer는 자기진단의 과정에서 '자기진단을 위한 결심'과 '이 결심을 실행에 옮김'이라는 두 단계를 구별했다.

자기관리치료의 실제

인지적인 행동교정의 접근 방법으로 내담자는 여러 가지 인지적인 방법을 배우게 된다. 이 인지적인 방법은 지금까지의 비효율적인 행동방식을 새로운 효율적인 행동방식으로 변화시킨다.

상담자의 지도 아래 내담자는 자기관리치료에서 여러 가지 행동방법을 시도해 보며 행동조절의 관점에서 조직하고 분석하는 것을 배우게 된다. 이때 내담자는 행동치료방법들(강화, 자기서약, 소거 등)을 문제해결을 위해 자립적으로 점진적으로 적용해 보게 된다. 자기조절의 모델은 다음의 3가지 요소로 구성된다.

· 자기관찰　· 자기분석　· 자기강화

행동조절에서 근본적인 문제들에 대한 Kanfer와의 인터뷰(Meier, 1984)

질문자: Kanfer씨의 행동조절의 형태는 무엇을 기초로 합니까?

Kanfer: 가장 중요한 가정은 인간은 스스로를 변화시켜야 한다는 것입니다. 상담자로서 저는 그를 단지 변화되도록 도와줄 뿐입니다. 스스로를 변화시키기 위해서는 소원이 있어야 합니다.

우리는 치료를 하면서 도움이란 내담자로부터 와야 한다는 생각을 하게 됩니다. 내담자는 치료가 자신에게 더 나은 삶을 가져다줄 것이며 그는 달라질 수 있고 더 행복해질 것이라는 믿음을 가져야 한다는 것입니다.

자기조절치료 접근법에서 또 다른 1가지 가정은 내담자가 변화뿐 아니라 새로운 행동양식에 대해서도 책임을 진다는 것입니다. 상담자가 책임지는 것이 아니고 상담자는 단지 돕기 위한 기술들을 가르쳐 주는 것뿐입니다. 그리고 상담자는 내담자의 동기를 개발시켜 줄 뿐입니다. 종종 사람들은 자신이 변하면 자신의 삶이 어떻게 변하게 될지 모릅니다. 그래서 치료의 목표와 가치를 설명하는 데 많은 시간이 소요되는 경우가 자주 있습니다. 내담자는 자기의 삶이 어떻게 변화될 것인지에 대해서 알아야만 합니다.

질문자: 정신분석에 관한 당신의 입장은 어떻습니까?

Kanfer: 모든 새로운 치료 접근법은 수술과 같습니다. 그러나 정신분석은 행동을 다루기보다 그 행동을 설명하려고 합니다. 내담자는 구체적인 어려움으로 고통받고 있습니다. 정신분석은 행동을 유발하는 원인을 알게 되면 행동을 바꾸게 되리라는 기대 아래 그 행동을 일으킨 원인을 찾으려고 합니다.

질문자: 정신분석의 과학적 근거에 대해서 어떻게 생각합니까?

Kanfer: 정신분석은 진료실에서 발전되었기 때문에 전혀 과학적 근거가 없다는 점에서 많은 비판을 받고 있습니다. 저의 대학생활 중에 있었던 한 사건을 기억합니다. 저의 첫 직장상사인 Rosenzweig 교수는 Freud에게 자기 실험실에서 정신분석을 증명할 수 있는 실험결과들을 얻었다고 자랑스럽게 편지를 썼습니다. 이에 Freud는 매우 화가 나서 답장을 썼습니다. 자신은 자기이론의 정당성을 의심해 본 적이 없으므로 실험실에 갈 필요가 전혀 없다고 답했습니다.

질문자: 그렇다면 정신분석은 무용지물입니까?

Kanfer: 물론 정신분석이 쓸모없다는 것이 아닙니다. 치료의 목적이 행동이라면 행동이 중심이 되어야 한다는 것입니다. 다른 목적을 위해서는 다른 모델들이 적용되어야 할 것입니다.

질문자: 그렇다면 전통적인 행동치료는 피상적인 것만을 다루는 것이 아닐까요? 문제의 근원에는 손을 대지 않고 드러난 증상들만 다루

는 것이 아닌가요?

Kanfer: 우리는 전통적인 행동치료와 행동이론을 구별해서 생각해야 합니다. 행동이론은 약간 기계적인 점이 있습니다. 이 점에서 행동치료는 큰 변화를 가져왔습니다. 중요한 것은 치료의 목표 설정이 이론과 별개의 것이어야 한다는 것입니다. 상담자는 기억 훈련을 내담자에게 유익하도록 혹은 해가 되도록 적용할 수가 있습니다. 예를 들어서 적절한 기술을 가르쳐 줌으로써 어떤 사람이 두려워하는 물건에 다가가도록 할 수 있으며, 그 물건을 피하도록 도와줄 수도 있습니다. 행동치료는 여기서 학습 과정만을 설명해 줍니다. 나는 모든 행동치료사들이 나와 같은 의견을 가지고 있는지는 알지 못합니다. 내 개인적 생각으로 인간이란 자연의 한 부분입니다. 그러므로 동물과 마찬가지로 사람에게도 주어진 조건과 한계가 있는 것입니다. 그러므로 동물연구를 통해서 어떤 것을 배울 수 있습니다. 그러나 다른 조건도 있습니다. 인간은 환경에 반응을 보일 뿐만 아니라 환경을 변화시킵니다. 두 번째 차이점은 인간은 자신의 문화를 다음 세대로 전수해 주며 다음 세대는 또 전혀 다르다는 것입니다.

또 한 가지 차이점은 인간이 환경을 통제한다는 것이 불가능하기 때문에 우리는 좋든 나쁘든 자연적인 현상들을 변화시키려고 하는데, 이는 또 다른 문제가 된다는 것입니다. 인간에게서 중요한 것은 무한한 가능성 속에 행동과 사고의 한계가 있다는 것입니다. 이는 인간의 심리를 설명한다는 것이 매우 어려운 일임을 알려 줍니다. 심리학의 근본적인 구조, 신체적 측면은 그대로 있을지라도 사회적·개인적·감성적 상황들은 변화합니다. 이는 문화와 시대, 장소와 관련되어 있습니다. 그러므로 심리학의 이론도 계속하여 변합니다. 왜냐하면 이 이론들은 인간이 자신의 환경에 어떻게 적응해 가는가에 관련되어 있기 때문입니다. 환경은 변하며 각 세대는 각각의 다른 환경을 가지고 있습니다.

예를 들어, 우리는 우리 자녀들에게 이전 세대에는 없었던 컴퓨터와 기술을 남겨 주었습니다. 우리의 자녀들은 완전히 다른 새로운 행동 영역에 적응해야 합니다. 심리학은 변하는 학문이라는 것을 확실히 인식해야 합니다. 방법들은 일반화될 수는 있지만 내용은 아마도 절대 일반화될 수 없을 것입니다.

4. 서로 대화하기

목회상담자가 내담자를 대하는 데는 여러 가지 방법이 있을 수 있다. 예를 들면, 앞에서 말한 것처럼 상담자는 내담자에 대한 정보를 수집하거나 권면하거나 위로하거나 생각을 바꾸도록 돕거나 혹은 내담자가 현실을 될 수 있는 대로 이성적으로 판단하도록 도와줄 수 있다. 이러한 상담방법을 '직접적' 방법이라고 말하기도 하는데, 이는 상담자의 역할을 오케스트라 단원들을 앞에서 이끄는 '지휘자'의 역할과 비슷한 것으로 보기 때문이다. 왜냐하면 상담자는 현실을 보는 안목이나 성경적인 지식이나 삶의 지혜에서 앞서 있기 때문이다.

이와 반대로 상담자가 자신의 견해를 많이 배제하고 내담자로 하여금 스스로의 능력을 활용하도록 돕는 방법이 있다. 인간중심상담이란 '직접적인' 방법을 많이 배제하고자 하는 방법이다. 이러한 인간중심상담은 사람과의 만남을 기본으로 하고 있으므로 내담자의 정신적인 고통의 원인이 인간관계에 있는 것으로 추측되는 경우에 적용하면 매우 유용하다.

1) 인간중심상담의 이론적 배경

기 원

1902년 경건한 가정에 태어난 C. Rogers는 신학과 교육학을 전공한 후 1931년 임상심리학 박사학위를 받았다. 그는 1942년 미국에서 그의 저서 『상담과 심리치료(*Counseling and Psychotherapie*)』를 통해 새로운 상담법을 소개했으며, 1945년에는 아동을 상담하는 데 '간접적인(nicht direktive)' 상담법을 도입하기 시작했다. 그러나 그의 방법은 그 당시 통용되던 심리치료법의 입장으로 보아 논쟁의 가치가 전혀 없는 것이었다. 왜냐하면 심리적 장애를 겪고 있는 아동이나 성인이 내면의 치유에 필요한 능력을 가지고 있다는 생각은 그 당시 유행하던 심리분석학적인 입장에서 볼 때나 전통적인 행동치료법에서 볼 때 도무지 이치에 맞지 않는 것이기 때문이었다. 이들 두 학파는 특별한 상담기술을 알고 있는 전문가로서 상담자가 내담자에게 문제의 해결책을 제시하는 것을 기본으로 하고 있다.

그럼에도 Rogers는 학문 연구를 통해 그의 이론을 계속 발전시키며 실제로 많은 성공을 보여 주었고, 몇 년 후에 그의 이론은 인정받게 되었다. 그는 얼마 있지 않아 미국에서 가장 영향력 있는 심리치료사 중 한 사람으로 손꼽히게 되었고, 사망하던 1987년까지도 그 명성을 유지했다. 이와는 대조적으로 제2차세계대전 후에야 심리분석학이 절정에 달했던 독일에서는(그 전에는 심리분석은 독일에서 유대인의 치료법으로 간주되어 금지되었다) Rogers의 연구 업적이 매우 뒤늦게 주목을 받게 되었다. 이 이론이 관심을 끌게 된 데는 Reinhard와 A. Tausch의 활약이 컸다.

인간중심상담이 이제는 독일에서도 광범위하게 인정받고 있다는 것은 인간중심상담협회(GWG)의 회원 수가 6,000명을 넘어섰다는 것을 통해서도 볼 수 있다.

인간중심상담의 철학적 배경은 M. Buber가 이야기한 것처럼 '만남'이 중요한 사고의 근간을 이루고 있다. Freud의 제자 O. Rank 또한 Rogers에게 큰 영향을 끼쳤다.

자기처방

Rogers는 많은 심리적 질병의 원인이 당사자가 비뚤어진 자기처방을 가지고 있기 때문이라고 본다.

비뚤어지게 자신을 인식하는 것은 외부의 영향에 의해 더 심해진다. 예를 들면, 한 아동이 어떤 감정들은 나쁜 것이므로 경험해서는 안 된다는 것을 배운다. 그럼에도 그 나쁜 감정은 존재하기 때문에 그 아동은 이 사실을 받아들이지 않음으로써 그의 딜레마를 해결한다.

결과적으로 심리장애상담법은 어떤 사람이 실제로 체험한 사건이나 감정을 주관적인 경험으로 만드는 데 그 초점을 둔다. 상담자는 내담자들이 가진 감정을 왜곡하지 않고 표현하도록 도와줌으로 이 과정을 도와준다. 이를 통해 내담자는 주관적으로 경험한 자신을 실제의 자신에게 점점 더 맞추어 가게 된다.

물론 이 상담법은 인간에게 스스로 치유하고자 하는 능력, 경향(Tendenz)이 있다는 것을 전제로 할 때 가능하다. 그렇지 않다면 외부로부터의 도움이 없이 긍정적인 변화를 기대한다는 것은 불가능한 일이다. 실제로 그런 경향이 존재한다는 것은 학문적으로 증명되었다. Rogers는 이 자기치유능력을 인문철학적인 측면에서 설명했는데, 이런 해석은 무리가 따른다. 그러나 성경적인 인간관은 이런 능력이 있다는 것을 말해 준다. 이 능력은 피조물인 인간에게 주어진 선물이다. 모든 인간은 하나님의 형상을 가진 존재로서 어떤 특별한 인생문제의 해결책을 찾을 수 있는 능력이 있다.

자료 5-22　**자기처방이란 무엇인가?**

　　Rogers는 내담자가 자신이 어려움을 묘사할 때 '나 스스로'라는 단어를 반복하여 사용한다는 사실을 발견했다. 어린아이까지도 '나' 또는 '나를' 구별할 수 있는 경험을 한다. 이러한 경험들을 통해서 점차적으로 자기 자신에 대한 생각, 감정, 삶의 방식 등을 형성하게 된다.

　　이러한 개념에 따르면, 자기처방이란 '나' 혹은 '나'에 대한 경험과 생각, 감정 등을 총체적으로 의미하며, 동시에 이러한 '내'가 외부세계나 다른 사람들과 어떤 관계를 가지고 있는가에 대해 인식하는 것을 말한다. 이 외에도 이러한 인식과 관련된 가치관을 포함한다.

　　한 개인의 자기처방은 자기경험과 맞물려 항상 변화하며, 이 2가지 사이에는 일반적으로 통용하는 법칙 아래서 상호작용관계가 있다. 자기 자신이나 자신에 대해서 습관적으로 평가를 하면 자기경험에서 의미 있는 사건이나 신체에 생긴 일에 대해서 더 많은 주의를 주게 된다. 전체적으로 보면, 아마도 자기처방에 상응하는 행동들을 선호할 것이다.

　　한 개인의 자기처방을 각 요소로 나누어 본다면 다음과 같은 부분적인 경험으로 나타날 것이다.

1. 자기 자신에 대한 경험(예, "나는 아무런 재주가 없어.")
2. 주변 환경과의 관계성에 따른 경험 (예, "어린이들은 나를 좋아해.")
3. 가치에 대한 경험. 어떤 특정한 사실을 인식했을 때 (예, "조깅하는 것은 너무 재미있어." 혹은 "나는 키 큰 사람들을 보면 무서워.")
4. 부정적이거나 긍정적 의미로 받아들여지는 목표와 이상에 관한 경험 (예, "Müller씨처럼 편협한 사람은 절대 되지 않을 거야.")

　　그러나 이 경험들은 따로 분리해서 볼 것이 아니라 서로 연관시켜서 보아야 할 것이다.

2) 인간중심상담법의 실제를 위한 기초

인간중심상담의 비지시적 접근법은 자주 오해를 받았다. 얼핏 보면 상담자는 대체적으로 내담자가 말한 것을 다시 반복하는 정도로만 보인다.

상담자가 내담자가 한 말을 자신의 말로 다시 이야기하는 이러한 '상담법'은 어느 정도만 연습을 하면 좋은 대화를 이끌 수 있게 되고 완전히 실패하는 경우는 드물다. 이런 대화를 통해 따뜻하고 이해하는 분위기를 만들 수 있고 상대방과 관계성을 만들어 갈 수 있다. 그러나 내담자의 삶에서 실제적 변화는 이러한 방법을 통해서는 이루어지지 않으며, 말로 겨우 '뒷북이나 치는 식은 별 도움이 되지 않는다.'

사람은 이러한 상담방법을 '단순히 들어 주는' 식이며 상담자가 지극히 수동적이라고 한다. 그러나 인간중심상담법이란 그런 것이 아니다. 이러한 목회적 상담 접근법은 상담자가 '지시적 태도'를 적용하지 않는다는 점에서 인간중심상담법과 공통점이 있으며, 상담자가 침묵함으로써 인간중심상담법의 특정한 방법을 적용하지 않는 점에서 비슷하다.

다시 말하면, 인간중심상담에서 상담자가 단지 어떤 특정한 방법을 취하지 않는 것으로 이해하기보다는 상담자가 어떤 태도로 내담자에게 다가가는지를 다루는 것이라고 보아야 할 것이다. 상담자가 내담자의 말을 주의해서 듣는 것은 모든 심리치료에서 기본적인 전제조건이다. 그러므로 인간중심상담이란 주의 깊게 내담자의 말을 듣는 것이라고만 생각한다면 오해다.

인간중심상담법의 창시자인 Rogers는 상담자를 교육하는 과정에서 그의 방법이 잘못 해석되는 것에 대해 큰 놀라움을 표시했다. 왜냐하면 많은 교육과정에서 상담자는 내담자가 말한 것을 반복하여 형식적으로만 이해를 하는 것처럼 보이기 때문이었다(Rogers & Martin, 1983).

인간중심상담법이란 우선 대화를 이끌어가는 방법을 말하는 것이 아니라 상담자의 자세를 말하는 것이다. 이 자세는 3가지 특성, 즉 공감 진실성, 존중으로 설명할 수 있다.

공 감

공감하는 것, 즉 내담자와 적극적으로 함께 느끼면서 들어 주는 것은 인간 중심상담법의 중요한 기본 조건이다. 공감한다는 것은 내담자가 말한 사실을 가지고 그것이 무엇을 의미하는지 표현해 내는 능력이다. 이는 내담자가 말한 것을 그냥 듣는 것으로만 충분하지 않으며, 그가 이렇게 말함으로써 무엇을 말하고자 하는지를 들을 수 있어야 한다. 또 듣는 것뿐 아니라 이해한 것을 다시 잘 말해 줄 수 있어야 한다. 그래서 내담자가 '비로소 나를 이해하는구나.' 라고 느낄 수 있어야 한다. 다시 말하면, 적극적인 경청은 전인격을 이해할 뿐 아니라 이해한 것을 되도록 정확히 다시 표현하는 것이다.

공감적인 이해는 내담자가 최종적으로 말한 것만을 이해하는 것을 의미하는 것이 아니다. 내담자를 이해한다는 것은 마주 앉은 사람 전체를 이해하는 것을 의미한다. 이 말은 말로 표현되지 않은 것까지도 정확히 관찰하는 것을 의미한다. 왜냐하면 이러한 것들은 종종 경험 뒤에 숨겨진 감정을 나타내기 때문이다.

공감적인 경청에서 감정은 매우 중요하다. 왜냐하면 적극적인 경청은 느낌 면에서도 적극적인 자세를 취하는 것을 말하는데, 이는 모든 종류의 정보를 똑같이 중요하게 인식하는 것이 아니라 그것을 전달하는 감정을 통해 어느 것이 중요한지 알 수 있기 때문이다.

예를 들어, 내담자가 다음과 같은 말을 했다. "어떤 사람은 매일 열심히 일하는데도 게으른 사람이 승진을 한다는 것은 불공평 해!" 이 말은 당연히 맞는 말이므로 상담자는 그의 말이 맞다고 인정해 주어야 한다. 그러나 이 메시지에서 중요한 것은 그 내용이 아니라 깊숙이 내포된 내담자의 감정적인 경험이다.

목회상담자가 다음과 같이 반응했다고 해 보자. "당신은 어떤 사람이 다른 사람보다 더 많이 인정받는 것은 부당하다고 확신하고 있군요." 그는 주어진 정보의 실제적이고도 개인적인 부분을 지나쳐 버린 것이 된다. 이 정보의 실체는 내담자의 감정 깊은 곳에 있는 체념, 허무감, 상처, 분노와 언짢음과 복수심을 신호하는 것이다.

내담자에게 적절한 공감적인 반응은 다음과 같을 것이다. "당신은 당신이 한 일에 대해 인정받기를 원하지만 그에 대한 소망을 완전히 포기했군요." 이 공감적인 대답에 대한 내담자의 반응을 통해 목회상담자가 원래의 상황을 잘 파악했는지 아닌지가 분명해진다.

신중하게 "예, 그렇기는 하지요."라는 대답을 한다면 말은 하지 않았지만 이 말엔 더 많은 감정이 숨어 있음을 나타낸다. 이와는 반대로 "맞습니다. 나로서도 더 적절하게 표현할 수는 없었을 거예요."라고 하면 내담자가 그 마음 깊은 곳에서 자신이 이해받았다고 느끼는 것을 표현한 것이다.

이러한 인간중심상담자의 기본적인 자세는 '감정적으로 체험한 것을 표현하는 것'이다. 그러나 이것은 단지 전체적인 태도의 한 국면이고, 다음의 2가지 없이는 불가능하다.

진실성

진실성이란 말은 상담자가 내담자와 전혀 격의 없는 관계성을 이루는 것을 의미한다. 이를 위해서는 상담자가 내담자의 상황을 개인적으로도 느낄 수 있다는 것을 감안해야 한다. 그러나 이것은 상담자가 계속해서 자신의 개인적인 느낌, 의도, 가치판단을 솔직하게 말해야 하는 것을 의미하지는 않는다 (Ammon, 1977).

겉과 속이 다르지 않다고도 말할 수 있는 이러한 진실성은 상담자가 자신을 숨기고 있는 것이 아니라 내담자가 느끼는 감정으로 그를 대하는 것을 의미한다. 다시 말하면, 내담자는 '전문가'나 '훌륭한 목회상담자'가 아닌 평범한 사람을 마주 대하는 것이다.

인간중심상담법의 요소 중에서 이 진실성은 매우 큰 의미를 가지고 있으므로 목회상담자가 될 수 있는 대로 자신을 잘 알고 있어야 한다. 그는 자신의 약점을 알아야 하며, 자신의 개인적인 욕구에 따라 상담적 관계성이 이루어지지 않도록 자신을 수정해야 한다.

예를 들면, 상담자가 내담자에게 "이 대화는 나에게는 너무나 따분합니다."라고 말할 경우에 상담자의 개인적인 문제 때문이 아니라 상담자가 느끼는 따분함이 정말 내담자의 행동에 대한 반응일 경우라면 내담자에게 도움이 될 수 있다.

진실성이란 상담자(목회상담자)가 내담자와 친구 같은 관계를 맺는 것을 의미하는 것은 아니다. 인간중심상담에서 중요한 요소는 상담자와 내담자 간에 분명한 선을 유지하는 것이다. 내담자와 상담자는 친구관계나, 이와 비슷한 관계가 아니라 내담자를 치료하는 입장에서 관계성을 가져야 한다. 동일감을 오해해서 상담자가 적절치 못한 태도를 취한다면 내담자가 가져야 할 자기 체험을 갖는 데 중요한 자신감을 얻지 못할 수 있다.

존 중

상담자(목회상담자)에게 요구되는 세 번째 중요한 자세는 내담자를 따뜻하고 무조건적으로 받아들이는 분위기를 만드는 것이다. 상담자는 내담자에게 어떤 요구도 해서는 안 되며 어떤 기대를 표현해서도 안 되고 그와 비슷한 생각이라도 마음속으로 해서는 안 된다.

인간중심상담법에 기초하여 상담하는 목회상담자는 맞은편에 앉아 있는 한 사람의 가치를 어떤 행동양식이나 태도로 판단해서는 안 된다는 것을 알아야 한다. 그러므로 인간중심상담자는 "나는 그것이 좋다고 생각합니다."라든가 혹은 "당신이 계속해서 이렇게 한다면 분명히 곧 좋아질 것입니다." 라는 식의 평가를 하지 않는 것이 좋다. 상담자는 자기의 주관적인 생각이 무엇인지 분명히 알고 있어야 하며, 내담자가 자기 나름의 해결책을 찾아낼 것이며 그것이 결국에는 더 좋은 것이라고 믿어야 한다.

자료 5-23 **Rogers가 말하는 인간중심상담**

Rogers(1973)는 인간중심상담을 다음과 같이 요약한다.

"상담이 가장 적절하며 집중적이고도 광범위하게 진행된다는 것은 상담자가 내담자와 인격적이며 주관적인 관계성을 이루었다는 것을 말한다. 상담자는 연구대상을 앞에 둔 학자나 진단하고 상담해야 하는 의사로서 행동하는 것이 아니라 인간 대 인간으로서 행동해야 한다는 것이다. 이것은 상담자가 내담자를 어떠한 조건도 없이 한 인간으로 바라보며 그의 상태, 행동, 감정에 전혀 관계없이 가치 있는 존재로 여기는 것을 의미한다."

---

3) 인간중심상담의 실제

인간중심상담자의 중요한 과제가 '내담자에게 어떤 방법을 적용하는가.' 보다 '내담자를 어떤 태도로 대하는가.' 라는 것은 가끔 초보 상담자들에게 혼란을 일으킨다. 상담자로서의 태도를 익히고자 한다면 단계적으로 연습할 필요가 있다. 교수법 차원에서는 구체적으로 상담 시 취해야 할 태도를 각 단계로 나눌 수 있을 것이다. 그러나 바로 이러한 시도는 인간중심상담을 '형편없는' 방법으로 경직되게 할 수 있다. 왜냐하면 상담을 할 때 개별적인 태도를 정의하지 않을 수는 없기 때문이다. 이 태도를 정의하지 않는다면 인간중심상담을 '모든 방법을 포기하는 것' 으로 생각하게 되고 상담이 너무 임의적이 될 수 있을 것이다.

그러므로 인간중심상담을 배우기 원하는 사람들은 처음부터 일정한 태도를 연습하는 것이 중요하지만 이러한 태도 자체가 인간중심상담이 아니라 인간중심상담에서 기본이라는 것을 늘 인식해야 한다.

자료 5-24 인간중심상담은 습득할 수 있다

　피아노 연주를 생각해 보라. 초보자는 우선 손가락을 연습하고 운지법을 연습하고 각 손을 하나씩 훈련해 나간다. 피아노의 대가는 이러한 자세가 자동적으로 나올 정도로 철저히 익혀 나중에는 곡을 잘 표현하는 데만 몰두하게 된다. 인간중심상담도 이와 비슷하다. 처음에는 일정한 규칙을 지키는 것이 중요하다. 예를 들면, 이 규칙은 "네 자신이 가지고 있는 가치관은 완전히 잊어버려라." 혹은 "내담자가 말하는 것에서 감정을 주의해서 보라." 등이 된다. 대화를 하면서 이러한 규칙을 지키고자 하면 대화의 진행이 조금 부자연스럽게 보이거나 실제로 부자연스럽기도 하다.

　인간중심상담을 잘 이해하기 위해서는 경험 있는 상담자의 상담을 녹화한 비디오를 보는 것이 좋다. 여기서는 개별적인 문장이나 의사소통의 모델에 주의를 주기보다 음악처럼 대화의 리듬이 어떻게 전개되는지, 대화가 어떻게 강하고 약하게 진행되는지를 주의 깊게 보는 것이 좋다. 1~2가지의 행동 특징으로 쉽게 정의할 수 없는 상담자와 내담자 사이의 관계가 어떻게 이루어지는지 주의해서 관찰하도록 한다.

　책 한 권으로 초보 상담자를 능력 있는 인간중심상담자로 만들 수는 없다. 연습만이 훌륭한 상담자를 만들 수 있다. 초보 상담자는 각 부분을 섬세하게 다듬어 가는 데 전력을 기울이고, 능숙한 상담자는 특정 영역에 너무 신경 쓰는 것을 피해야 할 것이다. 그렇다면 어떻게 실제적으로 인간중심상담을 배울 것인가?

경 청

　대수롭지 않게 보일지 모르지만 좋은 경청의 첫째 조건은 내담자에게 주의를 기울이는 것이다. 다른 사람에게 주의를 기울인다는 것은 쉬운 일이 아니다. 일반적으로 사람을 대할 때 '주의를 기울인다는 것'은 상대방이 말을 그치고 자기가 말할 차례를 초조하게 기다리는 것을 의미한다.

그러나 정말로 주의를 기울인다는 것은 말하는 사람을 중심에 세우는 것을 말한다. 그리고 몸의 자세에서 "나는 당신에게 관심이 있습니다. 나는 잘 듣고 있습니다."라는 것이 나타난다.

듣는 사람은 자주 상대방의 눈을 처다보며 약간 몸을 앞으로 수그리고 열린 마음으로 긴장을 푼 자세를 취한다. 그러나 이런 자세에 너무 고정될 필요는 없다. 예를 들면, 대화를 하는 동안 상체와 허벅지가 어떤 각도로 있어야 하는지에 집중하게 된다면 보기에는 잘 듣고 있는 것처럼 보여도 실제로는 내담자가 아닌 자기 자신에게 주의를 기울이는 것이기 때문이다. 그러므로 실제에서 이 2가지 요소가 복합되어 나타난다. 주의를 기울이는 몸의 자세는 실제로 주의를 기울이는 데 도움이 되며 다른 사람에게 주의를 기울이다 보면 자연스럽게 주의를 기울이는 자세가 나타나게 된다.

몸의 자세와 시선 접촉 이외에 목소리도 주의 깊게 듣고 있다는 것을 잘 나타낸다. 주의 깊게 듣는 사람은 조용한 목소리로 말한다. 반면에 시간이 빨리 지나가기를 기다리는 사람은 그 목소리에서도 "이것이 나의 일이기 때문에 여기에 있는 거예요."라는 것이 나타난다.

오늘날에는 주의를 기울여서 남의 말에 경청한다는 일이 매우 드문 경우가 되어 버렸다. 누가 여러분을 100% 경청했는지 한번 생각해 보라. 그렇다면 여러분은 아마도 그러한 만남이 특별한 의미를 가지고 있었음을 발견할 것이다. 주의 깊게 경청하는 것이 이처럼 중요하긴 하지만 이는 실제 치료요법에서 한 부분일 뿐이다. 적당하게 말하는 것도 치료요법에 속하게 되는데, 이를 위해서 다음과 같은 몇 가지 방법을 배우고자 한다.

언어화하기

인간중심상담에서 경청이란 이해한 것을 말로 다시 표현하는 것을 의미한다. 이는 상담자가 어렵고 아주 복잡한 일을 말로 표현해 내는 능력을 말한다.

이런 표현력은 갈수록 드물게 보게 되는 것 같다.

가장 자주 하게 되는 표현은 대화를 격려하는 것이다. 이는 일반적으로 상대방에게 "계속해서 말씀하세요."라는 것을 분명히 신호해 주는 역할을 한다. 말없이 고개를 끄덕인다거나 "네, 네." 하는 것도 이에 속한다. 전화 통화를 하면서 상대방이 지금 제대로 듣고 있는지 알 수 없었던 경험이 한 번이라도 있는 사람이라면 '대화를 격려하는 말'이 어떤 의미를 가지는지 알 것이다. 상담자가 대화를 격려하는 어떠한 말도 하지 않는다면 내담자도 이와 마찬가지로 느끼게 된다. 상담자가 눈앞에 있지만 내담자는 지금 상담자가 자신의 이야기를 듣고 있는지 잘 확신하지 못한다.

'대화를 격려하는 말'은 내담자로 하여금 계속 말을 하도록 북돋아 주는 것이다. 상담자는 대화 중간에 대화 내용과는 아무 상관없이 격려하는 말을 할 것이 아니라 내담자가 그의 감정적인 체험을 말할 때 하는 것이 좋다. 그렇게 한다면 "당신의 느낌에 대해서 좀 더 설명해 보세요."라고 말할 필요도 없이 내담자가 느낌이나 체험을 말하게 될 것이다. 그러므로 대화를 격려하는 말은 내담자의 행동(예, 개인적인 감정을 표현하는 것)을 강화하는 성격을 가진다.

표현에서 다음 단계는 재진술하기다. 이것은 '공감적인 반영'과 비슷하다. 이것의 목적은 내담자가 말한 것을 상담자가 잘 이해했다는 것을 확인시켜 주는 것이다. 그러나 이것은 내면 깊이까지 들어가는 수준이 아니라 내담자가 말한 것을 상담자가 자신의 단어로 다시 반복하는 것이다.

재진술하기는 '상호적'이라고 말할 수 있는데, 이는 내담자가 말한 것을 대체할 수도 있기 때문이다. 인간중심상담에서 재진술하기는 '기본적인 반응'으로 간주된다(즉, 이것은 최소한의 치료 수준이다.).

재진술하기의 예

내담자: 저의 부모님은 계속 저를 비판하며 못살게 만들어요. 부모님은

저의 여자친구를 도무지 인정하려고 하지 않아요. 부모님이 단지 몇 분이라도 저를 가만히 내버려 둔다면…….

상담자: 특히 친구를 선택하는 문제에 대해서 당신의 부모님이 비판하기 때문에 당신은 무척 힘들어하는군요.

재진술하기는 느낌이나 경험한 내용에서 내담자가 말한 것을 내포하며 말한 내용을 다시 보여 주는 정도다. 이것은 대화를 이끌어 나가는 데 아주 중요한데, 이는 상대방에게 "나는 당신을 주의 깊게 듣고 있으며 당신이 말한 것을 이해했습니다."라는 신호를 보내는 것이기 때문이다.

언어화하기와 재진술하기를 적절하게 사용할 줄 아는 상담자는 적극적인 대화를 이끌어 갈 수 있다. 그렇다고 이런 방식의 대화만으로는 아직 인간중심상담이라 할 수 없다. 오히려 이것은 내담자가 담소의 수준으로 나중에 "나의 상담자는 나를 아주 잘 이해해 줘요. 그는 충고하는 것을 자제하고 나로 하여금 스스로 결정하도록 해요. 그는 나를 인정해 줘요."라는 선에서 그치게 된다.

인간중심상담의 의사소통에서 중요한 것은 경험을 말로 표현하는 것이다. 상담자는 내담자가 말로 표현하지는 않았지만 내담자가 생각했던 것을 말로 표현해 낸다. 따라서 이런 공감은 내담자가 방금 말한 것에 대한 단순한 반응을 넘어서 내담자의 전체와 관련되는 것이다.

경험한 일을 말로 표현하는 것의 목적은 내담자가 표현한 감정적인 경험에 깊이를 더해 주는 것이다. 즉, 내담자로 하여금 더 현실적으로 경험하도록 도와준다. 상담자가 내담자의 말에 들어 있는 감정에 주의를 기울이려면 내담자를 더 깊이 관찰해야 한다. 상담자의 반응은 내담자가 말한 것을 옳게 이해했는지 아닌지를 보여 주기 때문이다. 이때 상담자는 자기 자신의 생각을 내려놓고 내담자가 자기 자신을 가장 잘 안다고 간주해야 한다.

공감적인 반응은 내담자의 느낌과 경험을 어떤 특정한 인격이론에 따라 판단하는 해석과는 다르다. 해석을 하지 않는다는 점에서 인간중심상담은 근본적으로 심층심리학적인 방법과 구별된다.

　인간중심상담이란 상담자가 자기 자신의 이론과 세계관을 내려놓고 상담기간 동안 내담자의 세계관을 받아들이는 것이다. 이런 시각에서 상담자와 내담자가 서로 대하게 되면 내담자는 전인격적인 성장을 하게 된다.

　물론 이러한 경우에 특히 성경적인 원칙 문제에 있어서는 상담자와 내담자의 생각이 너무 달라서 상담자가 온전히 생각을 받아들이지 못하는 경우가 있기도 하다. 이런 경우에 진실된 상담자라면 다른 상담방법을 취하기 위해서 이를 인정하거나 아니면 내담자를 포기해야 한다.

자료 5-25　어린 시절의 감정

　어떤 내담자가 이야기한다. "저는 제 직업(가구 만드는 일) 자체는 아주 좋아해요. 저는 지금 제 딸을 위해서 인형집도 만들었지요. 그러나 항상 뭔가가 부족하다는 느낌은 저를 매우 힘들게 만들어요. …… 어려서 저는 학교에서 만든 공작품을 매우 자랑스럽게 집으로 가지고 왔어요. 그러나 저의 아버지가 그런 고물들이 널려 있는 것을 원치 않는다고 항상 말씀하셨던 것을 저는 지금도 잘 기억합니다."

　내담자가 이 경험을 이야기하는 동안 그의 눈은 약간 촉촉해졌다. 목소리가 가끔씩 끊어지는 것과 그의 수그린 자세(손을 얼굴로 가져간다)는 아직도 이 기억이 그에게 큰 실망과 인정받지 못한 느낌과 슬픔과 연관되어 있음을 알 수 있다. 지금 이러한 느낌과 경험이 살아나므로 이러한 감정들이 순간적으로 나타나는 것이다.

　　상담자: 그 당시 당신의 아버지가 항상 그 공작품들을 인정하지 않았다는 것이 당신을 매우 힘들게 했군요. 당신은 그 공작품으로 아버지의 감탄을 불러일으키고 싶었는데 말이죠. 저에게는 당신이 그것을 생각하면 눈물을 억지로 참아야 할 만큼 아직도 생생한 경험인 것처럼 들려요.

　　한 개인에게서 과거의 경험이 현재에 미치는 영향을 되살리는 것이 필요하다.
　　몇몇 상담자들은 "어릴 때의 그런 아버지의 양육방식 때문에 당신이 현재 자신이 하는 일에 대해서 가치를 인정할 수 없어 하는 것은 당연해요."라고 말할지도 모른다. 그러나 이런 해석은 논리적으로 옳을지 모르지만 내담자가 내면에 있는 감정을 소화하도록 돕지는 못한다. 그런 설명이 파괴적이지는 않을지라도 내담자에게 도움이 되지는 않는 것이다.

공감적인 반응들은 '지금-여기'와 관계되는 것이다. 상담자는 내담자가 지금 현재적인 경험을 온전히 표현하도록 돕는 것이다. 그렇다고 해서 내담자의 과거로부터 생긴 느낌과 정서들이 인간중심상담에서 상담의 대상이 될 수 없다는 것은 아니다.

공감적인 반사를 표현하는 데서 상담자는 내담자보다 약간 앞서 있어야 한다. 그러나 내담자가 자신이 말한 것이 다시 반사되고 있다는 것을 알아차릴 정도만 앞서 가야 한다. 즉, 상담자는 내담자가 말한 것에 깊이를 더해 주어야 하는데, 이를 위해서 내담자가 말한 것을 더 이해하기 쉽도록 표현하는 것이다. 상담자가 얼마나 앞서 있어야 하는지는 상담자가 내담자를 얼마나 아는가에 달려있다.

종종 상담적인 대화를 하다보면 상담자가 너무 많이 앞서 간 것을 깨닫게 된다. 예를 들면, 내담자가 갑자기 주제를 바꾸거나 불안해하거나 말을 하지 않게 되는 경우다. 이는 상담자가 말한 것이 내담자가 원래 말하고자 했던 것이 아니었음을 의미한다. 상담자가 이런 경우를 알아차렸다면 '아차, 내가 지금 실수를 했구나.'라고 생각하지 말고, 단순히 내담자가 이야기한 주제에 머무르라는 신호로 받아들이면 된다.

가끔씩 내담자는 자신이 감당하고 싶은 것보다 더 많이 감정적으로 되는 경우가 있다. 말하자면 '경험이 너무 많은' 것이다. 예를 들면, 내담자는 심하게 두려움을 불러일으키는 일에 대해 이야기할 수 있다.

상담 중에 가끔씩 너무 큰 사건(경험)을 이야기해야 한다면 내담자는 움츠리게 되거나 주제를 바꾸기도 한다. 여기서 상담자가 해야 할 일은 복잡한 경험의 내용에 주의를 기울이고 이에 대해 반응하는 것이다. 예를 들면, 상담자는 다음과 같이 말할 수 있다. "이것을 지금 계속하기에는 문제가 너무 커 보이는군요. 진도가 너무 빨리 나간 것 같군요. 우리 조금 천천히 진행하는 것이 좋을 것 같아요." 그러나 이처럼 거창한 경험은 실제 상담 현장에서 예외적인 경우다. 일반적으로 상담자는 내담자가 체험한 감정을 온전히 표현하도록 돕는 것을 목적으로 해야 한다.

4) 대화에서 특별한 상황

내담자의 침묵

때때로 내담자가 오랫동안 아무 말도 하지 않는 경우가 있다. 초보 상담자는 이러한 상황에 부딪히게 되면 불안해한다. 그러나 침묵도 상담 과정에 속한다. 침묵은 여러 가지 의미를 내포할 수 있다. 이따금 상담자는 침묵에 귀를 기울이고 기다려야 한다. 침묵은 내담자보다는 상담자가 더 참기 힘들다. 그래서 초보 상담자는 대화를 통해 침묵을 깨고자 한다.

물론 여러 가지 이유에서 질문을 할 수 있다. 그러나 초보 상담자가 경험 있는 상담자보다 훨씬 더 많은 질문을 하는 것을 흔히 본다. 경험이 많은 상담자는 침묵 가운데서도 상담 과정이 진행된다는 것을 알고 있으며, 때때로 이것을 더욱 건설적인 것으로 본다.

중요한 것은 '침묵하면서도 어떻게 적극적으로 경청할 수 있는가.'다. 침묵은 많은 것을 의미할 수 있다. 때로 내담자는 여러 가지 생각을 정리하기 위해서 시간을 필요로 한다. 때로는 생각이 나지 않아서 아무 말을 할 수 없는데, 이는 자신에게도 매우 난처하기 때문이다.

처음의 경우처럼 내담자가 침묵이 필요할 때는 상담자는 그가 원하는 조용한 시간을 배려해 주고 내담자의 침묵을 깨지 않는 것이 최상이다. 두 번째 경우에는 상담자가 잠시 기다려 준 후 이렇게 말하는 것이 바람직하다. "흠, 당신은 지금 느끼는 것을 말로 표현하는 것이 어려우신가 보군요." 혹은 "당신은 지금 조금 말문이 막힌 것처럼 보이는군요."

경험을 많이 하면 할수록 상담자는 여러 가지 종류의 침묵을 잘 구별할 수 있게 된다.

내담자가 말을 너무 많이 할 때

이와는 반대로 내담자가 끊임없이 이야기하는 경우도 있다. 이런 경우에 상담자는 장황한 내용 설명과 관련되는 공감적인 반응을 함으로써 내담자의 말을 끊고 대화에 끼고자 하는 유혹을 받기 쉽다. 그렇게 될 때 일반적으로 내담자는 그가 다시 말을 계속하기 위해서 상담자가 빨리 말을 끊기를 기다린다. 다시 말하면, 내담자는 상담자가 말하는 것을 듣지 않는다.

아마 내담자는 자신의 복잡한 이야기에 간여하게 되면 더 많이 말하게 될 것이다. 내담자는 쉬지 않고 이야기함으로써, 예를 들면 "나는 엄청난 압박감을 느끼고 있고 그냥 속마음을 다 털어놓고 싶어요."라든가 "나는 당신이 나에게 무슨 말을 할지 두려워서 당신의 말을 막는 거예요."라는 자신의 속마음을 상담자에게 전달하는 것이며 상담자가 이해해 주기를 바라는 것이다.

내담자의 말에 어떠한 해석도 하지 않고 복잡한 내용을 이해한다는 것은 쉬운 일이 아니다. 이러한 경우 공감적인 반응을 하는 것에 매우 조심해야 한다.

여기서 인간중심상담에 진실성이 필요하다고 한 점을 기억하자. 쉬지 않고 쏟아 내는 말 때문에 자신이 쓰레기 처리장과 같다는 느낌을 받게 되면 상담자는 이를 말해야 한다. 그런데 이는 상담자가 자신의 욕구를 만족시키려는 것이 아니라 상담자의 솔직한 태도를 보여 주기 위해서다. 예를 들면, 그는 다음과 같이 말할 수 있다. "당신이 제게 전혀 말할 기회를 주지 않기 때문에 저는 지금 여기서 저의 존재가 전혀 필요 없다고 느껴집니다." "우리 조금 천천히 할까요? 그렇지 않으면 제가 따라가지 못합니다."

상담자는 내담자가 자기 경험과 자기 직면을 통해 성장한다는 것과 계속해서 홍수처럼 말을 쏟아 놓기만 한다면 이러한 성장이 일어나지 않는다는 점을 인식해야 한다.

상담자가 하는 일은 내담자를 이해한다는 것을 나타내는 것이다. 내담자가 이러한 기회를 주지 않는다면 상담자는 다음과 같이 말함으로써 내담자의 말을 중단시킬 수 있다. "저는 당신의 이야기를 주의 깊게 듣고 싶어요. 그러기 위해서는 제가 당신의 상황을 잘 이해했는지 검토해 볼 수 있어야 합니다." 이보다 더 직접적으로 말하는 것이 필요할 경우도 많다.

자기 직면하기

인간중심상담에서 직면이 어떤 의미를 가지고 있는지는 오래전부터 논의되어 왔다. 끝없이 말을 쏟아 내는 내담자의 태도에 주의를 주는 것이 직면의 한 예라고 볼 수 있다.

직면을 통해서 내담자에게 기대하는 2가지 효과는 다음과 같다.

- 내담자에게 별로 유익이 되지 않는 특별한 상황에 대해 주의를 줄 수 있다.
- 내담자로 하여금 반발을 불러 일으킬 수 있다.

인간중심상담에서 직면의 의도는(심층심리학에 기초를 둔 치료방법과는 달리) 첫 번째 효과에 초점을 맞추고 있다.

직면이 반발을 야기할지 긍정적인 사고의 전환으로 이끌어질지를 예측하기 위해서는 다소의 경험이 필요하다. 그러므로 초보 상담자는 직면을 적용할 때 매우 조심해야 할 것이다.

인간중심상담에서 생길 수 있는 직면은 다음과 같은 경우다. "당신은 상사가 뭐라고 하든지 아무 상관하지 않는다고 합니다. 그러나 당신은 지난주에 상사에게 책망을 들은 후 기운이 쭉 빠졌다고 말했습니다. 제가 당신을 옳게 이해했다면 이 2가지 경우는 이치에 맞지 않습니다." 이런 직면의 의도는 부분적으로 서로 상반된 경험을 동시에 보여 주는 것이다.

종종 필요한 진실성은 상담자로 하여금 직면을 시키도록 한다. 이런 경우의 직면은 내담자를 아주 힘들게 할 수 있다. 예를 들어, 상담자가 "나는 당신에게 이용당하고 있는 느낌이에요. 당신은 상담 시간에 오지 않거나 늦게 오고 자주 약속된 상담 시간을 초과합니다."라고 말하는 것이다. 이처럼 내담자에 대해서 이야기하는 것은 내담자에게는 심한 비난으로 느껴질 수 있다. 이때 상담자는 내담자가 이 말이 무엇을 의미하는지, 잘 이해할 수 있는 처지에 있는지를 판단할 만큼 내담자를 아주 잘 알아야 한다.

5) 인간중심상담에서의 집단상담

개별상담과 함께 집단상담은 인간중심상담에서 중요한 방법이다.

사람은 적절한 분위기에서 스스로 자신의 문제해결책을 찾아내게 된다는 Rogers의 생각에서 인간중심치료에 있어서 상담자는 대화의 인도자가 아니라 도와주는 역할을 하게 한다.

한 집단에서 일어나는 역동성은 집단 구성원을 변화시킬 수 있는 큰 잠재력을 내포한다. 집단상담은 흔히 매우 집중적이며 감정적이다. 집단 구성원들은 종종 집단에서 경험한 일을 일주일도 넘게 생각하기도 한다.

과거 복음주의 성향의 신학자인 H. K. Hofmann(1977)이나 H. W. Beck(1978)

은 자신의 저서를 통해 목회상담에 집단적인 역동성을 적용하는 것을 많이 비판했다. 실제로 한 집단이라는 것은 강한 도구가 되기 때문에 집단적인 역동성 안에서 하나님의 계명을 피해 가거나 감정이 뒤바뀌므로 목회상담의 기본 개념이 왜곡될 수 있는 위험성이 있다. 책임성 있는 목회상담자는 이러한 위험에 대해서 잘 인식하고 있어야 하며, 그뿐 아니라 분명한 성령의 인도 아래 있는 목회상담 집단은 아주 도움이 된다는 점도 알아야 한다. 한 예로 지난 수년 동안 고통 가운데 있는 기독교인 사이의 유대의식과 공동체의식에 많은 비중을 두는 'BTS 그룹'은 우울증에 걸린 많은 사람들을 도왔다.

인간중심상담에서 치료집단과 만남집단은 서로 구별된다. 근본적으로 심리적 결함이 없는 사람을 위한 만남집단은 자기 경험을 중요시하는 반면, 치료집단은 각 구성원들을 특정한 결함으로부터 도와주는 목적을 가지고 있다.

보통 이 두 종류의 집단은 참석자의 수를 통해서도 구별된다. 인간중심상담 집단은 대략 7명 정도의 참석자가 좋고, 만남집단에서는 10명에서 15명 정도가 적절하다.

치료집단

열린 집단은 개인적 필요에 따라 새로운 구성원이 들어오기도 하고 집단을 떠나기도 한다. 그래서 이 집단은 유연성이 있으며 일상적으로 생길 수 있는 변화에 쉽게 적응할 수 있다. 그러나 연속성이 적으며 어떤 문제와 해결책이 중요시되는 '토론집단'이 될 경향이 많다.

닫힌 집단은 상담자에 의해서 구성원들이 모아지고 되도록 일정 기간 동안 같은 구성원을 이룬다. 닫힌 집단은 외적으로 준비를 하는 데 복잡하지만 더 집중적이다. '문제해결 방향'이 중요시되는 열린 집단과 달리 여기서는 인간 상호관계가 중요시된다.

이 두 양극화된 집단 이외에 여러 가지 타협안들이 있다. 한 예로 새로운 구성원을 두 달마다 받아들일 수도 있다. 이러한 타협책을 통해 연속성과 유연성을 어느 정도 유지할 수 있다. 인간중심상담에서는 인간 상호관계가 매우 중요하기 때문에 인간중심상담을 적용하는 상담자는 대부분 닫힌 집단을 선호한다. 이는 이론적인 접근법에서도 중요하다. 인간중심상담은 집단 역동성을 중요하게 여기는데, 집단의 구성원이 계속하여 바뀐다면 이것이 생기지 않게 되기 때문이다.

집단치료는 언제 적당한가?

집단을 구성하는 데 근본적으로 다음 2가지 질문을 해 보는 것이 중요하다.

- 집단이 내담자에게 도움이 될 가능성이 많은가?
- 내담자가 집단에게 도움이 될 가능성이 많은가?

I. Yalom(1974)은 첫 번째 질문을 다음과 같이 보았다. 여러 가지 결함을 다루어야 할 이질적인 집단이 이루어지기 위해서는 내담자가 의욕적이어야 하며 최소한 사람 간의 관계성을 유지할 수 있어야 한다고 보았다.

내담자에게 다음과 같은 증세가 있다면 집단치료는 별로 도움이 되지 않거나 전혀 적당하지 않다. 즉, 신체적인 뇌질환, 편집증(환각), 극도의 자기도취증, 망상증, 자살 위험이 있는 사람, 마약 알코올 중독, 거식증, 급성 정신이상(예, 정신분열), 집단에 대한 혐오증이 있는 사람 등이다. 이 중 몇 가지 종류는 같은 증세를 가진 사람끼리 집단을 구성하는 것이 도움이 되기도 한다(예, 마약 중독이나 거식증을 앓고 있는 집단).

"내담자가 집단에게 도움이 될 가능성이 많은가?"라는 두 번째 질문에 대해서는 무엇보다도 상담을 포기하는 경우가 생기지 않도록 해야 한다. 집단이 흥미로워서 구성원의 마음을 끌게 된다면 치료를 그만두게 되는 경우는 드물다. 우선 개별적인 대화를 통해서 집단 내에서는 지속적인 협력의 의무가 있다는 점을 언급해야 할 것이다. 혹시 다른 지역으로 이사를 갈지도 모르거나 이미 여러 번 치료를 중단했던 내담자는 집단에 적절하지 않다.

집단의 구성

각 집단은 모두 다르다. 그러므로 상담자는 늘 이론적인 기준만을 따를 수 없으며 임상적인 판단력을 필요로 한다. 집단을 구성할 때 경험이 많은 다른 상담자와 함께할 것을 권하고 싶다. 상담자가 집단을 구성하면서 실수를 했다면 이를 다시 수습하기는 매우 어렵다.

상담자 자신이 잘 통제할 수 없는 내담자는 집단에 넣지 않는 것도 중요하다. 예를 들면, 상담자가 자신은 심하게 망상적인 기질을 가진 내담자를 감당할 수 없다는 것을 안다면 그런 내담자는 집단에 포함하지 않는 것이 좋다.

핵심구성원

각 집단은 집단의 진행을 긍정적으로 지원해 줄 수 있는 핵심구성원을 필요로 한다(Mente & Spitler, 1980). 7명의 참가자들로 구성된 집단 크기라면 개별치료를 잘 받고 사회성에서 별 문제가 없는 3~4명의 참가자를 포함하는 것이 좋다. 그들은 집단을 위하고 어떤 일을 하도록 요구 받았을 때 크게 피하지 않아야 한다.

이들 중 최소한 2명은 개인적인 문제에 대해서 열린 마음으로 이야기할 수 있어야 할 것이다. 그리고 이 핵심 집단에서도 어느 정도 동감적인 이해를 얻을 수 있어야 할 것이다.

그러나 이런 구성원으로만 이루어진 집단은 너무 '유순한' 경향을 가진다. 많은 사람들은 갈등을 참고 견디는 데 어려움이 있다. 핵심구성원도 자주 갈등을 피하고자 하는 경향이 있다.

다른 구성원들

3~4명의 핵심구성원 외에 좀 더 힘든 경우를 가진 3명이 올 수 있다. 이때 상담자는 비슷한 문제들을 가진 사람은 피하는 것이 좋다. 예를 들어, 강한 강박정신병에 걸린 사람, 우울증에 걸린 사람, 경계성장애를 가진 사람을 집단에 받아들이면 어떤 한 장애가 심하게 나타나서 그에 의해 집단이 끌려가게 되지는 않을 것이다. 조금 더 큰 집단(10명의 구성원)에서는 심한 장애가 있는 3명 이상의 내담자가 있는 것은 좋지 않다.

이질성과 동질성

잘 기능하는 집단을 이루기 위해서는 이질적인 면과 동질적인 면 사이에 균형을 이루는 것이 중요하다.

집단 구성원의 지능은 되도록이면 동질적인 것이 좋다. 지능적으로 어려운 대화를 따라가지 못하는 내담자는 집단을 방해한다. 반면에 천재성을 가진 사람은 종종 느린 사람에게 필요한 인내심이 없다. 그러므로 서로를 잘 이해하는 2~3명의 내담자가 있는 것이 좋다. 이를 통해 전체 집단에 좀 더 많은 동질성이 생겨날 수 있다.

이질성은 나이, 사회계층, 성, 내담자의 장애 종류와 관련하여 생각할 수 있다.

협력치료

상담자와 협력상담자가 잘 맞아야 하는 것도 집단을 구성하는 데 중요한 부분이다. 이 두 사람이 솔직하고 진실한 관계를 이루는 것이 중요하다. 이 두 사람이 똑같은 정도의 경험을 가지고 있어야 하는 것은 아니지만 집단에서 같은 권한을 가지고 있어야 한다. 직장 상사나 배우자가 협력치료를 하는 것은 흔하다. 이는 가능한 일이긴 하지만, 협력상담자 간의 관계가 집단으로 전달되는 위험이 있다.

협력상담자들은 각 집단상담 전후에 짧게 이야기를 하거나 상담 후 기억을 위해서 메모를 작성하는 시간을 갖는 것이 좋다. 이때 각 구성원들에 대해 짧게 언급하는 것이 바람직하다.

집단치료를 실제로 행함에 있어서

집단치료는 연습을 해야 한다. 집단은 단순히 개인치료의 경험을 모아 놓은 것이 아니라 자체적인 역동성을 가지고 있다.

초보 상담자들은 개인상담에서와 마찬가지로 모든 것에 대답해 주려고 하는 과오를 범한다. 그러나 이렇게 한다면 상담자가 자신을 너무 중심에 세우게 되므로 이보다는 집단 구성원들이 서로 대화를 하도록 고무하는 것이 훨씬 더 중요하다.

상담자는 대화를 관찰하고 진행 과정을 조절한다. 집단상담의 3가지 특징인 공감적인 이해, 조건 없는 수용, 진실성은 상담자가 모범적으로 보여 주어야 한다. 또한 대화가 중심이 된 개인상담을 해 본 경험이 있어야 한다. 그리고 첫 번째 집단상담을 할 때는 경험 있는 협력상담자와 함께하는 것이 좋다.

만남집단

'encounter' 란 만남을 의미한다. 만남집단에서는 참가자들 간의 만남이 인격적이고 깊이 있도록 하기 위해서 되도록 솔직하고 숨김 없는 상호관계를 이루고자 하는 노력이 중요하다. 이러한 노력의 목적은 좀 더 나은 자기경험을 쌓는 것에 있다.

기독교는 만남집단에 대해서 반대하는 입장을 자주 표명해 왔다. 이는 무엇보다 다음과 같은 2가지 이유와 관련되어 있다.

• 만남집단에서는 집단의 결정이 가장 권위를 가지게 되는 경우가 자주 생

기기 때문이다. 집단의 결정이 대체적으로 기독교적인 믿음과 맞지 않기 때문에 예수님을 위해 결단한 사람이 집단의 영향 때문에 믿음생활에서 멀어지는 일이 생긴다. 종종 인본주의적인 생각에서 '자기실현'을 강조함으로써 이러한 현상을 더욱 부채질하게 된다. '이전의 윤리관념으로부터 자유로워지는 것'은 당사자와 그 주변 사람에게 불필요한 고통을 가져다준다. 특히 이 '해방감'은 지나치게 엄한 교육을 받은 사람이 과도하게 반응하게 되면 나타난다.

개인적으로 지켜 오던 신념을 변화시키는 집단의 기능을 잘못 이해해서 집단 역동성이라고 해 왔다. 집단활동이 실제로 기독교적인 가치관과 예수 그리스도에 대한 믿음을 새롭게 해석하려는 의도를 가지고 있거나 이러한 것을 허용한다면 집단활동을 해서는 안 된다.

그러나 여기에서 구별해야 할 것은 사람이 집단으로 만나는 곳에서는 항상 집단 내에서 생기는 과정을 볼 수 있다는 사실이다. 한 집단을 이끄는 목회상담자의 과제는 집단 내에서 일어나는 과정을 잘 조절함으로써 구성원들이 진실하며 성경적으로도 도움이 되는 자기경험을 하도록 돕는 것이다. 비지시적 형태에서 대화의 진행 과정을 통제하기 위해서는 구성원의 선택이 매우 중요하다.

• 대체적으로 만남집단은 건강한 사람이 여가시간에 하는 것이기 때문에 임상적인 관심을 기울여 가며 진행되지 않는다. 집단은 사전 개인상담 없이 이루어지고 아마도 그중에는 심각한 심리적 장애를 겪는 사람도 있을 수 있다. 자신이 겪는 어려움 때문에 유사 심리치료에 관심이 있던 사람은 이러한 집단에 와서 현실성이 없는 정신병적인 이야기를 하는 경우도 가끔 있다.

자료 5-26 초보 목회상담자를 위한 자기경험집단

　진지하게 고려해야 할 점이 있음에도 불구하고 자기경험집단은 성경적-치료적 목회상담자를 양성하는 교육과정에서 어느 정도 중요한 위치를 차지하고 있다.

　이 집단은 분명히 예수 그리스도를 따르고자 하는 사람으로만 구성되기 때문에 집단의 결정이 성경적인 진리를 넘어서지 않게 된다. 그 외에도 목회상담을 위해 부름받은 기독교인에게 심리적인 장애가 없다는 점은 확실해야 한다. 이로써 만남집단에게 있을 수 있는 2가지 문제점은 없어지게 된다. 남은 과제는 진실하고 솔직한 상호관계를 통해서 더 나은 자기경험을 쌓을 수 있어야 하는 것이다. 목회상담자의 인격이 상담에서 가장 중요한 도구이기 때문에 자신의 인격을 잘 아는 것이 무엇보다도 중요하다.

---

6) 신학적 평가

　앞에서 말한 것처럼, 인간중심상담방법이 근본적으로 상담자의 자세에 달려있다고 한다면, 성경적-치료적 목회상담자의 관점에서는 이 자세가 사랑의 계명(마태복음 22:39)과 공동체를 위한 예수 그리스도 기본 계명("너희가 짐을 서로 지라."[갈라디아서 6:2])에서 가장 잘 나타난다. 상담자는 내 마음에 들기 때문이라든가 혹은 반감이 생기는 자신의 감정에 따라 상담하는 것이 아니라 '그럼에도 불구한 사랑'을 중요시해야 한다. 이러한 사랑에서 상담자는 공감, 진실성, 존중으로 내담자를 만나야 한다.

　또 이는 형제자매의 삶에 동참하고 같이 기뻐하고 고통도 함께 나누는 신약성경적인 공동체생활과 상응한다(로마서 12:15). 모든 기독교인에게 해당되는 것이 성경적-치료적 목회상담자에게서는 더욱 중요한 가치를 지닌다. 진실성에서는 상담자도 자신의 감정을 나타낼 수 있다. 목회상담적 대화에서 상담자가 다른 이와 함께 울 수 있는가?

비종교적인 상담자가 그의 한없는 너그러움에 근거하여 내담자를 인정한다면 성경적–치료적 상담자의 동기는 성경적이다. 내 맞은편에 앉아 있는 이 사람은 실수와 죄, 실패에도 불구하고 하나님의 형상을 따라 지어진 피조물이다. 그뿐 아니라 하나님은 그를 진실하게 찾는 자에게 누구에게든지 은혜를 주신다. 목회상담자는 이 점에서 내담자와 가까운 동료관계에 서 있다. 둘 다 죄인이고 하나님의 은혜를 필요로 한다. 바로 이러한 생각이 대화를 이끌어야 한다. 물론 상담자가 다른 사람의 가치를 인정하고 수용하는 것만으로는 어떤 은혜도 일어나지 않는다. 골고다 십자가에서 모든 죄인에게 이루어진 하나님의 은혜가 목회상담적 대화에 영향을 미쳐야 한다.

비지시적 대화 자세에서 목회상담자는 예수 그리스도에 대한 믿음을 공개적으로 간증하거나 하나님의 질서를 언급해서는 안 되지만, 성경적–치료적 상담의 여러 가지 방법을 통해서 내담자들에게 예수 그리스도의 복음을 증명할 수 있다. "너희 속에 있는 소망에 관한 이유를 묻는 자에게는 대답할 것을 항상 예비하되."(베드로 전서 3:15) 지시적 대화 형태에서는 믿음과 사랑에 대해서 솔직히 말하고 그 안에서 새로운 인생의 방향을 제시할 수 있다는 장점이 있다.

인간중심상담이론에서 자주 거론되는 '자기치유능력'을 성경적인 치유와 혼동해서는 안 된다. 성경적인 치유의 경우 인간은 죄인의 위치에 있으며 치유는 오로지 은혜의 선물로서 일어날 수 있는 것이다. 인간중심상담에서 진행되는 인간 영혼의 자기치유능력은, 간단히 말해 신체의 자가면역체계와 비슷한 것이라고 볼 수 있다.

5. 개인심리학에서 삶의 양식분석

'삶의 양식분석'은 비엔나치료학파인 개인심리학을 구성하는 기본 요소이다(비엔나치료학파는 Freud의 정신분석과 Frankl의 로고테라피와 함께 큰 학파를 형성하고 있다.).

독일에서는 지난 수십 년간 개인심리학이 그리 알려지지 않았지만, 요즈음 들어서 활발해지고 있다. 이는 개인심리학이 전인적인 인간관과 개인관(이 때문에 '개인' 심리학이라고 불린다)을 골자로 하고 있으며, 이 개인관은 사회적인 환경에서 생기는 것으로 보고 있기 때문이다.

개인심리학에서는 심리분석이나 인간중심상담 혹은 행동치료에서 볼 수 있는 것과 같은 어떤 특별한 방법이 없다. 개인심리학은 주로 다른 치료접근법을(예, 인간중심상담이나 인지치료의 접근법)을 적용한다. 개인심리학은 실망 때문에 다른 사람과 관계성을 맺는 데 장애를 가지고 있는 사람을 도와주고자 한다. 다시 말하면, 열등감을 없애 주고 자신감과 할 수 있다는 느낌, 새로운 '삶의 양식'을 만들어 가는 것이다.

1) 개인심리학의 역사와 이상적 구조

개인심리학의 선구자를 꼽자면 철학적인 면은 Kant, Nietzsche, Darwin 그리고 Lamark로 볼 수 있다(Titze, 1984). 치료적인 면에서 보면 선구자는 Freud였다.

A. Adler(1870~1937)는 전기작가에 의해서 '명예욕이 강한' 사람으로 묘사되고 있고 이러한 성격은 그의 어린 시절의 상황(잦은 병과 신체적으로 월등한 형이 있었다)과 관계가 있는 것으로 나타났다. Adler는 의학을 공부하였으나 항상 '민중의 사람'으로 늘 살았다. 그는 의식적으로 단순한 삶을 살았으며 '상식'의 선에서 인간을 이해하는 데 독특한 능력을 가지고 있었다. 그의 책은 일반적으로 누구나 이해할 수 있는 언어로 저술되었다.

그는 1902년부터 1911년 사이에 Freud와 긴밀하게 협조하며 일했다. 1907년 출판한 『신체부위에 대한 열등의식에 관한 연구(*Studie über die Minderwertigkeit von Organen)*』에서 그는 심층심리학적인 사고의 새로운 접근법을 소개했다. 그러나 Freud의 견해에 따르면, 이것은 성욕과 무의식적인 충동을 기본 골자로 하는 그의 심리학을 반론하는 '나의' 심리학에 불과했다. Freud와 달리 Adler는 인문과학적인 심리학의 사고에서 '충동'이라는 개념을 '노력'이나 '경향'이라는 개념으로 대신하고자 했다. 그는 숙명적인 본능론 대신에 사람이 조직적으로 계획한 목표 설정과 결정의 자유를 강조했다.

Adler의 새로운 방법에 대해서 Freud는 "이 세상은 아주 넓으며 누구나 거기서 구애받지 않고 뛰어놀 권리가 있다. 그러나 서로 이해하지 못할 경우에는 한 지붕 아래 함께 사는 것은 바람직하지 않다."라며 탐탁지 않게 여겼다. Freud가 Adler의 견해를 수용하지 않음에 따라 1911년 Adler는 '심리분석협회'에서 탈퇴하게 되었다.

Adler의 치료적 접근법은 교육학적 영향하에 있었으므로 지금까지도 많은 교육학자들이 그의 접근법을 선호하고 있다. 1920년에 처음으로 몇 개의 심리치료적 교육상담소가 비엔나에서 설립되었고, 그 후에 개인심리학에 근거한 유치원과 학교들이 생겨났다. 1930년에 베를린에서 제5차 국제 개인심리학회가 열렸고 1932년에는 16개 나라에서 33개의 개인심리학협회가 만들어졌다.

모든 '유대인'의 학문이 그러했던 것처럼, 개인심리학도 히틀러의 나치정권 시대에는 어려운 시기를 맞이했다. 개인심리학상담소가 금지된 것은 Adler가 유대인이었기 때문만 아니라 파시즘의 이론과 맞지 않기 때문이기도 했다. 그의 이론은 다른 사람 위에 군림하려는 것을 반대하며 권력지향을 '비참한 환상'으로 여겼으므로 당시의 집권자들에게 회의적인 것이었다(Seidel, 1983).

Adler는 1934년 미국으로 이주했다. 그는 강연여행 중 스코틀랜드에서 1937년 5월 28일 사망했다. 미국의 연구소는 지금까지 그의 아들 K. Adler에 의해서 계속 이어져 오고 있다.

그의 이론이 제2차세계대전 후에도 오랫동안 독일에 널리 알려지지 않은 이유는 Adler가 Freud에 비해 비교적 적은 수의 저서를 출간했기 때문이다. 요즘 개인심리학은 독일에서 매우 활발한 반응을 보이고 있는데, 이는 '독일 개인심리학협회' 회원 수가 1982년에 이미 1,200명을 넘어섰다는 사실이 잘 나타내 주고 있다.

2) 개인심리학의 인간관과 기본 개념

개인심리학에서 보는 인간은 전인적이며(holistisch) 목적지향적인 사고방식을 가지고 있다. Adler는 "인간에게는 내가 어디에서 왔느냐 하는 것보다는 어디로 가는지를 아는 것이 더 중요하다"(Meier, 1984)고 생각했다. 그는 인간이 추구하는 기본적인 3가지 요소를 우월해지고자 하는 것, 교제하고자 하는 것, 활동하고자 하는 것이라고 보았으며, 이로부터 그의 이론들을 유도해 냈다.

인간은 전체가 하나를 이루는 생명체다   Adler가 말한 것처럼 '통합론'은 단지 인체뿐만 아니라 삶과도 관계가 있다. 우리는 어떤 사람의 생각을 그의 전체적인 삶과 함께 보아야 한다. 그러므로 말로나 행동으로 나타나는 표현은 생활양식의 전체를 보여 주는 것이며 전체가 담겨 있는 그림이다(Titze, 1984).

모든 삶은 역동적이며 성장과 발전에 초점을 맞춘다   Adler에 따르면, 살아 있는 생명체는 스스로 행동한다. 그의 행동은 무엇 '때문에'가 아니라 결핍, 불완전함, 비조화를 극복하고자 하는 동기에서 이루어진다. 여기서 말하는 동기는 생물학적인 신진대사라는 의미에서 잠재적으로 가지고 있는 에너지를 말하는 것이 아니라 날 때부터 목적지향적인 추구를 가진 인간의 본질적인 구성요소다.

인간은 창조적이며 스스로 결정할 능력을 가지고 있다   인간은 근본적으로 자신이 처한 환경에 대해 적극적인 입장을 취한다. 그는 어떤 것이 그에게 도전이 되는지를 결정한다. 그는 자기 자신의 고유의 생각을 가질 수 있으며 재능이나 외부의 영향에 의해서 통제되지 않는다. 각 사람은 단 하나만 존재한다는 것은 그의 창조성에 기초한다.

인간은 근본적으로 부족한 상황을 극복하고자 노력한다   인간행동의 근본적인 동기는 완전히 안전해지고자 하는 것이다. 그는 불안전함 혹은 '열등감'의 상태로부터 '우월감'을 향해 움직인다. 이 점에서 볼 때 삶의 역동성은 과거에 의해서만 결정되는 것이 아니라 열등감과 우월해지고 싶은 소원 사이의 긴장관계를 통해서 나타난다.

자료 5–27   열등감과 우월감(Rattner, 1971)
_____

　　종종 상담자는 내담자를 상담할 때 2가지 면을 교정해 주어야 한다. 즉, 내담자의 너무 큰 요구는 끌어내려야만 하지만 자신감은 키워 주어야 한다. 이 과정에서 2가지 요구가 분리될 수 없다. 자신감을 가지고 있는 사람에게는 그가 다른 사람보다 더 나으며 더 가치가 있다고 설득할 필요가 없다. 인간적인 기준을 잘 아는 사람은 열등감을 전혀 느끼지 않는다. 그는 자기 자신의 약점을 알 것이고 그것을 극복하기 위해 노력할 것이다. 그는 또 다른 사람이 이 약점을 알 것에 대해서 전혀 겁내지 않을 것이다. 용감하면 할수록, 다른 사람과 잘 사귀는 사람일수록 자신이 '단지 한 인간'에 불과하다는 것을 더 빨리 파악할 수 있을 것이다. 그는 사람을 이해하고 자신을 이해하는 데 전제조건인 불완전함을 두려워하지 않는다.

과거는 우리가 극복하려고 하는 것, 즉 열등하며 불완전한 상태를 보여 주는 반면, 미래는 목적을 향한 우리의 노력과 분리될 수 없다. 그러므로 우리가 열등감과 관련해 많든 적든 숨겨진 우월감을 발견하게 되는 것은 놀라운 것이

아니다. 우월성을 향한 노력과 열등감이 상호 보완적인 것은 매우 자연스러운 일이다. 우리가 현재 상태를 어떤 모양으로든지 부족하다고 느끼지 않는다면 성공을 향해 노력하지 않을 것이다(Titze, 1984).

　Adler는 열등감이나 우월해지고자 하는 노력 자체는 비정상적인 것이 아니라고 보았다. 오히려 이들은 진보와 문화적 발전에 필요한 기초다. 그러나 이러한 감정이 오로지 자기중심적 존재의 보장에 관련되거나 자기실현의 이기적 형태를 보여 주는 역동성이 된다면 병적으로 변한다.

　삶의 역동성은 여러 가지 주관적인 목표에 따라 정해진다　이 목표는 잠재적으로 성취가 가능한 것이며 '완전한 우월성'이라는 궁극적인 목표에는 약간 못 미치며 구체적인 것이다.

자료 5-28　**Adler가 본 가장 중요한 인생의 목표**

- 적절한 권력을 가지는 것
- 적절한 소유를 가지는 것
- 적절한 사회적 신망을 얻는 것
- 적절한 도덕적 신망을 얻는 것
- 자기실현

　사람은 사회적 환경에서 산다: 인간은 '사회적 존재'다　우리는 사람을 여러 가지 사회적 집단에서 분리하여 볼 수 없다. 즉 인간은 큰 사회적 구성 요소(가족, 동아리, 교회, 민족)의 한 부분이다. 그래서 예를 들면, 아동을 치료할 때 생활환경을 분석할 뿐만 아니라 그 아동이 어머니와 가족과 가까운 관계를 가지고 있는지를 관찰해야 한다. 아동의 개인성은 심리적인 개인성을 넘어서 그를 둘러싼 전체 사회적 관계를 포함한다.

인간의 근본적 문제는 사회적 문제다   Adler는 삶의 역동성은 충동의 효과와는 부분적으로만 관련되어 있다고 보았다. 그의 견해에 따르면 충동이 인간을 좌우하는 것이 아니라 인간 스스로 자신을 통제한다. 인간은 그 내면에 존재하는 충동 가능성을 어떤 방법으로 어느 정도 사용할지를 스스로 결정한다. 그는 가치관이나 생각이나 이상에 근거하여 이 결정을 내린다. Adler는 그 예로 성생활을 높은 수준으로 변화시킨 두 인간 사이의 협력이라고 보았다. 그러므로 성생활을 가리켜 '사랑'이라는 단어를 쓸 수 있다고 했다.

또한 직장생활도 사회적 배경에서 인식할 수 있는데, 이는 직장에서의 모든 일들이 분업과 협력에 기초하여 이루어지기 때문이다. 사람은 직업에 적응하는 데 다른 사람의 도움을 받게 되며, 또 이 사람은 그의 경험을 문자 그대로 '공동재산'인 지식으로부터 얻게 된다. 한마디로 말하면, 공동체의식이 인간의 행동에 영향을 끼친다는 것이다.

활 동   우월해지고자 하는 것과 교제를 가지고자 하는 것 외에(혹은 열등감과 공동체의식이라고 봐도 된다) 인간활동의 정도가 개인심리학의 세 번째 요소다. Adler는 공동체의식과 활동 정도를 기초로 성격을〈자료 5-29〉와 같이 4가지로 분류했다. 〈자료 5-29〉의 유형 분류는 인격에 병이 든 사람을 구별하는 기준도 제공한다.

우울증에 걸린 사람은 유형 2에 분류될 수 있으며 활동적이긴 하지만 공동체의식이 부족한 '범죄자, 마약 중독자, 알코올 중독자, 독재자, 남을 학대하는 사람'은 유형 1에 속한다. 많은 '응석받이'들과 삶의 능력이 없는 사람은 유형 2에 속한다. 이들은 병리학적 범주에서 보면 '히스테리성 노이로제'로 분류할 수 있다(Titze, 1984).

자료 5-29 Adler가 구분한 성격 종류

유형 1: 현실 접근에서 다소 지배하려는 입장을 취하는 사람이다(지배형).

유형 2: 가장 흔히 볼 수 있는 성격으로 주위 사람들로부터 모든 것을 기대하고 이들
을 의지하는 사람이다(받는 형).

유형 3: 문제해결을 피함으로써 자기 안정을 추구하는 사람으로 실패가 두려워 문제
를 피해 가는 사람이다(기피형).

유형 4: '사회에 유익한 유형'으로 이들은 다른 사람에게 유익이 되도록 문제의 해결
을 위해 노력한다. 이들에게서 주위 사람의 행복을 위해 기여하는 활동 정도
를 볼 수 있다.

3) 삶의 양식

1920년대 후반 Adler는 그가 그때까지 인격적인 특성을 규정하기 위해 사용
해 왔던 '나' '인격' '기분' '성격'이라는 단어 이외에 '삶의 양식'이라는 개념
을 도입했다(인간중심상담에 있는 '자기처방'과 비교해 보라.). 삶의 양식은 생활
전반에 걸친 것으로 사고방식(인식), 느낌(감성), 목적지향적인 노력(동기) 그
리고 행동을 포함하는 것이다. Adler는 삶의 양식 중에서도 인지적 요소, 즉
사고, 생각, 견해, 인간의 계획들의 중요성을 강조했다.

삶의 양식과 함께 행동이론적인 개념도 나타나게 되는데, 이는 행동이론이
행동을 결정하고 행동을 유도하는 원인이라고 생각하기 때문에 나타났다. 이
에 따르면, 사람은 특정한 사고와 생각, 확신에 기초하여 행동하며 동시에 특
정한 목적을 이루기 위해서 행동한다.

삶의 양식에 대한 개념은 과거와 미래의 삶에서 하나의 큰 줄거리를 부여한
다. 어떤 사람이 과거에 경험해 본 적이 없다면 현재 하는 행동을 통해 앞으로
생길 일에 대해서 전혀 예측할 수 없다. 그러므로 사람이 행하고자 계획하여

설정한 중·단기적 목표는 자신이 삶의 초반에서 쌓아 둔 경험에서 비롯된다는 것이다. 이러한 이유에서 개인심리학은 '심층' 심리학으로 분류된다.

Adler는 기억은 선택적인 경향이 있다고 본다. 그는 인간의 기억은 개인적인 삶의 양식과 관련하여 아주 중요한 내용만을 기억하려는 경향이 있다고 보았다. 우리는 실제 삶에서 매우 다른 생각을 가지고 있지만 사회적인 시스템에 잘 적응하는 사람들을 종종 만난다. 이러한 이유에서 Adler와 그의 후계자들은 사람이 의식하지 못하지만 존재하는 '개인적인 논리' 혹은 '개인적인 삶의 양식'에 대해서 자주 언급한다. "우리는 우리가 개인적인 논리에 따라 행동한다고 말할 수 없다. 만약에 우리가 그렇게 했다면 우리는 우리의 행동에 대해 모든 책임을 져야 할 것이며 좋은 의도로 했다고 말할 수 없다. 아무도 체면을 잃는 것을 원치 않는다. 그러므로 우리는 우리의 진정한 목표를 숨겨야 하고 우리의 생각이 원하는 것과 정말 의도하는 것 사이에 이분법을 유지하기 위해서 여러 가지 방법들을 개발했다."(DreiKurs, 1972)

인간의 개인적인 삶의 양식은 근본적인 것과 부수적인 것으로 나뉘고(〈자료 5-30〉 참조) 개인심리학적인 진단법의 주요 과제 중의 하나는 이 시스템을 구별하고 묘사하는 것이다.

자료 5-30 삶의 양식에서 초보 관련 체계와 상위 관련 체계

초보 관련 체계는 한 개인의 실제적인 견해(개인 논리)를 반영한다. 매우 제한된 조건 아래서 어린 시절에 형성된 주관적인 초보 견해, 관점 및 선입관은 개인 논리의 원칙을 보여 준다. 이들의 특징은 극단적이며 절대적으로 판단하는 경향을 지닌다('제3장 3. 사고의 발달, 4. 가치관과 도덕관의 발달'에 나오는 Piaget와 Kohlberg의 어린이적 사고체계 참조). 성인은 대체적으로 초보 관련 체계의 내용을 말하는 것이 불가능하다. 이를 위해서는 특별한 삶의 양식 분석법이 요구된다.

상위 관련체계는 일반적이며 '상식'의 원리를 포함한다. 이런 종류의 논리는 양육(교육)과정에서 아동에게 그들의 사회성 협력자(예, 부모, 교사 등)를 통해서 전달되고

초보 관련 체계보다 훨씬 더 발전된 사고활동을 가능케 한다. 상위 관련 체계는 인간이 대화를 통해 교환할 수 있는 내용을 포함한다. 그러므로 이 체계는 근본적으로 의식적인 반응에 대해 열려 있으며 이해하기 쉽다. 이에 반해 이미 서술하였듯이, 초보적인 인지 과정은 직접적인 의식화가 불가능하고 간접적으로만 알 수 있으며 상위 관련 체계의 언어로 다시 표현될 수 있다.

4) 개인심리학에 따른 심리치료의 실제

개인심리학에 기초한 심리치료접근법의 전제조건은 '삶의 양식분석'에 대한 진단이며, 특히 초보 관련체계를 인식하는 것이다. 분명한 결합은 거기에 소위 E. Berne(1986)의 교류분석의 협정을 발생시킨다.

Freud의 심리분석과는 반대로 Adler에게서는 인과관계가 별로 중요한 역할을 하지 않는다. Adler에게 중요한 것은 내담자의 행동과 그의 삶의 양식을 아는 것이었다.

인간중심상담이나 인지치료와 관련하여 진행되는 치료적인 대화에서는 무엇이 내담자로 하여금 공동체로부터 오는 요구에서 도피하게 하며 혹은 심리적인 병을 일으키게 한 최종적인 결정이었는지 알아내도록 도와준다.

치료에 속하는 5가지 단계는 다음과 같다.

1. 내담자와 상담자 사이에 신뢰의 관계성을 이루는 것
2. 내담자로 하여금 자신이 당하는 고통을 마음을 털어놓을 수 있도록 하는 것
3. 최종적인 결정을 어린 시절의 경험과 관련하여 조심스럽게 밝혀내는 것
4. 삶의 양식을 바꾸도록 내담자를 고무하는 새로운 관점을 내담자와 함께 개발함(내담자와 함께 상황체크를 하는 것도 포함)

5. 내담자가 다른 사람들과 좋은 관계성을 회복함으로써 자립심을 키우고
   상담자로부터 자립적이 되는 것

삶의 양식을 분석하기 위해서는 긴장감이 적은 '치료적 분위기' 와 '인간적
인 분위기' 를 필요로 하는데, 이는 상담자의 유머를 통해 생기기도 한다. 개
인심리학에서는 특별한 '무대 장치(setting)' 가 필요한 것은 아니다.

가족 구성의 파악과 첫 기억을 이끌어 내는 것은 삶의 양식 분석을 위해서 중
요한 전제조건이다(기억을 이끌어 내기 위해서는 특별한 방법이 있는데, 예를 들면
어린 시절의 공상, 백일몽, 좋아하는 이야기를 파악하는 것이다(〈자료 5-31〉 참조).

자료 5-31 **삶의 양식을 알아내기 위한 대화의 주제**

원칙적인 주제
나는 누구인가?
나는 이 세상에서 무엇을 하고 있는가?
내 주위의 사람은 누구인가?

특별한 주제
첫 기억, 옛날 일, 상상
어린 시절의 경험
가족 구성
부모의 기대와 걱정
교육양식(조언, 저주의 말: 예, 착한 아이가 되어라.)

회피질문
"당신이 지금 완전히 건강하다면 무엇을 할 것 같습니까?"

병력을 조사한 다음에는 회피질문을 하게 되는데, 이때 "제가 당신을 조만간 치료한다면 당신은 무엇부터 시작하시겠습니까?"라든가 "당신이 지금 완전히 건강하다면, 무엇을 하시겠습니까?"라고 묻는 것이 좋다. 이에 대한 그의 대답은 증상의 목적에 대한 첫 번째 정보를 제공한다.

개인심리학에서 형제의 구성에 대해

노이로제 예방을 위한 연구에서 Adler는 이러한 가족의 자녀들은 인간관계에 장애가 있음을 발견했다. 그가 형제 간의 구성을 더 정확하게 조사해 보았을 때 별 문제가 없는 가정의 아동들도 그들이 몇 번째로 태어났는지에 따라서 성격형성에 영향을 받는다는 것을 발견했다. Adler는 내담자와의 첫 번째 면담에서 항상 형제 구성을 물었으며 그로써 인격에 대해 빨리 알 수 있었던 것으로 유명하다. 이에 따르면 '전형적인 맏이'와 '전형적인 막내'가 있다.

물론 다음에 서술될 상황들이 모든 경우에 다 적용되어서는 안 된다. 그러나 이것은 삶을 양식을 분석하기 위해서 이미 어린 시절에 형성된 초보 단계 관계성 체계를 살펴보는 데 배경이 되는 첫 번째 단서를 제공한다.

맏 이

아기는 일반적으로 가족의 중심에 있다. 그는 부모의 온전한 관심과 사랑을 받으므로 버릇없는 아이가 되기 쉽다(Seelmann, 1982). 어머니는 조그만 소리에도 밤에 놀라서 깨며 아기 방에 가서 살펴보아야 할지를 생각한다. 아버지는 둘째로 태어난 아기보다 첫째 아이의 사진을 훨씬 더 많이 찍는다. 반면에 막내들은 큰 행사가 있을 때만 찍는다.

첫째 아이에 대한 이런 부모의 이와 같은 행동은 맏이로 하여금 자신이 계속 관심의 중심에 있다고 생각하게 하며, 앞으로도 그 상황이 계속되기를 바란다. 이런 이유 때문에 형제자매 없이 자란 사람은 나중에 특히 사회적인 행동을 하는 데 어려움에 빠지기가 쉽다.

둘째 아이

두 번째 자녀가 태어나면 맏이는 자동적으로 '나이 많은 아이'가 된다. 맏이는 행복하다고 느끼던 자신의 위치를 빼앗기게 되며 외동아이로 버릇없이 굴던 시기가 길면 길수록 그의 위치를 빼앗기는 데 대한 아픔이 더 크다. Adler는 1년만 외동아이였어도 관심과 사랑을 뺏긴 흔적이 전 생애를 통하여 나타남을 볼 수 있었다고 했다. 지금까지 혼자였던 맏이는 이제는 혼자가 아니며 아버지, 어머니의 관심을 '경쟁자'와 나누어야만 한다. 물론 맏이가 별 저항 없이 자신의 운명을 순순히 받아들이는 경우도 있지만, 다시 오줌을 싸기 시작하고 반항적이 되고 어머니의 말을 듣지 않는다.

Adler는 또한 아주 다루기 힘든 아동의 경우 이러한 어려움이 자신의 '위치를 빼앗긴' 후에 나타나게 되었다는 사실을 발견하였다고 했다. 자신의 위치를 빼앗긴 아동은 흔히 자기에게 관심을 가져 줄 사람을 주위에서 찾게 된다. 할머니나 숙모, 세들어 사는 사람(비상시에는 아버지도 해당된다)이 집에 있으면 대체관계를 이루고자 시도한다. 이러한 노력은 특히 할머니에게서 성공한다. 그러나 이런 대체관계가 항상 아동에게 유익한 것은 아닌데, 이는 할머니가 너무 응석을 받아 주는 경향이 있기 때문이다.

이때 맏이로 하여금 작고 힘없는 아기가 어떻게 너처럼 큰아이가 될 수 있는지 함께 경험해 보자고 하거나 어머니가 둘째를 돌볼 때 맏이에게 도움을 요청하는 방법을 취하면 상황이 좀 더 쉬워질 것이다. 이는 맏이에게 '후계자'가 아직 힘 없이 침대에 누워 있을 뿐이고 전혀 경쟁자로 느껴지지 않기 때문에 더욱 그렇다. 부모는 이런 행동을 취함으로써 맏이가 철저히 거부당하는 느낌을 느끼지 않는 과도기적 환경을 조성할 수 있다. 그럼에도 위치를 빼앗긴다는 것은 일반적으로 '지금까지 그래 왔던 것처럼 모든 것이 그대로 지속되면 좋을 텐데.'라고 생각하는 보수주의적 성격 경향을 야기한다.

전형적인 둘째 아이는 알아보기가 쉽다. 그는 달리기에 참가하는 선수와 같다. 그는 항상 '출발 준비'가 되어 있고 끊임없이 맏이를 따라잡고자 노력한다. 둘째는 맏이보다 더 재주가 많고 성공적인 경우가 종종 있다. 그가 더 빨리 달린다면 이것은 그가 자신을 더 잘 훈련했기 때문이다. 앞을 향해 늘 서두르는 아동에게 경우에 따라서는 "너무 그렇게 급하게 생각할 필요가 없어. 네게 아직 시간이 있다는 것을 기뻐해야지."라고 위로해 주기도 해야 한다.

맏이가 늘 자기가 옳다고 주장하면서 동생에게, 계속해서 "너는 그것을 아직 이해 못해."라든가 "네가 없으면 좋겠어."라고 말한다면 첫째와 둘째 사이의 관계는 매우 어려워질 것이다. 언젠가는 둘째의 마음속에 형의 가득한 장난감 통에 대한 시기심이 발동하게 된다. 이런 상황에서는 어머니가 "너의 형은 자기 장난감을 잘 가지고 놀아서 지금 저렇게 꽉 차 있는 것이야. 너도 다섯 살 더 먹으면 형처럼 장난감상자가 꽉 차게 될 거야."라고 해도 별로 도움이 되지 않는다. 둘째는 5년을 기다리지 않을 것이다. 그는 장난감을 당장 부숴 버리고 달아난다. 이때 맏이는 "엄마! 동생이 내 장난감을 다 가져가요."라고 소리칠 것이다.

이런 상황에서 어머니는 어떻게 행동해야 하는가? 어머니는 적어도 다음과 같은 2가지 결정 중에서 하나를 택할 수 있다. "얘야 너는 장난감을 이렇게 많이 가지고 있고 네 동생은 조금밖에 없잖아. 그리고 너는 그 공을 더 이상 가지고 놀지도 않잖니."(사회적 이해를 환기시킨다.) 혹은 "아니 이 녀석! 그 공과 책은 형의 것이야. 네가 가져선 안 돼!"(형의 소유권을 인정하도록 환기시킨다.)

두 아동은 당연히 어머니의 판정을 기대한다. 그들에게는 옳고 그름이 중요한 것이 아니라 어머니가 둘 중 누구를 더 사랑하는가를 시험해 보는 것이 중요하다. 어머니는 약한 자의 편을 들어 주고자 하는 경향이 있으므로 맏이가 어머니의 도움을 요청했다 하더라도 둘째의 편을 들 것이다.

이러한 상황에서 맏이는 자신의 소유를 잃어버릴지 걱정하는 것을 배운다. 그는 자신에게 유리한 판정이 나도 아무것도 얻을 것이 없으며 불리한 판정이 날 경우에는 자신의 소유를 빼앗기게 된다. 둘째의 상황은 훨씬 나아 보인다. 그는 자신에게 불리한 판정을 받을 경우에라도 잃을 것이 없는 반면 만일 그에게 유리한 판정이 날 경우에는 장난감이 늘어나게 된다.

이런 양육모델을 통해서 맏이의 경우 "항상 그랬던 것처럼 그래야 한다."라고 하는 보수적 태도가 강화된다. 반면에 둘째에게는 "내가 이제는 뭔가 좀 변화를 시켜야 해."라는 점진적인 인생관이 나타난다

서로 다른 본질적 특징에 대해 특별히 인상적인 예는 누가복음 15장 11~32절에 나오는 두 아들의 비유에서 볼 수 있다.

막내의 특별 역할

막내에게는 대개 특별한 역할이 주어진다. 그리고 이것은 특히 아동이 늦둥이로 태어났을 때 두드러지게 나타난다. 다른 형제들은 이제 자신들의 자리를 빼앗기지 않으리라는 것을 안다. 형제들이 하루 중 대부분의 시간을 밖에서 보내는 반면, 막내는 긴 시간을 어머니와 단 둘이서만 보낸다. 따라서 막내는 종종 응석받이로 길러진다.

어머니는 대개 자녀가 하나였을 때를 생각하며 아이가 항상 어머니를 필요로 했던 그때와 같기를 원한다. 늘 요구만 하고 스스로 아무것도 하지 않는 '버릇없는 응석받이'는 이러한 양육태도의 산물이다. 따라서 막내는 매우 늦게 자립적이 된다. 부모는 너무 많이 도와주게 되고 언제 어디서나 할 수 있는 한 '그들의 막내'의 짐을 덜어 주고자 한다. 종종 막내를 도와주기 위해 손위 형제까지 나서는 경우가 생긴다.

이런 막내들은 별로 한 일이 없음에도 자신이 특별히 사랑스럽고 유일무이

| 자료 5-32 | 형제간에서 형/언니와 동생의 전형적인 인격 구조 |

형/언니	동생
보수적	진보적
주로 집에 머무름	친구를 좋아함
좋은 관찰자	용감한 행동파
운동을 좋아하지 않음	운동을 좋아함
이론가	실용적
독서를 좋아하고 열심임	이것 저것을 시도해 봄
노력파	노력파가 아님
예절 바름	단정치 못함
절약적임	돈을 잘 씀
융통성이 없음	질서를 잘 안 지킴
단정한 말투	상스런 말과 사투리

한 존재이며 용모도 준수하고 잘 양육되었다고 믿는다. 그들은 미래에 대해서 걱정할 필요가 없다고 생각한다. 흔히 막내는 이런 주제넘은 기대때문에 실망스러운 인생을 맞게 된다. 후에 어떤 상황을 통해 현실파악을 하게 되는 경우가 있다.

늦둥이의 예로 아주 적절한 성경 인물은 야곱의 열두 아들 중 막내인 요셉이다. 그에 관해 창세기 37장 3절은 "요셉은 노년에 얻은 아들이므로 이스라엘이 여러 아들보다 그를 깊이 사랑하여 그를 위하여 채색 옷을 지었더니."라고 기록하고 있다.

요셉 밑으로 베냐민이란 남동생이 있기는 하지만 그는 요셉보다 아주 늦게 태어나서 요셉은 17년 동안 막내로 지냈다. 그는 꿈꾸는 사람이었으며 아버지의 관심과 사랑을 끄는 꿈 해몽을 함으로써 현실적인 성향을 가진 형들로부터 인정을 받지 못했다.

그가 미디안 상인들에게 팔렸을 때에는 더 이상 응석받이 늦둥이로 머물러 있을 수가 없었다. 희한한 인생여정을 통해 요셉은 애굽의 영향력 있는 정치지도자가 되었다. 그는 후에 자신의 형들보다 훨씬 앞서 갈 수 있었다. 형들이 위험에 처했을 때에 그는 형들을 도와주고 그들이 자신에게 했던 모든 잘못을 용서했다.

5) 삶의 양식의 변화를 위해

삶의 양식에 대한 분석이 충분히 이루어졌을 때 필요하다면 변화를 시도해 볼 수 있다. 치료에서 내담자의 내면에 있는 이 '작은 아이'를 있는 그대로 인정해 주는 것이 중요하다. 이는 무엇 때문에 지금까지 방해를 받았는지에 대해서 근본적으로 질문해 보는 것을 의미한다. 그러할 때 이 '작은 아이'가 삶에서 오히려 유익한 방향으로 기여하게 되도록 앞으로의 삶을 계획할 수 있을 것이다. 이렇게 되기 위해서는 불완전함을 인정하는 용기가 필요하다. 또 이는 스스로를 인정하게 할 수 있게 하기 위해서 중요한 전제조건이다.

치료적인 대화를 위해서는 대화의 상대가 계속하여 자기를 돌아볼 수 있도록 해 주는 소위 '소크라테스식 대화'가 매우 효과적이다. 원하는 목표를 이루기 위해서 실제적으로 '제5장 4. 서로 대화하기'에서 언급한 인간중심상담의 방법을 적용해 볼 수 있다.

자료 5-33 언제 변화가 필요한가?

심리치료에선 특정한 행동양식이 변화되어야 할 필요가 있는지, 혹은 꼭 변화되어야 하는지에 대한 질문을 항상 하게 된다. 이에 대해서 일반적으로 대답하기는 불가능하다. 그러나 일반적으로 어떤 행동이 다른 사람에게 방해가 되거나 병을 일으키게 되면 그 행동양식에 변화가 필요하다고 생각할 수 있다.

다음은 이러한 진단을 위해 도움이 되는 질문들이다.

1. 나는 왜 나를 변화시키고자 하는가?
2. 변화에 대한 소원이 타인과 비교함으로써 생겼는가?
3. 나는 누구의 마음에 들고자 하는가?
4. 나의 목표가 성경적인가?
5. 원치 않는 행동이 나를 발전시키는 데 방해 요소가 되는가?
6. 원치 않는 행동이 나의 건강을 해치는가?
7. 나의 행동이 나의 주변 사람에게 방해가 되는가?

6) 개인심리학에서 심리치료의 예

병증상에 대한 설명

20대 중반의 회사원인 내담자 Franz는 1년 반 전부터 위장병으로 병원에서 치료를 받고 있다. 그의 주치의는 명백한 이유를 찾아낼 수 없으니 신경과 진찰을 받아 보라고 조언했다. 신경과 진찰을 통해 그는 안정된 마음을 가지는 것이 어렵다는 진단을 받게 되었다. 내담자는 쉽게 흥분하고 신경질적이 된다. 그는 지속적으로 사기가 저하되어 있으며 흥분하면 두통과 불면증에 시달린다. 또한 그는 외로우며 소외받고 있다고 느낀다. 부모와 친척과의 관계도 부분적으로 힘들다. 약혼녀와는 약 4년 전에 파혼하였으며, 달리 알고 지내는 여자도 없다. Franz는 의심이 많고 부끄러움을 타며 수줍어한다. 그는 지금까지의 경험 때문에 다른 사람과 좋은 관계를 맺을 수 있을 것이라는 확신이 없다. 교회 내의 성도들과 별 관계성이 없지만 주일예배만은 규칙적으로 나가고 있다. 이런 고독과 우울한 상태를 극복하기 위해서 Franz는 운동을 한다. 이를 위해 그는 지하실에 필요한 기구를 설치해 놓았다.

Franz의 삶에 대해서

형제의 구성   Franz는 5형제 중 넷째다. 그의 위로 다섯 살, 여섯 살이 많은 형 둘이 있고, 가장 나이 많은 누나는 그가 아주 어렸을 때 사망했다. Franz 아래로 네 살 어린 여동생이 있다.

가족 상태   아버지는 그를 매우 엄하게 대하셨으며 성격이 급하며 두 형들을 유별나게 두둔한다. Franz가 아버지를 무서워한다는 사실은 Franz를 특별히 사랑했던 어머니를 많이 슬프게 했다. Franz는 어머니가 자신 때문에 자주 우시는 것을 보았다. Franz가 12세 때 어머니가 돌아가셨다. 그는 어머니를 많이 의지했고 어머니로부터 제일 사랑받는다고 생각했던 세 살 위의 형을 시기하였다.

어린 시절의 기억   첫 기억들은 대부분 어머니와 관계된 것이다. 특별히 뚜렷하게 기억할 수 있는 것은 그의 누나가 죽었을 때 어머니가 매우 힘들어하셨던 것이다. 어머니는 Franz를 묘지에 데려가셨는데, 그는 어머니께서 그를 인정해 주신 것이라 생각하여 기뻐했다. 그러나 어머니는 그의 마음을 이해하지 못하셨고 오히려 그를 책망하셨다. 어머니와 관련된 어린 시절의 또 다른 기억은 다음과 같다. "나는 어머니가 요리하시는 것을 지켜보려고 옆에 있다가 끓는 물에 데었는데, 그 후로 나는 버릇이 없어졌습니다." 이 사건을 회상하면서 버릇이 없어진 것뿐 아니라 어머니 곁에 있고자 하는 성향이 나타난다. 이러한 성향은 어린 시절에 대한 세 번째 기억에서 더 분명히 나타난다. 어머니가 병원에 입원하셨을 때 Franz도 아프게 되었다. 이것은 어머니에 대한 그리움을 의미한다.

Franz는 어렸을 적에 지금보다 훨씬 더 불안정했으며 인정받고자 하는 마음이 더 많았다. 그는 끊임없이 공부하기를 원했지만 성적이 좋지 않게 나올지도 모른다는 생각으로 두려워했다. "나는 선생님 앞에서는 항상 불안해했는데, 이는 내가 틀리게 대답하는 것을 부끄러워했기 때문입니다." 공부를 열심히 하는 학생들이 아침식사를 거르듯이, Franz도 그를 걱정하는 가족들을 보면서 성취감을 느끼기 위해 자주 아침을 걸렀다. 그의 설명을 통해서 그가 가족들로부터 주목을 받기 위해 늘 노력했음을 알 수 있다. 그러나 정작 그 자신은 어느 누구에게도 어려움이나 걱정거리를 만들지 않았다고 생각한다. 이것을 아는 것은 내담자를 이해하는 데 매우 중요하다.

이미 5세 때 Franz는 '인생의 무의미'에 대해 이야기했고, 이 나이에 부모의 꾸중을 들었다는 이유로 처음으로 자살할 생각을 했다. 죽고 싶다는 마음은 나중에도 계속해서 들었다.

Franz가 12세 때 어머니께서 돌아가셨다. 어머니는 돌아가시면서 다른 자녀들보다 그가 더 걱정된다고 말함으로써 그에 대한 특별한 사랑을 보여 주었다. 이 때문에 어머니의 죽음은 그를 더욱 마음 아프게 했다. 어머니는 또 임종 시 Franz가 항상 어머니를 생각하고 무슨 일을 하든지 어머니가 어떻게 말할지 스스로에게 물어보라고 부탁했다. 이 유언을 통해 어머니와의 긴밀한 관계가 죽음을 넘어서까지 유지되었다.

개인심리학적인 설명

Franz가 말한 어린 시절에 대한 기억을 통해 첫째, 그에게 어머니와의 관계가 매우 중요했음을 알 수 있고, 둘째, 그가 늘 앞서고자 갈망했음을 알 수 있다. Franz는 어려서부터 완벽해지고자 너무 높은 목표를 잡았는데, 이것은 현실적이지 못했다. 자기가 틀린 대답을 한 것을 인정할 수 없는 아동은 완벽해지고자 하는 기준 때문에 늘 실망하게 된다. Franz 역시 어린 시절부터 늘 실망했다. 그러나 그를 이해하지 못했던 다른 형제들은 왜 그가 실망스러워하는지 이유를 알 수 없었다.

Franz는 어머니가 분명히 그의 편을 들었음에도 불구하고 세 살 위의 형 때문에 어머니가 자신을 냉대한다고 생각했다. 또한 세 살 위인 형에 대해서는 형이 나이가 많고 더 잘하기 때문에 경쟁심을 느끼고 적대시했을 뿐 아니라 후에 여동생이 태어났을 때에도 어머니로부터 냉대를 받을까 봐 두려워했다.

개인심리학적 배경에서 볼 때 Franz는 어려서 누렸던 배려에도 불구하고 스스로에 대해 불만족스러웠던 것으로 보인다. 그의 완벽주의적인 생각에 비추어 볼 때 모든 것이 신통치 않았으며 그는 스스로에 대해서 자존감을 가질 수가 없었다.

어머니가 임종 시 남긴 말을 통해 볼 때 Franz는 어머니의 죽음으로 무척 외로움을 느꼈던 것 같다. 아버지는 두 형들 편이었다. 아버지는 Franz가 무엇을 물으면 왜 그것도 모르냐는 식으로 퉁명스럽게 대답했다. 어머니의 죽음 이후 들어오게 된 보모들은 가장 어린 여동생의 편이었다. 보모들이 여동생이 아직 어리고 엄마 없이 자라야 하는 것을 측은히 여겼기 때문이다. 여동생은 얼마 있지 않아 보모들과 아버지에게 함부로 대했고 Franz에게도 사납게 굴었다. 그녀는 Franz의 즐거운 시간을 방해했으며, 따라서 자주 싸움이 생겼고 그때마다 보모들은 여동생을 두둔했다.

그는 어머니의 죽음 후 더욱 말수가 적어지고 소극적으로 되었다. 그는 주로 책에 파묻혀 지내며 공부를 많이 했다. 도전적이었던 그의 원래 자세는 더 이상 밖으로 나타나지 않았지만 내면에 숨어 있었고 상담자들은 이 점을 금방 알아챌 수 있었다. 그는 완벽주의의 잣대로 자신뿐만 아니라 다른 사람도 평가했으며 삶의 모든 것이 가치 없어 보였다. 그의 내면 깊숙이 있던 정의감은 주위 사람의 불의함을 빨리 감지하게 했고, 이 때문에 그는 모든 것이 의미 없다고 생각했다.

Franz는 교회에 도움이 되려고 하지만 자신의 뜻대로 되지 않는 것에 화가 났다. 그는 자신의 이런 방식 때문에 다른 사람이 힘들어한다는 것을 깨닫지 못했다. 그는 다른 사람들에게서 너무 많은 것을 기대하면서 그 자신은 정작 별로 하는 것이 없었다.

이와 같은 상황에서 약혼녀와 파혼하게 된 것은 어쩌면 당연해 보인다. Franz가 그의 약혼녀에게서 누구나 가지고 있을 만한 결점을 발견했다는 것은 당연하다. 왜냐하면 그가 생각하는 이상적인 아내상은 누구도 완벽하게 지니고 있지 않기 때문이다. 그럼에도 불구하고 그는 먼저 파혼하자고 한 약혼녀를 마음으로 떠나 보낼 수가 없었다. 이는 지금까지 그의 인생에서 가장 큰 실패였으며, 이것으로 첫 번째 신경성 위장병 증세가 나타났다. 파혼 후 Franz는 다른 사람과 거의 사귀지 않았고 점점 외톨이가 되어갔다.

다른 여자를 사귀는 것에 대한 두려움과 어머니의 사랑을 받았던 어린 시절부터 떠나지 않고 있던 사랑받고 싶은 마음이 충족될 수 있을까 하는 것에 대한 그의 두려움을 이해하기 위해서 그의 성생활에 대한 두려움도 언급해야 한다. Franz는 10세 때 어머니에게 아기가 어떻게 태어나는지에 대해서 물었는데, 어머니는 앞으로는 절대로 '이런 것'에 대해서 이야기하지 말라며 걱정스러워하는 투로 성교육을 했다. Franz는 이 약속을 지켰고, 이후로 자신의 신체의 발달(몽정)에 대해 매우 불안해하게 되었다.

16세 때 그는 교회 고등부에서 한 소녀를 좋아하게 되었다. 그러나 그는 그녀를 항상 먼 발치에서만 바라보았고, 이러한 감정을 가진다는 것은 하나님 보시기에 죄라고 생각했기 때문에 두려워했다. 그가 나중에 약혼한 여성은 그가 키스한 첫 번째 여자였는데, 그는 그것만으로 그녀와 약혼을 해야만 한다는 의무감이 생겼다.

우리는 Franz가 지금까지 어떤 삶을 살아왔는지 짐작할 수 있다. 그는 사람을 잘 사귈 줄 몰랐으며, 자신이 쓸모 없다고 느꼈고 패배와 실망을 피해야 한다고 생각했다. 그러나 그는 자신에 대한 지나친 기대를 하고 다른 사람을 판단하기 때문에 스스로 그렇게 만들고 있다는 사실을 몰랐다. Franz는 하나님에게서 버림받았다고 느꼈다. 그는 하나님을 전능하고 위협적인 분으로 여겼고, 하나님이 벌하기 위해 그의 죄를 적발하고자 하는 분이라고 생각했다.

그는 자신이 사람에 대해 적개심을 가지고 있다는 것을 몰랐다. 그는 도리어 다른 사람들을 적으로 생각했으며, 조그만 과실에 대해서도 매우 강경한 태도를 취했다. 이러한 그의 태도 때문에 그는 교회 안의 가까운 사람들과도 늘 심한 의견충돌을 빚었다.

어떻게 위장병이 생겼는가?

통증의 원인에 대해서 물었을 때 Franz는 오래 전에 위가 한 번 상했고 그 이후부터 고통이 완전히 사라지지 않았다고 했다.

그러나 더 자세히 물어보면, 약간 다른 것을 알게 된다. Franz는 1년 반 전에 교회의 추천으로 다시 한 번 사람들 사이에서 부대껴 보기 위해 어떤 수양회에 참석했다. 거기에 참석한 목적은 자신의 좁은 세계로부터 나와서 관심을 다른 곳으로 돌리고 다른 사람과 대화를 나누기 위해서였다. 그런데 벌써 첫 날 저녁부터 위가 안 좋아져서 침대에 누워 있어야만 했고 며칠 후에 집으로 돌아왔다. 그 이후로는 다른 사람을 사귀고자 하는 어떠한 노력도 하지 않았다는 것은 자연스럽게 이해가 된다. 정신심리학적인 질병을 위장병의 원인으로 보는 것이 분명해졌다. 이런 이유에서 Franz는 많은 조언에도 불구하고 다른 사람과 격리되고 기쁨과 의미 없는 외톨이 삶을 살았다. 그는 병 때문에 사람을 사귀는 삶에 대해서는 더 이상 생각할 수가 없었다.

치료법에 대하여

많은 대화를 통해 비교적 짧은 시간 내에 삶의 양식을 분석할 뿐만 아니라 삶의 양식을 변화시킬 수도 있었다. 이 경우의 대화는 인간중심심리상담의 비지시적 방법이 아니라 인지치료법 혹은 훈계적 목회상담의 방법으로 진행되었다.

Franz는 패러다임의 변화를 체험했다. 삶이 그를 힘들게 한 것이 아니라 그 스스로가 자신의 삶을 힘들게 만들었다는 것을 깨달았다. 그는 우울증적인 중세나 위장병을 운명으로 받아들일 것이 아니라 그가 한 행동 때문에 생긴 것임을 이해했다.

Franz는 하나님이 위장병을 통해 그를 벌주려 한 것이 아니라 자기가 스스로에게 벌을 주었다는 것을 깨달았다. 그는 영접 받았고, 가치 있는 존재이며, 하나님으로부터 넘치는 사랑을 받고 있음을 깨달았다.

그가 자신은 연약하고, 위장병에 걸릴 수 있으며, 또 자신의 잘못으로 생긴 인과응보적인 관점에서가 아니라 그냥 우울증에도 걸릴 수도 있음을 스스로 인식한 것은 또 하나의 인지 과정이었다.

Franz는 이웃과의 관계에서 그의 이기적이고 다른 사람을 능력에 따라 판단하는 사고방식을 인정했다. 그는 점차 자신의 능력의 기준을 가지고 판단하지 않고 다른 사람의 가치를 인정할 수 있었다.

물론 인생 목적을 수정함으로써 생기는 내적 변화가 2번의 대화로 이루어진 것은 아니었다. 그러나 Franz에게 즉각적으로 나타난 것은 내면의 무거운 압박에서 해방되었다는 느낌뿐만 아니라 교회에서나 직장에서 사람과의 관계성을 다시 맺고 싶은 소망을 발견했다는 것이다. 얼마 후 위장병이 조금씩 나아졌고 모든 약을 끊을 수 있었던 것은 당연한 결과다. 그로부터 2년 후에도 큰 일들이 생기면 이런 증상이 다시 재발하기도 했지만 이제 Franz는 이런 상황에서 어떻게 해야 하는지 알게 되었다.

7) 개인심리학에 대한 신학적 평가

이미 '제5장 1. 성경적-치료적 목회상담'에서 언급한 것처럼 한 인간의 과거의 삶을 돌아보고 어두운 것을 빛 가운데로 드러내는 것은 성경적인 방법에 상응한다.

하나님의 명령으로 선지자들은 과거와 현재와 미래에 대해서 언급했다. 예를 들면, 선지자는 이스라엘 역사에서 있었던 일들을 상기시켰으며(이스라엘

역사에서 왕들을 심판할 때) 개인으로 하여금 그가 취한 행동에 대해서 솔직해
지도록 도왔다(예, 나단과 다윗의 이야기).

하나님의 뜻에 비추어 보아 과거를 돌아보는 것은 한 개인이나 한 민족이
미래를 어떻게 만들어 갈 것인가 돕고자 하는 데 그 목적이 있다. Adler의 방
법은 성경적인 구조와 어느 정도 비슷한 점이 있다. 한 인간의 과거의 삶을 통
해서 장래의 방향을 잡고자 하는 성경적-치료적 목회상담의 입장에서 본다
면 Adler의 방법은 성경적인 시간적 이해와 상응한다.

최근에는 의학이나 인문과학, 개인심리학에서도 인간의 '전인적인 면'이
많이 강조되고 있으며, 종종 너무 한쪽으로 치우치고 있긴 하지만 전인적인
면은 성경적인 인간관에서는 빼놓을 수 없는 것이다. 인간은 전체로서 창조되
었고, 전체로서 하나님 앞에 서게 된다. 하나님은 인간을 대할 때 그의 생각뿐
아니라 말하는 것, 그의 행동 모든 것을 보신다. 이론적인 복음전파는 생각이
나 의지에만 제한하고자 하는 목회상담처럼 문제성이 있는 것이다.

사람이 기술이나 돈, 권력에 너무 의존하게 된다든지 이들에 의해서 지배되
거나 그의 모든 행동이 이기적인 삶을 보장하고자 하는 목적 아래에서 이루어
진다면 위험 수준에 이른 것이며 한계를 그어야 한다.

개인심리학적인 치료방법은 기독교인으로 하여금 회개와 함께 이루어진 상
위 관련 체계에서 패러다임의 변화가 초보 관련 체계에 있는 개인적인 원리와
어떻게 충돌하게 되는지를 알도록 도와줄 수 있다. 예수님과 함께 살며 고난
받고 거룩한 삶을 살아가는 것은 한 사람의 초보 관련 체계에 영향을 끼친다.

성경적 관점에서 보면 개인심리학적인 접근법에 대해 비판적인 요소도 있
다. 목적을 이루고자 하는 삶은 추구하는 목적이 보이는 것뿐 아니라 보이지
않는 세계도 포함하고 있을 때만 온전히 개발될 수 있다. 즉, 하나님의 가시적
이며 비가시적인 세계도 고려해야 한다는 것이다.

예수님을 만나게 될 때 초보 관련 체계에서 새로운 목적을 찾을 수 있게 된
다. 죄에 대한 용서를 알며 예수님과 함께 새로운 인생을 시작할 수 있다는 것

을 알 때 과거의 잘못을 돌아보는 것은 위로가 될 것이다.

6. 로고테라피

V. Frankl은 Freud와 Adler 이후 제3 비엔나심리치료학파의 창립자다. 특히 로고테라피의 기원과 발전은 나치수용소를 경험한 그의 개인적인 삶과 밀접한 관계가 있다.

1) Frankl과 로고테라피

Frankl은 1905년 비엔나에서 태어났다. 그는 중·고등학교 시절에 벌써 심리분석에 관심을 가졌으며, Freud와 활발한 편지 왕래를 했다. 그는 16세에 장래의 로고테라피에서 큰 틀이 될 '인생의 의미'에 대해 발표함으로써 일찍이 독립적인 창의성을 보여 주었다. 그의 생각은 인간은 항상 인생의 의미를 찾는 구도자라는 것으로 요약된다. 그러나 인간은 이 구도의 과정에서 질문받는 자가 아니라 자신에게 대답을 주는 자다. Frankl에 따르면, 인생은 질문을 하는 자에게 다가오며 인간은 책임감 있는 행동으로 이에 대답한다. 그에 따르면, 인간이 의도적으로 행하는 모든 것은 어떤 형태로든 이 질문에 대한 대답이다.

Frankl은 인생의 의미를 발표하면서 훗날 치료법에서 두 번째 큰 틀을 제시했다. 그는 인간에게는 '초감각'이 있다고 생각했다. 초감각이란 '신비적인 것'을 말하는 것이 아니라 인간의 이해력을 넘어서는 하나의 감각이다.

그는 의학을 공부하였고 박사과정을 밟기 전에 벌써 비엔나대학교의 심리치료 병동에서 일했다. 그는 거기서 자신의 새로운 생각을 현장에서 시험해 볼 수 있는 기회를 가졌으며 이를 통해 유명한 '역설적 의도'를 창안하게 되었다.

> **자료 5-34** 역설적 의도에 관한 예
>
> 두려움을 없애거나 두려움을 무시하는 것이다. 이 치료법은 두려움이 실제 상황과 비교해 너무 크거나 내담자를 강하게 엄습할 때만 적용할 수 있다. 다음의 예는 이 접근법이 실제로 목회상담에 어떻게 적용될 수 있을 것인가를 보여 준다.
>
> 22세의 여성은 상담 시간에 자신은 예배에서 성만찬을 하기 위해 앞으로 나가기만 하면 얼굴이 붉어진다고 호소했다. 모든 다른 사람이 그녀를 보게 되며, 이 때문에 더 이상 교회에 가고 싶지 않다고 말했다. 충분한 대화를 통해 예배의 성경적인 배경과 성만찬에 대해 설명한 후 다음과 같은 역설적 의도를 제시했다.
>
> 다음번에는 앞으로 나갈 때 토마토보다 더 빨갛게 되고자 노력해야 한다.
>
> 그녀의 이러한 노력은 성공하지 못했으며, 그녀는 더 이상 얼굴이 붉어지지 않았다.

Frankl은 개인심리학 국제학술지에 자신의 연구결과를 발표했지만, 1926년 Adler와 갈라서게 되었다. Frankl은 노이로제도 하나의 표현 기능(예, 무의미에 대한 대답)이라고 본 반면 Adler는 모든 노이로제는 '목적을 위한 수단'이라고 생각했기 때문이었다. Frankl은 1927년에 '개인심리학협회'로부터 퇴출당했지만 스타인호프의 '자살자들의 집'(비엔나의 정신병원)과 롯쉴드 병원에서 일하면서 그가 세운 많은 가정과 치료접근법을 검증할 수 있었다.

그는 미국으로 갈 수 있는 비자를 받았음에도 아우슈비츠와 다카우 나치수용소에 수용될 때까지 롯쉴드 병원에서 일했고 비엔나에 있었다. 나치수용소의 생활은 Frankl의 삶에 영향을 끼쳤다. 때로 그는 깊은 절망 가운데 빠졌지만, 그 절망감은 로고테라피의 근본 생각을 더욱 굳히게 했으며 살고자 하는 의욕을 강하게 했다.

Frankl은 비엔나대학교의 신경정신과 교수였으며, 캘리포니아에서 로고테라피 교수로 활동했다. 그가 쓴 26권의 저서는 18개국 언어로 출판되었고, 그의 제자인 E. Lukas의 저서와 함께 많은 영향을 끼치고 있다. 특히 신학도에게 많은 관심을 받고 있다.

2) 로고테라피의 기본 개념

Frankl은 우리 인생의 문제는 Freud가 말한 성적 욕구불만이나 Adler가 말한 열등감에서 생기는 것이 아니라 인생의 무의미함이 그 원인이라고 보았다. "본능은 더 이상 인간에게 무엇을 해야 하는지 말해 주지 않으며 전통도 그의 의무를 말해 주지 않는다."(Frankl, 1983) '존재감의 진공상태' 는 사람에게 점차적으로 많이 퍼지고 있으며, 노이로제의 약 20%는 허무감을 통해서 설명할 수 있다. Frankl에 따르면, 이들의 특징은 동기가 없다. 로고테라피는 이러한 증상에 대해서 어떻게 대처할 수 있는가?

자료 5-35 **로고테라피는 현대인을 의미의 위기로부터 구할 수 있는가?**
_____

"현대인의 망상은 모든 것을 살 수 있다는 막연한 생각이다……."

운명을 받아들이는 것을 배우지 않았고 거의 모든 것을 돈으로 해결할 수 있다고 믿는 이들에게 피할 수 없는 고통이 닥친다면 그들은 어떻게 할 것인가? 운명을 받아들여야 하며 돈도 아무 소용이 없다는 것을 그가 깨닫게 된다면 어떻게 할 것인가? 그는 내적인 위기를 맞고 자포자기하게 될 것이다.

피할 수 없는 불행을 통해서 생겨난 위기에서 다음과 같은 3가지 가능한 도움을 생각해 볼 수 있다.

- 믿음과 하나님에 대한 신뢰
- 가까운 사람으로부터 동감과 이해를 얻는 것
- 스스로 의미를 찾는 것

호경기와 계속되는 인류의 발달은 안정감에 대해서 몇 가지 변화를 가져왔다. 즉, 현대인은 하나님에 대한 신뢰를 잃어버리게 되었고, 사람 사이의 유대감은 많이 사라졌다. 그러므로 내적인 고통의 위기를 극복할 수 있는 길은 한 개인이 의미를 찾았는지에 달려 있다(Lukas, 1981).

로고테라피의 접근법은 "인생의 의미는 생각해 낼 수 있는 것이 아니고 찾아야 하는 것이다."(Frankl, 1983) 혹은 "허무감으로부터 의미를 가르쳐 주는 것으로 찾아가는 것"(Meier, 1984)이라고 한다. 즉, 새로운 가치관을 찾고 그에 대해서 생각하는 것이다.

Frankl은 의미를 찾는 데는 나이나 학력, 성, 지능에 상관이 없으며, 종교성이 있는지 없는지와도 상관이 없으며, 종교성이 있다면 어느 교파에 속했는지도 별로 중요하지 않다고 주장했다. 그는 저서에서 의미를 찾아가는 방법을 제시하였는데, 이는 종교를 가진 사람도 별 어려움이 없다고 본다(Frankl, 1983). 그는 종교와 상관없이 그의 접근법을 제시하고자 함으로써 비교적 일반적인 다음과 같은 3가지 영역을 제시했다.

- 창조적인 면
- 체험적인 면
- 가치관(Einstellungswert)

창조적인 면은 행동, 즉 물질적이거나 비물질적인 자료를 가지고 개인적인 창작을 통해서 이루어진다. 체험적인 면은 예술이나 자연을 수동적으로 받아들임으로써 현실화된다. 마지막으로 가치관은 피할 수 없는 것을 운명으로 받아들일 때에만 생긴다.

각 개인이 이와 같은 영역을 어떻게 받아들이는가 하는 방식에 따라 엄청난 가능성이 생긴다. 다시 말하면, 무엇을 이루었거나 기쁜 상태에서뿐만 아니라 고통 가운데도 인생은 의미가 있다는 것이다. 이런 사고방식을 인본주의적인 관점에서 본다면 고통에 대한 '초감각'이 있다고 볼 수 있으며, 믿음으로 생긴 '초인간적인 차원'에서 본다면 사랑에 기초한다고 볼 수 있다(Frankl, 1983).

Frankl은 다음의 예를 통해 고통과 사랑의 의미에 대해 설명했다.

"수의사의 치료 때문에 아파하는 개가 자신의 주인을 신뢰하면서 쳐다보는 것을 누구든지 본 적이 있을 것이다. 개는 현재의 아픔이 무슨 의미가 있는지 알 수 없지만 주인이 자신을 사랑하기 때문이라고 믿고 신뢰한다."

Frankl은 '초감각'에 대한 믿음은 현저하게 심리치료적이며 심리위생학적인 의미가 있다고 보았다. Frankl은 초감각에 대한 믿음은 사람을 강하게 만들며 이런 이유에서 어떠한 것도 무의미하지 않다고 생각했다. 그러므로 극적인 삶을 산 사람의 인생사도 그 이유가 겉으로는 잘 이해할 수 없을지라도 그 모든 것이 아무 이유 없이 생긴 것은 아니라는 것이다.

3) 신학적 평가

신학적인 생각을 그리 많이 해 보지 않은 사람일지라도 Frankl의 생각이 영적인 배경을 가지고 있다는 것을 알 수 있을 것이다. Frankl은 신학과 심리치료 사이에 분명히 경계를 지을 수 있다고 생각했다(〈자료 5-36〉 참조). 그러나 그의 치료법을 더 자세히 살펴보면 신학을 영적인 것에만 국한하므로 영적인 것을 실제 전체 삶에서 배제하지 않는 한 이것은 불가능하다는 것이 나타난다.

자료 5-36　종교와 심리치료 사이의 차이에 대한 Frankl의 견해(Meier, 1984)

종교와 심리치료 사이의 다른 점에 대해서 Frankl은 "차원의 차이, 근본적으로 다른 차원에 관한 것이라고 여긴다. 종교의 목적은 영혼의 치유다. 심리치료의 목적은 정신적인 치료다. 왜냐하면 나는 로고테라피는 치료사나 내담자가 종교적 성향이 있든지 없든지에 관계없이 적용될 수 있는 방법이어야 한다고 생각하기 때문이다."라고 말했다.

로고테라피는 유사종교인가?

Frankl이 신의 의지 대신에 형이상학적인 존재로 대체함으로써 Comte가 실증주의를 위해 제시했던 길인 신학으로부터 실험적인 학문으로 옮겨 갔다. 이로써 로고테라피는 인본주의의 영향을 받은 하나의 종교가 되었다.

일반적으로 사람은 내적 세계의 'Üeber-Sinn'의 존재를 현실적으로 인정한다 할지라도 내담자는 자신이 생각하는 'Üeber-Sinn'을 고집한다. 성경은 사람이 예수 그리스도를 통하지 않고서는 인생의 궁극적인 의미를 결코 찾지 못한다고 말하고 있다. 인간은 정신적인 치료뿐만 아니라 '영혼 구원'과 하나님과의 평화, 죄 문제에 대한 해결책이 필요하다.

성경적-치료적 목회상담과 로고테라피

로고테라피가 도움이 된다는 것이 증명되었고 기독교인의 시각에서 보아도 로고테라피의 긍정적인 성과 또한 증명된다.

앞에서 우리는 Frankl이 그의 치료법을 모든 사람이 적용할 수 있도록 중립적인 세계관에서 만들고자 했지만 인본주의적인 생각이 대체 종교의 기능을 받아들이고 있기 때문에 이 점에서 실패했다고 보아야 한다.

이런 배경에서 기독교적인 생각을 가지고 치료를 하지만 '하나님' 혹은 '예수 그리스도'라는 단어 대신 '운명'이나 '초자연' 같은 비교적 추상적인 개념을 사용해야 하는 상담자들이 실제로 어떻게 하는지에 대한 의문이 생긴다.

로고테라피적인 배경에서 성경적인 치료법을 적용했을 때 많은 알코올 중독자들이 예수 그리스도에 대한 믿음으로 온 경우가 많았다. 전문가들도 '알코올 중독을 치료하는 데 종교는 가장 효과가 좋으며 오래가는 치료법'이라는 의견을 내고 있다(Solms, 1960).

많은 교회 소속의 치료시설이 내담자가 과거사를 극복하고 삶의 의미를 찾도록 돕는 데 아주 좋은 방법을 가까이 두고 있음에도 더 힘든 인본주의 길을

택하며 예수 그리스도를 중심에 두기를 포기하거나 의식적으로 거부하는 이유가 무엇일까? 부끄럽기 때문이거나 이런 방법을 비과학적이라고 생각하기 때문일까? 또는 상담자 스스로 믿음에 대한 경험이 부족해서이거나 혹은 성경을 잘 신뢰하지 못해서일까? 물론 환자들에게 하나님과 예수님에 대한 것은 소개만 할 수 있다. 그러나 Frankl은 그의 인본주의적 사고방식을 가지고 환자들에게 우리가 성경에 대해서 하는 것보다 더 많은 것을 요구하고 있지 않는가?

우리는 인생의 의미를 찾는 데서 성경의 기본 원리를 치료의 중심에 두고 비기독교인에게도 이를 적용해야 할 때가 왔다. 사람들은 이를 기다리고 있다. 로고테라피가 인본주의적인 배경 아래서 매우 성공적으로 해냈던 그 길을 이제 기독교인이 예수 그리스도 안에 있는 기쁜 소식을 통해 존재감의 공허를 채워야 한다. 이 일은 오래전에 기독교인이 이루었어야 하는 것이었다.

존재감의 공허함은 예수 그리스도를 통해서 하나님을 만날 때만 채워질 수 있으며, 이를 통해서만이 삶의 방향이 새로 정해질 수 있다. 죄에 대한 용서와 예수님과 함께 새로운 삶이 시작되며 과거를 잊고 앞을 향해 달려가는(빌립보서 3:13) 성경말씀이야말로 Frankl이 애써 찾았던 내적 세계의 초월성에 대한 성경적인 생각이라고 할 수 있을 것이다.

4) 로고테라피의 실제

로고테라피를 적용하는 데는 5가지 주요 과제가 있다.

- 삶의 의미에 대한 의문 속에 빠져 들어가 있는 외생적인 우울증을 가진 사람에 대한 치료
- 신경증적 상태, 불안, 흩어진 사고방식 등을 가진 환자에게 동반되는 치료
- 치료될 수 없거나 변화될 수 없는 형편에 놓여 있는 사람에 대한 의료적

인 '목회상담'

- 병이 아니라 이미 성향에 따라 사는 사람의 고리에 알맞은, 즉 의미 발견을 위한 로고테라피적인 도움을 요구하는 '존재의 욕구불만(좌절)' 그리고 존재의미 상실의 느낌에 대한 문제가 있는 사람에 대한 치료
- 허무적인 삶의 가치관을 저지하기 위한 예방 보조매치

실제 치료를 진행할 때 중요한 것은 상담 시 로고테라피 1가지만으로는 안되며 로고테라피를 제외해서도 안 된다는 점을 염두에 두어야 한다(Lukas, 1985)는 것이다. 역설적 의도(〈자료 5-34〉 참조) 외에도 체계적 역반사가 자주 적용된다.

흔히 사람들은 어떤 특정한 신체기능을 지나치게 관찰한다. 그러나 너무 많이 신경을 쓰기에 오히려 이 신체기능이 제대로 조절되지 못하고 이 때문에 더욱 신경을 쓰게 된다. 고치기 힘든 악순환이 되는 것이다. 이러한 '과민반응'에는 흔히 '과민의향'이 뒤따르게 된다. 다시 말하면, 제대로 작동하지 않는 것을 고치려는 강한 의지가 생긴다. 이러한 경우는 흔히 수면장애나 성적 장애와 관련하여 생긴다. 체계적으로 적용되는 역반사는 환자의 주의를 다른 곳으로 돌리고 지금까지의 자신의 행동을 별로 중요하게 생각하지 않도록 한다.

이런 배경에서 수면장애의 경우 1가지 효과적인 방법은, 사람이 꼭 오랫동안 자야 할 필요가 없다고 스스로 설득하는 것이다. 또한 성관계에서 심한 압박감을 가지고 있다면 부부 간에 성관계를 꼭 해야 하는 것은 아니라고 서로 합의하는 것이다.

"오늘은 당신이 살아야 할 인생의 첫째 날이다."라는 것은 로고테라피의 핵심사고 중 하나다. 이러한 생각은 인과관계에 근거한 정신분석이나 어린 시절 굳어진 삶의 방식을 고려하는 개인심리학과는 의식적으로 대조를 이룬다. Frankl은 자신의 문제들에서 떠나 장래를 생각하는 것이 치료를 가능하게 한

다고 보았다.

Frankl이 병자와 건강한 사람을 비교하면서 병든 눈과 건강한 눈을 예로 든 것은 매우 흥미롭다. 그는 병든 눈은 자기 자신을 보게 되고 건강한 눈은 다른 사람을 본다고 했다.

자료 5-37   **건강한 눈과 병든 눈**(Meier, 1984)

"······ 눈은 스스로를 인식하지 못할 때 제 기능을 제대로 발휘할 수 있다. 눈이 눈 자신을 보는 순간, 예를 들어 백내장 환자의 눈이 회색빛 베일을 본다면 시력은 정상이 아니다. 혹은 녹내장을 앓고 있는 내가 불빛들이 둥글게 있는 궁전과 같은 무지개 색을 본다면 시력은 약화된 것이다. 사람들도 이와 동일하다. 자기 자신에 대해 생각하지 않고 스스로를 잊어버리는 만큼 그는 자아실현을 이룰 수 있다."(V. Frankl)

로고테라피의 효능에 관한 일련의 실험은 이러한 치료방법이 외인성 우울증 환자나 마약 중독자나 알코올 중독자에게 효과가 있음을 보여 주었다. 그럼에도 불구하고 의미상실로 중독이나 또는 우울증이 생겼을 경우에 한해 적용할 수 있다.

7. 우울장애에서 조력 입장

앞에서 성경적-치료적 목회상담에서 가능한 6가지 방법을 언급했는데 이 방법들을 우울증에 걸린 기독교인들을 위한(외인성 우울증도 포함, '제4장 4. 심리장애의 분류' 참조) 목회상담에서 언제 적용할 수 있는지 살펴보고자 한다.

1) 우울증에서의 위로

위로적인 목회상담은 우울증에 걸린 사람을 돕는 데 매우 중요한 방법 중하나였다. 우리는 성경말씀이나 찬송가 가사를 통해 위로할 수 있다. 그러나 이런 방법이 항상 성공적인 것은 아니다. 우울증세가 심한 사람에게는 위로의 말이 도움되지 않는 경우가 흔하다. 상담자 앞에 있는 내담자는 성경말씀을 이해하지 못하는 것처럼 보인다. 또 그들에게 함께 기도하자고 하면 기도할 수 없다고 하거나 혹은 기도를 해도 틀에 박힌 형식적인 기도를 한다.

우울증에 걸린 사람을 이해하고자 하는 사람은 깊은 우울증 가운데 있는 사람에게 요구할 수 있는 것이 거의 없음을 알아야 한다. 기도하는 것, 성경 읽는 것은 물론이거니와 더욱이 억지로 얼굴을 밝게 하라고 할 수도 없다. 이런 기독교인을 보면서 '믿음에서 떠나 있다'고 생각하는 것은 너무 섣부른 생각이며 또 대부분 옳지 않다. 그들은 '짓눌린' 상태이므로 정리된 말로 기도할 수도 없거니와 종종 자신이 읽은 성경구절을 이해하지도 못한다.

이런 경우 상담자가 어떤 강제성도 띠지 않고 그들을 위해 기도해 주며 위로로 성경말씀이나 찬송가 가사를 읽어 주는 것이 중요하다. 우울증에 걸린 사람을 위로할 때는 침묵할 수도 있다. 이를 위해서는 옆에 앉아서 당사자가 처한 상태를 이해하고자 얼마나 애쓰는지 보여 주는 것이 될 것이다. 이 방법을 '적극적인 침묵'이라고 할 수 있다.

또 성경적인 축복을 통해서 위로할 수 있는데 야고보서 5장 14~16절에 나오는 것처럼 안수를 하는 것도 가능하다. 그러나 이런 경우 갑작스런 외적인 변화가 꼭 일어나기를 기대할 필요는 없다. 우울증에 걸린 많은 기독교인은 '강요하지 않고 축복하는 것'이 얼마나 자신에게 도움이 되었는지, 특히 즉시 기뻐하도록 요구받지 않는 것이 얼마나 힘이 되었는지 자주 이야기한다.

자료 5-38 우울증에 걸린 사람을 위한 위로의 노래

G. Neumark(1621~1681)은 〈사랑의 하나님의 섭리에 맡기는 자〉라는 유명한 찬송을 지었다. 이 가사는 우울증에 걸린 많은 기독교인에게 도움이 되었다.

오직 사랑의 하나님의 섭리에 맡기고 항상 그를 소망하는 자, 주는 그를 모든 위험과 슬픔에서 지키시네. 가장 높으신 하나님을 의뢰하는 자, 그는 모래 위에 지은 자가 아니네.

심한 염려가 우리에게 어떤 도움이 되며 우리의 고통과 비탄이 무슨 도움일꼬? 매일 아침 고난에 한숨 쉬는 것이 무슨 소용이 있나? 슬픔으로 십자가와 고난은 더욱 더 커지기만 하누나.

고통의 불 가운데 하나님께 버림받았다 여기지 말라. 그의 품에 안긴 자에게는 항상 행복만이 주어지리니. 그 장래는 많은 것을 변화시키며 모든 목표를 세우게 되리니.

하나님에게는 아주 쉬운 일이요, 부자를 낮추고 가난하게, 가난한 자를 높이고 부자를 만드는 것도 높으신 이에게는 모두가 같다네. 하나님은 정말 기묘자라. 곧 높이시고, 곧 낮추시네.

찬양하고 기도하며 하나님의 길을 가세. 너의 할 일을 충성되이 하고 하늘의 풍성한 축복을 믿으라. 그러면 주께서 네 안에 새롭게 되리니. 하나님을 확신하는 이는 하나님이 떠나지 아니하겠네.

2) 권면적 목회상담

권면적 목회상담은 올바른 길을 가르쳐 주는 것인데, 목회상담의 지시적인 형태다.

나의 경험으로는 이런 종류의 목회상담은 우울증에 걸린 기독교인에게는 적당하지 않다. 일반적으로 당사자들은 성경말씀을 자신의 형편에 맞춰서 생각하며 하나님의 구속계획을 알고 있다고 생각한다. 그럼에도 이들은 가르침과 훈계를 통해서는 우울증에서 벗어나지 못한다.

3) 해결적 · 화합적 목회상담

이런 종류의 목회상담은 죄를 고백하고 죄사함을 선포한다는 의미에서 해결과 화합에 관한 성경적 개념(요한복음 20:23)을 사용한다. 특히 심령적 압박이 있는 경우에 이 목회상담은 적당하다.

실제로 우울증을 앓고 있는 기독교인은 그들이 성경적-치료적 목회상담을 찾기 전에 이미 교회 성도들로부터 이런 경향이 있지 않은지 질문을 받았으며 스스로도 이런 요소가 있을지 모른다고 심각하게 생각해 본 경우가 많다. 그러나 이런 경우는 그리 흔하지 않다.

우리가 우울증을 앓고 있는 기독교인을 대할 때 해결적 그리고 화합적 형태의 성경적-치료적 목회상담에 관해서 신학적으로 분명히 해야 한다는 것이 필자의 견해다. "아들이 너희를 자유케 하면 너희가 참으로 자유하리라."(요한복음 8:36)

어떤 사람이 자신의 인생을 그리스도께 맡겼다면 그의 과거를 좌지우지했던 죄의 문서가 찢어진 것이다. 죄와 함께 있던 귀신 들림도 깊은 바닷속에 던져진 것이다. 우울증으로 목회상담을 원하는 기독교인이 신비적 스트레스를 가지고 있는 경우는 극히 드문 일이다. 그들을 쫓아다니는 것은 오히려 죄책감일 수 있다. 물론 이런 감정은 하나님으로부터 인간을 분리시키는 죄와는 근본적으로 달리 다루어야 할 것이다.

앞에서 언급한 것처럼 신경증적인 우울증이 있는데, 이것은 죄를 숨기고자 하면 나타날 수 있다. 내담자가 이리저리 흔들리는 힘든 상황에서 이것이 죄 때문인지 아니면 죄책감 때문인지를 알아내는 것은 이런 이유에서 볼 때 목회상담자의 중요한 일 중 하나다.

4) 전환학습과 전환사고를 위한 목회상담

앞에서 언급한 것처럼, 우울적인 행동은 습득할 수도 있고 또 탈학습할 수도 있다. 이를 체계적으로 치료하기 위해서는 우울증을 행동으로 살펴보는 것이 중요하다.

이를 위해 다음의 4가지 질문을 규칙적으로 장기간에 걸쳐 하면서 이에 대한 대답을 문서로 남겨 두는 것이 좋다.

- 우울증은 어떻게 나타나는가? 이 질문은 우울증적인 행동을 될 수 있는 대로 상세하게 묘사하는 것을 말한다. 일반적인 '우울증'을 묘사하는 것이 아니라 어디에(신체부위) 그리고 어떻게(정도) 우울증을 느끼는지 되도록 정확하게 이야기하는 것이다. 느낌과 관련하여서 그 정도를, 예를 들어 0부터 100까지 등급으로 나누는 것이 중요하다. 즉, 0은 '전혀 존재하지 않는' 그리고 100은 '극단적으로 강하게'로 정한다.
- 우울증세가 언제 나타나는가? '우울증세'가 어떤 상태를 말하는 것인지 알았다면 이 증상이 아침, 점심, 저녁 혹은 주중에 혹은 주말, 연초나 겨울에 나타나는지 등을 설명할 수 있어야 한다.
- 어떤 장소에서 우울증세가 더 자주 나타나는가? 여기서는 우울증적인 행동이 어디에서 더 뚜렷하게 나타나는지 기록해야 한다. 즉 일하는 데서나 학교에서나 집의 어느 방에서 등으로 기록한다.
- 누구와 같이 있을 때 우울증세가 나타나는가? 우울증적인 행동은 종종 다른 사람과의 관계에서 나타난다. 그러므로 우울증적인 행동이 평소보다 더 심하게 나타난다면 어떤 사람과 같이 있었는지 생각해 보아야 한다.

이와 같은 4가지 질문에 대해서 대답한다면 우울증적인 행동을 야기했던 환경을 묘사하는 것이 수월해진다. 또 우울증적인 행동을 '강화시켰던 요소'

를 체계적으로 없애 나가는 구체적인 치료를 시작하기도 쉬워진다.

당사자는 이러한 과정을 꺼리는 경우가 많다. 그러므로 이런 관찰은 꼭 해야 하며 기록해야 한다는 것을 늘 다시 환기시키는 것이 목회상담의 한 부분이 된다. 그러나 상당수의 기독교인은 치료하기보다는 '위로부터 오는 인도하심'이나 '계시' 혹은 '성령을 통한 빠른 치유'를 기대한다. 물론 성경에서는 우울증에 걸린 사람에 대한 빠른 치유에 관한 언급을 찾아볼 수 없다. 외인성 우울증을 습득된 행동양식으로서 묘사하는 것도 놀랄 일이 아니다. 그러므로 '숨어 있는 강화요소'를 찾아서 이를 집중적으로 치료하는 것은 중요하다. 이런 '우울증행동과 강화요소'를 분석함과 동시에 '기쁨을 주는 요소'에 대해서도 집중적으로 살펴봄으로써 이 요소들을 우울증세와 대치시키는 것도 한 방법이다.

신체적인 면에서도 우울증 상태를 벗어나기 위해서 선별된 음악(다윗이 사울에게 한 것과 유사하게)을 호흡법에 맞추어 들으면서 긴장을 푸는 체조를 하는 것도 좋은 것으로 나타났다.

학습의 다른 종류인 전환사고는 로마서 12장 2절에 기초한 사고전환에 관한 것이다. '인지치료'에서는 우울증을 앓는 사람은 특정한 사건을 적절하게 해석하지 않으며 혼란스럽게 생각한다고 본다.

예를 들면, 어떤 사람이 자기가 경험한 모든 것을 잘하는지 그렇지 않은지에 따라서 평가한다면 그는 왜곡된 기준에 지배되고 있다. '내가 모든 것을 완벽하게 하지 않는다면 나는 실패자다.' 이런 생각을 통해 그는 흑백논리로 비뚤어지게 되고 시간이 지남에 따라 자신을 잃어버리게 된다.

우울증을 앓는 사람은 인지치료를 통해 스스로를 파괴시키는 생각을 교정하는 것을 배워야 한다.

> 자료 5-39 **우울증에 걸린 기독교인을 위한 전환사고과정**
>
> 나는 두려움을 가져도 된다
> "세상에서는 너희가 환난을 당하나 담대하라. 내가 세상을 이기었노라."(요한복음 16:33)
> 나는 슬퍼해도 된다
> "……너희는 근심하겠으나 너희 근심이 도리어 기쁨이 되리라."(요한복음 16:20)
> 나는 실수해도 된다. 다른 사람도 실수해도 된다
> "……사람이 만일 무슨 범죄한 일이 드러나거든 신령한 너희는 온유한 심령으로 그러한 자를 바로잡고……너희가 짐을 서로 지라. 그리하여 그리스도의 법을 성취하리라."(갈라디아서 6:1~2)
> 나는 연약해도 된다
> "내 은혜가 네게 족하도다 이는 네 능력이 약한 데서 온전하여 짐이라. …… 그러므로 내가 약한 것들을 기뻐하노니. …… 이는 내가 약할 그때에 곧 강함이니라."(고린도후서 12:9~10)

5) 자기발견으로서의 목회상담

심각하지 않은 우울증 증세를 가진 우울증 환자의 경우 인간중심상담의 입장에서 돕는 것이 매우 유용한 것으로 나타났다. 이 경우 결정적으로 중요한 것은 우울증을 앓는 사람에게 자신이 얼마나 진지하게 받아들여지고 있는지를 보여 주는 것이다. 앞에서 언급한 것처럼, 대화를 통해 내담자가 자기를 발견하고 스스로 행하고자 하는 생각을 가지도록 해야 한다. 성경적-치료적 목회상담은 우울증에 걸린 사람이 자기 자신을 목회상담자보다 더 잘 알고 있다고 여긴다. 상담자의 과제는 내담자 스스로가 문제해결점을 찾도록 대화를 이끌어 가는 것이다.

이러한 자기 진찰을 가능케 하기 위해서 특별한 목회상담의 자세가 필요하

다. 야곱의 우물가에서 사마리아 여인과 대화한 예수님(요한복음 4장)을 통해
서 이러한 자세를 잘 알 수 있다(〈자료 5-40〉 참조).

자료 5-40 요한복음 4장에 나타난 목회상담의 자세

1. 조건에 상관없이 관심을 가져 줌
2. 자유의 권리를 가진 귀한 한 개인으로서의 대화 상대자를 존중함
3. 자신을 숨기거나 변호하거나 비판하는 것을 받아들이며 기쁨과 소망과 실패감을
   함께 느낌
4. 말로 상대방의 감정에 동의함
5. 자신을 변호하지 않고 기쁜 일이나 상처가 있는 경험에 대해 열려 있음
6. 상대방이 말한 경험을 그의 입장에서 인식하고자 노력함. 즉, 내담자의 관련 체계
   와 그와 관련된 감정을 가지고 생각함

---

6) 과거의 분석과 미래의 내다봄

우울증의 원인에 대해서 질문하는 것은 목회상담에서 중요하다. 서양의 사
고방식의 볼 때 원인과 결과의 관계에 대해서 묻는 것은 자연스러운 일이다.
그러므로 내담자가 왜 자신이 우울증에 걸렸는지 알고자 하는 점은 이해가 된
다. 그러나 이때 상담자는 이러한 생각을 바꾸어 주어야 하는데, 이는 외인성
우울증의 경우 원인과 결과를 정확하게 말할 수 있는 관련성이 드물기 때문이
다. 그러므로 내 생각에는 처음 단계에서는 '왜' 라는 질문보다는 '무엇' 에 대
한 질문이 더 적절할 것 같다. 즉, 우울증적인 행동을 정확하게 묘사하는 것이
더 중요하다고 생각된다.

물론 다음 단계에서는 왜 우울증이 생기게 되었는지 살펴보아야 한다. 과거
의 분석과 관련하여 중요한 성경말씀은 시편 139편 다윗의 기도에서 볼 수 있

다. "하나님이여 나를 살피사 내 마음을 아시며 나를 시험하사 내 뜻을 아옵소서 내게 무슨 악한 행위가 있나 보시고 나를 영원한 길로 인도하소서."

하나님만이 우리 안에 있는 과거의 죄를 발견하실 수 있다. 상당수의 잘못과 죄들은 발견되지 않을 수 있다. 시편 19편 12절의 "자기허물을 능히 깨달을 자 누구리요. 나를 숨은 허물에서 벗어나게 하소서."를 근거로 볼 때 아주 어렸을 때의 죄는 애써 찾을 필요가 없다. 기독교인은 요한1서 1장 9절에 기초하여 알지 못하는 죄에 대한 용서와 그들을 송사하던 채무증서는 찢어져 버린 것을 받아들여야 한다. 앞에서 언급한 것처럼 우울증의 경우 '내적 치료'를 위해 꼭 애쓸 필요는 없다는 것이다. 이 치료는 우리를 대신해 고난받으신 예수 그리스도에 의해 그와 함께하는 새로운 삶을 시작함으로써 이미 완성된 것이다.

실험적 심리학의 현재적인 연구결과에 따르면 어렸을 때 입은 마음의 상처와 성인으로서 현재 가지고 있는 어려움 사이의 인과관계는 매우 제한적이다. 성경은 우리의 눈을 장래를 향하도록 하므로 완전히 다른 방향에서 돕고 있다. 죄 사함을 선포하고 죄 사함으로 인해서 "뒤에 있는 것을 잊어버리며"(빌립보서 3:13) 앞을 내다봄으로써(하나님의 구속계획) 우울증을 가진 사람에게 삶에 새로운 희망을 제시할 수 있다.

Frankl이 로고테라피에서 '무의미 우울증'이라고 언급하면서 의미상실의 경우 의미를 제시함으로써 도와줄 수 있다고 했는데, 이것이 옳다면 우리 그리스도인은 성경말씀을 가지고 우울증 환자를 분명히 도와줄 수 있다. 성경은 인간이 '우주 가장자리를 떠도는 어떤 존재'가 아니라 '그리스도 안에 있는 한 지체'이며 하나님은 '역사를 만드시는 분'이라고 말하고 있다. 이러한 성경의 관점은 우리에게 소망을 주며 나의 관심을 자신의 자아(ego)에서 다른 것으로 돌리도록 해 준다. 자신의 문제로부터 눈을 들어 다른 것으로 돌리는 것은 로고테라피에서 반복하여 주장하는 치료방법인 것이다.

참고문헌

제1장 서 론

Adams, J. E. (1972). *Befreiende Seelsorge*. Gießen.

Benesch, H., & Dorsch, F. (1984). *Berufsaufgaben und Praxis des Psychologen*. Müchen: Basel.

Collins, G. (1980). Psychology and Christianity: freinds or enemies. *The Christian Counsellor's* Journal (Walton-on-Thames, Surrey), Vol. 1, Iss. 3.

Corsini, R. (1983). *Handbuch der Psychotherapie* (2 Bände). Weinheim und Basel.

Dieterich, M. (1985). *Psychologie contra Seelsorge. Neuhausen.*

Dieterich, M. (1987). *Psychotherapie, Seelsorge, Biblisch-therapeutische Seelsorge.* Neuhausen.

GEO-Wissen. (1987). *Gehirn, Gefühl, Gedanken,* I .

Jentsch, W. (1982). *Der Seelsorger.* Moers.

Kuhn, T. S. (1973). *Die Struktur wissenschaftlicher Revolutionen.* Frankfurt.

Lassahn, R. (1974). *Einführung in die Pädagogik.* Heidelberg.

Maier, G. (1974). *Das Ende der historisch-kritischen Methode.* Wuppertal.

Mayer, R. (1983). Seelsorge zwischen Humanwissenschaft und Theologie. *Theologische Beiträge, 14,* 1, 6-21.

Meier, P. D., Minirth, F. B., & Wichern, F. (1982). *Introduction to Psychology and Counseling.* Grand Rapids: Baker Book House.

Popper, K. R. (1975). *Logik der Forschung.* Tübingen.

Popper, K. R., & Eccles, J. C. (1982). *Das Ich und sein Gehirn.* München, Zürich.

Ruch, F. L., & Zimbardo, P. G. (1974). *Lehrbuch der Psychologie.* Berlin, Heidelberg, New York.

Siewert, H. (1983). *Studium der Psychologie.* Köln.

Stollberg, D. (1969). *Therapeutische Seelsorge.* München.

Tschamler, H. (1978). *Wissenschaftstheorie.* Bad Heibrunn.

제2장 건강한 사람

Adameit, H. u.a. (1978). *Grundkurs Verhaltensmodifikation.* Weinheim.

Bekesy, G. v. (1964). Duplexity of Tast. *Science, 145,* 834-835.

Bierach, A.(1987). *Wege zu einem Supergedächtnis.* München.

Broadbent, D. E. (1958). *Perception and communication.* New York: Pergamon.

Bruner, J. S. (1964). The course of cognitive growth. *American Psychologist, 19,* 1-15.

Crick, F., & Graeme, M. (1983). The function of dream sleep. *Nature, 304,* 111-114.

Deutsch, J. A. & Deutsch, D. (1966). *Physiological psychology.* Homewood, Ill. Dorsey.

Dieterich, J. (1988). *Entspannungscassette.* (Zu beziehen bei TONART postfach 2240, D-7053 Kernen).

Dieterich, M. (1985). Wort und Erfahrung - Zur Persönlichkeitsstruktur von Christen. In Veeser, W. u.a. (Hg.), *Theologische Auseinandersetzung mit dem Denken unserer Zeit* (Band 3). Neuhausen.

Dieterich, M. (1988). *Wir brauchen Entspannung.* Gießen.

dtv-Atlas der Physiologie. (1983). Stuttgart.

Edelmann, W. (1978/1979). *Einführung in die Lernpsychologie* (2 Bände). München.

Fatke, R. (1977). Warum die Intelligenzdebatte wieder aufgewärmt wird. *Sonderdruck aus Psychologie heute: Intelligenzdebatte Weinheim.*

Festinger, L. (1957). *A theorie of cognitive Dissonance.* Evanston, Ill. (Row, Peterson).

Fliegel, S. u.a. (1981). *Verhaltenstherapeutische Standardmethoden.* München, Wien, Baltimore.

Frankle, V. (1983). *Theorie und Therapie der Neurosen.* München, Basel.

Fromm, E. (1976). *Die Kunst des Liebens.* Frankfurt.

GEO-Wissen. (1987). *Gehirn, Gefühl, Gedanken,* 1.

Haeberle, E. J. (1985). *Die Sexualität des Menschen.* Berlin, New York.

Heckhausen, H. (1980). *Motivation und Handeln.* Berlin, Heidelberg, New York.

Heider, F. (1977). *Psychologie der interpersonalen Beziehungen.* Stuttgart.

Heller, K. (1976). *Intelligenz und Begabung.* München.

Hellhammer, D. (1983). *Gehirn und Verhalten.* Münster.

Horn, W. (1962). *Leistungsprüfsystem. L-P-S.* Göttingen, Toronto, Zürich.

Hull, C. L. (1952). *A behavior system.* New Haven: Yale University Press.

Hussy, W. (1984/1986). *Denkpsychologie - Ein Lehrbuch* (Band 1 und 2). Stuttgart.

Kahnemann, D. (1973). *Attention and effort.* Englewood Cliffs N.Y.: Prentice-Hall.

Krech, D. (1985). *Crutchfield, R. S. u.a.: Grundlagen der Psychologie* (8 Bände). Weinheim, Basel.

Lashley, K. S. (1950). In search oft the engram. *Psychological mechanisms in animal behavior.* New York : Academic Press.

Laudenslager, M., & Maier, S. F. (1987). Wann macht Streßkrank? *Psychologie heute, 14,* 5, 26-29.

Meier, P. D., Minirth, F. B., & Wichern, F. (1982). *Introduction to Psychology and Counseling.* Grand Rapids: Baker

Book House.

Milgram, S. (1974). *Das Milgram-Experiment: Zur Gehorsamkeitsbereitschaft gegeüber Autorität.* Reinbek.

Ostrander, S. u. N. (1982). *Schroeder, L.: Leichter lernen ohne Streß.* Bern, München.

Pfeiffer, S. (1988). *Die Schwachen tragen.* Basel, Gießen.

Piaget, J. (1980). *Das Weltbild des Kindes.* Frankfurt, Berlin, Wien.

Popper, K. R., & Eccles, J. C. (1982). *Das Ich und sein Gehirn.* München.

Pudel, V. (1985). Esssen. Wenn das Selbstverständlichste zum Problem wird. *Psychologie heute, 12,* 5, 24-29.

Roth, E., Oswald, W. D., & Daumelang, K. (1975). *Intelligenz.* Stuttgart.

Ruch, F. L., & Zimbardo, P. G. (1974). *Lehrbuch der Psychologie.* Berlin, Heiderberg, New York.

Silbernagel, S., & Despopoulos, A. (1983). *Taschenatlas der Physiologie.* Stuttgart.

Skowronek, H. (1975). *Lernen und Lernfähigkeit.* München.

Spelke, E., Hearst, W., & Neisser V. (1976). Skills of divided attention. *Cognition, 4,* 215-230.

Treismann, A. (1960). Contextual cues in selective listening. *Quarterly journal of Experimental Psychology, 12,* 242-248.

Wertheimer, M. (1923). Untersuchungen zur Lehre von der Gestalt. II. *Psychol, Forsch. 4,* 301-350.

Witte, H. (1986). *Im Auge behalten.* Frankfurt.

Wurtman, J. (1987). *Süße Droge. Psychologie heute, 14,* 5, 10-11.

Zimmer, D. (1985). *Sexualität und Partnerschaft.* München.

제3장 성장과 됨

Adler, A., Ansbacher, H. L., & Ansbacher, R. (1982). *Alfred Adlers Individualpsychologie.* München, Basel.

Bachmann, J. G. (1984). Die Bedeutung des Bildungsniveaus für Selbstwertgefühl, berufsbezogene Einstellungen, Delinquenz und Drogenkonsum von Jugendlichen. In Olbrich, E. u.a. (Hg.), *Probleme des Jugendalters.* Berlin.

Bandura, A. (1982). Self-efficient mechanism in human agency. *American Psychologist, 37,* 122-147.

Bräumer, H. (1988). *Auf dem letzten Weg. Seelsorge an Schwerkranken und Sterbenden.* Neuhausen.

Bridger, F. (1988). *Children finding faith.* London: Scripture Union.

Capellmann, C., & Bergmann, W. (1923). *Pastoralmedizin.* Paderborn.

Chance, P., & Fischmann, J. (1987). Die Stufen der Kindheit, *Psychologie heute. 14,* 9, 32-39.

Dieterich, M. (1987). Pädagogisch-psychologische Einsichten für die Kinderarbeit. *Schritte zu den Kindern. Arbeitsbuch Gnadauer Kongreß.* Dillenburg.

Dreher, E., Wahrnehmung, M., & von Entwicklungsaufgaben, B. (1985). In Oerter, R. (Hg.) *Lebensbewältigung im Jugendalter.* Weinheim.

Eckensberger, L. H., & Reinshagen, H. (1979). Überlegungen zu einem Strukturmodell der Entwicklung des moralischen Urteils. In Montana, L. (Hg.), *Brennpunkte der Entwicklung.* Stuttgart.

Eckensberger, L. H., Reinshagen, H., & Kohlbergs Stufentheorie der Entwicklung des moralischen Urteils (1980). Ein Versuch ihrer Reinterpretation im Bezugsrahmen handlungstheoretischer Konzepte. In Eckensberger, L. H., &

Silbereisen, R. K. (Hg.), *Entwicklung Sozialer Kognitionen*. Stuttgart.

Erikson, E. H. (1981). *Jugend und Krise*. Frankfurt.

Eschenröder, Ch. (1984). *Hier irrte Freud*. München, Wien, Baltimore.

Filipp, H. -S. (1987). Dan mittlere und höhere Erwachsenenalter im Fokus entwicklungspsychologischer Forschung. In Oerter, R., & Montada, L., *Entwicklungspsychologie*. München, Weinheim.

Fowler, J. (1981). *Stages of faith*. New York: Harper & Row.

Gage, N. L., & Berliner, D. C. (1979). *Pädagogische Psychologie* (2 Bände). München, Wien, Baltimore.

Havighurst, R. J. (1972). *Developmental tasks and education*. New York: McKay.

Heckhausen, H. (1980). *Motivation und Handeln*. Berlin, Heidelberg, New York.

Heidemann, R. (1979). *Erziehung in der Zeit der Pubertät*. Heidelberg.

Heim, K. (1986). *Das Heil der Welt*. Moers.

Kagan, J. (1980). Perspectives on continuity. In Brim et al. (Hg.), *Constancy and change in human development*. Cambridge: Harvard University Press.

Kagan, J. (1987). *Die Natur des Kindes*. München.

Kinsey, A. C. (1967). *Das sexuelle Verhalten des Mannes*. Berlin, Frankfurt.

Kohlberg, L. (1974). *Zur kognitiven Entwicklung des Kindes*. Frankfurt.

Leontjew, A. N. (1977). *Probleme der Entwicklung des Psychischen*. Kronberg.

Löwe, H. (1978). *Leben ist Lernen*. Leipzig.

Maslow, A. H. (1978). *Motivation und Persönlichkeit*. Freiburg.

Meier, P. D., Minirth, F. B. & Wichern, F. (1982). *Introduction to Psychology and Counseling*. Grand Rapids: Baker Book House.

Meueler, E. (1982). *Erwachsene lernen*. Stuttgart.

Montada, L. (1987). Entwicklung der Moral. In Oerter, R., & Montada, L., *Entwicklungspsychologie*. München, Weinheim.

Naujokat, G. (1975). *Liebe, Ehe, Elternschaft*. Kassel.

Naujokat, G. (1980). *Intime Konflikte-Herausforderung der Seelsorge*. Kassel.

Oerter, R. (1969). *Moderne Entwicklungspsychologie*. Donauwörth.

Oerter, R. (1978). *Entwicklung als lebenslanger Prozeß*. Hamburg.

Oerter, R. (1987). Kindheit. In Oerter, R., & Montada, L., *Entwicklungspsychologie*. München, Weinheim.

Oerter, R. (1987). Jugendalter. In Oerter, R., & Montada, L., *Entwicklungspsychologie*. München.

Oser, F. (1981). Moralisches Urteil in Gruppen, soziales Handeln. *Verteilungsgerechtigkeit*. Frankfurt.

Piaget, J. (1980). *Das Weltbild des Kindes*. Frankfurt.

Rauh, H. (1987). *Frühe Kindheit*. In Oerter, R., & Montada, L., *Entwicklungspsychologie*. München, Weinheim.

Rost, D. (1984). *Unserm Kind zuliebe*. Kassel.

Roth, H. (1969). *Begabung und Lerner*. Stuttgart.

Schmidt, E. A. F. u.a. (1977). Vergleichende Untersuchung von Prozessen sozialer Beziehungswahrnehmung in alters- gemischten und altersgleichen Gruppen von Vorschulkindern. *Forschungsbericht für das Ministerium für Arbeit, Gesundheit und Soziales in NRW.*

Schmidt, G., & Sigusch, V. (1971). *Arbeiter-Sexualität.* Neuwied.

Selman, R. L., (1980). *The growth of interpersonal understanding.* New York: Academic Press.

Silbereisen, R. K. (1987). Soziale Kognition. Entwicklung von sozialem Wissen und Verstehen. In Oerter, R., & Montada, L., *Entwicklungspsychologie.* München, Weinheim.

Spaulding, F. T. (1938). *High School and life.* New York: Mc Graw-Hill.

Spranger, E. (1925). *Psychologie des Jugendalters.* Leipzig.

Thomae, H. (1976). *Patterns of aging.* Basel.

Tournier, P. (1987). *Die Jahreszeiten unseres Lebens.* Gütersloh.

Verny, Th. (1981). *Das Seelenleben des Ungeborenen.* München.

Westerhoff, J. (1976). *Will Our Children Have Faith?* New York: Seabury Press.

Watzlawick, P. (1983). *Anleitung zum Unglücklichsein.* München, Zürich.

Wygotsky, L. S. (1978). *Mind in Society.* Cambridge: Harvard University Press. (S. 92-105: The Role of Play in Development).

Zimmer, D. E. (1986). *Tiefenschwindel.* Reinbek.

제4장 만약 어떤 문제가 생긴다면

Aquin, T. v. (1966). Summa Theologica. (Hg.). *Albertus-Magnus Akademie* (Band XVII B). Heidelberg.

Battegay, R. (1987). Depression. *Psychophysische und soziale Dimension.* Bern.

Beck, A. T. u.a. (1986). *Kognitive Therapie der Depression.* München, Weinheim.

Blöschl, L. (1978). *Psychosoziale Aspekte der Depression.* Bern, Stuttgart, Wien.

Burton, Th. (1903-1904). *The Anatomy of Melancholy.* 3 vols. London.

Corsini, R. (1983). *Handbuch der Psychotherapie* (2 Bd.). Weinheim, Basel.

Diagnostisches und Statistisches Manual Psychischer Störungen. DSM-III. (1984). Deutsche Bearbeitung, Koehler, H., & Saß, J. (Hg.), Weinheim, Basel.

Diagnostisches und Statistisches Manual Psychischer Störungen-Revision. DSM-III-R. (1989). Deutsche Bearbeitung. Wittchen, H-U. u.a. Weinheim, Basel.

Dieterich, M. (1986). *Depressionen.* Gießen.

Dieterich, M. (1988). *Wir brauchen Entspannung.* Gießen.

Horn, R. (1987). Eine Schublade für jede Störung. *Psychologie heute, 14,* 58-64.

International Classification of Diseases, Injuries and Causes of Death (ICD-9) (1977). *World Health Organization.* Genf.

Deutsch, K. V. (1980). *Psychiatrische Krankheiten.* Heidelberg, New York, Berlin.

Kieholz, P. (Hg.) (1973). *Die larvierte Depression.* Bern, Stuttgart, Wein.

Meier, P. D., Minirth, F. B., & Wichern, F. (1982). *Introduction to Psychology and Counseling*. Grand Rapids: Baker Book House.

Mielke, R. (Hg.) (1982). *Interne/externe Kontrollüberzeugungen*. Bern, Stuttgart, Wien.

Nuber, U. (1988). Aus der Depression ins Leben. *Psychologie heute. 15,* 1, 22-28.

Pfeiffer, S. (1988). *Die Schwachen tragen*. Basel/Gießen.

Pongratz, L. J. (1975). *Lehrbuch der klinischen Psychologie*. Göttingen.

Rosenhan, D. L. (1973). On being sane in insane places. *Sience, 179,* 250/258.

WHO (1958). *The First Ten Years of WHO*. Annex I. Genf.

제5장 어떻게 도울 수 있는가

Ansbacher, H. u. R. (1982). *Alfred Adlers Individualpsychologie*. München, Basel.

Beck, A. T. u.a. (1986). *Kognitive Therapie der Depression*. München.

Beck, H. W. (1978). *Gruppenpsychotechnik*. Wuppertal.

Berbalk, H., & Bahr-Crome, U. (1980). Enuresis-Erscheinungsbild, Ätiologie und Therapie. In Schlottke, P. F. u.a. (Hg.), *Psychologische Behandlung von Kindern und Jugendlichen*. München, Wien, Baltimore.

Berne, E. (1986). *Was sagen Sie, nachdem sie 〉guten Tag〈 gesagt haben?* Frankfurt.

Dieterich, M. (1984). *Psychologie contra Seelsorge*. Neuhausen.

Dieterich, M. (1987). *Psychotherapie, Seelsorge, Biblisch-therapeutische Seelsorge*. Neuhausen-Stuttgart.

Dietrich, M. (1988). *Wir brauchen Entspannung*. Gießen.

Dreikurs, R. (1972). *Soziale Gleichwertigkeit*. Stuttgart.

Dreikurs, R. (1980). *Rudlof Dreikurs zur Psychotherapie in der Medizin*. München, Basel.

Ellis, A. (1982). *Die rational-emotive Therapie*. München.

Fliegel, S. u.a. (1981). *Verhaltenstherapeutische Standardmethoden*. München.

Försterling, F. (1986). *Attribuierungstheorie in der Klinischen Psychologie*. München.

Frankl, V. (1983). *Theorie und Therapie der Neurosen*. München, Basel.

Hecht, Ch. (1985). Kognitive Verhaltenstherapie. Selbstmanagement-Therapie. In Petzold, H. (Hg.), *Wege zum Menschen* (Band 2). Paderborn.

Helm, J. (1980). *Gesprächspsychotherapie*. Darmstadt.

Hemminger, H., & Becker, V. (1985). *Wenn Therapien schaden*. Reinbek.

Hofmann, H. K. (1977). *Psychonautik-Stop*. Wuppertal.

Jaeggi, E. (1979). *Kognitive Verhaltenstherapie*. Weinheim.

Kemper, W. (1978). *Bettnässer-Leiden* (Enuresis). München, Basel.

Lazarus, A. A. (1978). *Verhaltenstherapie im Übergang*. München, Basel.

Lukas, E. (1981). *Auch dein Leid hat Sinn*. Freiburg.

Lukas, E. (1985). Logotherapie. Auf der Suche nach Sinn. In Petzold, H. (Hg.), *Wege zum Menschen* (Band 1).

Paderborn.

Martin, D. G. (1983). *Counseling and Therapy Skills*. Monterey: Brooks/Cole.

Meier, H., & Simmerding, G. (1984). *Wege zum Menschen*. Tele-Manuskritpdienst.

Meier, P. D., Minirth, F. B., & Wichern, F. (1982). *Introduction to Psychology and Counseling*. Grand Rapids: Baker Book House.

Mente, A. & Spittler, H. D. (1980). *Erlebnisorientierte Gruppenpsychotherapie*. Paderborn.

Mucielli, R. (1972). *Das nicht-direktive Gespräch*. Salzburg.

Rattner, J. (1971). *Der schwierige Mensch*. Freiburg.

Rieth, E. (1981). *Alkoholkrank?* Bern.

Rogers, C. R. (1981). *Der neue Mensch*. Stuttgart.

Rogers, C. R. (1985). *Entwichlung der Persönlichkeit*. Stuttgart.

Rogers, C. R., & Rosenberg, R. (1980). *Die Person als Mittelpunkt der Wirklichkeit*. Klett, Stuttgart.

Ruitenbeek, H., & Hendrik, M. (1981). *Die neuen Gruppentherapien*. Frankfurt.

Ruthe, R. (1977). *Streß Muß sein*. Freiburg.

Seelmann, K. (1982). Adlers Individualpsychologie. In Eicke, D. (Hg.), Kindlers 》Psychologie des 20. Jahrhunderts《. Tiefenpsychologie (Band IV). *Individualpsychologie und analytische Psychologie*. Weinheim, Basel.

Seidel, U. (1983). Individualpsychologie. In Corsini, R. (Hg.), *Handbuch der Psychotherapie*. Weinheim.

Sieland, B., & Siebert M. (Hg.) (1979). *Klinische Psychologie für Pädagogen*. Braunschweig.

Sigrell, B. (1974). *Einführung in die Gruppenpsychotherapie*. Weinheim.

Solms, H. (1960). Die Behandlung der akuten Alkoholvergiftung und der akuten und chronischen Formen des Alkoholismus. *Psychiatrie der Gegenwart I /2*. Göttingen, Hedelgerg.

Tausch, R. u.a. -M. (1979). *Gesprächspsychotherapie*. Göttingen.

Titze, M. (1979). *Lebensziel und Lebensstil*. München.

Titze, M. (1984). Ziel ist Gemeinschaft. In Petzold, H. (Hg.), *Wege zum Menschen*. Paderborn.

Wolff, H. W. (1984). *Anthrogologie des Alten Testaments*. München.

Yalom, I. D. (1974). *Gruppenpsychotherapie*. München.

찾아보기

내 용

저자 소개

Michael Dieterich

독일 Stuttgart 대학교 사범대학 학사(물리·화학 전공)
독일 Stuttgart 대학교 석사, 박사(직업교육·심리학 전공)
독일 Friedensau 대학교 Post doctor 과정(심리치료·신학 전공)
독일 Hamburg 대학교 교육학부 조교수(직업재활)
현 Gustav-Siewerth-Akademie 교수(심리치료·신학 전공)
　　Freudenstadt 심리학과 목회상담 연구원 원장

저서
Handbuch Psychologie & Seelsorge(Wuppertal, 1989)
Einfuerung in die Allgemeine Psycholotherapie und Seelsoge(Wuppertal, 2001)
Seelsorge kompakt(Wuppertal, 2006)

역자 소개

홍종관

독일 Köln 대학교 교육학부 학사, 석사(상담심리 전공)
독일 Köln 대학교 교육학부 박사(상담심리 전공)
독일 Köln 대학교 교수 자격 과정(Habilitation) 수료(상담심리 전공)
현 대구교육대학교 교육학과 교수
　　한국학교상담학회 회장
　　한국로저스상담학회 회장

저서·역서·논문
상담자의 인간중심적 기본태도에 관한 고찰(대학상담연구, 1999)
상담 및 심리치료의 이해(공역, 학지사, 2004)
초등학교 생활지도와 상담(공저, 학지사, 2006)

심리학과 목회상담

Handbuch Psychologie & Seelsorge, 2nd ed.

2010년 3월 15일 1판 1쇄 인쇄
2010년 3월 20일 1판 1쇄 발행

지은이 • Michael Dieterich
옮긴이 • 홍종관
펴낸이 • 김진환
펴낸곳 • ㈜ **학지사**

        121-837 서울특별시 마포구 서교동 352-29 마인드월드빌딩 5층
대표전화 • 02) 330-5114 팩스 • 02) 324-2345
등록번호 • 제313-2006-000265호

홈페이지 • http://www.hakjisa.co.kr
커뮤니티 • http://cafe.naver.com/hakjisa

ISBN 978-89-6330-248-5 93180

정가 18,000원

역자와의 협약으로 인지는 생략합니다.
파본은 구입처에서 바꾸어 드립니다.